Beppo Mauhart

Ein Stück des Weges gemeinsam

in Texten und 385 Bildern

ISBN: 3-901761-46-2
2006 echomedia verlag ges.m.b.h.
A-1070 Wien, Schottenfeldgassse 24

Produktion: Ilse Helmreich
Grafische Gestaltung: Elisabeth Waidhofer
Layout: Magda Niemiec, Andrea Wimmer
Fotoredaktion: Claudia Knöpfler
Lektorat: Thomas Hazdra
Repro: mPg medienProduktionsgesmbH
Druck: Gutenberg, Wr. Neustadt

Editorische Notiz:
Um den Lesefluss nicht zu beeinträchtigen, sind Zitate – mit Ausnahme von Ingeborg Bachmanns „Die gestundete Zeit" – durchgehend in neuer Rechtschreibung wiedergegeben.

Beppo Mauhart

Ein Stück des Weges gemeinsam

Die Ära Kreisky/Androsch – Das „Goldene Jahrzehnt" – in Texten und Bildern

Mit Beiträgen von Peter Jankowitsch: Außenpolitik
und Günther Steinbach: Sozialpolitik

Inhalt

Vorwort

Am 27. April 1970 lädt Helmut Zilk, Direktor des österreichischen Fernsehens, zu einer Diskussionsrunde. Es ist der Tag vor der ersten Regierungserklärung des ersten sozialistischen Bundeskanzlers. Ein historischer Tag.

Helmut Zilk: „Auf den morgigen Tag fallen zwei bedeutsame Ereignisse. Zunächst der 25. Jahrestag der Stunde null, der 25. Geburtstag der Zweiten Republik Österreich. Zugleich aber auch die Regierungserklärung der Regierung Kreisky, ein einmaliges, erstmaliges Ereignis in Österreich, eine sozialistische Minderheitsregierung ..."

Dieses „erstmalige Ereignis" gleicht – auf die innenpolitische Praxis bezogen – einer Umwertung aller Werte. Erstmals ist ein Sozialist Bundeskanzler, erstmals übernimmt eine Minderheitsregierung die Verantwortung, und erstmals muss die Österreichische Volkspartei im Parlament auf die Oppositionsbank. Entsprechend groß sind Unsicherheit und Ungewissheit.

Die hochkarätige Journalistenrunde – Rudolf Kalmar, der Präsident des „Presseclubs Concordia", Franz Kreuzer, ORF, Otto Schulmeister, „Die Presse", Viktor Reimann, „Neue Kronen Zeitung", Hugo Portisch, „Kurier", und Kurt Vorhofer, „Kleine Zeitung" – reagiert professionell. Obwohl manche von ihnen auf Grund ihrer persönlichen politischen Einstellung vom Wahlergebnis enttäuscht sind, überwiegt bei allen die berufsspezifische Neugier. Einerseits lässt das Experiment an sich, vor allem aber die Person des Kanzlers eine journalistisch ergiebige Belebung der Politik erwarten, andererseits sind die Chefredakteure von der Kurzlebigkeit dieser Minderheitsregierung ziemlich überzeugt.

Lediglich Otto Schulmeister, der katholisch-konservative Chefredakteur der Tageszeitung „Die Presse", denkt und glaubt an die Möglichkeiten jenseits des Augenblicks. „Ich glaube, dass wir in Österreich mit Herrn Kreisky eine große Chance haben. Ich persönlich würde ein politisches Debakel der neuen Regierung für eine persönliche Niederlage betrachten. Nicht, weil ich etwa im Verdacht stehe, Sozialist zu sein, ..." (Schulmeister über Schulmeister: „Der Volkspartei fühle ich mich in vielem – nicht mit ihrem Sumpertum – viel mehr verbunden") „... sondern weil in der Figur des Herrn Kreisky etwas aus Österreichs Vergangenheit in die Gegenwart reicht, das eine Chance in diesem Lande ist."

Diese Chance ergibt sich tatsächlich. Erst Bruno Kreisky, dann „Kreisky und sein Team" machen aus Österreich ein modernes Land. Bis ans Ende der 1960er Jahre war Österreich hoffnungslos provinziell, kleinkariert im Handeln, vermieft im Denken, politisch erstarrt im selbst gebauten Käfig der Großen Koalition, voller Nabelschau auf der Suche nach seiner Identität.

Mit Bruno Kreisky erfasst Aufbruchstimmung das Land. Er ist der richtige Mann zur richtigen Zeit. Rundherum ist die Welt in Bewegung. Studentenrevolten in Paris und Berlin, Prager Frühling – überall zeigen sich Wunsch nach und Bereitschaft zu gesellschaftlichen Veränderungen. Entwicklungen so recht im Sinne Bruno Kreiskys. Da er schon in seiner Jugend gegen die tradierten Strukturen aufbegehrt hatte, verfügt er jetzt über das Sensorium für diese Zeit des Wandels.

Nur vier Jahre nach dem Abstieg in die Opposition kann Bruno Kreisky bereits die Eröffnungsbilanz einer ersten sozialistischen Regierung präsentieren. Die riskante Hypothek „Minderheitskabinett mit ungewissem Ablaufdatum" gleicht er mit einer soliden „Kapitalausstattung" aus, mit der aufs Regieren am besten vorbereiteten Partei, die es je gegeben hat. Bruno Kreiskys „1400 Experten" haben ihr Wissen, ihr Engagement, ihre Freude am Gestalten und Verändern der Sozialistischen Partei, ihrem neuen Vorsitzenden und Kanzlerkandidaten zur Verfügung gestellt.

Als Bundespräsident Franz Jonas am 21. März 1970 Bruno Kreisky und seine Regierungsmannschaft zur Angelobung empfängt, benennt er das Kabinett mit „römisch eins". Noch nie zuvor wurde bereits bei der erstmaligen Angelobung eine Regierung mit einer römischen Ordnungsnummer versehen.

Viermal wird Bruno Kreisky eine Bundesregierung bilden. Aus dem Minderheitskabinett wird über „Lasst Kreisky und sein Team arbeiten!" bis hin zu „Kreisky – wer sonst?" eine Periode von herausragender Einmaligkeit in der jüngeren österreichischen Geschichte.

Das Institut für Markt- und Meinungsforschung IMAS präsentiert im November 1999 – „An der Schwelle zur Zeitenwende" – eine Studie der „Rückschau auf die Lasten und Wunden des 20. Jahrhunderts". Darin wird den 1970er Jahren ein sehr gutes Zeugnis ausgestellt. 31 Prozent der 30- bis 50-Jährigen und 33 Prozent der über 50-Jährigen haben diese Jahre, die sie großteils sehr bewusst erleben konnten, als eine Art „Goldenes Jahrzehnt" in Erinnerung.

Politisch ist es das Jahrzehnt der Sozialdemokratie, geführt von Bruno Kreisky und einem Team von selten vielfältiger Qualität, darunter Hannes Androsch. Als Finanzminister, Vizekanzler, stellvertretender Parteivorsitzender wird er neben Bruno Kreisky zu einer die Periode prägenden Persönlichkeit. Gemeinsam – und nur gemeinsam – schaffen Bruno Kreisky und Hannes Androsch, was aller Welt Staunen abverlangt und Respekt einflößt: einen lupenreinen Wahl-Hattrick mit jeweils wachsenden, absoluten Mehrheiten.

Die Periode Kreisky/Androsch ist eine Erfolgsgeschichte mit negativem Ende. Für die beiden Persönlichkeiten, für die Sozialistische Partei, für Österreich und die gesamte Politik. Darüber wurde schon viel publiziert. Fachlich-Historisches, Biografisches, Autobiografisches ...

Das vorliegende Buch ist nichts von alledem. Es ist eine Zeitreise in die Erinnerung. Eine Weggeschichte in Texten und Bildern. Der Zeit entsprechend in ehrlichem Schwarz-Weiß. Die üppige Unverbindlichkeit der Farbbilder steht in den 1970er Jahren erst am Beginn ihres Siegeszuges.

Es mag vorkommen, dass für manche Leserinnen und Leser die Objektivität der Bilder zur Subjektivität der Texte in Kontrast steht. Eine Standortfrage. „Wir müssen lernen", schreibt Willy Brandt in einem Brief an Bruno Kreisky, „mit dem Zweifel zu leben. Wir müssen Abschied nehmen von der Suche nach der *einen* Wahrheit und lernen, mit *den Wahrheiten* zu leben."

Die subjektive Wahrheit des Erlebten wird oft durch die persönliche Wahrheit der Rechtfertigung in Zweifel gezogen. Die Authentizität der Erlebnisse wird dadurch nicht geschmälert, die Bereitschaft, der Erinnerung mit ernsthafter Offenheit nachzuspüren, nicht verkleinert.

Das Kontroversielle ist der Stoff, aus dem Diskussion und Wahrheitssuche entstehen.

Die Periode Kreisky/Androsch zeigt, dass Politik Gestalten heißt. In der weltwirtschaftlich turbulentesten Phase seit Ende des Zweiten Weltkrieges kann Österreich beweisen, dass auch ein kleines Land eigene Wege finden und gehen kann. Österreich gelingt in dieser Zeit zweierlei: wachsende Integration in das internationale Wirtschaftsgeschehen und gleichzeitig eine eigenständige Strategie zu entwickeln und erfolgreich umzusetzen, wie den Turbulenzen aus Inflation, Arbeitslosigkeit, Ölpreisschock, Strukturanpassungen und dergleichen im Interesse des Landes bestmöglich begegnet werden kann.

Der „Österreichische Weg" wird zum Diskussionsthema der besten Ökonomen, seine Ergebnisse vergrößern Stabilität, Erfolg und Ansehen der Regierung.

Die Justizreform, die Reformen an Schulen und Universitäten, das Bemühen um „Europareife" und die Annäherung an die EWG, der auf Grund des guten Klimas zwischen Regierung und Sozialpartnern ungestörte soziale Friede, die Annäherung an die Kirche, die Öffnung zu Kunst und neuen geistigen Strömungen machen dieses Jahrzehnt zu jenem „Goldenen Jahrzehnt", das Bruno Kreisky mit der ihm eigenen Überzeugungskraft in der Regierungserklärung vom 5. November 1975 verspricht: „Es wird ein Österreich sein – moderner und menschlicher zugleich."

Das Buch versucht aber nicht nur den Erfolgen nachzuspüren, sondern auch Erklärungen für die Tragik des zerstörerischen Konflikts der beiden das Jahrzehnt prägenden Persönlichkeiten zu finden. Das ist – alles andere wäre unehrlich – eine ganz besonders persönliche Reise in die Erinnerung.

Die Zeitreise wird durch zwei Beiträge fachlich kompetenter Autoren ergänzt:

Peter Jankowitsch, Bruno Kreiskys Kabinettschef, Außenminister, Botschafter, verfasste für dieses Buch das Kapitel „Das Jahrzehnt der aktiven Außenpolitik: Wir sind wieder wer in der Welt".

Von Günther Steinbach, Sektionschef im Sozialministerium, Wegbegleiter aller Sozialminister der Periode, stammt der Beitrag „Das Jahrzehnt der Sozialreformen: Ohne Sicherheit keine Freiheit".

Beppo Mauhart

„Bei Philippi sehen wir uns wieder"

Sonntag, 6. März 1966: Der sozialistische Innenminister Hans Czettel verkündet das vorläufige Endergebnis der Nationalratswahl.

Für die ÖVP 2.191.128 Stimmen, ein Plus von 2,92 Prozent gegenüber 1962, 1.928.922 für die SPÖ, minus 1,44 Prozent. An Mandaten erhält die ÖVP die absolute Mehrheit: ÖVP 85 Mandate (+4), SPÖ 74 (-2).

Die FPÖ erhält weniger Stimmen – minus 1,7 Prozent gegenüber 1962 – und verliert zwei Mandate. Franz Olahs Partei, die DFP, schafft den Einzug ins Parlament ebenso wenig wie die Kommunisten.

Die SPÖ sieht sich wieder einmal vom Wahlrecht benachteiligt. „Weniger als 50 Prozent Stimmen für die ÖVP – dennoch die absolute Mandatsmehrheit", beklagt die Arbeiter-Zeitung das Schicksal der Sozialisten.

Aber es ist eine klare Entscheidung. Es gibt nur einen Sieger, die ÖVP. Zum ersten Mal seit dem 25. November 1945, dem Tag der ersten freien Wahlen in der Zweiten Republik, erhält die ÖVP die absolute Mehrheit. Nicht an Stimmen, aber an Mandaten.

Die folgenschwerste Niederlage wird der SPÖ zugefügt. Zweimal seit 1945, nämlich 1953 und 1959, war sie stimmenstärkste Partei

Partei	Stimmen	(1962)	Differenz	Prozent	(1962)	Diff. %
ÖVP	2.191.128	2.024.501	+166.627	48,35	45,43	+2,92
SPÖ	1.928.922	1.960.685	-31.763	42,56	44,00	-1,44
FPÖ	242.599	313.895	-71.296	5,35	7,05	-1,70
DFP*	148.521	–	+148.521	3,28	–	+3,28
KPÖ**	18.638	135.520	-116.882	0,41	3,04	-2,63
LPÖ***	1.570	–	+1.570	0,03	–	+0,03
MLÖ****	486	–	+486	0,01	–	+0,01

Mandate	1966	(1962)
ÖVP	85	81
SPÖ	74	76
FPÖ	6	8

* Demokratische Fortschrittliche Partei DFP-Liste Franz Olah
** Stimmen der KPÖ: 18.638 nur im Wahlkreis 4, 135.520 betrafen 1962 ganz Österreich
*** Liberale Partei Österreichs
**** Marxisten-Leninisten Österreichs

Josef Klaus in Siegerpose. Die absolute Mehrheit für die Österreichische Volkspartei beendet die Nachkriegsordnung. Österreich ist in der Normalität eines demokratischen Staates angelangt.

geworden und trotzdem immer um ein Mandat hinter der ÖVP geblieben. Jetzt aber war die Differenz an Wählerstimmen zwischen den beiden Parteien auf 5,3 Prozent und der Unterschied an Mandaten auf 11 angewachsen.

Das Ergebnis ist im Saal der Hauptwahlbehörde auch aus der herrschenden Stimmung hörbar: stürmischer Applaus bei Anhängern und Sympathisanten der Volkspartei, stumme Niedergeschlagenheit bei den Sozialisten.

Die Niederlage zur Erfolgsgeschichte

In den Parteizentralen das gleiche Bild: Festbeleuchtung, Jubel, Trubel, Heiterkeit im Palais Todesco, dem damaligen Hauptquartier der ÖVP in der Wiener Kärntner Straße.

In der Löwelstraße, der Parteizentrale der SPÖ, herrscht Enttäuschung, Niedergeschlagenheit – mehr noch: Ratlosigkeit. Es ist ein kleiner Kreis, der um Erklärungen rätselt, erste Analysen versucht. Mit dabei Bruno Kreisky, Außenminister der Koalitionsregierung, stellvertretender Parteivorsitzender.

Hannes Androsch verbringt diesen Wahlabend in Floridsdorf, seinem privaten wie politischen Heimatbezirk. An der Basis die gleiche Niedergeschlagenheit, die gleiche Ratlosigkeit bezüglich der Zukunft der SPÖ und der politischen Entwicklung in Österreich.

Beiden – Bruno Kreisky wie Hannes Androsch – kommt wohl nicht einmal der leiseste Gedanke in den Sinn, welche Bedeutung diese Niederlage für ihrer beider Leben haben wird. Sie ist Anfang, Ursache, Voraussetzung und Grundlage für eine beispiellose Erfolgsgeschichte. Ein Jahrzehnt des Zusammenfindens, gemeinsamer Erfolge, einzelner Triumphe sogar. Ihre Spuren sind tief in die jüngere Geschichte der Zweiten Republik gegraben. Selbst die Eigenzerstörung ihrer Gemeinsamkeit umgibt ein Hauch des Außergewöhnlichen. Mit der Gesetzmäßigkeit einer griechischen Tragödie inszenieren sie – wiederum gemeinsam – Konflikt und Trennung.

Die Hoffnung liegt bei der ÖVP

Franz Kreuzer, nach dem legendären Oscar Pollak ab 1962 Chefredakteur der Arbeiter-Zeitung, macht in einem langen Leitartikel bereits in der ersten Ausgabe des Parteiorgans nach der Wahlniederlage den mit Schicksal, Wählern und Wahlrecht hadernden Genossen wieder Mut. Kreuzer weiß, dass es schon im Vorfeld der Wahlen innerparteiliche Differenzen gegeben hat. Nichts braucht die SPÖ jetzt weniger als Führungslosigkeit, Nabelschau und Selbstmitleid. „Wir blicken nach vorn“ – der Appell des Chefredakteurs ersetzt die Sprachlosigkeit des Parteiführers. Erstmals kann Kreuzer sein politisches wie journalistisches Potenzial voll entfalten. Zuerst relativiert er den Wahlsieg der ÖVP auf ein schmerzstillendes Maß: „Es ist eine Influenzamehrheit: Ginge es hart auf hart, so böte der österreichische Nationalrat bald das Bild eines Krankensaals, weil jeweils etliche Abgeordnete mit Tragbahren zu den Abstimmungen gebracht werden müssten.“ Versuche der ÖVP, sich der FPÖ als Hilfstruppe zu bedienen, um zu einer belastbaren Parlamentsmehrheit zu kommen, werden erfolglos bleiben, ist Franz Kreuzer überzeugt. Die FPÖ könne sich nicht zum Anhängsel der ÖVP machen lassen, ohne sich selbst aufzugeben.

Mit Kritik an der eigenen Partei geht Kreuzer – seit seiner Jugend mit der sozialistischen Bewegung, ihren Zielen und Traditionen eng verbunden – vorsichtig um. Aber sie klingt durch. So sei es ein schwerwiegender Fehler gewesen, die Wahlempfehlung der Kommunisten nicht deutlich und kompromisslos zurückgewiesen zu haben, klagt der Chefredakteur. Das Kokettieren mit den kommunistischen Stimmen habe es der ÖVP ermöglicht, die „Rote Katze" aus der Mottenkiste der demagogischen Angstparolen auf die Plakatwände zu zerren.

Eine weitere Ursache für die Niederlage der SPÖ heißt Franz Olah. Ob die 148.521 Stimmen zur Gänze der SPÖ zuzurechnen gewesen wären, kann bezweifelt werden. Dass aber durch Olahs Kandidatur nach dem schwierigen Prozess der Trennung der SPÖ großer Schaden zugefügt wurde, wohl kaum. Gleichzeitig signalisiert das Ergebnis das endgültige „Aus" für Franz Olah als zu beachtende Figur auf der politischen Bühne.

Franz Kreuzer: „Er selbst hat an diesem Tag erfahren müssen, dass sich politisches Renegatentum nicht lohnt. Er ist gleich den

»Was wir von Grund auf neu durchdenken müssen, ist diese Politik und die Repräsentation dieser Politik in der Öffentlichkeit. Dabei haben wir natürlich die Chance wahrzunehmen, die uns der Erneuerungswille unter dem Eindruck des Wahlausganges bietet.«
Leopold Gratz

Franz Kreuzer, Chefredakteur der Arbeiter-Zeitung: „Wir haben allen Grund, auf einen neuen Aufschwung zu hoffen."

Die Politik kennt weder Dankbarkeit noch Gerechtigkeit: Bruno Pittermann führte die SPÖ 1959 zur Partei mit den meisten Stimmen. Die Wahlarithmetik verhinderte einen ersten sozialistischen Bundeskanzler.

Kommunisten aus dem realen politischen Leben ausgeschieden. Aber er hat doch eine Zahl von Unzufriedenen zu irritieren vermocht und auf diese Weise die arithmetische Position der ÖVP verbessert. Die Hauptwirkung Franz Olahs und seines politischen Amoklaufs zeigt sich aber – und das soll man nicht übersehen – keineswegs in den Stimmenzahlen der Olah-Partei. Offenbar hat die mit großem finanziellem Aufwand organisierte Olah-Wahlkampagne mit ihren von allen Zeitungen beachteten Exzessen dazu beigetragen, die Erinnerung an die ganze traurige Olah-Affäre im Bewusstsein der Bevölkerung aufzufrischen: Selbst die vorweggenommene Verurteilung Olahs durch die einstweilige Verfügung eines Gerichts hat die ungünstigen Effekte nur verstärkt. Es zeigt sich, dass die österreichische Bevölkerung an die Sozialistische Partei ganz andere Maßstäbe als an die ÖVP anlegt. Der ÖVP wird ein unbereinigter Müllner-Skandal (Der Generaldirektor der NEWAG und ÖVP-Landeshauptmann-Stellvertreter wird wegen Korruption zu vier Jahren Haft verurteilt, Anm. d. Autors) anscheinend als Kavaliersdelikt angerechnet, das noch drei Tage vor der Wahl zu verdauen ist – der SPÖ verzeiht man es noch nach Jahren nicht, dass sie einen Unwürdigen zum Innenminister gemacht hat, obwohl eine saubere Trennungslinie gezogen wurde. Diese Haltung eines Teiles der Wählerschaft ehrt uns, aber sie schmerzt deshalb nicht minder." Wohltuende Formulierungen für die irritierten Genossen.

Noch einen dritten Punkt nennt Franz Kreuzer für die Wahlniederlage: die mangelnde Attraktivität der SPÖ für die Jugend. Für die SPÖ ein ganz gewichtiger Grund, alarmiert zu sein. Und bereits in Anspielung auf eine wahrscheinliche Personaldiskussion: „Wir werden die Frage unseres Verhältnisses zur nachrückenden Wählergeneration zu beachten haben, wann und wo immer Fragen des Generationswechsels in den mittleren und höheren Funktionärsrängen der Partei zur Debatte stehen."

Aus der Analyse der Gründe für diese Wahlniederlage destilliert Franz Kreuzer ein optimistisches Zukunftsszenario: Die Hoffnung beginne bei der ÖVP selbst. Sie werde beim nächsten Wahltermin zu verantworten haben, was sie von heute an tue. Sie werde keine Angstpsychose mehr erzeugen können, denn die KPÖ habe nichts mehr zu empfehlen, und die SPÖ werde ihre historische Abgrenzung zu den Kommunisten deutlich gemacht haben. Die Olah-Wähler werden ihren Irrtum erkannt haben und die SPÖ werde alles daransetzen, ihren Blick auf die Jugend des Landes zu richten.

Franz Kreuzer, wenige Jahre später Chefredakteur des Fernsehens im ersten Team von Gerd Bacher, gelingt sogar ein perfektes Schlusspathos. Er erkennt das Führungsvakuum in der SPÖ und wird für den Moment eines Leitartikels ganz Parteiführer: „Wir stehen vor schweren Zeiten, wir haben keinen Tag zu verlieren, wir haben keine konstruktive Kraft zu entbehren, keine Idee zu vernachlässigen. Wir haben aber allen Grund, auf einen neuen Aufschwung zu hoffen."

Und schließlich: „Es liegt an uns, die Alternative, die wir tatsächlich zu bieten haben, glaubhaft zu machen, ihr Ausstrahlung und Anziehungskraft zu verleihen."

Erst am Abend des Tages nach der Niederlage findet sich der Parteivorstand der SPÖ zu Beratungen im Klublokal des Parlaments zusammen. Den Vorsitz führt Karl Waldbrunner: „Wir müssen jetzt über eine Stellungnahme beraten." In diesem Augenblick betritt ein Parlamentsdiener mit einem ganzen Stoß der für den nächsten Tag frisch gedruckten Arbeiter-Zeitung den Sitzungssaal. Karl Waldbrunner sieht – nicht liest, sieht – den Leitartikel von Franz Kreuzer, durchblättert kurz die gesamte Ausgabe und folgert: „Wir können uns die Veranstaltung sparen, die Arbeiter-Zeitung hat schon alles geschrieben."

Mehrheit ist nicht gleich Mehrheit

Doch so leicht lassen sich Niederlagen nicht überwinden. Appelle reichen da nicht. Die

Hannes Androsch – Steuerberater und mit 29 Jahren der jüngste Abgeordnete: „Beim Opponieren ans Regieren denken!"

Aufarbeitung von Niederlagen kommt meist ohne persönliche Zuordnung nicht aus. In der Politik erst recht nicht. Der Verantwortliche für das Wahldebakel ist bald ausgemacht: Bruno Pittermann, der Parteivorsitzende und Vizekanzler der Koalitionsregierung.

Wie man weiß, kennt die Politik weder Dankbarkeit noch Gerechtigkeit. Knapp ein Jahrzehnt davor war Pittermann der Hoffnungsträger gewesen. Zu Recht, wie sich bald zeigte. Nach der Wahl von Adolf Schärf zum Bundespräsidenten führte Pittermann die SPÖ zum bis dahin größten Wahlerfolg nach 1945. Mit „Pittermann für jedermann, jedermann für Pittermann" wurde die SPÖ 1959 zum zweiten Mal, seit es in Österreich wieder demokratische Wahlen gibt, zur Partei mit den meisten Stimmen. Die ÖVP wurde auf den zweiten Platz verwiesen.

Den Stimmen nach, nicht nach Mandaten. Der Vorsprung von nahezu 26.000 Stimmen reichte der SPÖ nicht für eine Mehrheit im Parlament. Es war schlichtweg die Wahlarithmetik, die verhinderte, dass der erste sozialistische Bundeskanzler der Republik Bruno Pittermann hieß. Daher blieb alles beim Alten. Bundeskanzler Julius Raab, Vizekanzler Bruno Pittermann.

Und jetzt der Absturz in die Niederlage. Im Rückblick keine Überraschung. Der innerparteiliche Machtkampf mit Franz Olah, die unsensible Trotzhaltung in Fußach bei der Namensgebung für das neue Bodenseeschiff, der „Habsburger-Kannibalismus" (Günther Nenning), die Tändeleien mit der FPÖ, sich aber dann doch nicht trauen, die lasche Distanzierung von der Wahlkampfempfehlung der Kommunisten – es sind viele Gründe, die die Position Pittermanns als Vorsitzender der

Anton Benya: „Die Frage, wer an der Spitze der Partei steht, sollte nicht durch eine große rhetorische Leistung entschieden werden."

SPÖ schwächten. Dazu kam: Die Große Koalition erstarrte im Gleichgewicht der Kräfte. Im Herbst 1965 zerbrach sie endgültig. Pittermann ließ die Budgetverhandlungen scheitern. Neuwahlen.

Die SPÖ führt einen erbärmlich defensiven Wahlkampf. Obwohl die Große Koalition bei der medialen Öffentlichkeit und der österreichischen Bevölkerung deutlich an Attraktivität und Vertrauen eingebüßt hat, macht die SPÖ den Erhalt der Koalition zum Hauptinhalt ihrer Wahlkampagne. Sie bettelt geradezu darum.

Die defensive Position wird noch einmal deutlich, als der Parteivorsitzende Pittermann am Tag nach der Wahlniederlage vor dem Parteirat der SPÖ erklärt: „Die SPÖ hat als Programm die Fortsetzung der Zusammenarbeit vertreten. Ob es dazu kommt, wird von den Vorschlägen der ÖVP abhängen."

Anders die ÖVP. Sie entwickelt einen spürbaren Zug zum Tor. Ihr Wahlkampf ist aggressiv, hart, manchmal untergriffig, auf die Mobilisierung von in den Menschen schlummernden Ängsten ausgerichtet. Die zu wenig

Der Wahlkampf 1966: Angst vor zu viel Rot schlägt vage Hoffnung auf etwas Glück …

KAUF NICHT DIE KATZ'IM SACK!
Volksdemokratie
Wähle
ÖSTERREICHISCHE VOLKSPARTEI!

1966
Glück für Österreic
SPÖ
WIE MAN WAS WIRD IM LEBEN OHNE SICH ANZUSTRENGEN
THEATER AN DER WIE
Deutschsprachige Erstaufführung
DALE MOREDA
HARALD JUHNKE · THEO LINGEN
INGE BRÜCK · ANITA HÖFER
FRANCO STEINBERG
JOHANNES FEHRING UND SEIN ORCHESTER
BALLETT ENSEMBLE PRAG

leidenschaftliche, daher kaum überzeugende Distanzierung von der Wahlempfehlung der Kommunisten ist ein gefundenes Fressen für die ÖVP zur Entmumifizierung der „roten Katze".

So angeschlagen das Ansehen der Großen Koalition ist, sie sofort über Bord zu werfen, scheint auch der ÖVP nicht ratsam. Auch in der ÖVP sind die Erinnerungen an die Erste Republik, an Wunden aus der Vorkriegszeit zwar verblasst, aber nicht gelöscht. Trotz absoluter Mehrheit werden daher von der ÖVP Verhandlungen über die Fortsetzung der Zusammenarbeit angeboten.

Die SPÖ ist gespalten. Die einen sehen keinen Sinn darin, Regierungspartner von Gnaden der ÖVP zu sein. Die anderen haben noch kein Vertrauen in die Belastbarkeit der Demokratie.

Es sind vor allem Karl Waldbrunner und Anton Benya, die die SPÖ in die Realität des Wahlergebnisses drängen. Die kann nur heißen: Opposition. Von dort aus, und nicht als geduldeter Regierungspartner, sehen diese politischen Pragmatiker die Chance zur Regeneration, zur Neuorientierung, zur kraftvollen Wiederkehr.

Die Angst vor dem Risiko

Es gehört zu den Pikanterien historischer Rückblicke, dass ausgerechnet Bruno Kreisky wortgewaltig um den Verbleib in der Regierung, um die Fortsetzung der Großen Koalition kämpft. Manchmal wird diese Hartnäckigkeit, dieses Engagement in allen Entscheidungsgremien der Sozialistischen Partei, bis hinein in einen außerordentlichen Parteitag, als unbedingtes Festhalten am Regierungsamt missinterpretiert, als ein Nicht-loslassen-Können, als Machterhalt um jeden Preis, auch um den Preis des Risikos, dem Wohlwollen des stärkeren Regierungspartners hilflos ausgeliefert zu sein. Die Chance, in der neuen Regierung Vizekanzler zu werden, mag für Kreisky ein verlockender Gedanke sein, entscheidend ist er nicht.

Bruno Kreisky leiten andere Motive. Er ist, wie viele seiner Generation, von den Ereignissen, Erlebnissen und Folgen der Ersten Republik traumatisiert. Politisch wacher Jugendlicher, intelligent, engagiert, von den Zielen und Perspektiven demokratischer Freiheit und sozialer Gerechtigkeit fasziniert, musste er die Zerstörung der jungen Demokratie, musste er Bürgerkrieg und Verbot der Sozialdemokratischen Partei und der freien Gewerkschaften erleben. Der Austrofaschismus war als Produkt der Christlichsozialen Partei entstanden. Für Bruno Kreisky persönlich sind damit Illegalität, Verhaftung, Exil verbunden. Elf lange Jahre, auch wenn er später diese Jahre in Schweden zu den glücklichsten seines Lebens zählt.

Erlebnisse und Erfahrungen aus Bürgerkrieg, Austrofaschismus, Nationalsozialismus, Weltkrieg, Zerstörung, das völlige Verschwinden Österreichs von der Landkarte sowie der Verlust der Eigenständigkeit, der Unabhängigkeit, der politischen Freiheit formten aus den Bürgerkriegsgegnern der Ersten Republik eine neue, vom Willen zur Zusammenarbeit geprägte Politikergeneration. „Niemals vergessen", aber auch „Niemals wieder" waren die Dogmen der Gründerväter der Zweiten Republik. Brücken schlagen über die Gräber und Gräben der Vergangenheit hinweg. An dieses Österreich glauben! Es gemeinsam wieder aufbauen, gemeinsam gestalten, möglichst allen

Karl Waldbrunner drängt die SPÖ in die Realität der Wahlniederlage – nicht geduldeter Regierungspartner, sondern Regeneration in der Opposition.

Menschen eine gesicherte Zukunft schaffen, ein Heimatland, für das es sich lohnt zu arbeiten, in dem es sich lohnt zu leben. Der Staat, den keiner wollte, das war die Tragödie der Ersten Republik, ein Staat, den alle wollen, ist die Herausforderung an die Politikergeneration vor den Ruinen der zerbombten Städte, vor der bitteren materiellen Not, nach der geistigen und moralischen Deformation durch den Nationalsozialismus.

Dieser Herausforderung fühlten sich vor allem die Repräsentanten der beiden großen Parteien verpflichtet, die Österreichische Volkspartei als Nachfolgeorganisation der Christlichsozialen der Ersten Republik und die Sozialdemokraten.

Der Geist der Zusammenarbeit sollte alle Ebenen durchdringen, die politische wie die wirtschaftliche, die kulturelle wie die gesellschaftliche.

Daraus entstand die Große Koalition, daraus entstand die legendäre Sozialpartnerschaft, die institutionalisierte Zusammenarbeit der Wirtschaftspartner Arbeitgeber und Arbeitnehmer. Daran reihte sich der Prozess der Aussöhnung zwischen Sozialisten und katholischer Kirche.

Und nun sollte das alles zu Ende sein? Nach zwei Jahrzehnten hinreichender Bewährung! Die Sorgen, die Bruno Kreisky bewegen und die ihn treiben, für den Erhalt des Bewährten zu kämpfen, sind auch im Rückblick verständlich. Ihm scheint die Zeit noch nicht reif, das Risiko noch zu groß, um das Experiment einer Spaltung der beiden großen politischen Lager in Regierung und Opposition zu wagen.

Doch die Zeit ist reif. Die zwanzigjährige Zusammenarbeit zeigt bereits starke Erosionen. Der Proporz, in den Anfängen eine sinnvolle, wahrscheinlich auch notwendige Ergänzung der politischen Zusammenarbeit, produziert skurrile Auswüchse, das Gleichgewicht der politischen Kräfte wird gesplittet, um sich jeweils mehr selbst profilieren zu können. Die Regierungsarbeit ist ineffizient, unattraktiv, ergebnisschwach geworden, das jährliche Feilschen um das Bundesbudget zur grotesken Peinlichkeit verkommen, an der auch die letzte Regierung scheiterte.

Zur Klärung der Frage, ob die Koalition auch unter den neuen Rahmenbedingungen fortzusetzen sei, also auch als stark geschwächter und daher nur gnadenhalber geduldeter Partner Regierungsverantwortung zu übernehmen, beruft die SPÖ für den 15. April 1966 einen außerordentlichen Parteitag ein.

Auf dem Parteitag im April 1966 entscheidet sich die SPÖ für die Opposition.

Der Weg zur Normalität

Am 18. April sind die Würfel endlich gefallen: Zum ersten Mal seit Kriegsende, bedeutender noch: zum ersten Mal seit 1934, gibt es in Österreich wieder eine Regierung des bürgerlichen Lagers und eine Opposition, die von den Sozialisten dominiert ist.

Damit ist die Nachkriegsordnung zu Ende, die demokratische Entwicklung Österreichs in der Normalität angelangt. Von nun an darf das Parlament Parlament sein. Zum ersten Mal steht einer Regierung eine starke Opposition gegenüber. Das demokratische Wechselspiel der Kräfte hat nach 20 Jahren „Windstille", wie der Politikwissenschaftler Anton Pelinka die Zeit davor charakterisiert, Premiere. Die Zweite Republik steht vor ihrer großen demokratischen Bewährungsprobe. Sie hat diese, wie wir inzwischen erfahren konnten, bravourös bestanden.

Auf dem Parteitag prallen die unterschiedlichsten Positionen noch einmal hart aufeinander. Vor allem Kreisky muss sich gegen Vorwürfe wehren, bei den Verhandlungen der letzten Tage zu sehr die Verteidigung der Regierungsbeteiligung und weniger die Anliegen der Partei verfolgt zu haben. Emotionsgeladen verteidigt Kreisky seine Position: „Bei uns in Österreich – ich habe das immer wieder betont – ist doch die Koalition die Folge des Bürgerkrieges, des Erlebnisses des Bürgerkrieges in unserer Zeit. Ob das jetzt die jungen Menschen interessiert oder nicht, ob sie der Hitler interessiert oder nicht, das will ich jetzt gar nicht untersuchen. Aber wir haben doch erlebt, wie die österreichische Demokratie zugrunde gegangen ist. Und weil wir das nicht wieder haben wollen, haben wir uns dazu entschlossen, die Erinnerung an den Bürgerkrieg durch die Zusammenarbeit zu überwinden."

1966 scheitern die Koalitionsverhandlungen zwischen ÖVP und SPÖ. Die Verhandlungsteams: links die ÖVP – Alfred Maleta, Josef Klaus, Hermann Withalm, rechts die SPÖ – Alfred Schachner-Blazizek, Bruno Pittermann, Bruno Kreisky.

Die letzte Regierung der Großen Koalition – erste Reihe sitzend von links nach rechts: Bruno Kreisky, Außenminister, Bruno Pittermann, Vizekanzler, Josef Klaus, Bundeskanzler, Fritz Bock, Handelsminister, Anton Proksch, Sozialminister

Gruppenbild mit Dame – das Kabinett Klaus II, die erste ÖVP-Alleinregierung und mit Grete Rehor, Sozialminister, das erste weibliche Regierungsmitglied

Unmissverständlich markiert Kreisky auf dem Parteitag die Grenzen für die Erneuerung der Zusammenarbeit: „... dass Tatsachen geschaffen werden, die uns die Gewissheit geben, dass die Exekutive nicht wieder gegen Sozialdemokraten, gegen demokratische Sozialisten in der einen oder anderen Form mobilisiert werden kann."

Kreisky muss aber auch auf sein Ansehen innerhalb der SPÖ, also bei den Delegierten zum Parteitag, achten. Daher wehrt er sich leidenschaftlich, als Sozialist zweiter Klasse qualifiziert zu werden, weil er trotz der – nach Meinung vieler Parteimitglieder – unnachgiebigen Haltung der ÖVP um die Fortsetzung der Zusammenarbeit kämpft. „Ich lehne es ab", donnert er in den Verhandlungssaal, „zu akzeptieren, dass man ein schlechter Sozialist ist, wenn man der Meinung ist, dass wir mitverwalten sollen. Wir haben meiner Meinung nach als Vertreter von nahezu zwei Millionen Österreichern nicht nur das Recht, zu kritisieren und Initiativanträge einzubringen, bei deren Abstimmung wir dann unterliegen, sondern auch mitzuverwalten und mitzuentscheiden ... Wenn es nur geht, dann soll man an dieser geballten Macht mit mutiger Verantwortungsfreude, mit echter Initiative und mit Ideen teilnehmen und sich nicht darauf beschränken, den anderen die Initiative zu überlassen und sie dabei wenn möglich ein wenig aufzuhalten."

Die Befürworter der Fortsetzung der Koalition erringen nur einen Teilerfolg. Das Einzige, worauf sich die Delegierten einigen können, sind Bedingungen, deren unbedingte Erfüllung die Mindestvoraussetzung für die Regierungsbeteiligung der Sozialisten ist. Diese Bedingungen will die ÖVP nicht mehr erfüllen. Zum ersten Mal in der Zweiten Republik gibt es daher keine Regierung der beiden großen politischen Lager, der Bürgerkriegsgegner der Ersten Republik, sondern eine allein von der ÖVP gebildete Bundesregierung.

Schwer für den, der die Schläge bekommen hat

Wie tief bei Kreisky das historische Erlebnis seiner Jugend verankert ist, kann aus seiner ersten Rede als oppositioneller Abgeordneter herausgelesen werden. Auch sein Talent, überzeugt, empört oder besorgt zu sein, mangelnde Redlichkeit elegant, aber deutlich anzuprangern. Aus seiner historischen Erfahrung formuliert er in seiner Parlamentsrede vom 22. April 1966 Sorge, Anklage und Warnung, aber auch die bleibende Bedeutung der Zusammenarbeit der beiden großen politischen Lager: „Ich weiß, meine Herren, Sie empfehlen uns immer wieder, wir sollen doch endlich vergessen, unsere Kinder sollen vom Schleier der heiligen Agnes mehr erfahren als von dem, was ihre Väter entzweit hat. Welche Auffassung von der

»Seine tief verankerte politische Überzeugung verbindet sich mit Toleranz ... dass viele in ihm den demokratischen Sozialisten, zugleich aber auch den Literaten sehen. Diese Charakterzüge, die in einem gewissermaßen dialektischen Verhältnis zueinander stehen, haben wohl dazu geführt, dass manche Beobachter zu dem witzigen Schlagwort von der ‚Quadratur des Kreisky' ihre Zuflucht nahmen.«
Willy Brandt

Geschichte! Sie wollen von uns, dass wir vergessen. Erlauben Sie mir aber hier im Hohen Haus zu sagen, und lächeln Sie nicht darüber, denn ich bin einer, der dabei war: Ich bin vor 30 Jahren, im Jahre 1936, im Gefängnis für die Zusammenarbeit der demokratischen Bauern und demokratischen Arbeiter eingetreten, als wir sahen, was da heraufkommt. Ich habe mir erlaubt, zu sagen: ‚Der Weg zur Demokratie muss nicht der einer blutigen Revolution sein. Es kann doch passieren, dass eine Regierung in höchster Not ein großes Volksaufgebot fordern und das Bündnis der demokratischen Bauern und der demokratischen Arbeiter dieses Landes dringend notwendig haben wird. Damals war es zu spät, wie oft in der Geschichte unseres Landes die guten Dinge zu spät – auch wenn sie uns rechtzeitig eingefallen sind – in Angriff genommen wurden.

Sie sagen, wir sollen vergessen. Ich bitte Sie auch, zu bedenken, dass es schwerer für den zu vergessen ist, der die Schläge bekommen hat, als für den, der sie nur gezählt hat. Es war die zweite große Weisheit der Männer dieser Zeit – neben denen, die ich schon genannt habe –, der Präsidenten Renner, Schärf und Körner, des Präsidenten Böhm und des Innenministers Helmer, zu erkennen, dass wir den uns täglich, ja stündlich umlauernden Gefahren nur standhalten können, wenn wir zusammenhalten, wenn das Parlament in großer, in überwältigender Mehrheit die Regierung trägt.“

Diese erste Parlamentssitzung nach dem Zerbrechen der Regierungskoalition findet am 22. April 1966 statt. Dass innerhalb von Jahresfrist die Sozialistische Partei Bruno Kreisky zu ihrem Vorsitzenden wählen wird, ist noch kein Thema. Aus dem Rückblick heraus hat sich Kreisky spätestens mit dieser Parlamentsrede in Startposition gebracht. Es sind nicht nur Rufe der Klage und der Anklage. Es sind auch bereits die Konturen künftiger Strategien skizziert:

„Wir hätten an der Zusammenarbeit nicht aus Respekt vor ihrer historischen Leistung festhalten sollen, wir sind auch nicht der Meinung gewesen, dass man an der Zusammenarbeit festhalten solle, damit wir auf unseren Ministersesseln bleiben, sondern weil wir glauben – das hat schon der Herr Abgeordnete Benya gesagt –, dass dieser Staat die Zusammenarbeit auch in Zukunft dringend notwendig hat. Denken Sie an die Probleme, die sich aus der wirtschaftlichen Neustrukturierung Europas ergeben, aus dem Einbau Österreichs in diese neue europäische Wirtschaft, aus dem Bemühen, ihn so friktionsfrei wie möglich zu gestalten.“

Ernst mit der Aufwertung des Parlaments

Die Zusammenarbeit der beiden großen politischen Lager wird auch weiterhin gelebte Praxis bleiben. Trotz der Alleinregierung. Die Sozial- und Wirtschaftspartner werden sich darum wenig kümmern. Sie werden auch in Zukunft zwischen den großen politischen Lagern Brücken schlagen und für einen möglichst friktionsfreien Interessenausgleich sorgen.

Aber die Auseinandersetzungen über unterschiedliche Positionen werden profilierter und transparenter. Das zeigen schon die ersten parlamentarischen Debatten. Selbst in die Medienlandschaft scheint Farbe und Belebung zu kommen. Kreisky, den sie wenige Jahre später den „Medienkanzler“ nennen werden, weiß, was Journalisten brauchen:

Der Abgeordnete Bruno Kreisky: „Es wird eine ständige, sich immer wieder erneuernde Auseinandersetzung über eine bessere Politik für Österreich sein."

neben Informationen ein Ernst-genommen-Werden, Anerkennung, das Gefühl, wichtig zu sein. Die neue Kräfteverteilung eröffnet den Medien neue Chancen. Kreisky ködert mit Komplimenten und lässt keinen Zweifel über seine Erwartungen aufkommen. Dazu noch ein Schuss Berufsehre und ein, zwei verführerische Andeutungen. Der Meister zeigt sich bereits in den oppositionellen Anfängen. In den wenigen Wochen des Wechsels von der Regierungsbank auf die Oppositionsbank hat Kreisky bereits seine situationsbedingte Einstellung zu den Medien gefunden.

„Aber heute, glaube ich, bahnt sich eine gute Entwicklung an", sagt er zwar im Parlament, aber in Richtung der zuhörenden Journalisten: „Nicht nur, dass es junge Journalisten gibt, die gut schreiben, es gibt auch schon junge Journalisten, die gut denken können und sich bemühen, den Dingen auf den Grund zu gehen, die in Fragen der Demokratie und der Toleranz sehr entschieden sind."

Und diejenigen, die „gut denken" können, wissen auch bereits, wo sie künftighin beruflichen Erfolg haben werden – nämlich dort, wo die sozialistischen Abgeordneten sitzen! „Sie tun gut daran, sich dort zu platzieren, Sie wissen schon, wo nun die interessante Seite dieses Hohen Hauses ist. Das glauben wir Ihnen versprechen zu können."

Und damit dieses Versprechen auch Substanz erhält und glaubwürdig ist, schließt Kreisky seine erste Rede als oppositioneller Abgeordneter mit einer deutlichen, selbstbewussten Kampfansage: „Unsere Position ist klar definiert: Wir werden eine harte, aber faire Opposition sein ... Der sportliche Geist des österreichischen Volks liebt harte und faire Mannschaften, die populärste war auch einmal die härteste Mannschaft. Ich werde mich da mit Bruno Pittermann nicht finden, aber das ist meine Ansicht. Sie aber, meine Herren in der Bundesregierung und Frau Sozialminister, werden sich damit abfinden müssen, dass wir es ernst mit dem meinen, was Sie immer verkündet haben: mit der Aufwertung des Parlaments.

Die Regierung wird gebildet von der Österreichischen Volkspartei, die Opposition von der Sozialistischen Partei und der Freiheitlichen Partei – für sie habe ich kein Recht zu reden – und es wird eine ständige, sich immer wieder erneuernde Auseinandersetzung über eine bessere Politik für Österreich sein. Die letzte Entscheidung darüber aber werden die Wähler treffen. Herr Bundeskanzler, bei Philippi sehen wir uns wieder!"

Hannes Androsch als oppositioneller Abgeordneter – kompetent, selbstbewusst und frech. Links im Bild Gertrude Wondrack, Bundesfrauensekretärin der SPÖ.

Für die SPÖ der erste 1. Mai nach 1945 als Oppositionspartei: „Wir kommen wieder."

Aufbruch zu neuen Ufern

In Kärnten, in Windisch Bleiberg, treffen einige Jungsozialisten zum konspirativen Urlaub zusammen: Heinz Kienzl, Günther Nenning, Josef Staribacher, Karl Blecha, Rupert Gmoser, Heinz Fischer, Franz Kreuzer.

Diese Gruppe findet sich schon unmittelbar nach der Wahlniederlage der SPÖ zusammen. Josef Staribacher, der intellektuell rege und engagierte Angestellte der Wiener Arbeiterkammer, lädt ins „Annenthal", ein in der Nähe Wiens gelegenes Schulungsheim der Gewerkschaft der Privatangestellten. Alles junge Hoffnungsträger der SPÖ. Was sie zusammenführt, ist die selbst gewählte Aufgabe, für den außerordentlichen Parteitag der SPÖ im April eine Entscheidungsunterlage zu erarbeiten. Die Frage, ob die SPÖ nach der Wahlschlappe trotzdem Regierungspartner bleiben oder die Regeneration in der Opposition suchen soll, soll nicht emotional, nicht aus dem Bauch heraus beantwortet werden, sondern nach rationaler, nüchterner Überlegung. Obwohl mit Heinz Fischer der Sekretär des Parteivorsitzenden Bruno Pittermann teilnimmt, agiert die Gruppe ohne Auftrag. Qualifizierte Hoffnungsträger wissen, ob es Zeit ist, sich wichtig zu machen. Ein durchaus breites Spektrum sozialistischer Intellektueller mit in der Zukunft ebenso unterschiedlichen Karrieren. Was sie in den Sommertagen des Jahres 1966 eint, grenzt an revolutionäre Aufmüpfigkeit. Überzeugt davon, dass sich die Sozialistische Partei nur durch personelle, organisatorische und inhaltliche Veränderungen aus der Niederlage vom 6. März herausarbeiten kann, proben sie die Zukunft. Damit die informelle Zusammenkunft einen Hauch von Professionalität erhält, ringt man zuerst einmal um eine Benennung. „Aktion 70" schlagen die Optimisten vor. Vor 1974 – dem Ende einer zweiten Regierungsperiode der ÖVP – keine Chance, ist die Mehrheit überzeugt. Ein linkes Schicksal zeichnet sich ab. Die Idee, für Veränderung und Aufbruch mobilzumachen, scheitert an den Differenzen über die Etikettierung.

Franz Kreuzer – Gespräche im August: Im Sommer wird verkündet, was im Herbst geschehen wird.

Bruno Kreisky: „Unsere Entschlossenheit, rasch an die Arbeit zu gehen, wird die wichtigste Voraussetzung neuer Erfolge sein …“

Karl Waldbrunner und Felix Slavik – auch wenn Erfahrung verloren geht, muss eine Veränderung herbeigeführt werden …

Trotzdem: In der SPÖ muss es zu grundlegenden und tiefgreifenden Veränderungen kommen. Davon sind die Freunde überzeugt. Ansätze für Optimismus gibt es bereits. Zum Beispiel Heinz Brantl und die gleichermaßen großformatige wie großartige Wochenzeitung HEUTE. Oder die spürbare Unruhe vieler Jugendlicher, denen Österreich zu muffig geworden ist. Die SPÖ-Landesorganisationen beginnen, sich stärker, als es der Tradition der Partei entspricht, in Grundsatzdiskussionen und Entscheidungsabläufe einzubringen. Föderalistische Vielfältigkeit gegen erstarrten Zentralismus lässt Hoffnung auf Veränderung aufkommen. Alles Symptome aufkeimender Bereitschaft zu gesellschaftlichen Veränderungen, die erkannt und gefördert und genützt werden sollen.

Gespräch im August

Noch ist Bruno Pittermann Parteiobmann. Ein Parteiobmann auf Abruf. Daher sind im Sommer 1966 die Sozialisten praktisch ohne Führung. In dieses Vakuum dringt – angeregt durch die Freundesgruppe von Windisch Bleiberg – Franz Kreuzer, seit 1962 Chefredakteur der Arbeiter-Zeitung. Seine Artikelserie „Gespräch im August" wird Parteigeschichte. Und Mediengeschichte.

Sauregurkenzeit. Sommerloch. Das war einmal. Bis 1966. Im Sommer 1966 wird erstmals über eine Zeitung Politik gemacht. Aus den „Gesprächen im August" des Chefredakteurs der „Arbeiter-Zeitung", Franz Kreuzer, werden in späteren Jahren die „Sommergespräche" des ORF entstehen. Chefredaktion: Franz Kreuzer. Seither hat der Sommer seine politische Unschuld verloren. Sommergespräche sind zu einem fixen Bestandteil der Politik geworden. Im Sommer wird verkündet, was im Herbst geschehen wird. Oder zumindest geschehen könnte.

Franz Kreuzer führen pragmatische wie politische Motive zu seiner Initiative. Pragmatisch: Sommer hin, Sommer her – er hat eine Zeitung zu machen. Täglich. Eine politische Zeitung. Doch die SPÖ ist noch immer benommen. Zum ersten Mal seit 1945 ist sie nicht mehr Regierungspartei. Der Vergleich mit einem k. o. gegangenen Boxer drängt sich auf. Die Benommenheit der Parteiführung, insbesondere des Vorsitzenden, ist nachhaltig.

Auch für Franz Kreuzer gleichen das Wahldebakel und dessen Folgen einer persönlichen Niederlage. Seit seiner Jugend, von seiner Familie, von seinem Werdegang her eng mit der sozialistischen Bewegung verbunden, mit ihren Inhalten und Traditionen, paart sich bei Kreuzer im Sommer 1966 die pragmatische Notwendigkeit, eine Zeitung zu machen, mit dem politischen Anliegen, die SPÖ aus der Benommenheit in die kämpferische Gegenwart zurückzuführen. Aus der Partei selbst ist nichts zu erwarten, keine Orientierung, keine Vorgaben, keine Linie. Franz Kreuzer entschließt sich zum Alleingang, holt sich aber diszipliniert die

Tradition: Bruno Pittermann

Beständigkeit: Anton Benya

Zukunft: Leopold Gratz

Zustimmung des Parteivorsitzenden Bruno Pittermann, erinnert sich der Tradition der Arbeiter-Zeitung als Ort für Grundsatzdebatten in der SPÖ und startet die Artikelserie „Gespräch im August".

Franz Kreuzer nutzt das Führungsvakuum mit dem Spürsinn eines politisch geschulten Journalisten zur Ankurbelung der innerparteilichen Diskussion. Im Jänner 1967 soll ja der entscheidende Parteitag sein. Wird der in vielen Augen dringend notwendige Generationenwechsel gelingen? Wird die „alte Garde" Veränderungen hinauszögern, weil sie die Zeit für Veränderungen noch nicht herangereift sieht, wird vielleicht Pittermann selbst noch einmal antreten?

Die Gespräche sind hierarchisch geordnet aufgebaut: Pittermann, Waldbrunner, Benya, Kreisky, Slavik, die führenden Landespolitiker und zum Abschluss Leopold Gratz, der Sekretär des Parlamentsklubs der sozialistischen Abgeordneten und Hoffnungsträger einer neuen Generation.

Kreuzer reist seinen Gesprächspartnern in die Urlaubsorte nach, spürt sie in Kurheimen auf, besucht sie an der Arbeitsstätte. Hartnäckig stellt er seine Fragen nach der Notwendigkeit organisatorischer und personeller Veränderungen, nach programmatischen Vertiefungen, nach neuen Strategien in der politischen Auseinandersetzung.

Die Frage nach der Notwendigkeit personeller Erneuerung beantwortet Pittermann hinhaltend vorsichtig: „Es wird notwendig sein, die junge Generation in der Partei für die Ablöse vorzubereiten."

Karl Waldbrunner, im Sommer 1966 die wahrscheinlichste Alternative für den Parteivorsitz, mahnt zur Geschlossenheit, urgiert gegenseitiges Vertrauen und sieht die SPÖ-Erfolge in den drei Monaten Oppositionspolitik in einer funktionierenden Teamarbeit begründet. Modernistischen Tendenzen für den künftigen Führungsstil kann er wenig abgewinnen: „Wir haben uns weder vom politischen Gegner noch von außen stehenden Ratgebern die Starverehrung einreden lassen. Wir haben nicht nach der Methode Karajan gearbeitet, obwohl dies für den oder jenen unter uns verlockend gewesen wäre."

Am deutlichsten wird Felix Slavik: „Ich halte für die Hauptaufgabe, die die Partei zu bewältigen hat, die Durchführung des Generationenwechsels." Und der Wiener Slavik zeigt auf, woher die Impulse kommen werden: „In den Bundesländern gibt es eine ganze Reihe von jungen Vertrauenspersonen, die bereits genügend politische Erfahrung haben, um noch größere Verantwortung übernehmen zu können."

Seine unmissverständliche Schlussfolgerung: „Der Parteitag sollte eine wirkliche Verjüngung der Parteiführung herbeiführen – auch auf die Gefahr hin, dass dabei manche Erfahrungen verloren gehen."

Hans Czettel warnt vor der „Illusion, dass die Partei alle ihre Probleme vor allem durch

»Was ich gerne getan hätte, wäre, allmählich auf einen Posten zu gelangen, der aber unter normalen Bedingungen schon auf Jahrzehnte hinaus besetzt gewesen wäre: Stellvertretender Chefredakteur der Arbeiter-Zeitung, weil ich mich eigentlich immer nur für den zweiten Posten interessiert hab'.«

Bruno Kreisky

Bruno Pittermann und Bruno Kreisky – die besten Brunos, die Österreich je hatte ...

einen Wechsel im Vorsitz lösen kann". Der stellvertretende Obmann des Klubs der sozialistischen Abgeordneten, der fünf Monate später die Alternative zu Bruno Kreisky bei der Auseinandersetzung um einen neuen Parteivorsitzenden sein wird, möchte in seinem Augustgespräch nicht nur den Parteivorsitzenden, sondern auch seine Stellvertreter in direkter Wahl bestimmt wissen, damit klargestellt wird, „dass die Hauptverantwortlichkeit nicht Alleinverantwortlichkeit bedeutet."

Bruno Kreisky, der nach seiner Wahl zum Parteivorsitzenden Franz Kreuzer zur atmosphärischen Verbesserung mit seinen innerparteilichen Gegenspielern opfern wird, macht das Augustgespräch zum unmissverständlichen Inserat. Vom „Aufbruch zu neuem politischem Denken", von „freier Auseinandersetzung mit dem Gegner" ist ebenso die Rede wie von „neuem Versammlungsstil" oder „offener Pressepolitik".

Einen ganzen Monat lang hält Franz Kreuzer die SPÖ auf Trab. Sein Vorhaben hat Erfolg. Die innerparteiliche Diskussion gewinnt an Dynamik. Auf dem Parteitag im Jänner 1967 wird kein Stein auf dem anderen bleiben.

In der ersten Sitzung des Parteivorstandes nach dem Sommer, also nach den Augustgesprächen, zeigt sich, wie sehr die journalistischen Eigenmächtigkeiten vor allem der alten Führungsgarde, den Traditionalisten unter die Haut gehen.

Kreuzer übt Enthaltsamkeit. Bis zum Dezember schreibt er keinen Leitartikel mehr.

Bruno Pittermann, Karl Waldbrunner, Bruno Kreisky, Hans Sima (v. l. n. r.) auf dem Parteitag der SPÖ 1967: Trotz Krise keine Flucht in die Unverbindlichkeit

Mut zur Veränderung

Pittermanns Strategie, den Parteitag als einen Reformparteitag des langsamen Übergangs auf die jüngere Generation zu gestalten, hätte eine starke Persönlichkeit für den Parteivorsitz vorausgesetzt. Die wäre mit Karl Waldbrunner gegeben gewesen. Mit ihm als Kandidaten für den Parteivorsitz hätte es mit größter Wahrscheinlichkeit auf dem Parteitag keinen Gegenkandidaten gegeben. Doch Waldbrunner lehnt aus Krankheitsgründen ab. Eine andere starke Alternative, Anton Benya, steht von vornherein nicht zur Verfügung. Er sieht seinen Platz in der Gewerkschaftsbewegung. Ein Wechsel vom Vorsitzenden des ÖGB zum Obmann der Sozialistischen Partei scheint ihm nicht sinnvoll. Es gibt also keine Persönlichkeit nach dem Prinzip des gemeinsamen Nenners für alle Strömungen in der Partei.

Zum ersten Mal in ihrer Geschichte wählt die SPÖ einen neuen Vorsitzenden in einer Kampfabstimmung. Auf dem Parteitag in der Wiener Stadthalle, am 30. Jänner und 1. Februar 1967, stehen zwei Kandidaten zur Wahl: Hans Czettel, Innenminister der letzten Koalitionsregierung, und Bruno Kreisky, deren Außenminister. Hans Czettel ist nach der Absage Karl Waldbrunners der Verlegenheitskandidat der Traditionalisten, hat aber starke Befürworter. Er ist der Kandidat des scheidenden Parteivorsitzenden Pittermann, hat die volle Unterstützung von Anton Benya und damit der sozialistischen Gewerkschaftsfraktion. Hans Czettel ist der Garant für die Fortsetzung der guten Traditionen der SPÖ. Redlich, fleißig, Elternhaus und beruflich-politischer Werdegang weisen ihn als Urgestein der Bewegung aus.

Hans Czettel und Bruno Kreisky: „Personenfrage im Mittelpunkt des Interesses“

Anton Benya wirft sich mit der ihn prägenden Geradlinigkeit für Hans Czettel in die Schlacht. Vor allem treibt ihm ein neuer Stil der Auseinandersetzung die Zornesröte ins Gesicht. „Man konnte“, macht er mit donnernder Stimme seiner Abneigung gegen Intriganten Luft, „im Kurier lesen: Die ‚bösen Vier‘ – Waldbrunner, Probst, Broda, Benya – haben sozusagen Pittermann gezwungen, einen Vorschlag zu machen. Genossinnen und Genossen! Dieses Quartett, diese ‚bösen Vier‘ sind mir schon seit mehr als zwei Jahren immer wieder untergekommen. Das kann nicht eine Erfindung der so genannten unabhängigen Journalisten sein, da liegt etwas anderes zugrunde. Das ist Vergiftung in unseren Reihen!“

Hans Czettel ist gedacht als Alternative sowohl zu Pittermann, um trotz weitgehender Kontinuität dennoch einen Wechsel zu ermöglichen, als auch zu Kreisky, um den Schritt in unbekanntes Neuland zu vermeiden. Ein

Leistung
Aufstieg
Sicherheit

guter Funktionär, bewährt, angesehen, nicht polarisierend. Doch der Parteitag entscheidet sich für Veränderung, für Neuorientierung, für Neubeginn.

Eine neue Dimension im Denken

Die Diskussionen auf dem Parteitag sind heftig und zeigen die innere Zerrissenheit der Partei. Wahrscheinlich hat es seit den Debatten zwischen dem Pragmatiker Karl Renner und dem Ideologen Otto Bauer keine Auseinandersetzung gegeben, die mit größerer Intensität geführt wurde. Es geht eben nicht nur um personelle Erneuerung, sondern um grundsätzliche Neupositionierung in einer Welt tiefgreifender Veränderungen.

Wie weit der gesellschaftliche Wandel bereits die traditionellen Strukturen in Österreich verändert hat, zeigen die harten, offenen, grundsätzlichen Diskussionen ebenfalls. Die traditionelle Dominanz der Wiener SPÖ-Organisation ist nicht mehr genügend ausgeprägt, um die entscheidenden Impulse setzen zu können. Es sind schlussendlich die Delegierten aus den Bundesländern, die durchsetzen, „dass der Parteitag nicht, wie es die Tradition nahegelegt hat und wie es als Ausweg angeboten wurde, die Flucht in die Unverbindlichkeit einer niemanden echt befriedigenden Lösung angetreten und nicht die in der Politik auf lange Sicht stets problematische Linie des geringsten Widerstandes gewählt, sondern sich dazu aufgerafft hat, eine sachlich überlegene Lösung durchzukämpfen und dafür den Preis der Verstimmung der Überstimmten in Kauf zu nehmen" (Leser, „Salz in der Gesellschaft").

Bruno Kreisky auf dem Parteitag 1968 zum neuen Wirtschaftsprogramm der SPÖ: „Wir wollen, dass die Wirtschaft unserer Republik durch dieses Programm geprägt und gestaltet wird."

Trotz der Heftigkeit der Auseinandersetzung wird schließlich Kreisky von einer deutlichen Mehrheit gewählt. Spannend ist es allemal. Dem Parteistatut entsprechend, erfolgt zuerst die Wahl zum Parteivorstand. Dem obliegt es, dem Parteitag einen Wahlvorschlag für den Parteivorsitzenden zu unterbreiten. Im neu gewählten Parteivorstand erhält Kreisky 33 Stimmen, Czettel 19. Im Plenum fällt die Wahl mit 347 zu 150 Stimmen deutlich für Kreisky aus.

In seiner Rede nach der Wahl zum Parteivorsitzenden wird für die meisten der Delegierten die neue Dimension im Denken erkennbar. Kreisky spannt einen weiten Bogen von der Bedrohung bis zu den Chancen der neuen technologischen Entwicklungen. Von den Gefahren durch die neuen Vernichtungswaffen spricht er ebenso wie von der Überbevölkerung und der Arbeitslosigkeit. Aber Politik sei Menschenwerk, und daher liege es an den Menschen, eine Gesellschaft zu gestalten, die frei ist von Not, Angst und Bedrohung. Der Schlussakkord seiner Rede ist ein emotionaler Appell zum Aufbruch zu neuen Ufern: „Das alles sind nicht Fragen, die sich erst in ein paar Jahrzehnten stellen werden; das alles sind Fragen, die sich jeden Tag stellen. Und eine große Partei, eine Partei, die sich nicht nur dem politischen Tageskampf widmet, eine große Partei, die die gesellschaftlichen Verhältnisse ändern will, eine wahrhaft historische Partei muss sich ununterbrochen mit diesen Fragen auseinander setzen. Aber sie muss sich auseinander setzen nicht unter Zuhilfenahme von ein paar sehr klugen Menschen, sondern es muss die ganze Partei an der Diskussion dieser Fragen teilnehmen. Ich weiß keinen besseren Schluss als die Worte, die Friedrich Adler auf dem letzten Kongress der Sozialistischen Jugendinternationale uns Vertretern der Jugend gesagt hat – ich habe sie schon mehrmals zitiert, ich will es hier wieder tun. Er erklärte damals: Da kommen die einen zu euch und sagen euch: Hitler wird es machen, der Führer wird es machen! Da kommen die anderen und sagen euch: Stalin wird es machen! Da kommen wir demokratischen Sozialisten zu euch und sagen: *Ihr* müsst es machen!" (Kreisky, Reden, Band I)

Bruno Kreisky ist für die SPÖ eine mutige, unorthodoxe, ja revolutionäre Entscheidung. Das zeigt auch der Weg, den Kreisky bisher in der SPÖ gegangen ist, ja gehen musste. Aus der Emigration war er erst 1951 zurückgekehrt. Theodor Körner hatte die Wahl zum Bundespräsidenten gewonnen. Über Empfehlung des Vizekanzlers Adolf Schärf holte er sich Bruno Kreisky in seinen Beraterstab. Der damalige Mitarbeiter der österreichischen Gesandtschaft in Stockholm wird Vizedirektor des Kabinetts des Bundespräsidenten.

Erst von da an gelingt es Kreisky, wieder an seine parteipolitische Vergangenheit anzuknüpfen. Aus großbürgerlichem Hause stammend, fand schon der Bub zu den Sozialisten – aus früh erwachtem sozialem Empfinden wie aus intellektueller Aufmüpfigkeit. Nicht zum Mitläufer geboren, wurde er bald in Funktionen gewählt – im Verband Sozialistischer Mittelschüler, in der Sozialistischen Arbeiterjugend und schließlich im Untergrund, in der verbotenen „Revolutionären Sozialistischen Jugend". 1935 von den Austrofaschisten verhaftet, im Sozialistenprozess verurteilt, wurde er dann 1938 von der Gestapo neuerlich eingesperrt, fünf Monate lang, bis er in die Emigration entkommen konnte. Diese dramatischen und traumatischen Jugenderlebnisse prägen sich tief in sein Wesen ein, formen Geist und Empfinden. Daraus erklärt sich die Sorge, die ihn treibt, auch nach der verlorenen Wahl 1966, in aussichtsloser Position um die Fortsetzung der Zusammenarbeit der beiden großen politischen Lager zu kämpfen. Gedanken der Rachsucht für erlebtes Unrecht haben ihn nie motiviert, aber „den Wurzelgrund, aus dem das Böse gewachsen war, ließ er nicht aus den Augen" (Rolf R. Bigler).

1966, da hat er noch kein Vertrauen in die Demokratieverlässlichkeit der ÖVP. Zu oft sind wieder raue Töne zu hören; und auch der Wahlkampf gießt Öl ins Feuer des Misstrauens. 1951, im Kabinett des Staatsoberhauptes, war noch nicht zu erwarten gewesen, dass Kreisky dereinst als führender Funktionär der Sozialisten auf solche grundsätzlichen Fragen der Weiterentwicklung der Demokratie in Österreich Einfluss nehmen würde. Aber der Karriereweg beginnt steiler zu werden – beruflich wie politisch. 1953, zwei Jahre vor Abschluss des Staatsvertrages, wird Kreisky als Staatssekretär für Auswärtige Angelegenheiten in die Regierung berufen und 1956, im ersten Jahr der wieder vollen Souveränität der Republik Österreich, in den Nationalrat gewählt.

UNO oder Niederösterreich

Als Bruno Kreisky mit seinem Kampf um den Erhalt der Großen Koalition gescheitert ist, nimmt er den Fehdehandschuh selbst auf. Wenn er sich schon sorgt um eine friedvolle Weiterentwicklung Österreichs, wenn er Zweifel hat am demokratischen Reifegrad, dann will er nicht als angstvoller Beobachter am

Wegesrand stehen, dann will er selbst seinen größtmöglichen Beitrag zu einer sinnvollen Fortsetzung dessen leisten, was seit 1945 gemeinsam aufgebaut worden ist.

Daher entscheidet er zwischen seinen Möglichkeiten, in den diplomatischen Dienst zurückzukehren, eventuell eine hohe Position bei den Vereinten Nationen anzustreben, oder seine Chance weiterhin in der sozialistischen Bewegung und in der österreichischen Innenpolitik zu suchen, vorerst einmal in Richtung Niederösterreich. 1966 wählen ihn die Delegierten zum Landesparteitag der niederösterreichischen SPÖ zu ihrem Vorsitzenden. Mit Engagement und Elan stürzt er sich in diese Aufgabe, bringt in kurzer Zeit neuen Schwung

Entgegen der Linie seiner Bezirksorganisation stimmt Hannes Androsch für Bruno Kreisky als Parteiobmann.

in die Bewegung und erkennt spätestens im Herbst 1966 seine Chance, Vorsitzender der Gesamtpartei zu werden.

Rolf R. Bigler, der große Schweizer Publizist und Journalist, Chefredakteur der „Weltwoche", gemeinsam mit Friedrich Dürrenmatt Herausgeber des „Sonntagsjournals", Autor vieler Porträts großer Persönlichkeiten in der „Wirtschaftswoche" und in der „Welt", bis zu seinem Tod verheiratet mit Christiane Hörbiger, hat die Wahl Bruno Kreiskys zum vierten Vorsitzenden der SPÖ in einem gleichermaßen klugen, psychologisch einfühlsamen, politisch umfassenden wie poetisch lesenswerten Beitrag niedergeschrieben. Es sei erlaubt, daraus mehr als nur einen Satz zu zitieren:

„Seine Chance bekam er und erkannte sie sofort, obwohl sie so anziehend aussah wie eine alte Erbtante ohne Vermögen. Das war am Tag, an dem der Diplomat Kreisky, der sich in den westlichen Hauptstädten besser auskannte als in Wien und dem zur amerikanischen Innenpolitik mehr einfiel als zur österreichischen, von der Sozialistischen Partei auf ihrer vollen Abwährtsfahrt in die Talsohle der Volks- und Wählergunst zum Vorsitzenden gewählt wurde: in die Opposition, nicht in die Regierung. Er nahm das Danaergeschenk, zu dessen lächelnden Absendern vornehmlich seine Gegner gehörten, wie ein leuchtend rotes Nelkenbukett an und beschloss, zunächst das zu tun, was jedes Politikers wichtige Alltagsarbeit ist: Er begann, Mehrheiten zusammenzuschustern.

Noch zu Beginn des Jahres 1967, kurz nach seiner Ernennung zum Vorsitzenden der traditionsschweren und deshalb auch belasteten Sozialistischen Partei Österreichs, bestätigt er sich selber bei Gelegenheit die Lust

Finanzminister Stephan Koren und sein Paukenschlag: Die Berge haben gekreißt und ein Mäuslein ward geboren.

an der neuen Aufgabe. Es klingt zuweilen, als wollte er mit solchen Hinweisen – er lässt sie während eines Mittagessens unvermittelt in das Dessert fallen oder braucht sie als Antwort auf eine Frage, die gar nicht gestellt war – seine eigenen tief sitzenden Zweifel ersticken, die Zweifel an seiner Eignung, die mit sich selbst hadernde Partei wieder zu einigen, sie für den politischen Kampf aufzurüsten und innerhalb von einigen Jahren an ihrer Spitze die wichtigste Mehrheit und mit dieser die Macht im Staate zu erobern. Dass er mehr an sich als an der Partei zweifelt, ist seinem Realitätssinn zuzuschreiben. Massive Vorurteile sprechen gegen ihn. Vielen Bürgern ist der Renegatensohn aus großbürgerlichem Hause zu sozialistisch, vielen Sozialisten zu bürgerlich. Andere wiederum, Bürgerliche und Sozialisten, sind geneigt, ihm sein Anderssein vorzuhalten: seine jüdische Herkunft und sein zehnjähriges Exil in Schweden.

Nichts hatte er verleugnet, weder seine Gesinnung noch seine Abstammung, und dafür auch gelitten. Aber selbst dieser Umstand, der ihm eher Respekt und Verständnis hätte eintragen müssen, kann ihm zu seinen Ungunsten ausgelegt werden. So vermerkte Niccolò Machiavelli in seinen ‚Discorsi' über die Staatsführung ausdrücklich und nicht ohne Grund: ‚Ein Staat muss sehr darauf achten, niemand

Stephan Koren, der Finanzminister, Bruno Kreisky, der Abgeordnete: „Wenn das kein Debakel ist – was ist dann ein Debakel?“

mit einer wichtigen Aufgabe zu betrauen, dem früher einmal ein nennenswertes Unrecht zugefügt wurde.‘“ (Aus: Johannes Kunz, Hg., „Die Ära Kreisky“)

Eine Stimme aus Floridsdorf

Zurück zum Parteitag in der Wiener Stadthalle. So wie die Wiener Landesorganisation der SPÖ beschließt auch die Bezirksorganisation Floridsdorf, Hans Czettel bei seiner Bewerbung um den Parteivorsitz zu unterstützen. Hannes Androsch ist Funktionär dieser Bezirksorganisation. Dazu kommt, dass er auch persönlich Hans Czettel näher steht als Bruno Kreisky. Trotzdem stimmt Hannes Androsch für Bruno Kreisky. Für den Jungpolitiker ist eine Reihe sachlicher Gründe ausschlaggebend.

Androsch ist von Kreisky beeindruckt. Seine Intellektualität, die Weite seines Horizonts, der Stil seines persönlichen Auftritts, seine Aufgeschlossenheit und Weltoffenheit – das alles verspricht Zukunft. Hannes Androsch wählt die Zukunft.

Mit visionärer Kühnheit

So belastend die Kampfabstimmung um den Parteivorsitzenden von vielen Delegierten erlebt wird, so notwendig und zweckmäßig ist sie. Sie löst jene reinigende Diskussion aus, die einen Aufbruch zu neuen Ufern erst ermöglicht.

Diesen strebt der neue Parteivorsitzende mit ungeheurem Elan zu, mit Phantasie, Mut zum Unkonventionellen, mit visionärer Kühnheit bei gleichzeitiger Beachtung realpolitischer Grenzen, pragmatisch und doch geleitet von den Wertvorstellungen seiner sozialdemokratischen Gesinnung. Es ist auch auf dem Parteitag zu spüren: Aufbruchstimmung erfasst die Partei – und bald auch das Land …

Mobilmachung für das neue Österreich

Bereits im April die Inszenierung der ersten richtungsweisenden Versammlung im großbürgerlich-aristokratischen Palais Auersperg, nicht in einem Haus der Gewerkschaften und

Kreisky an Androsch: „Hannes, lass dir was einfallen!"

nicht in einem Bildungsheim der Arbeiterkammer. Schon der äußere Rahmen signalisiert die weite Öffnung der Partei: Wir reden mit jedem, und alle sind eingeladen, mit der SPÖ ein Stück des Weges gemeinsam zu gehen.

Die „Erste Ökonomische Versammlung" wird zum Fanfarenstoß für eine generelle Mobilmachung. Faktisch alle Bereiche des gesellschaftlichen, kulturellen, wirtschafts- und sozialpolitischen Lebens werden erfasst. 1400 Experten – wie viele es tatsächlich sind, weiß niemand. Egal – die Zahl wird zur Trademark für das „Moderne Österreich", wie es unter der Führung Bruno Kreiskys entstehen soll.

Eine Vielzahl von Programmen, öffentlichkeitswirksam präsentiert, signalisiert Regierungskompetenz. Neben dem Wirtschaftsprogramm werden – von 1400 Experten! – ein Schul- und Bildungsprogramm sowie ein

Hochschulkonzept erarbeitet, ein Human- und ein Justizprogramm. Sogar zur Verwaltungsreform gibt es eine Expertise sozialistischer Talente zusammen mit dem erfahrenen AK-Experten Eduard März.

Junge Ökonomen – Ernst Eugen Veselsky, Alfred Reiter, Hannes Androsch – sollen ein umfassendes Wirtschaftsprogramm erarbeiten. Bisher hat die SPÖ das Feld der Wirtschaftskompetenz nahezu kampflos der ÖVP überlassen. Dem werden ökonomische Versammlungen – schon diese Begriffskreation ist eine PR-Meisterleistung –, Wirtschaftsprofessoren und SPÖ-nahe Experten ein Ende setzen.

Bereits Ende Juni 1967 wird ein fertiger Entwurf für ein Wirtschaftsprogramm präsentiert. Diesmal ist es keine „Versammlung", sondern eine „Plenartagung". Schon mit der Etikettierung muss eben die Bedeutung transparent werden. Bescheidenheit und Zurückhaltung stehen nicht auf der Tagesordnung. Schließlich nehmen sich die Sozialisten nicht mehr und nicht weniger vor als „eine Umgestaltung und Sanierung der Wirtschaftsstruktur in Österreich".

In der Geschichte demokratischer Parteien wahrscheinlich ganz Europas nimmt diese Periode der österreichischen Sozialdemokratie eine Sonderstellung ein. Es ist kein Beispiel bekannt, das vergleichbar wäre. Innerhalb kurzer Zeit entsteht neben dem Wirtschaftsprogramm die oben genannte Fülle der Programme für nahezu alle Bereiche des gesellschaftlichen Lebens.

Vor dem Parteirat am 22. November 1969, also bereits im dritten Jahr seines Wirkens als Parteivorsitzender, kann Bruno Kreisky die Ergebnisse dieser Diskussionen, Beratungen, niedergeschriebenen und öffentlich diskutierten Programme zur Alternative verdichten. Die Opposition ist bereit, die Regierung gefordert, am Horizont beginnt Philippi, die Zeit der großen Auseinandersetzung, heraufzudämmern.

Lass dir was einfallen!

Doch davor ist noch eine gewaltige Hürde zu nehmen. Wer soll das bezahlen? Angesichts der Budgetnöte, in die die ÖVP-Regierung geraten ist, wird die Frage nach der Finanzierung dieser vielen Programme für eine Regierungsalternative, die ernst genommen werden will, immer dringlicher. Zur Erhaltung der Glaubwürdigkeit muss darauf eine Antwort gefunden werden. All die schönen Programme könnten augenblicklich zu Makulatur werden, wenn sie nicht von einem glaubwürdigen Finanzierungskonzept begleitet werden.

Mit der präzisen Vorgabe „Lass dir was einfallen!" beauftragt Bruno Kreisky Hannes Androsch.

Der junge Abgeordnete, der sich bereits als sachkundiger Debattenredner im Parlament profilieren konnte, krempelt die Ärmel hoch. Seriös, geradlinig, glaubwürdig. Zusammen mit anderen „jungen Wilden", wie Alfred Reiter, Ernst Eugen Veselsky, Walter Fremuth, wird ein Finanzierungskonzept erarbeitet, vom Parteivorstand verworfen, vom Parteirat, dem übergeordneten Gremium, einen Tag später einstimmig genehmigt.

Der Auftrag „Lass dir was einfallen" ist zwar inhaltlich gemeint, erfordert aber taktische Phantasie. Das Finanzierungskonzept spricht sich gegen die von der ÖVP versprochene Abschaffung der mit dem Paukenschlag von Koren eingeführten Steuerzuschläge aus.

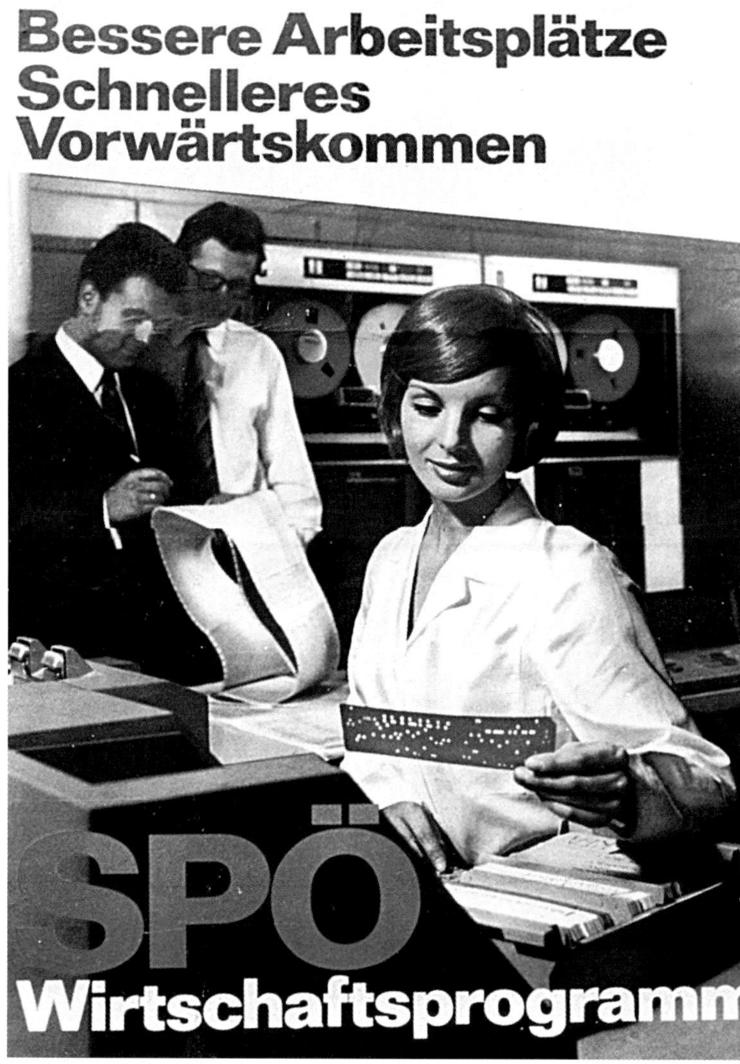

„Wir werden versuchen, diese Ideen allen Menschen zu vermitteln – es wird möglich sein, aus Österreich einen modernen Industriestaat zu machen."

Das Finanzierungskonzept enthält zwar keine Steuererhöhungen, aber die versprochenen Entlastungen werden als unseriös qualifiziert. Als das Papier des Hannes Androsch, zu dieser Zeit Angestellter des sozialistischen Parlamentsklubs – ungeplant – dem Chef des Klubs, Bruno Pittermann, in die Finger kommt, ist der Teufel los. Pittermann ist überzeugt, dass durch solch hoppertatschige Ehrlichkeit die Wahlchancen verringert würden. Er geht in den Parteivorstand und bringt das Papier zu Fall. Damit ist Hannes Androsch die Möglichkeit genommen, das Finanzierungskonzept wie geplant dem Parteirat vorzutragen.

Und da lässt sich Androsch erst recht etwas einfallen. Im Wirtschaftsprogramm, das ja schon vom Parteitag beschlossen und abgesegnet ist, findet sich eine Stelle, auf die er sich beziehen kann, die sozusagen zur „Legitimierung" der Berichterstattung über das Finanzierungsprogramm vor dem Parteirat geeignet ist. Dem Tüchtigen steht aber auch das Glück

Bruno Kreisky und vier aus dem Kreis der 1400 Experten: Heinz Fischer, Ernst Eugen Veselsky, Hannes Androsch und Heinz Brantl, der der SPÖ ein modernes „Facelifting" verpasst hat

zur Seite. Just zur Stunde der Androsch'schen Wortmeldung führt Leopold Gratz den Vorsitz, erfasst blitzschnell die Situation, lässt nach dem Ende des Berichts sofort abstimmen, und noch ehe die Delegierten lange Überlegungen über Vor- und Nachteile des Finanzierungskonzeptes anstellen können, ist es beschlossene Sache.

Das Mandat vor den Wahlen holen

Man kann durchaus davon ausgehen, dass diese Episode ein wichtiges Element im Entstehen der Achse Kreisky–Androsch ist. Obwohl unterschiedlichen Generationen angehörend, erleben beide erstmals eine völlige Übereinstimmung in ihrem Verständnis von Politik. Kreiskys „ceterum censeo" der politischen Erfahrung – „man muss es den Menschen sagen" – wird von Hannes Androsch, dem Jüngeren, verstanden, akzeptiert und auch unter Missachtung hierarchischer Gegebenheiten und Traditionen kreativ umgesetzt. Im Laufe des gemeinsamen Jahrzehnts werden bei Kreisky manchmal taktische Überlegungen das offene Wort überwuchern, aber im Grundsatz bleibt die Übereinstimmung: Man muss sich vor den Wahlen bei den Wählern ein Mandat für eine realistische Politik holen. Für dieses grundsätzliche, leider wenig beachtete Verständnis von Politik ist das Finanzierungskonzept der sozialistischen Opposition ein guter Beleg. Ohne Finanzierungskonzept hätten die vielen schönen Programme und damit auch die Regierungskompetenz der Sozialisten kaum Glaubwürdigkeit erhalten. Trotz der Ankündigung, an den Steuerzuschlägen festhalten zu wollen, festhalten zu müssen, erstmals stärkste Partei geworden zu sein, ist ein ausbaufähiges Mandat für Veränderungen. Für den Finanzminister Hannes Androsch eine wesentliche Einstiegshilfe in die Regierungsverantwortung.

Frau-Freund

Bruno und Vera Kreisky

Hundefreund

Pferdefreund

Der Weisheit Winston Churchills: „No sports" und jener von George Bernard Shaw: „Never sports" setzt Bruno Kreisky angemessene Bewegung entgegen.

Monolog in Filzpantoffeln

Wahlen werden von Regierungen verloren und nicht von Oppositionen gewonnen. Dieser Stehsatz politischer Auguren darf in Bezug auf die Nationalratswahl 1970 zumindest angezweifelt werden.

Nach ihrer Wahlniederlage 1966 wussten die Sozialisten die Zeit der Opposition zur umfassenden Runderneuerung zu nützen. Am Ende der Periode der ersten ÖVP-Alleinregierung kann Bruno Kreisky sich und seine Partei glaubwürdig als Alternative zu Kanzler Klaus und zur ÖVP als Regierungspartei präsentieren.

Einige Beiträge zum Ergebnis der Nationalratswahl vom 1. März 1970 mag die Regierung schon geleistet haben, in der Person des Bundeskanzlers Josef Klaus zum Beispiel: Katholisch-provinziell im Auftritt, pastoral in seiner Art zu reden, eher Prediger des Reformstaus als ein Bannerträger zeitgemäßer Modernisierungen, löst er bei den Wählern und – vor allem – Wählerinnen zunehmend ein Gefühl von Sättigung, Überdrüssigkeit und Langeweile aus. In der Sachpolitik ist vom Koren-Plan die Intonierung des Paukenschlags überdeutlich zu hören. Die Inszenierung überdeckt den respektablen Inhalt, schreckt mehr ab als auf.

Kleinbürger gegen Weltbürger

Die ÖVP ist aber in den Jahren der Alleinregierung auch aus anderen Gründen unter Druck geraten: Die Regierung Klaus musste sich mit empörenden Skandalen herumschlagen, die ihr an die Substanz gingen. Im Fall des Bauskandals beim Bauabschnitt Strengberge der Westautobahn ermittelte die Staatsanwaltschaft gegen rund 200 Beamte und eine große Zahl österreichischer Baufirmen. Der Landesparteiobmann der Wiener ÖVP war in eine millionenschwere Spendenaffäre verwickelt, und in Niederösterreich begann 1968 der Prozess gegen den Landesrat für Finanzen und stellvertretenden Landeshauptmann von Niederösterreich, Viktor Müllner.

Es ist nur aus diesem ganzheitlichen Schwächezustand heraus zu verstehen, dass sich die ÖVP gleichzeitig in einer völligen Fehleinschätzung Bruno Kreiskys verirrt. Die meisten Spitzenfunktionäre halten Kreisky für einen Blender, einen Schwadroneur, einen Zauberkünstler, aber für keinen seriösen Politiker. Dem Bundeskanzler Klaus wird nachgesagt, dass er Kreisky auch persönlich nicht ausstehen konnte. Kleinbürger gegen Weltbürger.

Selbst nachdem Bruno Kreisky 1968 mit 97,5 Prozent der Stimmen als Vorsitzender der SPÖ wiedergewählt wird, spekulieren manche in der ÖVP mit einem raschen Ende. Auch mit Nachsicht gegenüber einer Parteizeitung wirkt der Titel des Volksblatts vom 15. Jänner 1969

Die erste sozialistische Bundesregierung in der Geschichte Österreichs nach der Angelobung durch Bundespräsident Franz Jonas auf dem Weg zur ersten Regierungssitzung

Bruno Kreisky auf Tour – die SPÖ lernt wieder siegen. Links im Bild Max Strache, der erfolgreiche Organisator der Wahlreisen, und Hans Czettel, Landeshauptmann-Stellvertreter von Niederösterreich.

peinlich bis lächerlich: „SP-Chef Kreisky verliert an Boden. Als Kanzlerkandidat der Sozialisten wird LH Kery genannt."

Besonders rührend der Nachrichtentext selbst: „In der SPÖ ist man derzeit nicht besonders zufrieden mit dem beim letzten Parteitag mit großer Mehrheit wiedergewählten Vorsitzenden Kreisky. Sprach man schon während der Budgetdebatte im Herbst davon, Kreisky werde immer mehr in die Rolle Otto Bauers gedrängt, so spricht man nun offen davon, dass Kreisky nicht einmal mehr als Kanzlerkandidat seiner Partei aufgestellt werden soll.

Als Gründe dafür werden im Besonderen angeführt, dass Kreisky mit kaum einem effektiven politischen Erfolg aufzuwarten habe. Schrieb man den Erfolg bei den oberösterreichischen Landtagswahlen noch mehr oder weniger ihm zu, so ging der burgenländische Wahlsieg der Sozialisten schon zur Gänze auf das Konto von Landeshauptmann Kery. Kreisky wird überdies nachgesagt, dass er in seiner Partei zu wenig Gewicht habe und dass er nach seinem Ausscheiden als Parteiobmann von Niederösterreich auch den Ansatz zu einer ‚Hausmacht' verloren hat."

Kreisky würde, so weiß das Volksblatt, parteiintern vorgeworfen, er vertraue zu sehr jungen Intellektuellen und lasse „parteiengagierte Funktionäre" ganz links liegen.

„Es mehren sich deshalb auch die Stimmen, die den aktiven, auch für das Parteifußvolk verständlichen burgenländischen Landeshauptmann Kery als möglichen Kanzlerkandidaten aufbauen wollen."

Als es dann 1970 ernst wird mit dem Kanzlerkandidaten Bruno Kreisky, versucht die ÖVP wiederum, mit Angstparolen die Wähler für sich zu gewinnen. Doch was 1966 noch einmal funktioniert hat, greift 1970 nicht mehr. Kreisky kann man nicht wirklich glaubhaft als Steigbügelhalter der Kommunisten an den Pranger stellen, und die roten Kapuzenmänner, die durch die TV-Werbung der ÖVP geistern, können zwar einen PKW von der Fahrbahn drängen (Wahlwerbespot der ÖVP im Fernsehen), aber der ÖVP keine Stimmen bringen.

Trotzdem erwartet Bundeskanzler Klaus einen sicheren Erfolg. Von seinem Verständnis her hat die von ihm geführte Regierung gute Arbeit geleistet. Dies würden die Wählerinnen und Wähler honorieren. Aus seiner Persönlichkeitsstruktur heraus, aufgrund seines Weltbildes, der Schlichtheit seiner katholischen Überzeugung kann er gar nicht daran glauben, dass er gegen einen Typ wie Kreisky verlieren könnte. Für Klaus ist daher die Enttäuschung am Wahlabend grenzenlos. Für ihn bricht eine Welt zusammen, der er dann fluchtartig den Rücken kehrt.

Ein Duell – zwei Sieger

Dass sich die Zeiten ändern, wird von der ÖVP nicht wahrgenommen. Sie bleibt im Wahlkampf bei der alten Masche, warnt vor der drohenden roten Übermacht und riskiert Anspielungen, die von vielen Wählern einerseits als untergriffig, andererseits als decouvrierend erlebt werden: Dem Juden Kreisky wird „Ein echter Österreicher" entgegengesetzt.

Eine neue Facette im Wahlkampf bringt das nun auch in Österreich heraufdämmernde Fernsehzeitalter. Das TV-Duell Klaus – Kreisky wird zum großen Spektakel. Es ist eine TV-Premiere, die auf Grund des reformierten Rundfunks möglich und – in heutiger Sprache – zum Quotenhit wird. Eine Methode zur Erhebung der Einschaltziffern gibt es noch nicht. Man ist auf Schätzungen angewiesen – und auf die Interpretation begleitender Ereignisse. So berichtet die AZ, dass nach den ersten vorsichtigen Schätzungen die Live-Diskussion – das ist die zusätzliche Sensation – „rund die Hälfte der österreichischen Bevölkerung vor die Bildschirme gelockt" habe. Die Kaffee- und Wirtshäuser sind überfüllt, wie bei der Übertragung der Mondlandung oder eines Fußballspiels Österreich gegen Deutschland. Die ÖVP feiert die Diskussion als großen Erfolg für Josef Klaus. Sie kann sogar internationale Zeugenschaft anführen. So triumphiert das Volksblatt vom 10. Februar 1970: „Fernsehduell ändert Wahlprognosen". Zitiert wird die Züricher „Weltwoche": „‚Jedermann spürt das radikal veränderte innenpolitische Klima', konstatiert die ‚Weltwoche' vom 6. Februar und meint damit den Stimmungsumschwung, der sich in letzter Zeit zugunsten der Österreichischen Volkspartei ergeben habe. ‚Das Wunder' einer absoluten ÖVP-Mehrheit am 1. März ist ‚heute offensichtlich im Anzug'."

Die österreichischen Meinungsforscher gehen mit den Auswirkungen des TV-Duells vorsichtiger um. Zwar können sich auch die professionellen Beobachter auf keinen Sieger einigen – die einen haben Klaus vorne, die anderen Kreisky –, dafür aber auf das wahrscheinliche Wahlergebnis: Die ÖVP werde zwar Mandate verlieren, aber die relative Mehrheit behalten. Die SPÖ, aber auch die FPÖ, werde Mandatsgewinne verzeichnen können.

Die FPÖ hat es schwer, sich im Kampf der Giganten bemerkbar zu machen. Sie versucht eine Positionierung im neutralen Niemandsland mit semantischer Distanzierung zur SPÖ und garantiert: „Kein roter Bundeskanzler – kein schwarzes Österreich – dann stimmt die Richtung."

In seiner Pressekonferenz zum Wahlkampfauftakt interpretiert Parteiobmann Friedrich Peter die plakatierte Garantieerklärung: „Die FPÖ wird aus sachlichen und personellen Gründen keine Regierungskoalition mit der SPÖ eingehen." Daraus kann man den Schluss ziehen, dass die FPÖ sich der ÖVP als Koalitionspartner andient. Die ÖVP ist gar nicht glücklich darüber. Sie fürchtet eine Zersplitterung des bürgerlichen Wählerpotenzials und damit in der FPÖ den indirekten Mehrheitsbringer für die SPÖ. Sie bringt ihre Befürchtungen auf die Formel:

> Wer am 1. März blau macht,
> wird am 2. März rot sehen.
> Blaue Stimme = roter Kanzler.

Bundeskanzler Klaus mobilisiert sein ganzes persönliches Prestige zur Abwehr der FPÖ-Anbiederung. Er käme als Kanzler einer Koalitionsregierung keinesfalls in Betracht – weder für eine große noch für eine kleine Koalition.

Im Österreich des Jahres 1970 zeigt sich die Demokratie gefestigt. Sie hat die Periode der ersten Regierung, die durch eine einzige Partei, im Bewusstsein vieler Sozialisten der Bürgerkriegspartei des Jahres 1934, gebildet wurde, ohne Krampf, ohne Einbußen bürgerlicher Freiheitsrechte, im Wettstreit unterschiedlicher Ideen, Auffassungen und Ziele, gut bewältigt. Die Wahlauseinandersetzung im Frühjahr 1970 kann durchaus als weiterer Meilenstein auf dem Weg zu demokratischer Selbstverständlichkeit gewertet werden.

»Unsere politischen Gegner verstehen nämlich nicht, dass wir über diese Legislaturperiode hinaus denken, dass wir eine Partei im historischen Sinne sind.«
Bruno Kreisky

Die SPÖ lernt siegen

Zum ersten Mal in der Zweiten Republik gibt es einen demokratischen Wettstreit mit der Chance auf Veränderung. Zum ersten Mal startet die SPÖ aus der Position einer Oppositionspartei. Sie ist in den Jahren seit dem Verlust der Regierungsbeteiligung zum chancenreichen Herausforderer der Regierungspartei, der ÖVP, geworden. Dies nicht nur auf Grund ihrer umfangreichen Programme, sondern auch einer geschickten Oppositionspolitik. Sie solidarisiert sich medienwirksam mit dem von der Fraktion Sozialistischer Gewerkschafter initiierten Volksbegehren zur Einführung der 40-Stunden-Woche und macht sich bei der Jugend mit der Forderung nach Verkürzung der Wehrdienstzeit von 9 auf 6 Monate attraktiv. Der Slogan „6 Monate sind genug" entspricht voll der vor allem auf Grund des Vietnamkrieges antimilitaristischen Stimmung der Jugend.

Das Stimmungshoch der Sozialisten baut sich aber auch auf ganz konkreten politischen Erfolgen auf.

Von 1967 weg geht die SPÖ aus allen Landtagswahlen als Sieger hervor. Erstmals wird sie in Oberösterreich stimmenstärkste Partei (Oktober 1967). Ob im Burgenland, in Salzburg, in Vorarlberg und natürlich auch in Wien: Die SPÖ wird stärker, während die ÖVP verliert – überall.

Die SPÖ geht daher auch siegessicher in den Nationalrats-Wahlkampf. Die Wahlerfolge bei den Landtagswahlen, die personellen Veränderungen an der Parteispitze, die intensive programmatische Vorbereitung, die Mobilisierung der jungen Generation prägen einen selbstbewussten Wahlkampfstil. Mit Heinz Brantl steht ein professioneller Wahlkampfleiter zur

Der reformierte Rundfunk macht's möglich – Streitgespräch zwischen Bundeskanzler und Herausforderer. Josef Klaus gegen Bruno Kreisky live im Fernsehen. Ein „Quotenhit" wie ein Länderspiel.

Verfügung, der die volle Rückendeckung des Parteivorsitzenden hat, der allerdings am liebsten selbst der Leiter des Wahlkampfes wäre. Was Inhalt und Strategie betrifft, war er das zweifelsohne.

Zwischen Sozialismus und Diktatur keine Gemeinschaft

Gegenüber der Wahl 1966 haben sich außerdem die Rahmenbedingungen grundlegend geändert. Olah ist kein Problem mehr, und die „rote Katze" beißt sich die morsch gewordenen Zähne an der „Eisenstädter Erklärung" aus.

Kreisky sieht in der lahmen Distanzierung von der Wahlempfehlung der Kommunisten eine der Ursachen für die Wahlniederlage von 1966.

Die Sozialisten, die sich aus ihrer historischen Tradition heraus uneingeschränkt als demokratische Partei verstehen, daher als einziges Bollwerk gegen jedwede Diktatur, auch gegen die kommunistische, sehen sich trotzdem immer wieder – noch dazu wirkungsvoll – Verdächtigungen ausgesetzt, in einer besonderen Nähe zu den Kommunisten zu stehen. Die geografische Nähe zum Eisernen Vorhang, unsaubere Begriffetrennung und ideologische Wurzeln erleichtern der ÖVP die Angstmache mit der „roten Katze". Kreisky, dem die Demokratisierung aller Lebensbereiche als unverzichtbare Voraussetzung für eine humane und gerechte Welt wohl das wichtigste politische Anliegen ist, duldet keine Grauzonen. Daher wird bereits im Herbst 1969 eine Klarstellung beschlossen.

Mit seinem ausgeprägten Sinn für historische Symbolkraft beruft Kreisky den Parteivorstand nach Eisenstadt ein – wenige Kilometer vom Eisernen Vorhang entfernt, der das Europa der Demokratie von dem der Diktatur trennt. Einstimmig lehnt der Parteivorstand der SPÖ eine Unterstützung durch die Kommunisten für alle Zukunft und nicht nur für die Wahl 1970 ab: „Die Sozialistische Partei wünscht bei allem Bemühen um das Vertrauen einer möglichst großen Zahl von Österreicherinnen und Österreichern nur die Unterstützung jener, die sich zu ihren Zielen der sozialen Gerechtigkeit und der uneingeschränkten Freiheit bekennen. Sie lehnt daher jegliche Unterstützung oder Empfehlung durch die Kommunisten mit aller Entschiedenheit ab. Ihre Haltung und ihre Politik werden auch in Zukunft im Einklang mit

Josef Klaus, der „echte Österreicher", versucht's mit untergriffiger Anspielung – und verliert.

dem Grundsatz ihres Programms stehen; ‚Zwischen Sozialismus und Diktatur gibt es keine Gemeinschaft‘.“

Kreisky, der Sieger

Das Wahlergebnis vom 1. März 1970 ist trotz aller Veränderungen seit 1966 eine Überraschung. Für die Meinungsforscher, für die ÖVP und in diesem Ausmaß auch für die Sozialisten.

Zum ersten Mal in der Geschichte der Zweiten Republik erreicht die SPÖ auch die Mehrheit an Mandaten. Im Vergleich der Stimmen war sie schon zweimal, 1953 und 1959, stärkste Partei.

Die für die Sozialisten nachteilige Wirkung des Wahlrechts wird aber auch am 1. März 1970 wieder deutlich. Für die ÖVP hatte 1966 ein Stimmenanteil von 48,35 Prozent für die absolute Mehrheit an Mandaten gereicht. Von den 168 Sitzen des Nationalrates waren 85 auf die ÖVP entfallen.

Am 1. März 1970 stimmen 48,39 Prozent der Wahlberechtigten für die SPÖ. Daraus errechnen sich lediglich 81 Mandate.

Unabhängig von der Unzulänglichkeit des Wahlrechts beeindruckt – vor allem im Vergleich zu den Entwicklungen in der heutigen Zeit – die Wahlbeteiligung. 1970 gehen 92,72 Prozent aller Wahlberechtigten zu den Urnen.

In Wien feiern die Sozialisten ihren Wahlsieg noch am Wahlabend mit ausgelassener Begeisterung. Tausende strömen aus allen Teilen der Stadt auf den Platz zwischen dem Parteihaus in der Löwelstraße und dem Burgtheater. Kreisky, der Sieger, wird stürmisch gefeiert. Aber er lässt sich nicht forttragen auf den Wogen der Begeisterung seines bisher größten persönlichen Triumphs. Ein Politiker seiner

Die SPÖ setzt auf ein anderes „echtes Österreich“ – Familie, Arbeit, Bildung – und gewinnt.

Qualität verliert sich nicht im Augenblick. „Wir sind in Zeiten der Niederlagen nicht kleinmütig geworden, wir werden in Zeiten des Erfolgs nicht übermütig werden."

Es ist Mahnung an seine Parteifreunde, mit Siegen zurückhaltend umzugehen, und Beruhigung für die Verlierer, die in ihrer Niederlage in höchstem Maße verunsichert sind.

Die Anhänger der SPÖ haben tatsächlich allen Grund zu ausgelassener Freude. Jetzt hat ihre Partei endlich erreicht, was sie seit Beginn der Zweiten Republik sein wollte, nämlich die stärkste politische Kraft im Lande, Erste im demokratischen Wettstreit der Ideen, der Programme, der tagespolitischen Mühen, und nicht der ständige Zweite. Zweiter selbst dann, wenn der Souverän die Partei an die erste Stelle gereiht hätte, wie 1953 und 1959.

Den Gleichmut wahr' dir mitten im Glück

Nach wie vor müssen sich die Sozialisten durch das Wahlrecht benachteiligt sehen. Trotz eines größeren Stimmenanteils, als ihn die ÖVP 1966 hatte, reicht es eben nur zur relativen Mehrheit. Lediglich 3 Mandate Vorsprung gegenüber der ÖVP. Doch es ist die Mehrheit. Und im Vergleich zu 1966, der letzten Nationalratswahl, wird verständlich, wenn die Sozialisten von Triumph jubeln.

Gegenüber 1966 gewinnen die Sozialisten 7 Mandate und 300.000 Stimmen. Besonders bemerkenswert ist aber, dass der SPÖ deutliche Erfolge über ihre traditionellen Wählerschichten hinaus gelungen sind und sie in allen Landesteilen, auch in den ländlichen Gebieten, Stimmen gewinnen kann. Die ÖVP hingegen verliert in 24 von 25 Wahlkreisen.

Mit dem 1. März wird die SPÖ in fünf Bundesländern die stimmenstärkste Partei, nämlich in Wien, in Kärnten, in Oberösterreich und im Burgenland bei Nationalratswahlen zum ersten Mal sowie neuerlich in der Steiermark. In diesem letztgenannten Bundesland war die Sozialistische Partei auch schon 1953 und 1959 die stimmenstärkste gewesen. Und fast wäre

AZ-Extraausgabe Nationalratswahl 1970
8 Seiten Ergebnisse, Bilder, Kommentare

AZ Arbeiter-Zeitung

WETTER
Anfangs bewölkt, später wieder Niederschläge
TAG: 0 bis +5 Grad
NACHT: —7 bis —1 Grad

Nr. 50 A MONTAG, 2. 3. 1970 ZENTRALORGAN DER SOZIALISTISCHEN PARTEI ÖSTERREICHS / GEGRÜNDET 1889 PREIS 1,50 S, 80 Lit, 1,50 Din P. b. b.

Kreisky wird Kanzler

SPÖ 81 (74), ÖVP 78 (85), FPÖ 6 (6)

Im Augenblick des Triumphs zurückhaltend und staatsmännisch: Dr. Kreisky verspricht, so gut zu regieren, daß die Sozialisten voraus bleiben

Das Wie ist noch offen, doch die Arbeiter-Zeitung ist überzeugt: Kreisky wird Kanzler.

Siegesfreude vor dem Parteihaus der SPÖ – hohe Erwartungen, aber kein übermütiger Triumph

»Die Bundesregierung wird sich also immer wieder aufs Neue um die Mehrheit im Hohen Haus bemühen müssen, und sie wird es mit gebotener Ausdauer und Geduld tun.«
Bruno Kreisky

es den Sozialisten gelungen, auch in Salzburg die Volkspartei zu überflügeln. Auch in den restlichen drei Bundesländern ist der enorme Vorsprung der ÖVP stark geschmolzen. Die Differenz ist in Tirol von 33 auf 21 Prozent geschrumpft, in Niederösterreich von 13 auf 4,5 Prozent und in Vorarlberg von fast 40 auf 23 Prozent.

Überhaupt Vorarlberg. Nirgends – außer vielleicht noch in Wien – ist die Überraschung über das Ausmaß des sozialistischen Erfolges so groß wie hier. Im Ländle schneidet die SPÖ gewöhnlich bei Landtagswahlen besser ab als bei Nationalratswahlen. Diesmal aber strömen ihr gerade hier die weitaus meisten Jungwähler zu. Sie kann ihren Stimmenanteil um fast 9 Prozent erhöhen. Mag sein, dass bei den Vorarlbergern auch die betont sachliche Wahlwerbung der Sozialisten am besten angekommen ist, mag auch sein, dass hier die gute Position der deutschen Sozialdemokraten am stärksten Einfluss gewonnen hat.

Sensationell der Erfolg in Wien, weil hier die Sozialisten schon sehr stark waren. Was kann hier noch viel gewonnen werden, denkt sich mancher und kommt Sonntagabend aus dem Staunen nicht heraus: Mit mehr als 600.000 Stimmen erringen die Sozialisten ihren größten Sieg seit 1945 überhaupt. Noch bei keiner Wahl, auch nicht bei den Landtagswahlen im Jahr davor, haben sie 57,91 Prozent der Stimmen erreichen können. 1966 waren es nur 49,37 Prozent.

In der Bundeshauptstadt kommt den Sozialisten vor allem die völlige Zertrümmerung der Olah-Partei zugute. Diese Partei wird

NIEDERÖSTERREICH
St. Pölten
8
NIEDERÖSTERREICH
9
NIEDERÖSTERREICH
10
11

Sieger und Verlierer bei den ersten Interviews in der zentralen Wahlbehörde: Friedrich Peter, FPÖ, Josef Klaus, ÖVP, Bruno Kreisky, SPÖ: Von einer SPÖ-Alleinregierung ist noch nicht die Rede …

allerdings in ganz Österreich aufgerieben. Sie kann nur noch etwas mehr als ein Zehntel der Stimmen auf sich vereinigen, die sie 1966 erhalten hatte.

Im wohltuenden Kontrast zur Ausgelassenheit vor dem Parteihaus in der Löwelstraße die Besonnenheit in der Führungsetage. Als Detlef Harbich, Redakteur der Tageszeitung „Die Presse", von der Niedergeschlagenheit in und vor der ÖVP-Zentrale in der Wiener Kärntner Straße berichtet, stößt er bei Zentralsekretär Leopold Gratz auf nachdenkliches Verständnis: „Ich kann mir das gut vorstellen. Wissen Sie, 1966 haben wir das auch erlebt." Die mit zurückhaltender, aber gelöster Stimmung gepaarte Besinnlichkeit und Nachdenklichkeit scheint vom Wandspruch über Kreiskys Schreibtisch geprägt. Es sind vier Zeilen von Horaz: „Den Gleichmut wahr' dir mitten im Ungemach, wahr' ihn dir desgleichen, lächelt dir hold das Glück."

Es gewinnen die Schnellen

Auch wenn „Die Presse" von der Gelöstheit, mit der Klaus die Wahlniederlage hinnimmt, beeindruckt ist: „Die Gelöstheit von Klaus wirkt durchaus nicht aufgesetzt, er scheint eher erleichtert den Blick wieder in die Ferne zu richten", so liegt in dieser Ferne der nahezu fluchtartige Abschied. Kurz vor 23 Uhr beruft er noch eine „Referentensitzung" ein. Die künftigen „jungen Wilden" der ÖVP nehmen daran teil: Mock, Neisser, Lanner. Der letzte Badener Rotwein wird getrunken. Es ist Abschiedsstimmung. Die Möglichkeit, mit der FPÖ eine Regierung zu bilden – denn trotz der Niederlage hätte die ÖVP zusammen mit den Freiheitlichen eine parlamentarische Mehrheit –, nimmt Klaus gar nicht wahr.

Kreisky hingegen verschafft sich noch in dieser Wahlnacht den größtmöglichen Handlungsspielraum für die künftigen Gespräche über die Bildung einer Regierung. Er hat sich diesen Erfolg hart erarbeitet, jetzt will er ihn auch umsetzen. Mit Entschlossenheit, Weitblick und Flexibilität. Wenn Politik die Kunst des Möglichen ist, wenn einen guten Politiker auszeichnet, zur rechten Zeit das Richtige zu tun, dann kann Kreisky für sein rasches Handeln in dieser Wahlnacht beide Qualitätskriterien für sich in Anspruch nehmen.

Nach Wahltag, persönlichem Triumph, nach unzähligen Interviews, nach der Kundgebung vor dem Parteihaus, nach Analyse und Teilung des Erfolges mit seinem unmittelbaren Stab aus dem Wahlkampf, mit Heinz Brantl, mit Gratz, Androsch, Fischer, Staribacher und Blecha, lädt Kreisky noch nächtens Friedrich Peter, Obmann der Freiheitlichen Partei, zu einem Gespräch in die Löwelstraße.

Friedrich Peter erreicht der nächtliche Anruf in der an diesem Abend stillen Parteizentrale der FPÖ in der Wiener Innenstadt. Dorthin hat er sich mit seinen engeren Parteifreunden zurückgezogen. Morgen wird er seinem Parteivorstand den Rücktritt anbieten. Als das Telefon klingelt, ist Peter Jankowitsch am anderen Ende, der persönliche Sekretär des Wahlsiegers Kreisky. Die alle verblüffende

»,Im Mittelpunkt der Politik steht der Mensch' ist für Bruno Kreisky nicht bloß ein gut gewählter wirksamer Slogan, sondern die Maxime seines Lebens.«
Hertha Firnberg

SPÖ-Wahlkämpfer Heinz Brantl: „Nicht Genosse Brantl, sondern Sieger Brantl" – mit diesen Worten korrigiert Leopold Gratz nach dem Wahlausgang eine Mitarbeiterin der SPÖ.

Frage an Peter: „Sind Sie noch heute zu einem persönlichen Gespräch mit Doktor Kreisky bereit?" Peter ist bereit.

Die Szene ist theaterreif: Thomas Bernhard dichtet, Claus Peymann inszeniert. Der „Alte", so wird Kreisky von Anbeginn an von seinen engsten Mitarbeitern liebevoll genannt, empfängt Friedrich Peter zu einem Monolog. Frierend, die Füße in großen Filzpatschen, es ist, glaubt Friedrich Peter sich zu erinnern, etwa halb zwei Uhr früh. Vom nicht eingehaltenen Versprechen Pittermanns, das Wahlrecht zu ändern, brummelt Kreisky vor sich hin, er will das nun in Ordnung bringen. Koalition oder Minderheitsregierung sind kein Thema, aber viel sinniert Kreisky über neue parlamentarische Möglichkeiten. Auch für eine kleine Partei.

Friedrich Peter verlässt gestärkt die Löwelstraße. Seinem Parteivorstand wird er nicht den Rücktritt anbieten, sondern von einem interessanten Gespräch berichten. Warum sollte es Kreisky mit der Wahlrechtsreform nicht ernst meinen? Und über neue parlamentarische Gestaltungsmöglichkeiten nachzudenken, erscheint sinnvoll. Peter bleibt FPÖ-Obmann, erstmals von Kreisky gerettet. Die erste Runde im zukünftigen Poker um die Regierungsbildung geht an Bruno Kreisky. Noch bevor die anderen Zeit zum Nachdenken finden.

Die Flucht aus der Niederlage

Die ÖVP wird durch das Wahlergebnis in eine veritable Krise gestürzt. Der geschlagene Feldherr, Josef Klaus, hat nach der Niederlage Partei und Mannschaft verlassen. Enttäuscht, gekränkt, beleidigt. Wahrscheinlich erlebt er die Niederlage als ungerechte Abstrafung durch die Wähler. Ähnlich fluchtartig sollte drei Jahrzehnte später der letzte sozialdemokratische Bundeskanzler nach Kreisky, Sinowatz und Vranitzky, Viktor Klima, seine Partei sanierungsbedürftig und führungslos zurücklassen.

Bruno Kreisky im Gespräch mit FP-Chef Friedrich Peter – Nachdenken über neue Gestaltungsmöglichkeiten

Doch die Desorientierung ist bei der ÖVP des Jahres 1970 wesentlich tiefer und weiter reichend als bei der SPÖ nach der verlorenen Wahl 1999 (zumindest scheint es anfänglich so). Bis 1970 hat die ÖVP von 1945 weg alle Bundeskanzler gestellt. Praktisch seit ihrer Wiedergründung oder – je nach Position – seit Bestehen. Sie versteht sich als Kanzlerpartei. Dass eine andere Situation entstehen könnte, ist im Repertoire der ÖVP gar nicht vorhanden. Diese Selbstverständlichkeit ist sogar in den Statuten der Volkspartei festgeschrieben. Bis zu diesem Zeitpunkt ist laut Parteistatut der österreichische Bundeskanzler automatisch Mitglied des Parteivorstandes der ÖVP. Ein sozialistischer Bundeskanzler ist außerhalb aller Vorstellungswelten. Und nun droht leibhaftig einer. Die Sinnkrise kann tiefer nicht mehr sein. Daher tut sich die ÖVP wahnsinnig schwer, sich in ihre neue Situation hineinzudenken. Das führt zu vielen Fehleinschätzungen der politischen Substanz von Bruno Kreisky und einer beträchtlichen Unterschätzung der personellen Ressourcen der SPÖ.

Noch am Wahlabend 1970 rechnet kaum jemand mit einer Umkehrung der politischen

»Wir sollten die Partei nach allen Seiten offen halten. Der Komplex der sozialdemokratischen Zielvorstellungen ist nicht unteilbar. Denn es gibt viele, die mit uns ein großes Stück des Weges gemeinsam gehen wollen.«
Bruno Kreisky

Hannes Androsch – Finanzminister? „… wenn mein Alter kein Hindernis ist …“

Bundespräsident Franz Jonas und der designierte Bundeskanzler Bruno Kreisky – nach dem Scheitern der Koalitionsgespräche eine Regierung auf einer anderen Grundlage

Machtverhältnisse. In der ÖVP sicherlich niemand. Man sieht sich in der Überzeugung, gute Regierungsarbeit geleistet zu haben. Zumindest der Erhalt der relativen Mehrheit galt in der ÖVP als gesichert. Schlimm genug – sollte sich Herbert Kohlmaier erinnern: „Mit der relativen Mehrheit rechneten eigentlich auch die Pessimisten in der Partei." Schlussendlich sei man „bei Nationalratswahlen noch immer erfolgreich gewesen". Und dann – wenn's denn sein muss – wieder zurück in die große Koalition mit der SPÖ.

Diesmal hilft auch das Wahlrecht nicht. Die ÖVP ist zum ersten Mal seit 1945 nach Stimmen und nach Mandaten auf dem zweiten Platz.

Über Koalitionsgespräche zur Minderheitsregierung

Kreisky lässt seinen Parteifreunden keine Zeit zum Feiern. Nach dem nächtlichen Monolog-Geplauder mit Friedrich Peter berät bereits Montag das erweiterte Parteipräsidium über die bei der Regierungsbildung einzuschlagende Vorgangsweise.

Dem Parteivorstand, für Dienstag einberufen, liegen bereits beschlussfähige Anträge vor. „Sie zielen darauf ab, rasch zu einer Regierungsbildung zu kommen."

Am selben Tag tritt die Regierung Klaus zurück, und Bundespräsident Franz Jonas beauftragt Bruno Kreisky, den Vorsitzenden der stärksten Parlamentsfraktion, mit der Bildung einer Koalitionsregierung. Ein erstes Kontaktgespräch mit der ÖVP findet bereits am 5. März statt. Die FPÖ erklärt am selben Tag, mit keiner Partei eine Koalition eingehen zu wollen. Eine parteipolitische Form von „amor fati" – Liebe zum Schicksal. Sie hat keine andere Wahl. Klaus hat sofort abgewunken und überall hängen noch die Plakate mit der Garantie der FPÖ, keinen roten Kanzler zu unterstützen.

Mit der ÖVP muss geredet werden

Verhandelt wird 36 Tage lang. Am 20. April sind die Gespräche gescheitert. Wann in Kreisky das Projekt einer Minderheitsregierung konkrete Gestalt annimmt, ist auch im Rückblick nicht mit Sicherheit auszumachen. Anfangs verlaufen nämlich die Gespräche durchaus positiv. Withalm geht auch mit der persönlichen Überzeugung in diese Verhandlungen, dass Kreisky „mit der ÖVP einfach reden muss" (Busek). Damit, dass Kreisky eine Minderheitsregierung bilden könnte, hat weder in der ÖVP noch in der SPÖ jemand gerechnet.

Allerdings scheinen bei Kreisky und seinem Verhandlungsteam mit der Dauer der Gespräche immer mehr Erinnerungen an die negativen Begleitumstände einer großen Koalition an die Oberfläche des Bewusstseins gelangt zu sein: die Schwierigkeiten bei den jährlichen Budgetverhandlungen, das Taktieren, Streiten und Feilschen.

Friedrich Peter erzählt, dass seinem Eindruck nach Kreisky bereits wenige Tage nach dem nächtlichen Gespräch in der SPÖ-Parteizentrale mit dem Modell einer Minderheitsregierung zu spekulieren beginnt. Trotzdem hat Kreisky nach dem Scheitern der Gespräche keine fertige Ministerliste in der Tischlade. Das verwundert vor allem bei Kreisky, der immer in Alternativen gedacht und gehandelt hat.

Koalitionsgespräch bei Finanzminister Stephan Koren (Mitte). Links Felix Slavik, rechts Hannes Androsch – „Schauen Sie, Herr Minister, Sie werden's nicht mehr sein und ich werd's nicht werden …"

So fröhlich können Niederlagen sein: Hermann Withalm, Obmann der ÖVP, Franz Bauer, Obmann der Wiener ÖVP, Friedrich Peter, Obmann der FPÖ, (v. l. n. r.) gratulieren Bruno Kreisky, dem Obmann der SPÖ und Bundeskanzler, zur ersten absoluten Mehrheit.

„Bruno, du hast doch den Androsch"

Selbst die attraktivste personelle Überraschung, der erst 32 Jahre alte Hannes Androsch als Finanzminister, erscheint, spürt man der Entstehungsgeschichte seiner Berufung nach, wie eine Verlegenheitslösung. Ist er wohl auch. Zuerst will Bruno Kreisky den stellvertretenden Landeshauptmann und Landesfinanzreferenten der Steiermark, Schachner-Blazizek, als Finanzminister. Blazizek sieht sich aber nicht mehr gesund genug und sagt ab. Dann sondiert der künftige Bundeskanzler beim Gewerkschafter Rudolf Häuser, beim hoch angesehenen Generaldirektor der Österreichischen Länderbank, Dr. Franz Ockermüller, und schließlich bei Felix Slavik, dem starken und einflussreichen Wiener Finanzstadtrat, der noch 1970 Bürgermeister von Wien werden sollte. Beide, Ockermüller wie Slavik, verbinden ihre Ablehnung mit dem Hinweis: „Bruno, du hast doch den Androsch!"

Das Gespräch zwischen dem designierten Bundeskanzler und seinem künftigen Finanzminister findet erst am Freitag, dem 17. April, statt. Vier Tage später, am 21. April, wird die Regierung angelobt.

In der Erinnerung von Hannes Androsch ist es ein kurzes Gespräch, obwohl es die wohl wichtigste Personalentscheidung dieser Regierungsbildung ist. Die starke Achse Bundeskanzler – Finanzminister trägt die Regierung erfolgreich durchs nächste Jahrzehnt, das Gespann Kreisky/Androsch führt die SPÖ zu drei absoluten Mehrheiten.

„Traust du dir zu, das Finanzministerium zu übernehmen?" – „Ja, wenn mein Alter kein Hindernis ist." Am nächsten Tag hat Hannes Androsch Geburtstag: den zweiunddreißigsten.

Erst Jahre später glaubt Kreisky, dass er von der spontanen Bereitschaft, sich diese schwierige Herausforderung zuzutrauen, irritiert war. Er habe sich von dem 32-Jährigen zumindest die Bitte um Bedenkzeit erwartet. Doch Hannes Androsch war auf dieses Gespräch vorbereitet gewesen. Vor allem durch Felix Slavik. Bedenkzeit auszubedingen wäre also Heuchelei gewesen.

Dass die Minderheitsregierung das Ergebnis eines langsamen Prozesses an Bewusstseinsbildung ist, geht auch aus den Aufzeichnungen von Heinz Fischer hervor. Der erste Parteivorstand der SPÖ nach dem Wahlerfolg beschließt „praktisch ohne Diskussion, die ÖVP zu Verhandlungen über die Bildung einer Koalitionsregierung einzuladen" (Fischer).

Nachdem auch aus der ÖVP keine Zweifel am Führungsanspruch der Sozialisten laut werden, scheint „die Angelobung einer Koalitionsregierung Kreisky/Withalm nur eine Frage der Zeit zu sein" (Fischer).

Als am 20. April der SPÖ-Parteivorstand beschließt, der ÖVP keine neuen Zugeständnisse zu machen, führt nicht Bruno Kreisky, sondern Karl Waldbrunner den Vorsitz. Noch einmal Heinz Fischer aus seinen persönlichen Aufzeichnungen:

„Waldbrunner fasste einen (nicht sehr präzisen) Bericht von Kreisky über den allerletzten Stand der Regierungsverhandlungen in der Frage zusammen: ‚Wollt ihr, dass wir der ÖVP über alle in den Regierungsverhandlungen gemachten Konzessionen hinaus noch weitere Zugeständnisse machen?' Wer sollte da ‚ja' sagen? Der neben mir sitzende Pittermann flüsterte mir zu: ‚Der Waldbrunner hat den Slalom so eng gesteckt, dass nicht einmal eine Schnecke aus der Spur fahren kann.' So war es auch: Fast ohne Diskussion wurde einstimmig beschlossen, der ÖVP keine weiteren Konzessionen zu machen. Die Sitzung wurde unterbrochen, Kreisky informierte Withalm, und nach höchstens 20 Minuten saßen wir wieder zusammen, um Dr. Kreisky zu ermächtigen, dem Bundespräsidenten die Bildung einer SPÖ-Minderheitsregierung vorzuschlagen."

Peter Jankowitsch, schon dem Außenminister Kreisky ein enger Vertrauter und sachkundiger Mitarbeiter und erster Kabinettschef des Bundeskanzlers Kreisky, sieht in der Tatsache, dass für Ressorts, die der ÖVP angeboten wurden, keine Besetzungen vorbereitet waren, ein Indiz für die Absicht Kreiskys, eine große Koalition zustande zu bringen. Wahrscheinlicher ist, dass Kreisky einige Zeit benötigte, um Entscheidungsträger und Parteifreunde mit der Idee einer Minderheitsregierung vertraut zu machen. So will Bundespräsident Jonas zum Zeitpunkt, als er Kreisky mit der Regierungsbildung beauftragt, ganz sicherlich eine große Koalition. Auch im Parteivorstand der SPÖ gibt es starke Befürworter. Kreisky muss

Bruno Kreisky: „Die Grundsätze der Demokratie dürfen in einer sich ständig wandelnden Gesellschaft nicht den Charakter erstarrter Dogmen annehmen ...“

daher zuerst behutsam eine Bewusstseinserweiterung schaffen, bevor er in der Partei mit Zustimmung rechnen und Bundespräsident Franz Jonas überzeugen kann.

Auch Pannen von Anfang an ...

Kreisky sucht von Anfang an die volle Unterstützung durch die Gewerkschaften. Durch die auch während der ÖVP-Alleinregierung funktionierende Wirtschaftspartnerschaft tendieren ÖGB und Arbeiterkammer zu einer großen Koalition unter sozialistischer Führung. Der Glaube an eine Minderheitsregierung muss erst entwickelt werden. Ebenso kompliziert gestaltet sich die personelle Einbindung von ÖGB und Arbeiterkammer in die künftige Regierungsmannschaft, weil es bezüglich der Ressortzuständigkeiten unterschiedliche Auffassungen gibt. Das für sie angestrebte

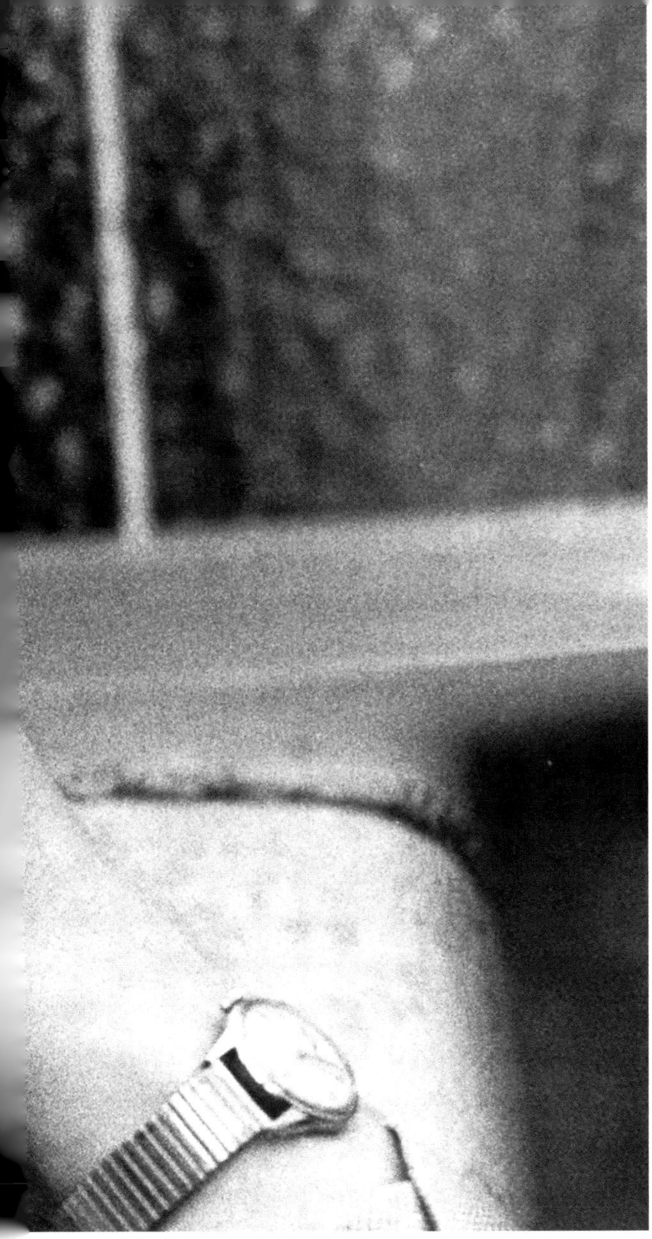

Ministerium mit Wirtschaftskompetenz kann in einer Koalitionsregierung nur das Finanzministerium sein. Es ist vor allem der Präsident der Arbeiterkammer, Wilhelm Hrdlitschka, der sich für Josef Staribacher als Finanzminister stark macht.

Staribacher hatte seinerzeit während der Beratungen um das Wirtschaftsprogramm für die Schaffung eines umfassenden Wirtschaftsministeriums plädiert, in dem Kompetenzen aus dem Finanzministerium ins Handelsministerium verlagert würden. Dem Modell war der Gedanke zugrunde gelegen, dass es bei der nächsten Wahl wieder zu einer großen Koalition, aber unter Führung der ÖVP, kommen würde. Staribacher kam mit seiner Idee nicht durch. Es war Hannes Androsch, der unter Hinweis auf das französische und das deutsche Beispiel heftig dagegen argumentierte. Zu diesem Zeitpunkt hatte Hannes Androsch nicht die leiseste Ahnung, dass er eigentlich für sich argumentierte.

Nunmehr droht Staribacher das Finanzministerium. Ungeschmälert an Kompetenzen, umfassend in der Bedeutung für die gesamte Regierungspolitik.

Staribacher sieht sich nicht unbedingt als Minister, als Finanzminister schon gar nicht. Doch, braver Parteisoldat, der er ist, würde er sich einer Berufung nicht entziehen können. Er beginnt mit seinen engsten Mitarbeitern ein Trockentraining, „Sandkastenspiele", wie er es nennt. Auf Grund seiner Tätigkeit in der Arbeiterkammer mit der Entwicklung theoretischer Modelle vertraut, wird „Minister gespielt". Erich Kästner sagte einmal: „So wie sich der kleine Maxi die Politik vorstellt, so ist sie auch." Dieser Erkenntnis getreu, beginnt das Schattenkabinett des Schattenministers mit der Inszenierung, die ein ehemaliger Mitarbeiter Staribachers mit erfrischender Offenheit schildert: „Wir gingen davon aus, wir übersiedelten an einem Tage X in das Finanzministerium und müssten versuchen, innerhalb kürzester Zeit sicherzustellen, alle wichtigen Informationen aus dem Ministerium zu bekommen, unwichtige Informationen vom Minister fernzuhalten und sicherzustellen, dass die Entscheidungen so getroffen werden, dass der Minister sie verantworten kann. Es war schon allein als Denkaufgabe ein fast unlösbares Problem, gewissermaßen eine Gleichung mit einer unbekannt großen Anzahl von Unbekannten. Diese Rechnung konnte einfach nicht aufgehen. Je intensiver wir uns mit den Problemen beschäftigten, desto mutloser wurden wir. Und dann kam Staribacher plötzlich mit der Botschaft: ‚Kinder, beruhigt's euch, der Hannes wird es.' Keine Spur von Neid, sondern nur Erleichterung, die die einzige Freudenfeier auslöste, die ich im Büro Staribachers je erlebte. Es mag erstaunlich klingen, dass ein Politiker auf die Tatsache, dass ihm eine Schlüsselposition *nicht* angeboten wird, mit echter innerer Freude reagiert und nicht bloß so wie der Fuchs, dem die Trauben ohnedies zu sauer gewesen wären. Man muss dazu wissen, wie sehr Staribacher an seiner Arbeiterkammerfunktion hing.

Seit 1945 war er in dieser Einrichtung tätig gewesen. Zwei Jahre hindurch war er Direktor dieser Institution. Und in diesen zwei Jahren hatte er sie in einer Art und Weise in unwiderruflicher Form verändert und zu einem Instrument gemacht, das ganz und gar auf seinen Arbeitsstil zugeschnitten war. Staribacher war richtiggehend glücklich in der Arbeiterkammer und er hatte echte Angst vor dem Finanzministerium. Außerdem empfand er Androsch als eine Idealbesetzung für diese Funktion."

Die Angst vor dem Finanzministerium wird auch durch die Tagebuchaufzeichnungen Staribachers bestätigt: „Der Bundespräsident wollte eine große Koalition haben. Während der Verhandlungen wurde schon über die Zusammensetzung des Kabinetts diskutiert und von meinen ‚Freunden' ich als Finanzminister ins Spiel gebracht. Die Anführungszeichen sind nicht ironisch gemeint. Sie sollen aber zeigen, dass – obwohl sie wirklich meine Freunde sind – in diesem Fall als solche nicht zu bezeichnen sind. Dieses Ministerium ist ein furchtbares; besonders bei der jetzigen Budgetsituation. Die Prognose des Wirtschaftsbeirates lautet auf 16 Milliarden Schilling Defizit für 1971. Außerdem ist eine Unzahl von Detailkenntnissen für dieses Ressort notwendig, die in Wirklichkeit

Josef Staribacher, Handelsminister und engagierter Sozialpartner: „Beruhigt's euch, der Hannes wird es."

nur ein einziger Mann besitzt – den letzten Endes auch das Schicksal erreicht – nämlich Androsch. Ich machte mir deshalb wirklich große Sorgen, schlief schlecht und propagierte überall wo ich konnte Androsch. Wanke, ein Freund in der Arbeiterkammer, war über diese meine Vorgangsweise gar nicht glücklich, da er unbedingt wollte, dass ich diesen Posten anstrebe. Der gute Mann ist um meine Karriere viel mehr besorgt als ich. Er überschätzt mich haushoch, ist aber so lieb und fleißig, dass es mir schwerfiel, ihm in diesem Verlangen nicht nachzugeben. Ich hatte aber meinen Entschluss in dieser Sache gefasst und war davon nicht abzubringen."

Mit dem Ende seiner Finanzministerkarriere, noch bevor sie begonnen hatte, ist Staribacher überzeugt, überhaupt als Kandidat für ein Regierungsamt ausgeschieden zu sein. Seine Schlussfolgerung und seine Tagebuchaufzeichnungen sind außerdem auch Indizien dafür, wie ernsthaft von Kreisky eine große Koalition verhandelt wurde. Auch die Bestrebungen des Obmanns der Wiener SPÖ, Felix Slavik, Hannes Androsch als Finanzminister durchzusetzen, bestätigt Staribacher: „Da ich überzeugt war, dass in einer Koalition kein anderes Wirtschaftsressort von uns verwaltet werden würde, schied ich also aus der Liste der Ministerkandidaten aus. Ein weiterer sicherer Grund für diese Annahme: Im Laufe der Regierungsverhandlungen war ich, in aller Freundschaft, aber ganz bestimmt, mit Slavik zusammengekracht, fiel die Bemerkung, dass er für Androsch als seinen Finanzministerkandidaten sei. Ich war darüber sehr glücklich. Androsch selbst, der mir versicherte, er würde mich als Finanzminister sehr unterstützen – was ich ihm absolut glaube, da er ein aufrichtiger junger – er war damals 30 – Freund ist, hatte nur eine Angst, dass Veselsky diesen Posten, den dieser anstrebte, bekommen könnte. Ich selbst schied also, da Slavik als Wiener Obmann einen mächtigen Einfluss hatte, zum Leidwesen Wankes aus der Regierungskombination aus und war darüber sehr erfreut."

Doch so einfach macht man es dem Josef Staribacher nicht. Kreisky will ihn zwar auch nicht als Finanzminister. Aber er will den quirligen Direktor der Arbeiterkammer in seiner Regierung haben. Er sieht ihn als Landwirtschaftsminister. Staribacher hat sich in den letzten Jahren tatsächlich mit Agrarfragen beschäftigt. Aber das will Anton Benya nicht. Und das will Karl Waldbrunner nicht. Heraus kommt der Handelsminister. Da ist es bereits spät in der Nacht. Staribacher: „Ohne dass mich jemand gefragt hat." Damals, da ist die Welt eben noch in Ordnung. Da werden Entscheidungen von denen getroffen, die sie zu treffen haben.

Erst am 20. April, dem Tag vor der Angelobung, wird im klassisch-österreichischen Improvisationsverfahren die Ministerliste vervollständigt. Pannen daher von Anfang an mit eingeschlossen. So muss der vom Kärntner Landeshauptmann Hans Sima als Landwirtschaftsminister vorgeschlagene Hans Öllinger bereits nach wenigen Wochen wieder das Handtuch werfen. Der General Freihsler hat für ein Regierungsamt nicht die entsprechenden Nerven.

Die AZ entwickelt prophetisches Gespür: In einer ersten Publizierung der Regierungsmannschaft kommt ein Verteidigungsminister gleich gar nicht vor ... Der innenpolitische Nahkampf im medialen Gelände wird in keinem Manöver geübt.

1

2

3

4

5

6

7

8

9

10

11

12

DIE MINISTER DES KABINETTS KREISKY I

Soziales:	1	**Rudolf Häuser,** geb. 1909, Vorsitzender der Gewerkschaft der Privatangestellten
Finanzen:	2	**Dkfm. Dr. Hannes Androsch,** geb. 1938, seit 1966 freiberufliche Tätigkeit als Buchprüfer und Steuerberater
Wissenschaft und Forschung:	3	**Dr. Hertha Firnberg,** geb. 1909, Universitätsbibliothekarin
Justiz:	4	**Dr. Christian Broda,** geb. 1916, Rechtsanwalt in Wien
Verkehr:	5	**Erwin Frühbauer,** geb. 1926, Maschinenschlosser, Mitglied der Zentralleitung der Eisenbahnergewerkschaft
Unterricht:	6	**Leopold Gratz,** geb. 1929, Jurist, Zentralsekretär der SPÖ, Delegierter zum Europarat
Äußeres:	7	**Dr. Rudolf Kirchschläger,** geb. 1915, Richter, Südtirolexperte
Bauten, Technik, Wohnbauförderung:	8	**Josef Moser,** geb. 1919, Grazer Gemeinderat, NR-Abgeordneter
Handel:	9	**Dr. Josef Staribacher,** geb. 1921, Steindrucker, Kammeramtsdirektor der AK Wien, Obmann der Lebensmittelarbeitergewerkschaft
Inneres:	10	**Otto Rösch,** geb. 1917, Staatssekretär im Verteidigungsministerium, Landtagsabgeordneter, Landesrat
Landwirtschaft:	11	**Dipl.-Ing. Dr. Hans Öllinger,** geb. 1914, Leiter der Agrarbezirksbehörde in Klagenfurt
Landesverteidigung:	12	**Johann Freihsler,** geb. 1917, Brigadier

Staatssekretäre

Im Bundeskanzleramt:	**Dr. Ernst Eugen Veselsky,** geb. 1932, Wirtschaftswissenschafter, leitender Sekretär der Wiener Arbeiterkammer, Geschäftsführer des Wirtschafts- und Sozialbeirats
Im Sozialministerium:	**Gertrude Wondrack,** geb. 1920, Fachsekretärin der Textilarbeitergewerkschaft, Bundessekretärin der Sozialistischen Frauen

Vertrauen Sie uns, es wird Ihnen gelohnt werden

Mit dem festen Willen, uns zu behaupten, uns nicht unterkriegen zu lassen, gute Arbeit zu leisten, ziehen wir in die Himmelpfortgasse, ins Winterpalais des Prinzen Eugen, ins Bundesministerium für Finanzen ein.

Ein Tag hat schließlich 24 Stunden, die Woche sieben Tage, wir werden jeden Tag und jede Stunde nützen. Außerdem: Auch wenn es nicht lange dauern sollte, am Ende muss es Spaß gemacht haben.

Wir, das sind der bis zu diesem Zeitpunkt jüngste Finanzminister in der Geschichte Österreichs, das sind seine persönlichen Mitarbeiter, Kabinett würde man heute sagen, die beiden Sekretärinnen Evelyn Versek und Christine Mach, der Leiter des Büros, Kurt Ruf, Erich Zeilinger, Michael Auracher, Gerhard Loidolt – und Beppo Mauhart. Später, im Herbst, kommen auch noch Franz Vranitzky und – noch später – Herbert Cordt dazu.

Die Amtsübergabe erfolgt am 22. April, einen Tag später als in den anderen Ministerien. Sachlich, korrekt, höflich, wie es dem Stil des scheidenden wie des neuen Ministers entspricht. Grund für die etwas verspätete Amtseinführung sind nicht Anlaufschwierigkeiten, wie gleich gemunkelt wird, sondern ausschließlich Korrektheit mit Stil. Auch die Präsidenten der einzelnen Finanzlandesdirektionen sollen ihren neuen Chef bereits anlässlich der Übergabe der Geschäfte kennen lernen. Ihnen muss Zeit zur Anreise eingeräumt werden.

Ahnung, wie so ein Ministerium funktioniert, haben wir keine. Ausgenommen – mit respektvoller Nachsicht – der Minister. Durch seine berufliche wie politische Tätigkeit weiß er bereits, dass ein Akt ein Schriftstück und nicht etwa ein künstlerisches Objekt optischer Ergötzung ist. Und ausgenommen der Doktor Ruf und – vielleicht – Michael Auracher und Gerhard Loidolt, die direkt aus der Finanzverwaltung kommen.

Nachhilfeunterricht erhalten wir – Hannes Androsch eingeschlossen – von Walter Fremuth, damals noch im Verkehrsministerium, später Generaldirektor der Verbundgesellschaft. Ein Leibniz der Bürokratie. Einer, der in Bezug auf Verwaltung einfach alles weiß. Über den Aktenlauf, den Informationsgehalt einer Aktenzahl, die arbeitssparende Kunst des Schubladisierens, die Hinterhältigkeit des Unterjubelns, die an unerfahrenen Ministern gern erprobte Praxis des Zuschüttens. Meine persönliche Bilanz bleibt trotz dieser professionellen Einführung negativ: Ich werde es während der zehnjährigen Tätigkeit im

Dr. Hannes Androsch, mit 32 Jahren der jüngste, mit 3927 Tagen auch der am längsten amtierende Finanzminister, um 28 Tage länger als ziemlich genau hundert Jahre davor Julian Ritter von Dunajewski

Finanzministerium schaffen, keinen einzigen Akt anzulegen. Selbst darin ist eine Stärke des Ministers zu erkennen: Auch wenn er von seinen Mitarbeitern immer alles Mögliche verlangt – nie das Unmögliche.

Sinnigerweise ist das Finanzministerium im Winterpalais des Prinzen Eugen, des erfolgreichsten Gastarbeiters und Versilberers von Kriegsbeute in der österreichischen Geschichte, untergebracht.

Das Haus selbst – von barocker Üppigkeit und labyrinthischer Weitläufigkeit. Geheimnisvolle Türen führen in die imperialen Amtsräume des Ministers. Um die kafkaeske Ausweglosigkeit einem Ortsunkundigen erahnbar zu machen, wird folgende Geschichte erzählt: Man fand in einem der Gänge des Ministeriums eine gebärende junge Frau. „Ich habe nicht hinausgefunden", entschuldigt sie sich. „In einem solchen Zustand kommt man nicht ins Finanzministerium", wird sie streng zurechtgewiesen. Darauf sie, kleinlaut: „In einem solchen Zustand bin ich auch nicht hereingekommen."

Neben den auch für Unkundige sichtbaren Eingängen gut getarnte Tapetentüren. Kaum hat man sich irgendwo, in den „Gelben Salon", in den „Blauen Salon" oder in den Schlachtenbildersaal, zu einem Gespräch zurückgezogen, öffnet sich irgendwo eine Wand und das listig-freundliche Gesicht des Ministerialrates Dr. Holzer lugt hervor. Was anfangs wohl besorgte Neugierde ist, was denn die roten Buben in den geheiligten Räumen so treiben, wandelt sich bald in effiziente Hilfsbereitschaft.

Das „Kabinett" (von links nach rechts): Alexander Peter, Herbert Cordt, Gerhard Loidolt, Michael Auracher, Evelyn Versek, Hannes Androsch, Christine Mach, Beppo Mauhart, Franz Vranitzky

Ein ungebührlich optimistischer Wunsch zu Beginn: Das Lachen möge dem Finanzminister nie vergehen.

Barock wie das gesamte Palais erleben wir – zumindest in den Anfängen – die um den Minister unmittelbar bemühten Beamten. „Der Dienst um den Minister“ ist die vornehmste Aufgabe der Beamten der Präsidialsektion. In früheren Zeiten, als die Welt noch in Ordnung war, mussten alle anderen Sektionschefs (im Finanzministerium sechs an der Zahl) ihre Anliegen an den Minister über den Leiter der Präsidialsektion vorbringen.

1970, als wir mit unschuldiger Ignoranz in die heiligen Räume trampeln, ist oberster Chef dieser Präsidialsektion der Herr Sektionschef Storm. Autorität vom Scheitel bis zur Sohle. Ein Monument an Arroganz. Man muss sich ganz schön zusammenreißen, um mithalten zu können. Ihm hierarchisch am nächsten zwei Ministerialräte: der schon erwähnte, listig-freundliche Dr. Holzer und Ministerialrat Dr. Wilhelm Pauhoff. Eine

Amtsübergabe von Stephan Koren an Hannes Androsch am 22. April 1970: sachlich, korrekt und höflich, wie es dem Stil des scheidenden wie des neuen Ministers entspricht

Erscheinung von Herzmanovsky'scher Liebenswürdigkeit, eine Figur wie aus dem „Gaulschreck im Rosennetz", skurril, witzig, burlesk. Sein Junggesellendasein erklärt er mit seiner grundsätzlich zutiefst humanen Einstellung dem weiblichen Geschlecht gegenüber. Ministerialrat Pauhoff ist immer einer der Letzten, die das Amt verlassen. Anwesenheit zumindest so lange, wie der Minister im Haus ist, ist Ehrensache. Durch den abend- und nachtorientierten Arbeitsstil des neuen Ministers kommt „Willi" allerdings vielfach um den bisher üblichen Ausklang der Dienstzeit im nahe gelegenen Göttweiger Stiftskeller, der feuchtfröhlichen Dependance finanzministerieller Hochbürokratie.

„Den ganzen Tag über muss ich reden", fasst er seine Tätigkeit in die menschliche Schlussfolgerung des rücksichtsvollen Kavaliers zusammen, „wenn ich dann abends nach Haus komme, will ich meine Ruh, da will ich mit niemandem mehr reden. Hätte ich eine Frau zu Hause, wäre das genau umgekehrt. Ich kann ihr doch nicht zumuten, gerade dann, wenn endlich ein möglicher Gesprächspartner die Wohnung betritt, zu schweigen."

Die gesamte Sektion ist, wie wir in einem misstrauisch-vorsichtigen Prozess des Sich-aneinander-Gewöhnens erfahren dürfen, eine Ansammlung ergötzlicher Individuen. Erwähnt sei nur noch Rudolf Horak, Präsidialist aus Leidenschaft. Er wird später einmal in einem Büchlein anekdotenhaft Bilanz ziehen, wie vielen Ministern er gedient hat. Er begleitet uns das gesamte Jahrzehnt – fleißig, witzig, korrekt. Wie sehr er unter der roten Vorherrschaft leidet, versteht er angenehm zu verbergen.

Wie die Amtsübergabe an den neuen Minister, so auch die Aufnahme seiner „Entourage": korrekt und freundlich. Wobei die Bereitschaft zur Freundlichkeit durch die Überzeugung gefördert wird, dass es ja mit dem roten Spuk bald wieder vorbei sein würde.

Nach einem halben Jahr steht auf den Hinweisschildern zu meinem Büro und auf dem Türtaferl immer noch der Name Helmut Voska. Das war der Pressereferent von Minister Koren. Die Hausverwaltung hält es nicht für sinnvoll, wegen der paar Wochen oder – wenn es ganz schlimm kommen sollte – der paar Monate, Hinweisschilder und Türtaferln zu wechseln.

In welchem Klima die Arbeit zwischen Beamtenschaft, Minister und Ministerumgebung funktionieren soll, wird von Anbeginn an klargestellt: Unmittelbar nach Übernahme

Evelyn Versek, Hannes Androsch

Hannes Androsch, Mitarbeiter: Franz Vranitzky (rechts) und Beppo Mauhart (links).
„Der Tag hat schließlich vierundzwanzig Stunden."

der Amtsgeschäfte lädt der Minister seine Sektionschefs zu einer ersten Besprechung ein. Der Doyen dieser obersten Beamten, Sektionschef Dr. Eduard Heilingsetzer, Leiter der Budgetsektion, selbst ein ehemaliger Finanzminister, überbringt die Loyalitätserklärung der Beamtenschaft: „Vertrauen Sie uns, es wird Ihnen gelohnt werden."

Hannes Androsch lässt keinen Zweifel an seinem Vertrauensvorschuss. Es gelingt ihm eindrucksvoll, schon bei diesem ersten Zusammentreffen eine gute, entkrampfte und Vertrauen schaffende Atmosphäre aufzubauen. Und er betont schon bei dieser ersten Besprechung unter Bezugnahme auf seine berufliche Herkunft als Steuerberater und Wirtschaftsprüfer: „Wer immer in meinem Namen oder im Namen meiner Umgebung zu intervenieren versucht, den setzen Sie vor die Tür. Ohne Rückfrage." Wie bedeutsam die klare Ermächtigung ist, soll sich erst ein Jahrzehnt später zeigen. Trotz vieler Versuche konnte kein Fall ausfindig gemacht werden, wo die Finanz auf Grund einer Ministerintervention entschieden hätte.

Wir Mitarbeiter versuchen die atmosphärischen Intentionen des Ministers bestmöglich

Für elf Budgetreden wird der „Gelbe Salon" im Finanzministerium zur Redaktionsstube, in der jährlich die „in Zahlen gegossene Regierungspolitik" verfasst wird.

Franz Vranitzky

Humor bleibt ein ständiger Begleiter: Heinz Pekarek, Beppo Mauhart, Michael Auracher gratulieren dem erfolgreichen Währungspolitiker: Hannes Androsch mit Bertha von Suttner unter einer Tuchent.

Die Presse- und PR-Abteilung des Ministeriums: informieren – erklären – Vertrauen schaffen umzusetzen. Wir begegnen den Beamten respektvoll, anerkennen ihre große Sachkompetenz, gehen mit der durch den Minister geborgten Macht sorgfältig und zurückhaltend um.

Daraus entwickelt sich ein arbeitsreiches, ergiebiges, produktives Jahrzehnt. Die beiderseitigen anfänglichen Vorurteile werden durch Anerkennung, Wertschätzung, manchmal sogar persönliche Freundschaft ersetzt.

Das Entscheidende für diese erfolgreiche Periode der österreichischen Finanz- und Wirtschaftsgeschichte ist, dass Hannes Androsch von der ersten Stunde an mit Sachkompetenz, Entscheidungsfreude, ohne Berührungsängste und mit Verlässlichkeit in den Ring steigt. Sein Umgang ist nicht von Weisungen bestimmt, sondern um Erklärung, Überzeugung, schlussendlich um Partnerschaft bemüht. Hierarchische Schranken und Traditionen werden weitestgehend abgebaut. Zum Minister darf praktisch jeder kommen. Entscheidungen werden rasch getroffen – und je nach Materie wird der zuständige Beamte oder die versierte Beamtin mit Verhandlungsspielraum ausgestattet. „Sie machen das schon." Das schafft Vertrauen, ein gutes Arbeitsklima und erhöht die Effizienz.

Ganz selbstverständlich fällt dem Finanzministerium und damit dem neuen Ressortchef von Anfang an eine Schlüsselrolle zu. Wird Hannes Androsch der erste sozialistische Finanzminister beider Republiken, der jüngste in der österreichischen Geschichte, die Fähigkeiten haben, um ein guter Finanzminister zu sein? Was ist das, ein „guter Finanzminister"? Landläufig wird der Finanzminister zum Buhmann der Nation gemacht. Der personifizierte Gottseibeiuns, der einem das Geld aus der

»Umso mehr muss alles unternommen werden, um den im Ausland gegebenen autonomen wirtschaftspolitischen Entscheidungsspielraum bestmöglich zu nutzen.«
Hannes Androsch

Im Zeitalter der mechanischen Schreibmaschine ist Brigitte Winkler, die Hannes Androsch auch noch im Computerzeitalter begleiten wird, die Königin der flinken Finger.

Tasche zieht. Landläufig, aber nicht der Realität entsprechend – und schon gar nicht mit der Erwartungshaltung der Bevölkerung übereinstimmend: Finanzminister genießen meist hohes Ansehen, die guten sehr hohes. Kamitz zum Beispiel oder Koren. Voraussetzungen sind Kompetenz, Korrektheit, Sachkenntnis, Durchsetzungsvermögen und vor allem die Fähigkeit, Vertrauen aufzubauen. Dem Finanzminister kommt daher in jeder Regierung eine Schlüsselposition zu. Die Stärke einer Regierung ist abhängig von der Belastbarkeit der Achse Bundeskanzler – Finanzminister. Eine Binsenweisheit praktischer Politik. Dass sich Bruno Kreisky trotzdem für Hannes Androsch, den Abgeordneten aus Floridsdorf, den selbstständigen Wirtschaftsprüfer und Steuerberater, der drei Tage vor der Angelobung zum Finanzminister der Republik seinen 32. Geburtstag feiert, entscheidet, ist daher zu Recht die am meisten beachtete Personalentscheidung des designierten Bundeskanzlers.

Eine andere Binsenweisheit ist, dass sich der Zustand der Jugend mit jedem Tag bessert. Viel entscheidender ist: Was bringt ein 32-jähriger Jungpolitiker sonst noch auf die Waage? Und das ist bei Hannes Androsch so wenig nicht.

Seit Oktober 1967 Abgeordneter zum Nationalrat, hat er sich trotz starker Konkurrenz – unter anderen Pittermann, Staribacher, Firnberg, Waldbrunner, Uhlir, Weihs – sehr rasch in die vorderste Reihe der parlamentarischen Sprecher geredet. Frech und ehrgeizig, aber sachkundig und kompetent.

Seine Jugend verleitet Hannes Androsch nicht zur Forschheit. Er entwickelt seine Arbeit im Finanzministerium mit nahezu Kreisky'scher Umsicht und Bedachtsamkeit. Die gute Vorbereitung, die gründliche Diagnose, die Auflistung und das Abwägen von Lösungsmöglichkeiten bestimmen die Entscheidung über die Therapie. Diese grundsätzliche Vorgehensweise prägt den Regierungs- und Arbeitsstil von Hannes Androsch alle elf Jahre seiner Ministerschaft hindurch. Dass er es darüber hinaus versteht, die Gründlichkeit der Vorbereitung mit zügiger Um- und Durchsetzung zu paaren, ist die entscheidende Voraussetzung für das hohe Maß an Vertrauen, an Zustimmung und Ansehen, das sich Hannes Androsch als Finanzminister aufbauen kann. Und an respektierter wie bekämpfter Eigenständigkeit.

Rückblickend ist es in Kenntnis der Persönlichkeitsstruktur wie der Arbeitsweise von Hannes Androsch nahezu selbstverständlich, dass der Finanzminister von Anfang an Eigenständigkeit entwickelt. Der Anregung Kreiskys, möglichst rasch in einer Pressekonferenz öffentlich Flagge zu zeigen, folgt Hannes Androsch nicht. Journalisten munkeln bereits über „intellektuelle Unsicherheit" (Paul Fritz) des Finanzministers. Erst am 5. Juni, 45 Tage nach seiner Angelobung, lädt der Finanzminister in den Presseclub Concordia in Wien, um über aktuelle Fragen des Finanzressorts zu informieren.

Dann ist da noch die berufliche Qualifikation. Durch seine Tätigkeit als Wirtschaftsprüfer und Steuerberater, seine Berufung als stellvertretender Staatskommissar in die Zentralsparkasse und nicht zuletzt auch als Klubsekretär für Wirtschafts- und Steuerfragen, kennt er das Finanzministerium bereits, hat zumindest eine Ahnung, wie es funktioniert, kennt viele der Beamten – und viele Beamte kennen ihn und schätzen bereits seine Sachkenntnis.

Zehn Jahre Finanzminister – der persönliche Mitarbeiterstab hat sich gewandelt. Von der Anfangsformation ist nur noch Gerhard Loidolt (rechts hinter Hannes Androsch) an Bord. Im Bild links hinten Wolfgang Ziehengraser und Heinz Pekarek, die persönlichen Berater, rechts Manfred Buchacher, der neue Pressereferent. Rechts vorne Brigitte Winkler und dahinter Elfriede Bartes, die Hannes Androsch auch noch in die CA begleiten werden.

Steil wie die Karriere von Hannes Androsch verläuft die Großglockner Hochalpenstraße.
Im Gedenken an den Erbauer Franz Friedrich Wallack steuert der Finanzminister …

… ein österreichisches Markenprodukt nach oben – einen „Steyr Typ II“, Baujahr 1920, 6 Zylinder. Begleitmannschaft: Rudolf Streicher (l.), Steyr-Generaldirektor Johan Julius Feichtinger (M.), Beppo Mauhart (r.).

Im Fond ein fröhlicher Landeshauptmann von Salzburg, Hans Lechner, sichtlich glücklich über sein „Bschoadpackerl". Den Inhalt teilt er kollegial ...

... mit seinem prominenten Chauffeur Hannes Androsch, denn Labung brauchen sie beide während der spannenden Oldtimer-Rallye auf den Großglockner.

Steuerberater und Steuermann – Kompetenz und die Fähigkeit, Kurs zu halten, schätzt der Bundeskanzler an seinem Finanzminister ganz besonders.

Auch wenn Hannes Androsch nicht Kreiskys Wunschkandidat der ersten Stunde ist, all diese Umstände reduzieren Bedenken hinsichtlich der Jugend und erleichtern die Entscheidung. Und sehr bald ist der Bundeskanzler wegen seiner Wahl so richtig stolz auf sich und seinen Finanzminister. Hannes Androsch ist genau der Finanzminister, den Bruno Kreisky braucht. Schon in der kurzen Periode der Minderheitsregierung festigt sich diese Überzeugung.

Von der ersten Stunde der Amtsübernahme an ist für Hannes Androsch klar, dass er sich nicht mit der Rolle des Buchhalters der Nation begnügen wird und auch nicht begnügen darf.

Dass er darauf achten wird, die Finanzen in Ordnung zu halten, mit den Steuern der Bürger sorgsam und höchst verantwortungsvoll umzugehen, gehört zu den Selbstverständlichkeiten der Aufgaben eines Finanzministers. Ebenso Mitverantwortung, Gestaltungs-, Abstimmungs- und Koordinationserfordernisse für nahezu alle Bereiche des Regierens. Daraus ergibt sich die pragmatische Notwendigkeit einer möglichst engen Kooperation mit dem Bundeskanzler, ohne durch mangelnde Eigenständigkeit zur Belastung zu werden. Daher lautet Artikel eins der imaginären, weil nicht niedergeschriebenen, aber das Handeln bestimmenden „Arbeitsverfassung“ des Hannes Androsch: Dem Bundeskanzler soll im Finanzminister bei der Umsetzung der tagespolitischen Notwendigkeiten wie der politischen Visionen der wichtigste und verlässlichste Partner erwachsen.

Aber Hannes Androsch ist kein einfacher Mensch. Eigenständigkeit hat nicht nur fachliche Kompetenz zur Voraussetzung, sondern auch Selbstbewusstsein, Eigenwilligkeit und damit die Neigung zur Eigenmächtigkeit. Persönlichkeiten sind meist ein schroff akzentuiertes Gesamtkunstwerk. Daher nicht immer angenehm. Und Hannes Androsch ist ein besonderes Exemplar dieser Spezies. Oft wirkt er polarisierend – begeisterte Zustimmung auslösend oder klare Ablehnung. Keineswegs verwischen Lauheit oder Schwammigkeit die klaren Strukturen seiner Persönlichkeit. Für den Finanzminister Hannes Androsch gute Voraussetzungen. Parteifreunde wie auch politische Gegner, die Wählerinnen und Wähler insgesamt wissen sehr bald, woran sie bei Hannes Androsch sind. Aus dieser Verlässlichkeit und Berechenbarkeit erwächst Vertrauen, die unverzichtbare Grundlage für einen erfolgreichen Finanzminister.

Im Verhältnis zum Bundeskanzler erfolgt eine nahezu reziproke Entwicklung. Eigenwilligkeit oder gar Eigenmächtigkeit beeinträchtigen das Vertrauensverhältnis. Am Ende siegt die Erkenntnis, dass an der Spitze eben wenig Platz für Freundschaft ist.

Hannes Androsch und seine engsten Mitarbeiter – auch wenn sie unterschiedlich lange an seiner Seite waren, können sie gemeinsam auf ein erfolgreiches Jahrzehnt zurückblicken.

Der innere Motor von Hannes Androsch
läuft immer auf höchsten Touren –
nicht nur als Finanzminister, sondern
auch im Privatleben:

mit Gattin Brigitte und den beiden Töchtern
Claudia und Natascha,

auf dem Tennisplatz,

beim Sprung über eine Berghütte

Geschwächt, aber nie bedeutungslos

Die Ära Kreisky/Androsch ist ein Jahrzehnt von bemerkenswerter Kontinuität. Der stabilen SPÖ-Regierung steht eine ebenso stabile Opposition gegenüber. Die Chance auf Regierungsbeteiligung ergibt sich für ÖVP oder FPÖ auch nach vier Wahldurchgängen nicht.

Es wäre unfair, Franz Vranitzky jegliches Verdienst um die Reanimation der ÖVP abzusprechen. Als er am 15. Jänner 1987 die ÖVP wieder in die Regierung holt und sich mit Alois Mock auf die paritätische Aufteilung der Ressorts einigt, wobei dem ÖVP-Obmann nicht nur das Amt des Vizekanzlers, sondern auch jenes des Außenministers zufällt, sieht Bruno Kreisky sein Lebenswerk zerstört. Er werde sich von der SPÖ nicht im Zorn zurückziehen, lässt er seine – ehemaligen – Parteifreunde wissen, aber er wolle „mit diesen Leuten nichts mehr zu tun haben".

Die abrupte Aufkündigung des Koalitionsabkommens mit der FPÖ (Bruno Kreisky: „Ein historischer Fehler") im September 1986 führt tatsächlich zu nachhaltigen Veränderungen in der innenpolitischen Landschaft. Am Ende wird die SPÖ, zwar noch immer stärkste Partei, in der Opposition gelandet sein.

In einer dramatischen Kampfabstimmung wählt die Freiheitliche Partei am 13. September 1986 einen neuen Parteiobmann. Die Partei bewegt sich wieder einmal am Rand der Spaltung.

Jörg Haider schafft mit 57,7 Prozent ein schwaches Ergebnis. Selbst diese „Gerade-noch-Mehrheit" kommt nur zustande, weil Jörg Haider den Vorarlberger Grabher-Meyer als Generalsekretär akzeptiert und weil er den Fortbestand der Regierungskoalition behauptet. Er beruft sich vor den Parteitagsdelegierten auf ein Telefonat mit Franz Vranitzky. Der habe ihm versichert, dass seine Wahl zum Parteiobmann der FPÖ keinen Einfluss auf den Koalitionsvertrag habe. Im Morgenjournal nach dem Parteitag ist der neue Generalsekretär von der Fortsetzung der Koalition überzeugt – und sieht sich noch am selben Tag blamiert.

Bei dieser Ho-ruck-Entscheidung durch Franz Vranitzky wird nicht bedacht, dass es in Österreich traditionell ein liberal-freiheitliches und ein nationales Lager gibt. Jetzt hilft die SPÖ unbedarft mit, die nationale Hälfte zu stärken.

An den talentierten rechten Populisten will Franz Vranitzky nicht einmal anstreifen. Noch bevor Haider in den Ring klettert, hat Vranitzky, der Bundeskanzler, diesen fluchtartig verlassen, will mit seinem Vizekanzler Norbert Steger nicht mehr weiterregieren und deportiert Jörg Haider in das Glashaus der Ausgrenzung. Dafür gibt's Applaus. Da vor dieser Flucht in Neuwahlen die Meinungsforscher der SPÖ ein Absacken in die zweite Position prophezeien, das tatsächliche Ergebnis aber

Das „sozialistische Experiment“, eine „Laune des Schicksals“, entwickelt sich zu einem Dauerzustand. Dem erstmals „absoluten“ Bruno Kreisky gratulieren die Obmänner der Oppositionsparteien des nächsten Jahrzehnts, Friedrich Peter und Karl Schleinzer.

Auslaufmodell Josef Klaus und Hermann Withalm, eine der profiliertesten Persönlichkeiten der ÖVP

die SPÖ vorne hält, scheint der Applaus verdient. Es ist aber ein Erfolg der Kurzsichtigkeit. Zwar gelingt es Franz Vranitzky, der SPÖ noch ein Jahrzehnt lang den Bundeskanzler zu erhalten, gleichzeitig führt er sie mit Beharrlichkeit auf den Weg in die Opposition. Die SPÖ bleibt bei Regierungsverhandlungen ohne strategische Alternative, sackt in der Wählergunst von 43,12 Prozent (1986) auf 33,15 Prozent (1999) ab und verliert die Fähigkeit, das bürgerliche Lager getrennt zu halten.

Nutznießer dieser Politik ist Jörg Haider – und über ihn schlussendlich die ÖVP.

Im geschützten Bereich der Ausgrenzung kann Haider zu üppigen 25 Prozent heranwuchern und schließlich den Vorsitzenden der ÖVP zum Kanzler küren. Das war drei Jahrzehnte nachdem die ÖVP von Kreisky in die Opposition gedrängt worden war.

Aber noch ist es nicht so weit. Dazwischen liegt die Ära Kreisky, beginnend mit dem 1. März 1970 und endend am 24. April 1983.

Pannen, die wir hinnehmen müssen

Für die ÖVP war der 1. März 1970 wohl der Tag der größten Enttäuschung seit 1945. Das ist verständlich. Jede Niederlage schmerzt. Im Verständnis der ÖVP war es noch dazu eine äußerst ungerechte Niederlage. Daher war Josef Klaus, Parteiobmann und Bundeskanzler, auch persönlich ge- und betroffen.

Selbst Jahre danach, in seiner Autobiografie, klingt die große Enttäuschung durch die noble Darstellung des Wahlabends: „Die Parteiobmänner Kreisky, Peter und ich wurden vor die Fernsehkameras geholt. Demokratischer Fairness entsprechend, aber auch in dem Bewusstsein, dass mit dieser verlorenen Wahl eine politische Ära – zuletzt mit meinem Namen verbunden – gescheitert war, gratulierte ich dem Sieger des Tages. Auf Fragen nach dem entscheidenden Grund für die Wahlniederlage meiner Partei wies ich auf die im demokratischen Leben sich immer wieder einstellende Pendelbewegung der Wählergunst hin: Die Demokratie hat nicht nur ihre Spielregeln, die wir genau beachten, sondern auch ihre Launen, die wir hinnehmen müssen ..." (Josef Klaus: „Macht und Ohnmacht in Österreich")

Diese Laune des Schicksals entwickelte sich zu einem anhaltenden Zustand der Ausgeschlossenheit von der Regierungsmehrheit.

Josef Klaus erinnert sich zwar, ein „wohlbestelltes Haus" hinterlassen zu haben, den Vorwurf der „Flucht aus der Verantwortung" kann er aber nicht wegargumentieren. Die ÖVP ist in der schwierigen Phase nach der Niederlage ohne ihren Obmann und daher ohne Führung. Die ergebnislosen Verhandlungen um die Regierungsteilnahme bringen zusätzliche Enttäuschung. Die ÖVP ist in ihrem Selbstverständnis die Kanzlerpartei schlechthin. Von der Regierungsmacht ausgeschlossen zu sein, ist im Vergleich die noch größere Niederlage als das Wahlergebnis. Trotzdem sind in der ÖVP viele davon überzeugt, dass dieses sozialistische Experiment ein rasches Ende finden

Das neue Führungsduo der ÖVP: Karl Schleinzer und Herbert Kohlmaier

Der Präsident der Bundeswirtschaftskammer Rudolf Sallinger (l.), ÖVP-Obmann Karl Schleinzer, Arthur Mussil – über die Sozialpartnerschaft bleibt die ÖVP in regierungspolitische Entscheidungen eingebunden.

werde. Dafür müsse man durch eine rasche Beseitigung des Führungsvakuums gerüstet sein. Am 22. Mai, einen Monat nach der Angelobung der sozialistischen Minderheitsregierung, wählt die ÖVP ihren parlamentarischen Fraktionsführer zum Parteiobmann. Hermann Withalm ist eine der profiliertesten Persönlichkeiten der ÖVP. Seine Geradlinigkeit und seine Härte haben ihm den Beinamen „Eiserner Hermann" eingebracht. Parteiobmann, früherer Generalsekretär, Vizekanzler der Regierung Klaus und amtierender Klubobmann – eine Entscheidung des Augenblicks und nicht das Ergebnis strategischer Überlegungen. Withalm ist ein klassisches Auslaufmodell, keine Lösung für die Zukunft. Bereits nach einem Jahr, im Juni 1971, steht die Wahl eines neuen Obmanns auf der Tagesordnung des ÖVP-Parteitages in der Wiener Stadthalle.

Aufmerksame Beobachter der innenpolitischen Szene haben ein Déjà-vu-Erlebnis: Parteitag in der Wiener Stadthalle. Ende Jänner 1967 suchte die SPÖ einen neuen Parteivorsitzenden. Anfang Juni 1971 die ÖVP. Es wird eine Kampfabstimmung geben. Es sind Kandidaten der Gegensätzlichkeit. Auf beiden Parteitagen. Die Sozialisten rangen sich 1967 zu totaler Erneuerung durch. Daher entschieden sie sich mehrheitlich für Bruno Kreisky mit all den Risiken und Unbekannten und nicht für Hans Czettel, den anständigen, braven, berechenbaren Parteisoldaten. Die ÖVP-Konstellation für einen neuen Parteivorsitzenden eröffnet den Delegierten mit Stephan Koren und Karl Schleinzer die gleiche Entscheidungsmöglichkeit. Die Delegierten entscheiden sich für „Hans Czettel", also für Karl Schleinzer. Sie scheut das Risiko. Koren ist den Delegierten zu unberechenbar, zu intellektuell, zu zynisch, zu sehr dem Doktor Kreisky ähnlich. Die 67 Prozent der Delegierten, die sich für Schleinzer entscheiden, sehen ihre Hoffnung im personellen Kontrast zu Kreisky. Wobei die ÖVP noch immer vom Bazillus der Fehleinschätzung Kreiskys infiziert ist. Auf dem Parteitag holt sich der ehemalige Staatssekretär für Öffentlichkeitsarbeit in der Regierung Klaus, Karl Pisa, lebhafte Zustimmung, als er Bruno Kreisky als den „ersten Schaumgummikanzler der Republik, der nur Sprechblasen von sich gibt" zu verspotten sucht.

Wäre in der Stadthalle nach Dezibel abgestimmt worden, so wäre Stephan Koren Parteivorsitzender geworden – für Bruno Kreisky die unzweifelhaft größere Herausforderung. Koren wird nach seinem Bericht über die Arbeit im Parlament und seiner Stellungnahme zu aktuellen Fragen mit frenetischem Applaus bedacht.

Karl Schleinzer tut sich da schwerer. Sein Bericht als Generalsekretär unterstreicht die Trockenheit des neuen Parteiobmanns. Ein „holzgeschnitzter, aufrechter, wackerer Mann" (Kohlmaier). Ein Parteiführer von seriöser Langweiligkeit. Ideologisch im Spektrum der ÖVP auf der konservativen Seite angesiedelt, kompetent im politischen Handwerk.

Zur Seite wird ihm Herbert Kohlmaier gestellt. Damit ist der ÖAAB wiederum im Führungsgremium der Partei vertreten. Kohlmaier ist durchaus ein Generalsekretär nach dem Wunsch des neuen Parteivorsitzenden. Er wird nicht das Format haben, Eigenmächtigkeiten zu entwickeln, wie dies Generalsekretäre der ÖVP – Withalm! – gerne getan hatten. Mit Kohlmaier wird Schleinzer Herr im eigenen Haus sein können.

Schleinzer versucht der ÖVP wieder Profil und Inhalt zu geben. So wie Kreisky nach seiner Wahl zum Parteivorsitzenden von 1967 die SPÖ neu positionierte, so versucht Schleinzer seine ÖVP zu mobilisieren.

„1971/72 erlebte die ÖVP nach dem Jahr 1945 ihre stärkste Ideologisierungsphase, die mit der Beschlussfassung über das ‚Salzburger Programm' am 30. November 1972 abgeschlossen wurde. Die Position der Partei im ideologischen Spektrum wurde als die der ‚fortschrittlichen Mitte' definiert, da die gesellschaftliche Entwicklung einen Trend zur Mitte signalisierte."

Und: „Mit dem Salzburger Programm nahm die ÖVP den Kampf um die gesellschaftliche Mitte auf. Durch die stärkere Betonung des Freiheitsbegriffs sowie den Hinweis auf ihr christliches und liberales Erbe versuchte sie sich als Alternative zu einer die siebziger Jahre bestimmenden SPÖ zu positionieren, die durch die Betonung ihres marxistischen Erbes in ihrem 1978 verabschiedeten Parteiprogramm an den linken Rand der mitteleuropäischen Sozialdemokratie rückte." (Kriechbaumer, „Die Ära Kreisky")

Hermann Withalm scheitert als Präsidentschaftskandidat am eigenen Parteivorstand, ...

... der Innsbrucker Bürgermeister Alois Lugger am Votum der Wähler.

Doch die Umfragewerte bleiben schlecht, und 1974 erfolgt die nächste politische Niederlage. Nach dem Tod von Franz Jonas gewinnt der Kandidat Kreiskys – Rudolf Kirchschläger – gegen den Kandidaten der ÖVP, Alois Lugger. Man kann die Zuordnung durchaus personifizieren. Kreisky hat seiner Partei den Außenminister seiner Regierung aufgedrängt. Kirchschläger ist der erste Präsidentschaftskandidat der Sozialisten, der nicht aus der SPÖ kommt. Schleinzer wollte Hermann Withalm nominieren. Die Vorbereitungen waren bereits angelaufen, Plakate gedruckt: „Seine Stärke gehört uns allen. Als Bundespräsident." Doch der Parteiobmann scheitert im Parteivorstand. Die Mehrheit des Führungsgremiums kürt den Bürgermeister der Olympiastadt Innsbruck als Kandidaten für das höchste Amt im Staat.

Niederlagen provozieren Personaldiskussionen. Zumindest in der ÖVP. Schleinzer begegnet der aufkeimenden Kritik an seinem und Generalsekretärs Kohlmaiers Führungsstil mit der Nominierung eines stark verjüngten Teams von Kandidaten für die Nationalratswahl. Die „jungen Löwen" wie Taus, Busek, Mock, Lanner, geschart um Klubobmann Stephan Koren und Karl Schleinzer, sollen eine attraktive Alternative zu Kreisky und Androsch bilden.

Doch mitten im Wahlkampf geschieht das Schreckliche: Am 19. Juli 1975 verunglückt Karl Schleinzer auf der Fahrt von Wien zu seiner Familie nach Kärnten tödlich.

Am 5. Oktober ist Wahltermin. Die ÖVP hat wenig Zeit, einen neuen Spitzenkandidaten zu nominieren. Mit eindrucksvoller Geschlossenheit und ebensolcher Begeisterung wird mit Josef Taus und Erhard Busek auf einem außerordentlichen Parteitag ein neues Führungsduo gewählt. Der Kranz aus Vorschusslorbeeren strotzt vor Üppigkeit, die Hoffnungen sind grenzenlos.

Auf der SPÖ-Seite verfolgt man die Entwicklung naturgemäß mit großer Aufmerksamkeit. Die Beurteilung fällt unterschiedlich aus. Kreisky reagiert nervös. Androsch beruhigt, und Heinz Fischer kommentiert mit Zuversicht: „All das wird und kann sich durch Taus nicht ändern. Es kann höchstens bis zum 5. Oktober übertüncht werden. Aber auch die Zeit bis dahin ist für die ÖVP unter der Führung von zwei Parlamentsneulingen nicht einfach. Entweder Taus versteht sich als Anti-Kreisky; dann steht dem Bundeskanzler zwar ein neues Gesicht, aber deswegen noch lange keine echte Alternative gegenüber; denn um einen 42-jährigen Bankdirektor und Hamlet-Typ mit wenig innenpolitischer und überhaupt keiner außenpolitischen Erfahrung an Stelle Kreiskys zum Bundeskanzler der Republik Österreich zu machen, sind die Zeiten doch ein wenig zu ernst."

Heinz Fischer und Hannes Androsch sollten Recht behalten. Die erste Wahlschlacht endet für Taus und Busek mit der ersten Niederlage. Die SPÖ kann am 5. Oktober 1975 ihre absolute Mehrheit sogar noch ausbauen.

Vier Jahre später die zweite Niederlage. Taus und Busek gelingt es nicht, die ÖVP auf Erfolgskurs zu bringen. Die SPÖ erhält die höchste Zustimmung, die in der Zweiten Republik je von einer Partei erreicht werden konnte.

Taus folgt nicht schlechten Beispielen und flieht auch nach der neuerlichen Niederlage nicht über Nacht aus der Verantwortung. Aber er formuliert Bedingungen, die für die Partei unannehmbar sind. Während seiner vier

Jahre als Parteiobmann musste er die Erfahrung machen, dass die bündische Struktur eine erfolgreiche Führung der Gesamtpartei nicht zuließ. Vorschläge für eine organisatorische Erneuerung zielen daher auf ein Zurückdrängen des innerparteilichen Einflusses der Bünde.

Am Wochenende 7./8. Juli 1979 wechselt die ÖVP neuerlich ihre Führungsspitze. Das neue Duo heißt Alois Mock und Sixtus Lanner. Seit 1970, also innerhalb dieses Regierungsjahrzehnts des Bruno Kreisky, nicht nur der fünfte ÖVP-Obmann – Klaus, Withalm, Schleinzer, Taus, Mock –, sondern auch der fünfte Generalsekretär. Die Bereitschaft zu wirkungsvollen organisatorischen Veränderungen ist aber auch auf diesem außerordentlichen Parteitag nicht gegeben. Doch für den neuen Parteiobmann stehen die Sterne günstiger. Die Rahmenbedingungen ändern sich. Die SPÖ zeigt starke Erosionserscheinungen, Kreisky ist krank und hat sich in einen kräfteraubenden Konflikt mit Hannes Androsch verheddert.

Alois Mock weiß aber, dass die ÖVP die deutlich erkennbar werdenden Schwächen der SPÖ nur nützen kann, wenn sie selbst ein neues, konturierteres Profil erhält. Mit dem Schlachtruf Machiavellis: „retorno al segno" („Zurück zu den Feldzeichen") mobilisiert Alois Mock – so wie Bruno Kreisky am Beginn als Parteivorsitzender – der ÖVP verbundene Intellektuelle zu einer Grundsatzdiskussion. Erstmals seit dem Abdriften in die Opposition soll die Gesamtpartei Antworten auf aktuelle Fragen formulieren. Parallel dazu versucht Alois Mock auch organisatorisch neue Akzente zu setzen, die ÖVP trotz aktivem Bekenntnis zu konservativen Wertvorstellungen – Familie, Eigentum, Marktwirtschaft – moderner, aufgeschlossener, liberaler zu präsentieren.

Trotzdem dauert es für Alois Mock noch bis zum Jahr 1987, bis er und die ÖVP über Einladung von Franz Vranitzky auf der Regierungsbank Platz nehmen können.

Die dritte Kraft den roten Kanzler schafft

Vor der Wahlentscheidung vom 1. März 1970 zeigt der österreichische Nationalrat folgende Struktur: 85 ÖVP, 74 SPÖ, 6 FPÖ. Eine Grünpartei gibt es noch nicht, die KPÖ ist längst ausgeschieden und zur Bedeutungslosigkeit geschrumpft. Auch die FPÖ kämpft ums Überleben. Bei einer so eindeutigen Kräfteverteilung tut sich die kleine Partei schwer, sich überhaupt bemerkbar zu machen, noch schwerer, ein eigenes Profil gegenüber der Themenhegemonie der beiden großen Parteien zu schaffen.

Die Entwicklung in der Bundesrepublik Deutschland bringt plötzlich auch in Österreich Bewegung in die erstarrten Strukturen der Parteienlandschaft. In Deutschland ist Willy Brandt mit Hilfe der FDP Bundeskanzler geworden. Aus der zweiten Position heraus. Die Schwesterpartei der FPÖ hatte durch geschickte Nutzung ihrer „Zünglein-an-der-Waage-Position" ein Ausmaß an Einflussnahme erreicht, das deutlich über der prozentuellen Bedeutung lag.

In Österreich könnte eine ähnliche Situation entstehen. Die ÖVP kann sich eines Fortbestehens der absoluten Mehrheit nicht sicher sein, um eine mögliche Partnerschaft mit der FPÖ hat sie sich allerdings nicht gekümmert. Sie reagiert falsch und setzt – der Tradition entsprechend – im Wahlkampf auf Angstmache: „Die dritte Kraft den roten Kanzler schafft"

Josef Taus, Parteiobmann der ÖVP, ...

... Robert Graf, ÖVP-Abgeordneter zum Nationalrat, Präsident der Burgenländischen Wirtschaftskammer: Es ist zum Verzweifeln ... immer dieser Kreisky ...

ist der Slogan, mit dem sie im Wahlkampf der Gefahr begegnen will.

Die FPÖ lässt sich allerdings dadurch ebenfalls zu einer Fehlreaktion provozieren. In einer mit Spannung erwarteten Pressekonferenz bringt Friedrich Peter die FPÖ-Linie auf die Formel, die ihm nach den Wahlen jeden seriösen Verhandlungsspielraum nimmt: „Kein roter Bundeskanzler – kein schwarzes Österreich".

„... der größte politische Fehler, den ich in meiner 20-jährigen Bundesparteiobmannschaft begangen habe" (Friedrich Peter über Friedrich Peter).

Friedrich Peter wird trotzdem zu einer wichtigen politischen Figur. Er verhält sich nach dem Sieg von Bruno Kreisky taktisch geschickt, bringt seiner Partei Vorteile und versucht auch in den Zeiten der absoluten SPÖ-Mehrheit einen eigenständigen Kurs zu steuern.

Bruno Kreisky wiederum dankt es mit fairer Aufmerksamkeit bis hin zu konsequenter Verteidigung, als Peters Vergangenheit zum innenpolitischen Konfliktthema wird.

Die Teilung des bürgerlichen Lagers

Im FPÖ-Obmann findet Bruno Kreisky aber auch den Gesprächspartner aus dem liberalen Lager der FPÖ, der ihm die Verfolgung einer wichtigen Strategie ermöglichte: nämlich das gegnerische – bürgerliche – Lager zu teilen. Kreisky hat auch in dieser Frage seine schwedischen Erfahrungen zum Vorbild, er folgt aber auch der Sorge vieler Sozialisten vor einem fest gefügten „Bürgerblock". Zu Zuständen wie in der Ersten Republik soll es nicht mehr kommen.

Aus dieser historischen Erfahrung heraus standen viele Sozialisten bereits knapp nach 1945 der Gründung einer zweiten Partei aus dem bürgerlichen Lager sehr positiv gegenüber. Adolf Schärf und vor allem Innenminister Oskar Helmer versuchten eine Parteigründung zumindest indirekt zu unterstützen, indem auch bei den Besatzungsmächten um Verständnis geworben wurde.

Erste Ansätze scheitern immer daran, dass eine neue Partei zum Sammelbecken ehemaliger Nationalsozialisten zu werden droht. Erst durch Herbert Kraus und Viktor Reimann gelingt mit dem VdU (Verband der Unabhängigen) die Gründung einer vierten Partei mit liberaler Führung. Allerdings mit Ablaufdatum. Nach dem ersten eindrucksvollen Wahlerfolg (auf Anhieb werden 16 Mandate erreicht) drängen nationale Elemente an die Parteispitze. Die ÖVP hat im Wahlkampf keinerlei Hemmungen, die liberale Führung zu diskriminieren. „Der Wahlkampf, den die ÖVP 1949 gegen den VdU bestritt, gehört zum Schlimmsten und Unfeinsten, was es auf diesem Gebiet gegeben hat, und wäre in einer bereits normal funktionierenden Demokratie kaum möglich gewesen ... Die ÖVP wollte einfach nicht wahrhaben, dass sich noch eine Partei etablierte, die sie die absolute Mehrheit kosten musste." (Viktor Reimann, „Die Dritte Kraft in Österreich")

Die Vertreter des nationalen Flügels drängen immer heftiger an die Spitze. Am 7. April 1956 haben sie es geschafft. Der VdU löst sich auf, eine neue Partei wird gegründet. Am 12. April findet der erste Parteitag der Freiheitlichen Partei Österreichs statt. Diesen Ereignissen frappant ähneln sollte Jahre später der Verlauf des Innsbrucker Parteitages, auf dem Jörg Haider den liberalen Norbert Steger stürzt.

Josef Taus und Erhard Busek gelingt es nicht, die ÖVP auf Erfolgskurs zu bringen.

Nachfolger des liberalen Herbert Kraus ist der profilierte (natürlich „ehemalige") Nationalsozialist Anton Reinthaller. Der Gründer und Vorsitzende des VdU verabschiedet sich am Parteitag mit deutlichen Worten, die auch von Norbert Steger stammen könnten:

„Dieser Parteitag war die Bestätigung der lange vorbereiteten Machtübernahme von einem kleinen Kreis von Rechtsextremisten und NS-Führern. Die in der FPÖ verbliebenen gemäßigten Vertreter des VdU sind praktisch zur Einflusslosigkeit verurteilt."

Der neue Obmann Anton Reinthaller war zwei Jahre in Glasenbach bei Salzburg, dem von den Amerikanern errichteten Internierungslager für ehemalige Nationalsozialisten, in Haft, wurde verurteilt und kurz darauf vom Bundespräsidenten begnadigt. Sein Weg an die Spitze der FPÖ ist von einer guten Portion schwarzem – im engsten Sinne des Wortes – Humor begleitet: Just im Bahnhofsrestaurant von Attnang-Puchheim wird ihm glaubhaft das große Interesse der ÖVP an seiner Rückkehr ins politische Leben dargelegt.

Dazu Viktor Reimann: „Die ÖVP hatte mit Sorge den Verfall des VdU beobachtet, weil sie nicht wusste, nach welcher Seite das Pendel ausschlagen werde, wenn die Nationalen unter sich bleiben wollen ... Was die ÖVP deshalb benötigte, war ein Mann, den sie als genügend

Pressekonferenz der FPÖ: Otto Scrinzi, Friedrich Peter, „Concordia"-Gastgeber Rudolf Kalmar, Gustav Zeillinger, Alexander Götz (v. l. n. r.): „Kein roter Bundeskanzler!"

vertrauenswürdig ansah, dass er ihr mit der nationalen Gruppe nicht in den Rücken fallen werde."

Ein Treffen mit Bundeskanzler Julius Raab wird vereinbart. Raab und Reinthaller sind alte Bekannte aus der Ersten Republik.

„Tatsächlich trafen die beiden einander in Oberösterreich: der ehemalige Austrofaschist Raab, Bundeskanzler der Zweiten Republik, und der ehemalige Hitlerfaschist Reinthaller, vom Volksgericht verurteilt und Jahre hindurch im Anhaltelager und Gefängnis festgehalten. Und Raab, den vielleicht ein schlechtes Gewissen drückte, dass der Faschismus zu so verschiedenen Karrieren führen konnte, sagte zu Reinthaller: ‚Umgeben Sie sich mit demokratischen Auftriebselementen und stellen Sie sich für die dritte Partei zur Verfügung, damit extreme Einflüsse von Haus aus in Bann gehalten werden." (Viktor Reimann)

Unter dieser national dominierten Führung sinkt die FPÖ von den rund 11 Prozent ihrer Vorgängerin auf beruhigende 6,5 Prozent ab. Vor einer nationalen Bewegung in Österreich bräuchte sich eigentlich niemand mehr zu fürchten.

Friedrich Peter ist Reinthallers Nachfolger als FPÖ-Parteiobmann. Seine Vergangenheit ist zweifelsohne Empfehlung – von Herkunft und Elternhaus her national, im Krieg Offizier der Waffen-SS. Doch Friedrich Peter ist längst auf einem anderen Weg. Sein Lernprozess führt ihn geradlinig zum uneingeschränkten Bekenntnis zur demokratischen Republik Österreich.

Gustav Zeillinger (Mitte), einer der pointenreichsten Redner im Parlament, flankiert von seinen Parteifreunden Emil van Tongel (links) und Friedrich Peter (rechts)

Nationales Geschwafel und Deutschtümelei sind ihm recht bald zuwider.

Ich hatte wenige Wochen vor seinem Tod (Friedrich Peter, geboren 1921 in Attnang-Puchheim, starb am 25. September 2005 in Wien) noch ein sehr ausführliches Gespräch über seinen Weg in die Politik, sein Verhältnis zu Bruno Kreisky und Hannes Androsch, die Gründe seiner Distanz zu Jörg Haider. Seine Darlegungen sind auch ein Stück Geschichte der Zweiten Republik, sind Beispiele für wachsende Toleranz und Liberalität in den 1970er Jahren und eine Variante, die Einladung nicht auszuschlagen, mit Bruno Kreisky ein Stück des Weges gemeinsam zu gehen:

„Zwei Persönlichkeiten haben meinen politischen Weg sehr eindringlich bestimmt. Der eine war Gleissner (Heinrich Gleissner, Landeshauptmann von Oberösterreich, ÖVP), der andere Bruno Kreisky. Und neben diesen beiden Persönlichkeiten sind Ideen der Gründergeneration von Raab, Figl, Maleta einerseits, Schärf, Helmer, Olah andererseits eingeflossen, die mich mit dem Geist der Gründergeneration vertraut gemacht haben, die mir die ungeschriebenen Gesetze der Zweiten Republik Österreich bewusst gemacht haben, die mir auch vor Augen geführt haben, wo und wie die ungeschriebenen Gesetze entstanden sind, entweder in Dachau oder in Buchenwald. Zwei besonders wertvolle Informatoren waren Maleta (Alfred Maleta, ÖVP, Präsident des Nationalrates) und Probst (Otto Probst, SPÖ, Dritter Präsident des Nationalrates), der eine aus Dachau, der andere aus Buchenwald. Beide haben sie dann das Doppelschicksal zu tragen gehabt, noch Soldaten geworden zu sein. Und hier ist aber auch eins ins Blickfeld getreten, an das ich mich gehalten habe, ein Leben lang: die Schmerzgrenze des anderen in der Politik zu respektieren."

Im gesamten Lernprozess des Friedrich Peter ist Bruno Kreisky höchstwahrscheinlich die prägendste Persönlichkeit. Er sieht sich von Beginn seiner Funktion als Parteiobmann an von Bruno Kreisky ernst genommen – ja auch schon, als er noch Landtagsabgeordneter in Oberösterreich ist. Peter:

„Die Begegnung mit Kreisky fand 1959 statt, einige Monate nachdem er Außenminister geworden war. Er empfing mich mit folgender Bemerkung: ‚Herr Kollege, ich informier' Sie heut so über Außenpolitik, wie ich, Kreisky, informiert werden möchte, sollte meine Partei einmal in Opposition sein.' Ich hab mir gedacht, ist er verrückt, was redet der in der Zeit der tiefsten Großen Koalition von Opposition? 1966 bis 1970 war die SPÖ in der Opposition."

Es ist Friedrich Peter, der Kreisky indirekt bestätigt, welche Gestaltungsmöglichkeiten im politischen Paktieren liegen. 1967 wird in Oberösterreich die SPÖ stimmenstärkste Partei. Die FPÖ ist im Landtag lediglich mit zwei Mandaten vertreten, aber sie rettet der ÖVP den Landeshauptmann. Friedrich Peter:

„Da ist Kreisky hellhörig geworden, hat mich ins Landtmann bestellt und hat gesagt, wie schaut's aus in Oberösterreich. Ich habe gesagt, es ist zu spät, Herr Bundesminister, es ist paktiert. Da ist er sehr zornig geworden über seine Parteifreunde, vor allem über den Bernaschek, dass er sich nicht mehr um die Möglichkeit, Landeshauptmann zu werden, gekümmert hat."

Es war da schon ein Vertrauenskonto aufgebaut, als Friedrich Peter nach dem Wahlsieg von Bruno Kreisky beginnen konnte, die FPÖ zu einer liberalen Partei zu machen, mit der Perspektive, im Falle des Falles auch Regierungsverantwortung zu tragen (siehe Kapitel „Monolog in Filzpantoffeln").

Die ÖVP hätte diese Chancen während der Zeit ihrer Alleinregierung gehabt. Sie hat die Zeit nicht genützt, sich Partner für die Zukunft zu schaffen. Sehr zur Enttäuschung von Friedrich Peter, der das Versäumnis der traditionellen Überheblichkeit zuordnet:

„Der Wahlerfolg des Jahres 1966 hat meines Erachtens die ÖVP so arrogant und größenwahnsinnig gemacht, dass die verantwortlichen Persönlichkeiten dieser Partei sicher nicht bis in die Denkkategorien einer parlamentarischen Unterstützung der ÖVP-Alleinregierung durch die Freiheitlichen vorgestoßen sind." (Viktor Reimann, „Die Dritte Kraft")

Rein von der Kräfteverteilung her würde der Logik des Jahres 1970 eine Koalitionsregierung entsprechen. Aber man schreibt eben noch nicht das Jahr 1999, in dem die ÖVP vor den Wahlen versprechen kann, in Opposition zu gehen, falls die Wähler sie auf die dritte Position reduzieren, um sich dann nach den Wahlen als Drittstärkste von Jörg Haider in die Regierungsposition hieven zu lassen.

1970 ist der Verfall der politischen Kultur noch nicht eingetreten. Die Möglichkeit, mit den Sozialisten eine Koalition nach dem deutschen Muster – SPD/FDP – zu bilden, hatte sich die FPÖ mit ihrer Festlegung vor der Wahl verbaut. Die einzige Möglichkeit, die sich Friedrich Peter eröffnet, ist die Duldung

Friedrich Peter, Bruno Kreisky und Josef Taus (v. l. n. r.) vor der ersten TV-Diskussion. Die ÖVP hat die Chance nicht genützt, sich Partner für die Zukunft zu sichern …

einer Minderheitsregierung bei gleichzeitiger Durchsetzung von politischen Anliegen der FPÖ wie zum Beispiel einer Wahlrechtsreform. Nur so kann er die FPÖ im Spiel halten.

Bruno Kreisky nützt diese Chance, begegnet der FPÖ aber mit der ihn auszeichnenden Sensibilität fürs Zumutbare. Er verlangt von ihr immer nur so viel, wie sie ohne Gesichtsverlust verkraften kann, gibt ihr ausreichend Informationen, lädt sie – wie die ÖVP – zu Staatsbesuchen ein, ermöglicht eine gewisse Imageaufbesserung. Man sollte ja nicht vergessen, dass mit der Wahlrechtsreform die Möglichkeiten, eine absolute Mehrheit zu erreichen, reduziert wurden. Seine politische Professionalität lässt Bruno Kreisky immer auf den Tag vorbereitet sein, an dem er die absolute Mehrheit wieder verlieren sollte.

Der SS-Akt aus Berlin

Die offenkundige Strategie Bruno Kreiskys, nicht mehr zur ÖVP zurückzukehren, falls die SPÖ einen Koalitionspartner benötigt, bringt die FPÖ von außen wie von innen unter Druck. Innerhalb der Freiheitlichen beginnt der nationale Flügel gegen Peter Stimmung zu machen. Er ist ihnen zu sehr Kreisky-orientiert, kein Gegengewicht zur roten Übermacht, in seinen grundsätzlichen Positionen zu liberal.

Von außen, weil die ÖVP weiß, dass sie erst dann wieder koalitionswürdig werden kann, wenn der Konkurrent FPÖ zumindest neutralisiert wird. Als Josef Taus, der neue Obmann der ÖVP, in seiner ersten TV-Diskussion im Duell mit Bruno Kreisky und Friedrich Peter alle Vorschusslorbeeren einbüßt, ist der FPÖ-Vorsitzende voll in die Schusslinie geraten. Da kaum jemand damit rechnet, dass die SPÖ am 5. Oktober 1975 wiederum mit absoluter Mehrheit gewählt werden würde, zeichnet sich eine kleine Koalition mit Friedrich Peter als Vizekanzler ab.

Und da beginnt der gütige Zufall eine große Rolle zu spielen. Folgt man den Erinnerungen Simon Wiesenthals („Recht, nicht Rache – Erinnerungen"), so stößt dieser knapp vier Wochen vor dem Wahltermin just beim Ordnungmachen auf seinem Schreibtisch auf eine Liste von Namen, die an einem Offizierslehrgang der I. SS-Infanteriebrigade teilnehmen sollten. Darunter Friedrich Peter, der Name des Obmannes der Freiheitlichen Partei Österreichs. Wiesenthal bringt sich rechtzeitig vor den Wahlen gut getarnt in Stellung: „Wiesenthal fertigte ein Dossier über Peter und die I. SS-Infanteriebrigade an und übergab dieses Bundespräsident Rudolf Kirchschläger mit der Bemerkung, er wolle dieses nicht unmittelbar vor der Wahl veröffentlichen, um sich nicht dem Vorwurf einer Einmischung in den Wahlkampf und die österreichische Innenpolitik auszusetzen. Da jedoch Kreisky bei der Nationalratswahl am 5. Oktober 1975 die ab-

Simon Wiesenthal: „Bruno Kreisky und ich sind Blätter vom selben Baum …"

„Wie der Herr Wiesenthal sein Leben rettet, ist seine Sache, ob er dadurch eine moralische Autorität ist, eine andere.“

solute Mehrheit verteidigen konnte und die Bildung einer kleinen Koalition unterblieb, übergab Wiesenthal sein Dossier vier Tage später in einer Pressekonferenz den anwesenden Journalisten.“ (Kriechbaumer, „Die Ära Kreisky“)

Friedrich Peter bestreitet diese Darstellung. Seiner Erinnerung nach informiert ihn Bruno Kreisky bereits im Jahr 1971, dass das Dokumentationsarchiv von Simon Wiesenthal aus Berlin seinen SS-Akt haben will. Das Dokument wird aber nur ausgehändigt, wenn die offizielle Zustimmung des betroffenen Landes vorliegt. Friedrich Peter wird von Bruno Kreisky befragt, hat keinen Einwand, der Akt wird angefordert, übergeben und Friedrich Peter erhält aus der Hand von Außenminister Rudolf Kirchschläger eine Kopie.

Dann schlummert der Akt, bis er 1975 durch Zufall Grundlage für ein Dossier werden kann. Vier Wochen vor dem Wahltermin. Vier Tage nach der Wahl lädt Simon Wiesenthal zu einer Pressekonferenz. Thema: der SS-Akt des Friedrich Peter. Der inzwischen zum Bundespräsidenten gewählte Außenminister bittet Friedrich Peter in die Präsidentschaftskanzlei und übergibt ihm neuerlich seinen Akt.

Bruno Kreisky reagiert wütend und emotional. Er scheut keine Untergriffe gegen Simon

Wiesenthal, verdächtigt ihn der Kollaboration mit der Gestapo, will seine Verdächtigungen bei Gericht beweisen. Nur mühsam gelingt es, diesen emotionsgeladenen Streit, der auch international starke, für Österreich negative Beachtung findet, zu beenden. Simon Wiesenthal in einem Fernsehinterview auf die Frage, wie sehr ihn die Verdächtigungen Kreiskys getroffen hätten: „Schauen Sie, Bruno Kreisky und ich sind Blätter vom selben Baum …“

Das Ende der Affäre Kreisky – Wiesenthal glättet zwar die innenpolitischen Wogen, beseitigt aber nicht die FPÖ-internen Querelen. Als in Graz der Kandidat der FPÖ für das Amt des Bürgermeisters, Alexander Götz, einen deutlichen Wahlerfolg einfahren kann, ist der Nachfolger für Friedrich Peter gefunden. Götz personifiziert den Kurswechsel in der FPÖ – weg von der sozialliberalen Linie mit möglicher Koalitionsperspektive mit der SPÖ zur national-konservativen mit Annäherung an die ÖVP.

Der Südbahnhof ist der schönste Platz von Wien

Es wäre nicht Bruno Kreisky, hätte er nicht umgehend auf diese Entwicklung reagiert. Sein Anbot, eine Wahl des ÖVP-Kandidaten bei der Wahl zum Grazer Bürgermeister zu unterstützen, reicht allerdings nicht, um einen Keil in die neue Partnerschaft zu treiben: Alexander Götz wird mit den Stimmen der ÖVP Bürgermeister von Graz.

Doch auf Bundesebene ist Bruno Kreisky bereits voll in Fahrt. Mit dem Slogan „Taus &

Alexander Götz und Josef Taus (l.), verständlicherweise enttäuschte Oppositionsführer – die absolute Mehrheit der SPÖ ist neuerlich größer geworden.

Norbert Steger, der FPÖ-Parteiobmann des Jahres 1980, erntet die Früchte der Saat von 1970 und wird 1983 Vizekanzler der ersten SPÖ-FPÖ-Koalitionsregierung.

Götz – nein danke!" erkämpft die SPÖ bekanntlich das beste Wahlergebnis ihrer Geschichte.

Im Jahr davor – 1978 – zum Nachfolger Friedrich Peters als Bundesparteiobmann der FPÖ gewählt, ist Alexander Götz diese Funktion nach 15 Monaten bereits wieder los. Seine Absicht, Grazer Bürgermeister zu bleiben, die Partei von Wien aus zu steuern und gleichzeitig im Nationalrat zu sitzen, bringt er nicht unter seinen steirischen Trachtenhut. Seiner regionalen Heimatverbundenheit setzt er ein verbales Denkmal, als er freimütig erklärt, der liebste Platz von Wien sei ihm der Südbahnhof, denn „von dort fahren die Züge nach Graz".

Nachfolger wird der erst 35 Jahre alte Wiener Rechtsanwalt Norbert Steger. Für sein Plädoyer, die Partei wieder auf sozialliberalen Kurs zu führen, erhält er auf dem Parteitag in Linz die Mehrheit. Mit knappen 55,29 Prozent gewinnt er gegen Harald Ofner, den späteren Justizminister.

Norbert Steger kann nach der Wahl von 1983 endlich die Belohnung für das Verhalten Friedrich Peters aus dem Jahr 1970 kassieren: Die FPÖ wird Koalitionspartner der SPÖ und Norbert Steger Vizekanzler. Weder über ausreichende Integrationsstärke verfügend noch über entsprechende politische Erfahrung, macht er bereits bei der Zusammensetzung der Koalitionsregierung den entscheidenden taktischen Fehler: Er bindet die Kärntner Landesorganisation der FPÖ nicht in die Koalitionsverhandlungen mit ein.

Bereits drei Jahre später wird sich Jörg Haider rächen: 1986 auf dem Parteitag in Innsbruck stürzt er Norbert Steger und macht sich mit 57,7 Prozent zum Parteiobmann. Diesmal ist die Hälfte der FPÖ knapp unterlegen. Man könnte davon ausgehen, dass – der Tradition der FPÖ entsprechend – auch diesem vom nationalen Flügel getragenen Obmann kein langes Leben beschieden sein werde. Aber mit Jörg Haider ist erstmals ein geschickter Populist an die Spitze der FPÖ gelangt. Keine konkrete Verantwortung übernehmen zu müssen, ist seine besondere Stärke. Bundeskanzler Vranitzky hilft ihm dabei.

Dreimal die Absolute

Im Jahrzehnt 1970 bis 1980 erringt die Sozialistische Partei Österreichs tatsächlich eine Sonderstellung unter allen demokratischen Parteien Europas. Es gelingt von 1945 weg keiner einzigen anderen Partei, viermal hintereinander Parlamentswahlen zu gewinnen und dabei ihre absoluten Mehrheiten von Wahl zu Wahl weiter auszubauen.

Zusätzlich ist bemerkenswert, dass diese Erfolge im turbulentesten Jahrzehnt der europäischen Nachkriegsgeschichte errungen werden können.

„Die siebziger Jahre erweisen sich als eine Periode, in der es außerordentlich schwer ist zu regieren", charakterisiert der Schweizer Finanzminister Nello Celio die besonderen Umstände, die vom Zusammenbruch des Weltwährungssystems, vom Ölpreisschock und dramatischen Inflationsentwicklungen, wachsenden Umweltproblemen, beginnender Arbeitslosigkeit, den 68er-Nachwirkungen, politischen Aufbrüchen im Osten und gesellschaftspolitischen Auswirkungen des Vietnamkrieges im Westen geprägt sind.

Drittens ist bemerkenswert, dass der SPÖ der Aufstieg zur Mehrheitspartei unmittelbar aus der größten Niederlage heraus gelingt. Mehr als zwei Jahrzehnte lang ist sie der Juniorpartner in der Koalitionsregierung mit der ÖVP. Erst als sie durch die Wahlniederlage 1966 aus allen Regierungsämtern in die Opposition gedrängt wird, werden Kräfte zur radikalen Veränderung frei. Man kann durchaus darüber spekulieren, ob es die ÖVP in der Hand gehabt hätte, die SPÖ weiterhin in der Position des Zweiten zu belassen. Hätte die ÖVP die SPÖ als Regierungspartner eingebunden, wäre entweder alles beim Alten geblieben, oder Kreisky wäre – aus der Sicht der ÖVP – schlimmstenfalls Vizekanzler geworden. Aus der Regierungsfunktion heraus hätte Kreisky nicht alle Register einer fulminanten Oppositionspolitik ziehen und neue Strategien für die SPÖ entwickeln können.

Hätte – die Realität nimmt einen attraktiveren Verlauf. Zumindest für die SPÖ, aber auch für die Republik Österreich.

„Wir reden mit jedem"

Erst als Parteivorsitzender ohne Regierungsverantwortung kann sich die Persönlichkeit Kreiskys voll entfalten: sein politisches Talent, seine Vielseitigkeit, seine Sensibilität für gesellschaftliche Entwicklungen, sein durch die Erlebnisse in der Jugendzeit und in der Emigration geschärfter Sinn für Demokratie und Solidarität. Daher gelingt Kreisky, was der SPÖ von 1945 weg nicht gelungen ist, die „Schallmauer der Vorurteile" gegenüber der Sozialdemokratie

In Pflicht und Kür gleichermaßen perfekt – dem meisterlichen Pirouettendreher Bruno Kreisky müssen die Preisrichter Josef Taus und Friedrich Peter nach jedem Wahlauftritt die Goldmedaille überlassen.

Hannes Androsch, der Jungminister, und Heinz Fischer, der Jungabgeordnete – „Wer mit den Ergebnissen der Politik nicht zufrieden ist, muss sich für bessere Ergebnisse engagieren."

bei der österreichischen Bevölkerung zu durchbrechen. Mit der von ihm propagierten Öffnung der Partei gelingt es Kreisky, einerseits die traditionellen Kernschichten der SPÖ zu aktivieren und andererseits in neue Schichten vorzudringen. Äußerungen wie „Wir reden mit jedem ..." und die Einladung, „ein Stück des Weges gemeinsam" zu gehen, entkrampfen das politische Klima, machen politisch interessierte Menschen neugierig, werden zu Türöffnern für neue Wählerschichten.

Die unsinnige Angelegenheit

Das Stück Weg, das eine Mehrheit der Österreicherinnen und Österreicher mit Kreisky, der SPÖ und in späterer Folge mit seinem Regierungsteam gemeinsam zu gehen bereit ist, beginnt zeitlich mit dem 1. März 1970 und der Bildung des Minderheitskabinetts. Die Angelobung durch Bundespräsident Franz Jonas am 21. April 1970 begleiten die Medien teils mit Kritik am Bundespräsidenten, teils mit schlecht verborgener Häme, was vermutete Dauer und Effizienz der neuen Regierung betrifft. Hans Thür drückt im Leitartikel der „Presse" deutlich aus, was das bürgerliche Lager denkt, nämlich, dass diese ganze Minderheitsregierung eigentlich eine ziemlich unsinnige Angelegenheit sei: „Da die Sozialistische Partei aber nur eine relative Mehrheit erhielt, nützt ihr auch die Installierung der ‚Alleinregierung' nichts. Sie wird mit ihren Initiativen und Reformen sehr bald an die Barriere der Parlamentsmehrheit stoßen, wenn sie der Volkspartei und den Freiheitlichen ‚zu sozialistisch' scheinen. Das engt den Spielraum des Kabinetts Kreisky ein, das trotz allen Arbeitseifers und der Hurtigkeit, mit der es ins Leben gerufen wurde, eben doch nicht darüber hinwegkommt, dass es sicher nur eine Minderheit von 81 Abgeordneten hinter sich hat." („Die Presse", 22. April 1970)

Dass diese Regierung trotz aller Zweifel an ihrer Effizienz und Beständigkeit eine Zäsur im politischen Geschehen Österreichs bedeutet, anerkennt auch die bürgerliche „Presse". Damit aber nicht aus ganz Österreich eine einzige Gemeinde Wien wird, werden die beiden Oppositionsparteien in die Pflicht genommen: „Mit dem Kabinett Kreisky beginnt ein neues Kapitel in der politischen Geschichte des Landes, so, wie vor vier Jahren mit der Bildung der ÖVP-Alleinregierung unter Klaus ein neuer Abschnitt angefangen hatte. Ob und wie weit der Weg in den Sozialismus führen wird, dafür werden in erster Linie die beiden Oppositionsparteien verantwortlich sein, denn sie haben zusammen immer noch die Mehrheit. Von Kreiskys sozialistischer Regierung wird niemand erwarten dürfen, dass sie anders als sozialistisch regiert. Ob aber Österreich damit moderner oder nur eine einzige ‚Gemeinde Wien' werden wird – diese Verantwortung und Sorge liegen seit Dienstag bei Kreisky." („Die Presse") – Eine Sorge, die für die Sozialisten durchaus Hoffnung ist, denn im Vergleich zur Republik ist die Stadt Wien 1970 bereits ein gut verwaltetes, funktionierendes Gemeinwesen!

Mit Schwert und Schild

Die Kurzlebigkeit der Regierung ist auch die Hoffnung der ÖVP. Verständlich, aber falsch, wie die Entwicklung zeigt. Eine Regierung auf jederzeitigen Abruf nennt Hermann Withalm das sozialistische Minderheitskabinett. Trotzdem tritt Withalm sofort energisch Spekulationen entgegen, die ÖVP könne sich bereits in wenigen Monaten bereitfinden, mit der SPÖ wieder in Koalitionsgespräche einzutreten. Diese Reaktion lässt nur zwei Interpretationen zu. Entweder Withalm glaubt selbst nicht an die Kurzlebigkeit, oder er versucht eine Alternative mit der FPÖ zustande zu bringen. Withalm lässt auch in öffentlichen Äußerungen das deutliche Interesse der ÖVP an freiheitlicher Unterstützung für eine parlamentarische Mehrheit durchblicken. Er geht sogar auf die Bedürfnisse der FPÖ ein, indem er mit einer Wahlrechtsreform lockt. Doch die ÖVP ist zu spät dran. Dieser Koalitionszug ist bereits abgefahren. Zumindest für dieses erste Jahr des Minderheitskabinetts Kreisky.

Die ÖVP kritisiert auch den Bundespräsidenten, beklagt, dass Franz Jonas stark vom Verhalten seiner Vorgänger abgewichen sei. Der Bundespräsident habe „jede Andeutung eines Vermittlungsversuches vermissen lassen" (Withalm).

Als Kreisky am Montag, dem 27. April 1970, im Parlament zu seiner ersten Regierungserklärung antritt, der ersten, die ein sozialistischer Bundeskanzler dem Nationalrat vorträgt, gleicht die Spannung im Hohen Haus dem Start zu einem Grand-Prix-Rennen. Der Bundespräsident hat in der Mittelloge Platz genommen, in den Presselogen drängt sich eine ungewohnt große Anzahl von Journalisten, das Fernsehen überträgt erstmals live. Trotzdem – oder gerade deswegen? – endet die Rede beinahe mit einem Eklat. Für viele Abgeordnete der ÖVP ist die bedächtige Art, wie Kreisky seine Erklärung vorliest, das kunstvolle Hineintröpfelnlassen seines Regierungsprogramms, provozierend bis unerträglich. Es sind 29 eng beschriebene Seiten („sehr lang und sehr vorsichtig“, Kurier), die Kreisky vorträgt, aber halbwegs ruhig zugehört wird nur bis zur Seite 16. Als Kreisky die Ungerechtigkeit des geltenden Wahlrechts kritisiert, bricht zum ersten Mal eine Orgie von Zwischenrufen los. Dabei bleibt es. Die ganze Rede hindurch. Kaum ein Kapitel der Regierungserklärung, das nicht von den Abgeordneten der ÖVP mit lauten Zwischenrufen begleitet wird. Bis dem Parlamentspräsidenten die Geduld abhanden kommt. Doch als Karl Waldbrunner mit dem Hinweis, es hätten sich bereits viele Fernsehzuschauer über den rüden Ton beschwert, zur Mäßigung mahnt, droht die Sitzung im Chaos zu enden. Nur mühsam kann Waldbrunner einen Eklat vermeiden.

Bruno Kreisky lässt sich bei seiner ganzen, langen Rede nicht irritieren und schon gar nicht unterbrechen. „Der neue Bundeskanzler ficht wie in einem mittelalterlichen Heldenfilm mit Schwert und Schild“, anerkennt „Die Presse“. Wobei er das Schwert gegen die ÖVP-Opposition einsetzt, den Schild aber „gegen das Drängen jenes Teiles seiner eigenen Parteifreunde, die den Tag ihrer Träume angebrochen wähnen“.

Prickelnd wie guter Sekt

Zwei Tage später hat die Klubführung der ÖVP ihre „jungen Galoppierer“, wie Kreisky einige ÖVP-Abgeordnete in späteren Jahren einmal benennen wird, wieder im Griff. Das Parlament zeigt sich von der besten Seite. Die Parteien haben ihre besten Redner aufgeboten, wobei mit Spannung darauf gewartet wird, ob Hermann Withalm, Fraktionsführer der ÖVP, designierter Parteiobmann und einer der großartigsten Redner überhaupt, zur Sitzung kommen kann. Withalm hat man am Vortag auf einer Bahre aus dem Hohen Haus getragen. Er ist während einer Sitzung zusammengebrochen. Überarbeitung, Kreislaufkollaps, allgemeine Ermattung. In der Klinik Fellinger wird der „Eiserne Hermann“ während der Nacht wieder auf die Beine gestellt, kommt pünktlich zur Sitzung und ist der erste Redner. Er eröffnet eine Parlamentsdebatte, über die Thomas Chorherr ins Schwärmen gerät: „Die große Debatte zur Regierungserklärung des Bundeskanzlers wäre flau gewesen und ohne Spannung, milde und nicht mit jener Würze versehen, die kluge, sichere und gewandte Zwischenrufe der parlamentarischen Szene verleihen, hätte Hermann Withalm an diesem Mittwoch gefehlt. So aber gab es schon in der ersten Viertelstunde Funken, die vom Rednerpult zu den Sitzreihen übersprangen, die Atmosphäre prickelte bisweilen wie guter, kalter Sekt, und dieses Prickeln setzte sich fort: Es war spürbar, als Pittermann sprach, als Peter in meritorisch wie rhetorisch bestechender Weise vom Leder zog, als die anderen

Gegen das Sterben vor der Zeit – für Gesundheit und Umweltschutz

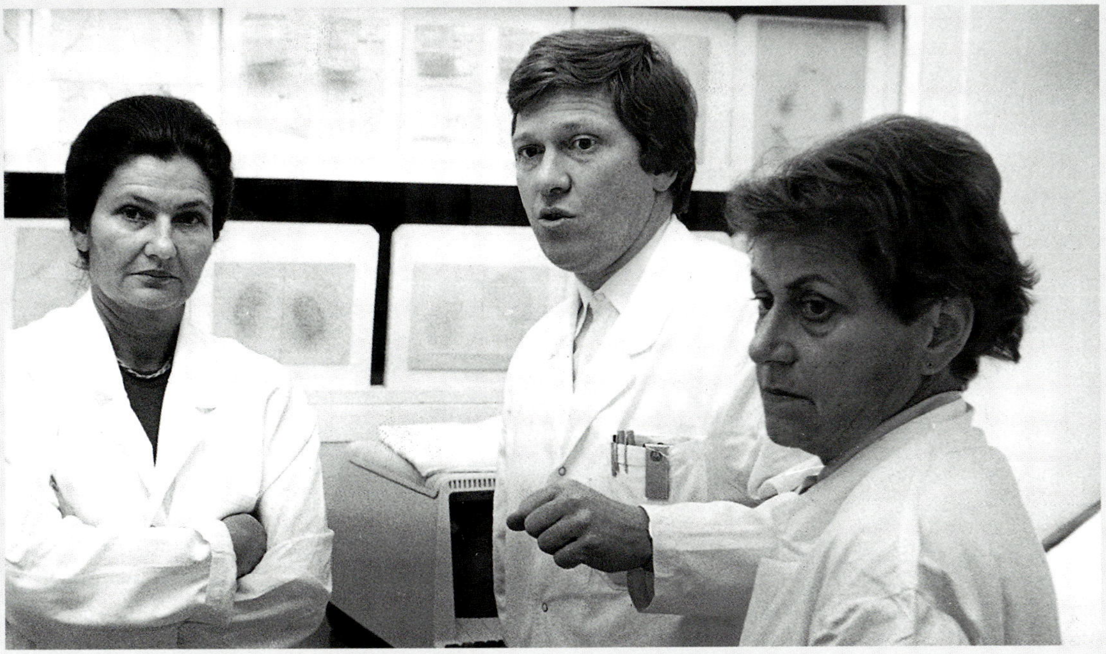

Primaria Ingrid Leodolter, der erste Gesundheitsminister Österreichs (im Bild oben rechts und rechts unten), hat sich mit dem „Mutter-Kind-Pass" ein bleibendes Denkmal gesetzt.

In seinen ersten Regierungserklärungen – 1970 und 1971 – qualifiziert Bruno Kreisky die Gesundheitspolitik als eine gesellschaftliche Aufgabe, „die der besonderen Obsorge des Staates aufgetragen ist, sofern er sich das Ziel setzt, der Wohlfahrt aller zu dienen." Plakativ kündigt die Bundesregierung an, dass sie den „Kampf gegen das Sterben vor der Zeit" über ein eigenes Ministerium führen wird. Ebenso rückt die Regierung die Herausforderung „Umweltschutz" in das Bewusstsein der Öffentlichkeit und der Menschen. Erste Ressortchefin des neuen Ministeriums für „Gesundheit und Umweltschutz" ist Primaria Ingrid Leodolter, die ärztliche Leiterin des Sophienspitals in Wien.

Bruno Kreisky und seine treueste Mitarbeiterin, Margit Schmidt: „Österreich wird mit Herrn Kreisky eine große Chance haben.“ (Otto Schulmeister)

Redner dieses echt parlamentarischen Tages ihre Beiträge lieferten." („Die Presse", 30. April 1970)

„Das war eine große Auseinandersetzung", zollt der Kurier vom 30. April 1970 der Parlamentsdebatte über die Regierung Kreiskys Respekt. Nach dem unwürdigen Gekeife einige Tage davor, lediglich darauf abzielend, den Bundeskanzler bei seiner Rede zu stören, für politische Beobachter, kritische Zuhörer, ja selbst für Journalisten eine Erleichterung.

„Die Debatte zur Regierungserklärung Kreiskys hat dem Hohen Haus Ehre gemacht", lobt „Die Presse", und der Kurier stellt erleichtert fest: „Unser Nationalrat kann auch anders. Das bewies er am Mittwoch mit einer ungewöhnlich gehaltvollen und hochstehenden Debatte über die Regierungserklärung Dr. Kreiskys." Zwar nörgelt die Opposition noch immer am Verhalten des Bundespräsidenten herum, aber der Schwerpunkt ist die inhaltliche Auseinandersetzung mit der Regierung. Die Erstbeurteilung: „Lang geredet, aber nichts gesagt" ist der Ernsthaftigkeit gewichen. Zu Recht. Kreisky präsentiert nicht das Programm einer Minderheitsregierung.

Auf die fehlende Mehrheit nimmt er mit Umsicht und Geschick in seiner Wortwahl, in den jede Provokation vermeidenden Formulierungen Rücksicht. Inhaltlich ist es eine Erklärung über mehr als eine ganze Legislaturperiode. Alle Reformziele sind angesprochen – Strafrechtsreform, Familienrechtsreform, Steuer- und Hochschulreform, Reform des Bundesheeres und Verkürzung der Wehrdienstzeit. Grundlage ist eine Wirtschaftspolitik der Arbeitsplatzsicherung und der Wohlstandsvermehrung.

Ungewöhnlich ausführlich spricht Kreisky die Jugend an: „Wir müssen uns bemühen zu verstehen, dass das, was die Jugend in dieser Zeit bewegt – und nicht nur die Studenten –, nichts ist, was rasch vergeht. Wir dürfen uns auch nicht durch den Umstand verwirren lassen, dass die ‚Götter' dieser Jugend häufig

Hermann Withalm, der „Eiserne Hermann" – „Das war eine große Auseinandersetzung."

wechseln und dass sie, kaum, dass die Jugend sie erhoben hat, auch schon gestürzt werden oder dass die Jugend ihnen bestenfalls einen Platz als Säulenheilige zuweist. Der moderne demokratische Staat bedarf dringendst einer politisch wachen und politisch mobilen Jugend, der gegenüber man sich nicht nur vor einer Wahl als modern und fortschrittlich gebärdet, sondern der man auch nachher verpflichtet bleibt. Hielte man es anders, würde diese Jugend mit dem Entzug ihres Vertrauens reagieren und dem, der sie irregeführt hat – so meinte ich vor einiger Zeit – Verachtung und blanken Zynismus entgegenbringen."

Außerhalb der Sozialistischen Partei scheint es in diesen Anfängen der Minderheitsregierung wenige zu geben, die der roten Regierungsübernahme Längerfristigkeit zubilligen. Otto Schulmeister, der bürgerlich-konservative Chefredakteur der Tageszeitung „Die Presse", ist einer davon. Bekannt dafür, dass er sorgsam seine Worte wählt, schreibt er bereits am 30. April 1970, neun Tage nach der Bildung der Minderheitsregierung, zwei Tage nach der Regierungserklärung, einen Tag nach der Parlamentsdebatte, von der „Ära Kreisky". Man muss Schulmeister journalistischen Weitblick zugestehen, auch ein waches Gespür für die demokratischen Chancen, die sich aus den Veränderungen ergeben können: „Die Ära Kreisky leitet eine Überprüfung der Qualität und des Rollenbewusstseins aller Faktoren der staatlichen Willensbildung ein. Wenn Vernunft und eine Öffentlichkeit, die scharf zuschaut, im Spiel bleiben, bietet das Kabinett Kreisky der Demokratie in diesem Land mehr, eine Chance für die Zukunft nämlich. Eine intelligente, mit Elan geführte Opposition vermag den Sozialismus in Österreich, was er wirklich ist und was er zu sein behauptet, buchstäblich ‚aufzublättern', eine nicht minder begabte Regierung, Volkspartei wie Freiheitliche, zu zwingen, zu zeigen, was an ihnen ideell und personell wirklich daran ist. Wie gesagt – wenn Vernunft und Öffentlichkeit zusammenwirken."

Eine herausragende Einmaligkeit

Der 27. April, der Tag, an dem der erste sozialistische Bundeskanzler dem Nationalrat die Regierungserklärung präsentiert, ist noch aus einem anderen Grund ein historischer Tag: Genau 25 Jahre davor, am 27. April 1945, wurde die Unabhängigkeit Österreichs proklamiert und die provisorische Staatsregierung konstituiert.

Im Roten Salon des Wiener Rathauses, dort, wo sich 25 Jahre davor die Mitglieder dieser ersten Regierung eines vom Nationalsozialismus befreiten Österreichs unter Führung von Karl Renner zusammenfanden, wird vom Wiener Bürgermeister Bruno Marek eine Gedenktafel enthüllt. Noch bevor die Mitglieder der neuen Bundesregierung zur Regierungserklärung im Parlament zusammenkommen, treffen einander Bundespräsident und Bundesregierung vor der Präsidentengruft. Nach der Kranzniederlegung eine Festsitzung der neuen Regierung am Ballhausplatz mit einer Rede des Bundeskanzlers. Bruno Kreisky, bereits auf dem Weg vom SPÖ-Vorsitzenden zum Staatsmann, gibt seinen Regierungsmitgliedern Geschichtsunterricht. Die Gründerväter der Republik, die Männer des Aufbaus, werden ausgewogen gewürdigt: Renner, Figl, Kunschak, Böhm, Raab, Schärf. Der Vergleich mit der Gründung der Ersten Republik 1918, deren Lebensfähigkeit von

Anbeginn an bezweifelt wurde, und der Zweiten von 1945 wird gezogen, die Perspektive für die nächsten zweieinhalb Jahrzehnte entwickelt: „Wir sind überzeugt davon, dass in den nächsten 25 Jahren vieles vollendet werden wird, was diese Männer vor 25 Jahren erträumten. Es wird möglich sein, aus Österreich nicht nur einen modernen Sozial- und Industriestaat zu machen, sondern Österreich wird auch das gute und sichere Vaterland des ganzen Volks werden."

Mehr als ein Jahrzehnt davon wird eine sozialistische Regierung unter seinem Vorsitz die Entwicklung Österreichs zu einem „modernen Sozial- und Industriestaat" gestalten, und mehr als drei Jahrzehnte wird es dauern, bis wiederum ein Vertreter der ÖVP einer österreichischen Bundesregierung vorsitzen wird.

Modernisierung und Europareife

Keine andere Partei erhält ein ganzes Jahrzehnt hindurch das absolute Vertrauen der Bevölkerung, die sie regiert. Der Innsbrucker Politologe Anton Pelinka spricht von einer „für die europäische Demokratie und für die Parteien der Sozialistischen Internationale herausragenden Einmaligkeit". Pelinka listet für diese Einmaligkeit eine Reihe von Gründen auf:

„– Unter den Stichworten ‚Austro-Keynesianismus und ‚Austro-Korporatismus' wurde die ‚Ära Kreisky' und damit die österreichische Sozialdemokratie mit einer besonderen sozialdemokratischen Wirtschafts- und Sozialpolitik identifiziert.

– Unter dem Stichwort ‚Durchflutung der Gesellschaft mit Demokratie' wurde das Konzept einer gesamtgesellschaftlichen Demokratisierung mit sozialdemokratischer Reformpolitik gleichgesetzt – etwa im Bereich der Universitäten.

– Unter den Stichworten ‚Modernisierung' und ‚Europareife' wurde sozialdemokratische Politik als Befriedigung eines liberalen Nachholbedarfs und als Anschluss an (west-) europäische Standards gesehen – etwa im Bereich des Strafrechts.

– Unter dem Stichwort ‚aktive Neutralitätspolitik' wurden Bruno Kreiskys Initiativen insbesondere im Nahen Osten (teilweise unternommen im Auftrag der Sozialistischen Internationale) als eine besondere Form sozialdemokratischer Außenpolitik wahrgenommen.

– Unter dem Stichwort ‚Frauenpolitik' wurden, gegen Ende der Alleinregierung der SPÖ, spektakuläre Maßnahmen zur besseren Vertretung von Frauen durch Frauen in der Politik gesetzt."

(Liegl/Pelinka, „Chronos und Ödipus – der Kreisky-Androsch-Konflikt")

Epizentrum dieser Entwicklung ist zweifellos Bruno Kreisky. Er setzt in der SPÖ jene Kräfte frei, die aus der traditionalistischen Arbeiterpartei eine offene Regierungspartei für alle Schichten der Bevölkerung machen. Seine Persönlichkeit, sein Facettenreichtum, seine Fähigkeit, großbürgerlichen Lebensstil glaubwürdig mit der Sorge um die Schwachen in der Gesellschaft zu verweben, seine Internationalität und seine Sensibilität für zeitgeistige Strömungen vergrößern das Ansehen und damit die Wählbarkeit der SPÖ. Bruno Kreisky, den praktische Politik mehr fasziniert als monokausale Theorien, ist vor allem überzeugter, ja leidenschaftlicher Demokrat. Verbunden mit dem breiten Spektrum seiner historischen Erfahrungen gibt er der Partei Profil und Großzügigkeit. Die klare Abgrenzung

Bruno Kreisky: „Wir reden mit jedem – ja?!“

gegenüber den Kommunisten ist glaubwürdig, die Aussöhnung mit der katholischen Kirche wichtig für die Durchbrechung der „Schallmauer der Vorurteile".

Ein „Wunderteam" der Politik

Ebenso bedeutsam für den politischen Erfolg ohne Beispiel sind aber auch die personellen Gegebenheiten – vorhandene wie geschaffene. Kreisky kann als designierter Bundeskanzler eine Regierungsmannschaft präsentieren, die im historischen Rückblick nur im Sport eine Parallele findet: Das „Wunderteam" der Ersten Republik ist die Fußballnationalmannschaft des Hugo Meisl, das Wunderteam der Zweiten Republik ist die Regierungsmannschaft des Bruno Kreisky. Allerdings ist er Trainer, Kapitän und Mittelfeldregisseur in einem. Um ihn Spielerpersönlichkeiten von Format, die er – solange er „voll im Saft" ist, würden Fußballer sagen – zu einem schlagkräftigen Team formt. Rudolf Häuser, der gestandene Gewerkschafter, Christian Broda, der intellektuelle Reformer, Hertha Firnberg, Politikerin und Dame, Ingrid Leodolter, die Primaria, Josef Staribacher, der „Happy Pepi" der Sozialpartnerschaft, Otto Rösch, der Universalist in allen Fragen der Sicherheit, Leopold Gratz und Hannes Androsch, Ausnahmekicker im Europa-Format, technisch versiert und umsichtig der eine, Sturmspitze mit instinkthaftem Zug zum Tor der andere. Für Ausfälle gibt es eine starke Ersatzbank – Oskar Weihs, Fred Sinowatz, Kurt Steyrer, um nur einige zu nennen.

In der Mannschaft steckt Erfahrung und Zukunft. Das altersmäßige Spektrum reicht von Rudolf Häuser, Jahrgang 1909, und Bruno Kreisky, Jahrgang 1911, den beiden Senioren, über Leopold Gratz, 1929, bis zu Hannes Androsch, 1938. Drei Generationen in einer Regierung. Der Bogen der politischen wie menschlichen Erfahrung spannt sich von der Monarchie über Erste Republik, Faschismus, Nationalsozialismus, Gründung und Wiedergeburt Österreichs bis zur Gegenwart der ersten sozialistischen Bundesregierung.

Damit sich das Experiment zur Ära fortentwickeln kann, das „Astronautenkabinett" (Koren) die Bodenhaftung nicht verliert, muss es Kreisky und seinem Regierungsteam gelingen, möglichst schnell Vertrauen in ihre Regierungsfähigkeit aufzubauen. Die Zeit, die dafür zur Verfügung steht, ist nicht zu quantifizieren. Theoretisch kann die parlamentarische Mehrheit jederzeit die Reißleine ziehen.

Es ist jedoch die Regierung, die der Opposition keine Zeit zur Erholung, zur Neuorientierung, zur Entwicklung von Strategien aus der – für die ÖVP – völlig unbekannten Rolle gibt. Der Regierung gelingt es, die Kraft, die die SPÖ in der Opposition entwickelt hat, auf das Schwungrad der Regierungsarbeit zu übertragen. Sie bestimmt das Tempo. Sie gibt den Wählern das Gefühl, eine gute Entscheidung getroffen zu haben. Bereits nach drei Monaten gibt Kreisky in großen Inseraten Rechenschaft: „Was hat Dr. Kreisky – was hat sein Team in drei Monaten gemacht?"

Auch die Peinlichkeit einer Regierungsumbildung bereits nach den ersten drei Wochen trübt nicht die positive Stimmung. Die Begründung löst Zweifel aus: Öllinger, der Bruno Kreisky von Hans Sima, dem Kärntner Landeshauptmann, ungeprüft als Landwirtschaftsminister empfohlen worden war, sei aus gesundheitlichen Gründen zurückgetreten. Hämische Kommentare verweisen auf die SS-

Vergangenheit des Ministers und qualifizieren das Gesundheitsargument als Feigenblatt zur Bedeckung der Blößen aus der Vergangenheit.

Entscheidend sind Gegenwart und Zukunft

Nun, die gesundheitliche Überforderung, die Herzattacke, der Rat der Ärzte, sich zurückzuziehen, entsprechen den Tatsachen. Die frühere SS-Zugehörigkeit Öllingers ebenfalls. Bemerkenswert ist, wie die SPÖ, wie Kreisky selbst mit den Vorwürfen umgeht, die Vergangenheit zu wenig intensiv geprüft zu haben. Jene Generation, die Faschismus, Austrofaschismus, Naziherrschaft, SS-Schandtaten aus eigener Anschauung, oft aus eigener Erfahrung erleben musste, eröffnet großzügiger die Chancen für die Integration in neue, demokratische Gegebenheiten, als einige Generationen danach. Das habe nichts mit der Forderung oder dem Vorwurf des Vergessens zu tun, wird dargelegt. Die Sozialisten wollen nichts vergessen, weder die Heimwehrdiktatur noch die Hitlertyrannei, „aber sie wollen dies nicht, um den anderen bei jeder Gelegenheit ihre historische Schuld vorhalten zu können – sie wollen nicht vergessen, weil sie das, was einmal geschehen ist, nicht wieder erleben wollen. Eben aus diesem Grund aber ist bei dem einzelnen Menschen von heute nicht eine Vergangenheit, von der er sich längst durch freie Entscheidung distanziert hat, von Bedeutung – entscheidend kann nur seine Wirksamkeit in der Gegenwart und seine Haltung zu einer Zukunft sein, die mehr Freiheit und Demokratie für alle bringen soll." (AZ, 27. Mai 1970)

Auch solche Toleranz hat einiges zum positiven politischen Klima um die Regierung Kreisky beigetragen. Dabei ist es billig, diese Haltung aus der Perspektive der Jahrtausendwende als Opportunismus abzuqualifizieren. Sie war im damaligen Verständnis – vor allem auch im Denken des Bundeskanzlers – ein Akt sozialistisch-humanistischen Denkens und Handelns.

Der neue Landwirtschaftsminister, Oskar Weihs, Jahrgang 1911, Absolvent der Hochschule für Bodenkultur, gilt seit Jahren als der profilierteste Agrarexperte der Sozialisten. Seine Berufung wird durchwegs als Verstärkung für die Regierungsmannschaft empfunden.

Die Themen des Wahlkampfes werden Regierungspolitik

Genau einen Monat nach der Angelobung vergattert Bruno Kreisky seine Mannschaft zu einer gemeinsamen Tagung mit dem Klub der sozialistischen Parlamentsabgeordneten. Die Zeit für die Regierungsmitglieder, sich in ihren Ressorts zu akklimatisieren, ist vorbei. Ab nun sind die Minister und Staatssekretäre der ersten Regierung, die ausschließlich von der SPÖ gebildet wird, gefordert, die Regierungserklärung in die Praxis umzusetzen. Versprochen, gehalten – oder am Widerstand der parlamentarischen Mehrheit gescheitert. Die Regierung ist um Vertrauen bemüht. Mit Umsicht macht sie die Themen, die sie im Wahlkampf angesprochen hat, die in der Regierungserklärung ihren Niederschlag gefunden haben, zu Inhalten regierungspolitischer Initiativen. Die Jugend bleibt ein vorrangiges Thema. Von der Aufhebung des Uniformzwangs für Präsenzdiener über die Verkürzung der Wehrdienstzeit auf sechs Monate bis zur Ankündigung einer Aussprache mit den Jugendorganisationen reicht der Bogen an politischen

Kronprinz Hannes, Kaiser Franz Joseph I. und Sonnenkönig Bruno I. (v. l. n. r.)

Initiativen. Die Regierung will wissen, was Jungwähler und künftige Wähler bewegt.

In diesen ersten Monaten des Regierens werden aber die konkretesten Schritte vom Justizminister gesetzt. Christian Broda ist Reformer aus Leidenschaft. Auf Grund seiner Regierungserfahrung ist ihm auch die rein handwerkliche Umsetzung regierungspolitischer Anliegen nicht fremd. So kann er auf dieser ersten Klubtagung berichten, dass die Erneuerung des Familienrechts bereits im Justizausschuss behandelt wird, dass Anfang Juli dem Ministerrat ein Antrag zur Änderung des Strafrechts vorliegen wird, die den Abbau staatlicher Privilegien und obrigkeitsstaatlicher Relikte sowie staatlicher Eingriffe in die Privatsphäre des einzelnen Bürgers vorsieht (siehe Kapitel „Der Gedanke der Toleranz").

Mehrheit für das Budget

Damit die Minderheitsregierung aber nicht bereits im ersten Jahr ihres Regierens scheitert, ist ein Budgetvoranschlag notwendig, der eine parlamentarische Mehrheit findet. Diese Hürde zu nehmen, ist die große Herausforderung für

Am 31. Juli 1970 verunglückt Gertrude Wondrack tödlich. Die Regierung verliert eine kompetente Staatssekretärin und engagierte Sozialpolitikerin.

Hannes Androsch. Androsch sieht sich rückwirkend im Finanzierungskonzept zum Wirtschaftsprogramm bestätigt. „Koren hinterließ ein hartes Strohlager“, ergibt die Bestandsaufnahme. Daher müssen die befristeten Sondersteuern verlängert werden. Die Arbeiten für eine große Steuerreform haben begonnen, das Finanzministerium werde noch in der laufenden Legislaturperiode dem Parlament einen Gesetzesentwurf betreffend die Mehrwertsteuer unterbreiten, man werde ein Budget der Konsolidierung anstreben und trotzdem das Versprechen einer steuerlichen Entlastung der kleinen Einkommen einhalten.

Außerdem stellt der Finanzminister, „von Beruf erfolgreicher Wirtschaftsprüfer“ (Helmut Romé in der AZ), mit Beginn 1971 ein Investitionsprogramm des Bundes zur Sicherung der Beschäftigung in Aussicht. Dazu eine Gut-Wetter-Geste in Richtung Kirche – in Hinkunft werden Beiträge an Religionsgemeinschaften – begrenzt – steuerlich absetzbar sein. Es ist viel, was sich der neue Finanzminister vornimmt. Sehr viel – vor allem, wenn man bedenkt, der erste sozialistische Finanzminister gehört einer Regierung ohne parlamentarische Mehrheit an. Aber Hannes Androsch strotzt vor Kraft, Ehrgeiz und Tatendrang. Von der ersten

Stunde an ist er des Kanzlers selbstbewusster Minister, und dies für die harte Arbeit.

Altaussee – das feriale Kreativzentrum

Nach der Sommerpause werden die Gespräche über das Budget 1971 mit der FPÖ intensiviert. Verhandlungen mit der ÖVP gehen über Alibiaktionen nicht hinaus. Die SPÖ kann das Versprechen Wahlrechtsreform nur einlösen, wenn ihr entsprechende Regierungszeit zur Verfügung steht, die FPÖ kann die gewünschte Wahlrechtsänderung nur erreichen, wenn sie der SPÖ Zeit verschafft. Beide Parteien wollen aber den Eindruck vermeiden, das Budget sei das Ergebnis eines Tauschgeschäftes um die Wahlrechtsreform. Daher gestalten sich die Verhandlungen zu einem hartnäckigen, ernsthaften, durchaus sachlich orientierten Ringen zwischen Regierung und kleiner Oppositionspartei. Die ÖVP ist erstmals in ihrer Geschichte bei der Erstellung eines Staatsbudgets lediglich Zaungast.

Ab dem Sommer des Jahres 1970 wird Altaussee zum ferialen Kreativzentrum für den Beginn der finanz- und wirtschaftspolitischen Herbstarbeit. Sommer für Sommer umwandert Hannes Androsch täglich den Altausseer See, manchmal auch den nahen Grundlsee. Mitarbeiter, Beamte, Landes- und Bundespolitiker, Journalisten dürfen, müssen oder wollen ihn begleiten. Es wird wohl so sein, dass klare Luft auch der Klarheit der Gedanken förderlich ist.

Das erste Budget – die erste Feuertaufe

Geburtswehen können nicht quälender sein. Wie bringt man ein Budget zur Welt, das ohne eigene parlamentarische Mehrheit beschlossen werden soll? Eine Totgeburt wäre mehr als eine Blamage gewesen. Das kühne Projekt der Minderheitsregierung – gescheitert an der ersten Hürde … verantwortlich dafür der erste sozialistische Finanzminister … die Erfüllung der Wunschträume der ÖVP …

Eine parlamentarische Niederlage kann nur vermieden werden, wenn die FPÖ mit Erfolg punkten kann. Die FPÖ will die Abschaffung der von Stephan Koren eingeführten Steuerzuschläge erreichen, könnte sich aber mit der Halbierung der Autosondersteuer begnügen. Diese Autosondersteuer ist besonders unpopulär. Sie wieder abzuschaffen bringt politisches Ansehen. Damit spekuliert Hannes Androsch. Sein Altausseer Modell vermeidet sowohl Totgeburt als auch Kaiserschnitt: Die FPÖ soll sich die Abschaffung der gesamten Autosondersteuer als schmückendes Federl auf den blauen Trachtenhut stecken können – und die Weinsteuer mit dazu, dafür stimmt sie dem Budget zu und einer Verlängerung der Steuerzuschläge um zwei Jahre. Kreisky ist einverstanden, die FPÖ kann erfolgreich aus der oppositionellen Schmuddelecke ins Selbstbewusstsein staatspolitischer Verantwortung treten, und Hannes Androsch kann sein erstes Budget als sanfte Geburt durchs Parlament bringen. Allseits zufriedene Verhandlungspartner, die der Öffentlichkeit ein Beispiel praktizierter demokratischer Reife vermitteln können.

„Bruno Kreisky: Die Regierung habe immer erklärt, dass sie bereit sei, über das Budget zu verhandeln, weil sie ja keine Mehrheit habe, und die Regierung habe natürlich im Budget auch Platz gelassen für ein Verhandlungsergebnis. Die Regierung sei sich klar gewesen,

Bruno Kreisky und Hannes Androsch suchen den direkten Kontakt zu den Menschen, besuchen alle Bundesländer, viele Städte, Marktgemeinden und Dörfer, und überall werden sie begeistert aufgenommen.

Österreich – Die Insel der Glücklichen

1971 ist das große Jahr für Franz Jonas. Am 25. April wählen ihn die Österreicherinnen und Österreicher neuerlich zum Bundespräsidenten. Am 18. November nimmt er die besondere Anerkennung des Papstes für sein Land entgegen: „Sie leben auf einer Insel der Glücklichen!"

Bei einer Wahlbeteiligung von 95,3 Prozent stimmen 52,8 Prozent für Franz Jonas und 47,2 Prozent für seinen Herausforderer Kurt Waldheim.

Das war ein schöner und beachtenswerter Erfolg. Triumph war es keiner. Adolf Schärf wurde 1963 von 55,4 Prozent wiedergewählt und Rudolf Kirschschläger gar mit 79,9 Prozent, wobei allerdings die ÖVP 1981 auf einen eigenen Kandidaten verzichtete. Selbst Kurt Waldheim wurde bei seinem zweiten Versuch, das war 1984, mit 58,9 Prozent der Stimmen gewählt.

Aber Kreisky macht auch die solide Bestätigung des Bundespräsidenten Franz Jonas zu einem triumphalen Erfolg für die SPÖ: „Mit einem Vorsprung von 263.004 Stimmen konnte Franz Jonas Sonntag bei der Wahl des Bundespräsidenten einen großartigen Erfolg und eine Bestätigung seiner bisherigen Amtsführung für sich buchen."

Kreisky filtert selbstsicher aus dem Ergebnis einen Erfolg für die Bundesregierung heraus: „Die ÖVP hat im Wahlkampf die Bestellung der gegenwärtigen Bundesregierung durch Bundespräsident Jonas zur zentralen Frage gemacht. Sein überwältigender Erfolg ist damit auch zu einem Vertrauensvotum für diese Bundesregierung geworden. Sie wird auf Grund dieses Votums mit vermehrter Kraft ihre Arbeit für ein modernes Österreich fortsetzen."

Daher teilt sich das Wahlvolk nicht mehr in Stadt- und Landbevölkerung, sondern in Gutgesinnte und die anderen. „Um ihn scharen sich nun alle Gutgesinnten, die unsere Heimat zu einem modernen Staatswesen, zu einem Vaterland des gesamten Volkes machen wollen."

Angelobung von Bundespräsident Franz Jonas vor der Bundesversammlung

Staatsbesuch des Bundespräsidenten Franz Jonas bei Papst Paul VI. in Rom

Der offizielle Staatsbesuch des österreichischen Bundespräsidenten Franz Jonas in Rom entwickelt sich zum großen persönlichen Erfolg des Staatsoberhauptes. Dazu trägt vor allem auch die lange Privataudienz bei Papst Paul VI. bei. Die Feststellung des Papstes: „Sie leben auf einer Insel der Glücklichen!“ wird als „Insel der Seligen!“ für Österreich zum meistzitierten Lob des Jahrzehnts. Der Papst begründet diese seine Feststellung mit dem Hinweis auf die sozialen Verhältnisse und den inneren Frieden in Österreich, die mustergültig für die ganze Welt wären.

Die Privataudienz beim Oberhaupt der katholischen Kirche ist der Abschluss des offiziellen Besuches, der über Einladung des italienischen Präsidenten Giuseppe Saragat zustande gekommen ist. Franz Jonas wird von Außenminister Rudolf Kirchschläger und Handelsminister Josef Staribacher begleitet. Die österreichische Delegation kann eine sehr positive Bilanz ziehen. Alle noch vorhandenen Störelemente aus der Südtirol-Diskussion konnten beseitigt werden, Kooperationen im Tourismus, Förderungen der Grenzregion werden eingeleitet und Italien wird Österreichs EWG-Bemühungen voll unterstützen.

dass sie etwas hergeben müsse. Die Struktur des Budgets sei jedoch nicht geändert worden.

Friedrich Peter: Die FPÖ sei zum ersten Mal vor der Aufgabe gestanden, die Verantwortung für ein Budget mit zu übernehmen, sie habe sich bei dieser Aufgabe weder auf eine Erpressungstaktik noch auf ein ‚Alles oder nichts' ausgerichtet.

Und selbstverständlich lassen die Verhandlungspartner bei der Verkündigung der Einigung Zaungast ÖVP nicht ungeschoren.

Kreisky: Die Regierung habe ihre Bereitschaft bekundet, mit allen Seiten zu verhandeln, doch habe die ÖVP nicht erkennen lassen, dass sie Verhandlungen wirklich wolle. Deshalb seien die Gespräche mit der FPÖ begonnen worden, und diese hätten nun zum Erfolg geführt. Dennoch ist die Regierung selbstverständlich für alle Hinweise offen.

Peter: Die ÖVP habe es gar nicht der Mühe wert gefunden, Verhandlungen mit der FPÖ zu initiieren. Im Übrigen sei die ÖVP mit der völlig unrealistischen Alternative Korens, der selbst wissen müsse, dass man die Sondersteuern nicht mit einem Federstrich abschaffen könne, unglaubwürdig geworden." (AZ, 21. November 1970)

Sechs Monate sind genug

Als strategische Perspektive dieser Einigung ergibt sich eine Legitimierung der FPÖ als ernst zu nehmende demokratische Partei, die durchaus auch als Koalitionspartner in Frage käme. In Hinkunft hatte Kreisky bei Regierungsverhandlungen Alternativen. Auf die Erringung einer anhaltenden absoluten Mehrheit kann er lediglich hoffen, damit rechnen kann er nicht.

Politisch können sich die Sozialisten am Jahresende für die bis dahin geleistete Regierungsarbeit belohnt fühlen. Auch wenn es nur die traditionell SPÖ-orientierten Eisenbahner sind, die gewählt haben, ist das Ergebnis eindrucksvoll: 86,4 Prozent im Landesdurchschnitt, 90 Prozent für die sozialistische Fraktion in Wien.

Im Februar 1971 muss Kreisky die zweite Veränderung seiner Regierungsmannschaft vornehmen. Wieder ist ein Minister den gesundheitlichen Belastungen durch das Regierungsamt nicht gewachsen. Diesmal ist es der Verteidigungsminister. Bei der Entscheidung für den Nachfolger bleibt Kreisky seinem Grundsatz treu, die angestrebte Heeresreform solle von einem Militär durchgeführt werden, und schlägt dem Bundespräsidenten den General Karl Lütgendorf als neuen Verteidigungsminister vor.

Mehr kann man von einer Minderheitsregierung nicht verlangen

Noch im Februar scheitern die Verhandlungen mit der ÖVP über die Bundesheerreform. Wenn die Gesamtreform im Sinne der Sozialisten nicht möglich ist, will Kreisky zumindest sein Wahlversprechen: „Sechs Monate sind genug" realisiert wissen. Sein neuer Minister schafft die Voraussetzungen. Die neue Wehrrechtsnovelle tritt rückwirkend mit 1. Jänner 1971 in Kraft. Dadurch müssen auch die bereits einberufenen Soldaten nur mehr für sechs Monate einrücken. Die nach dem Abrüsten zu leistenden Waffenübungen, immerhin 60 Tage insgesamt, 15 im Jahr, sind kein Diskussionsthema. Die Bilanz dieses ersten Jahres der Regierung Kreisky verdichtet Hugo Portisch

Bruno Kreisky beim Bad in der Menge: „Es wird doch möglich sein, dass wir die eineinhalb Prozent dazugewinnen, die wir für die absolute Mehrheit brauchen."

in „Österreich II" zum spannenden Rechenschaftsbericht: „Die Wahlrechtsreform wird verabschiedet, eine kleine Strafrechtsreform als Vorgriff auf die große Strafrechtsreform beschlossen. Sie sieht eine Entkriminalisierung der Homosexualität zwischen Erwachsenen, die Entkriminalisierung der Ehestörung und des Ehebruchs vor, die Amtsehrenbeleidigung wird nicht mehr streng bestraft, und bei Verkehrsdelikten soll es eher Geldstrafen als Freiheitsstrafen geben. Uneheliche Kinder werden ehelichen Kindern weitgehend gleichgestellt. Die Witwenpensionen werden zunächst auf 55, dann sogar auf 60 Prozent des Ruhegenusses des verstorbenen Gatten hinaufgesetzt. Gleichzeitig werden alle Pensionen um 7,1 Prozent für das Jahr 1971 erhöht, mit einer Zusage auf eine Erhöhung um 7,4 Prozent für das Jahr 1972. Die Gehälter der Beamten werden um 5,9 Prozent erhöht, das ist mehr als

Vorgänger Koren (r.) und Nachfolger Androsch (l.): „Stephan Koren hinterließ ein hartes Lager."

ursprünglich vorgesehen. Ab 1. Jänner 1971 treten Ermäßigungen bei Lohn- und Einkommensteuer für niedrige und mittlere Einkommen in Kraft – immerhin bis zu 250.000 Schilling jährlich, was damals nicht wenig ist. Gleichzeitig werden die Überstundenzuschläge auf 50 Prozent erhöht und sind steuerfrei. Ebenso erhöht werden die Kinderbeihilfen, gleich um 15 Prozent. Arbeiterurlaube werden den Urlauben der Angestellten angeglichen. Erstmals soll es Schülerfreifahrten geben mit der Begründung, dass die Schule eben für alle Kinder leicht erreichbar sein muss, angekündigt werden auch schon die Gratisschulbücher. Mit einer Schulorganisationsgesetz-Novelle wird beschlossen, die Aufnahmsprüfungen an den Allgemeinbildenden höheren Schulen abzuschaffen. Eine Hausstandsgründungshilfe von 15.000 Schilling in bar gleich bei der Hochzeit kommt aus dem Finanzministerium. Die Volljährigkeit soll auf 19 Jahre herabgesetzt werden, und auch Männer sollen nun mit 19 Jahren ehemündig sein. Der Ministerrat beschließt, dass im amtlichen mündlichen und schriftlichen Verkehr generell alle Frauen, auch unverheiratete, mit Frau und nicht mehr mit Fräulein angesprochen werden müssen. Auf den Wiener Straßenbahnen werden erstmals auch Frauen als Wagenführer eingesetzt. Und bei der Polizei wird ein weibliches Korps aus 150 Politessen aufgestellt." (Hugo Portisch, „Österreich II")

Mehr kann man von einer Minderheitsregierung nicht verlangen. Mehr ist auch kaum noch durchzubringen. Ein zweites Budget sicherlich nicht, und größere Gesetzesvorlagen auch nicht. Am Ende des Jahres 1971 wäre die Regierung gescheitert.

Der Ausweg ist die Flucht nach vorn. Am 6. Juli führt Kreisky im erweiterten Parteipräsidium der SPÖ den Beschluss herbei, „dem Klub sozialistischer Abgeordneter zu empfehlen, in der nächsten Sitzung des Nationalrates einen Antrag auf vorzeitige Beendigung der Gesetzgebungsperiode und damit auf Ausschreibung von Neuwahlen einzubringen."

Der Antrag auf vorzeitige Auflösung des Nationalrates durch die SP-Fraktion findet auch die Zustimmung der FPÖ. Die vorzeitige Auflösung wird mit 85 zu 77 Stimmen beschlossen.

Wahltermin ist der 10. Oktober – Lasst Kreisky und sein Team arbeiten!

Die ÖVP wehrt sich mit allen Kräften gegen die vorzeitige Auflösung des Nationalrates. Die Beteuerung Hermann Withalms, die ÖVP habe keinen Anlass zum Entschluss der Sozialisten geliefert, vorzeitig wählen zu lassen – „Wir waren zur Zusammenarbeit bereit" –, findet kein Gehör. Die Argumente der ÖVP-Abgeordneten in der Parlamentsdebatte können die Blößen der großen Oppositionspartei nicht bedecken. Die ÖVP hat sich von der Wahlniederlage 1970 noch nicht erholt. Kreisky will nicht riskieren, dass sich dieser Zustand ändert. Und die FPÖ rechnet sich bei einer noch nicht wieder erstarkten ÖVP Chancen aus.

Die anhaltende Schwäche der ÖVP, der deutliche Wahlerfolg von Franz Jonas, die anhaltend positive Stimmung für ihn und die Bundesregierung summieren sich für Kreisky zu einer Chance, die er nützen muss. Und auch nützen will.

„Lasst Kreisky und sein Team arbeiten" – der Slogan genügt als Wahlprogramm. „Wir bauen das moderne Österreich". Konkrete Projekte aus dem Regierungsprogramm sind lediglich Dekor.

Bruno Kreisky ist wieder voll auf Touren. Sein persönlicher Einsatz, der schon im Wahlkampf 1970 beeindruckt hat, ist womöglich noch größer. Er reist durch alle Bundesländer, besucht 1500 Orte in ganz Österreich, spricht mit den Menschen. Zu seinen Versammlungen kommen sie in Scharen, Junge und Alte, Arbeiter, Bauern, Gewerbetreibende, insgesamt mehr als 180.000. Und er hat keine Scheu, offen die absolute Mehrheit anzupeilen. „Wir haben im vorigen Jahr 1970 mehr als fünf

Hannes Androsch und Beppo Mauhart auf Arbeitsspaziergang – manche müssen, viele wollen, wenige dürfen den Finanzminister begleiten.

Optimismus-therapie für den neuen Minister für Landes-verteidigung – Karl Lütgendorf und Josef Staribacher, der Handelsminister und „Happy Pepi“ der Bundesregierung

Prozent dazugewonnen. Da wird es doch diesmal möglich sein, die eineinhalb Prozent an Stimmen hinzuzugewinnen, die wir für die absolute Mehrheit brauchen.“

Oder: „Wir waren bereit, mit zwei Mandaten weniger als der absoluten Mehrheit die Verantwortung für dieses Land zu übernehmen, und Sie können mir glauben, dass wir erst recht dazu bereit sein werden, wenn wir zwei Mandate mehr als die Absolute haben.“

Die Schallmauer des Misstrauens ist längst durchbrochen. Die Menschen haben vor einer roten Mehrheit keine Scheu mehr. Dem Kreisky glauben sie, wenn er am Schluss seiner Reden mit sonorer Stimme den Menschen zuruft: „Helfen Sie mit, klare Verhältnisse zu schaffen! Wir Sozialisten wollen aus Österreich einen modernen Industriestaat, wollen Österreich europareif machen. Wir wollen, dass Österreich ein gutes und sicheres Vaterland für alle Österreicher wird.“

Bruno Kreisky ist unbestritten die dominante Figur des Wahlkampfs. Aber er muss nicht mehr allein kämpfen, er hat Assistenz: das gesamte Regierungsteam – und daraus besonders gefragt Hannes Androsch.

Der Finanzminister absolviert ein ähnlich intensives Programm. An einem einzigen Wochenende 30 und mehr Versammlungen. Als an einem Freitagabend die Versammlungstour im Burgenland beginnt und am Sonntagabend im Gesäuse endet, sind selbst beim jugendlich sportlichen Finanzminister die Akkus ziemlich leer. Noch dazu, wo die Organisatoren für die Schlussveranstaltung einen anscheinend menschenleeren Ort bestimmt haben. Es ist stockfinster, keine Menschenseele auf der Straße. Vorsichtig, im Schritt-Tempo, steuert der Chauffeur den Minister-

Über die Verkürzung der Wehrdienstzeit zur Eroberung der Regierungsmehrheit

wagen Richtung Ortsmitte, da schwenkt plötzlich jemand eine Taschenlampe, dirigiert ihn zu einem Gebäude, der Schule. Im Turnsaal scheinen alle Bewohner des Ortes versammelt – Riesenstimmung! Da geraten auch leere Akkus sofort wieder unter Spannung.

Bruno Kreisky + Hannes Androsch: Die erste absolute Mehrheit

So wie der Oppositionsführer Bruno Kreisky den Bundeskanzler Josef Klaus zum Fernsehduell gefordert hatte, so fordert Karl Schleinzer Bruno Kreisky heraus. Selbstverständlich, dass der Bundeskanzler annimmt. Die Diskussion hat freilich kaum noch Einfluss auf das Wahlergebnis.

Am Abend des 10. Oktober ist die Sensation perfekt. Zum ersten Mal in der Geschichte Österreichs hat die Mehrheit der wahlberechtigten Frauen und Männer der sozialistischen Partei das Vertrauen ausgesprochen. Ein Ausmaß an Zustimmung, wie es noch keine Partei bei demokratischen Wahlen erringen konnte. Auch die ÖVP nicht. Zum ersten Mal schafft das Duo Kreisky/Androsch die absolute Mehrheit. Solange sie den Weg gemeinsam gehen, werden sie diese weiter bekommen und sogar noch ausbauen.

Zwei Tage lang bleibt es dann noch spannend. 115.000 Wahlkartenstimmen fehlen, als am Sonntagabend Innenminister Rösch das vorläufige Endergebnis bekannt gibt. Das 93. Mandat könnte der SPÖ wieder verloren gehen. Dann stünde es 92:91 – eine „Patt-Stellung", wie der Fraktionsführer der ÖVP, Stephan Koren, konstatiert. Der Parteivorstand der Sozialisten fasst trotzdem den Beschluss, weiter allein zu regieren. Die SPÖ, erklärt Bruno Kreisky, habe eine klare Vorstellung davon, wie man auch mit 92 Mandaten regieren könne.

Die Sorgen und Spekulationen sind jedoch unbegründet. Das vorläufige Ergebnis bleibt auch das amtliche Endergebnis: 93 Mandate SPÖ, 80 ÖVP, 10 FPÖ.

Wir sind eine Nation

Neben der SPÖ gibt es am 10. Oktober 1971 noch einen jubelnden Sieger: Die österreichische Fußballnationalmannschaft schickt Irland mit 6 : 0 wieder nach Hause. So hört man selbst aus der Parteizentrale der ÖVP kurz aufbrausenden Jubel. Er gilt den erfolgreichen Torschützen. Die Stimmung in der Parteizentrale der Sozialisten fasst die AZ in eine „sportpolitische" Schlagzeile: „Jubel in der Löwelstraße: Nicht nur Fußballer schossen Tor um Tor." In diesem Mehrfacherlebnis des persönlichen, politischen und patriotischen Erfolgs mag begründet sein, dass Bruno Kreisky in späteren Jahren die Frage, ob Österreich eine Nation sei, überzeugend beantwortet: „Natürlich sind wir eine Nation. Wir haben eine Nationalbank, und wir haben eine Nationalmannschaft."

Am 4. November 1971 wird die neue Regierung, das Kabinett Kreisky II, vom Bundespräsidenten angelobt. Einen Tag später präsentiert Kreisky dem Parlament sein zweites Regierungsprogramm.

Anton Benya – Präsident des Nationalrates

Bruno Kreisky bleibt seiner Strategie treu, ein möglichst gutes Verhältnis zu den Gewerkschaften aufzubauen. Karl Waldbrunner scheidet aus dem Parlament aus. Für die dadurch

»Demokratie ist mehr als eine Sammlung von Spielregeln für den Bereich des staatlich-politischen Lebens ... Sie ist zu verstehen als die allgemeine Staats- und Lebensordnung, weil sie allein Ausdruck der Achtung der Würde des Menschen und seiner Eigenverantwortung ist.«
Willy Brandt

Bruno Kreisky: „Es hat sich gezeigt, dass unsere Gewinne in jenen Orten am größten waren, die bis dahin als traditionelle Hochburgen der ÖVP galten."

„Ich will ihn wenigstens sehen.“

frei gewordene Funktion des Ersten Präsidenten des Nationalrates, des in der protokollarischen Hierarchie nach dem Bundespräsidenten ranghöchsten Repräsentanten des Staates, schlägt Bruno Kreisky Anton Benya vor.

Neben Karl Waldbrunner scheidet noch ein anderes sozialistisches Urgestein aus: Bruno Pittermann. Wenn auch Kreisky und Pittermann um eine friktionsfreie Zusammenarbeit im Parlament bemüht waren, so war das Verhältnis nicht unbelastet. Die von Bruno Kreisky betriebenen Änderungen im Statut der SPÖ sahen nicht nur kosmetische Änderungen, wie den Wechsel vom „Obmann“ zum „Vorsitzenden“, vor, sondern auch substanzielle wie die Einführung einer Altersklausel. Diese galt als gegen Pittermann gerichtet und führt nun zum Ausscheiden aus Altersgründen. Hannes Androsch, der Jüngste unter den Spitzenfunktionären, stimmt auf dem Parteitag gegen diese Änderung des Parteistatuts. Bruno Kreisky, der Verfechter der Altersklausel, hat sich selbst nie daran gehalten. Bei der ÖVP scheidet ebenfalls ein Mann der ersten Stunde aus dem Nationalrat aus: Alfred Maleta.

Drei Frauen auf der Regierungsbank

Emanzipatorischen Anliegen trägt Kreisky Rechnung, indem erstmals drei Frauen auf der Regierungsbank sitzen: Hertha Firnberg für Wissenschaft und Forschung, Ingrid Leodolter für Gesundheit und Umweltschutz und als Staatssekretärin für Familienangelegenheiten Elfriede Karl. Eine Veränderung gibt es auch in der Stamm-Mannschaft. Leopold Gratz folgt Bruno Pittermann im Parlament als Klubobmann, an seiner Stelle übernimmt Fred Sinowatz, Historiker und Landesrat für Kultur des Burgenlandes, das Unterrichtsressort.

Die neue Regierungserklärung korrespondiert mit den Veränderungen der Regierungsmannschaft. Sie ist eine Fortschreibung der Erklärung von 1970, in manchen Bereichen konkreter gefasst und im Hinblick auf neue Ressortzuständigkeiten erweitert. Daher bilden auch für die neue Legislaturperiode, die nun nicht mehr den Unsicherheiten der parlamentarischen Mehrheitsverhältnisse ausgeliefert ist, die großen Themen aus der Oppositionszeit die Schwerpunkte: Reformen in der Wirtschafts- und Steuerpolitik, Reform des Strafrechts, des Familienrechts, der Sozialpolitik, Reformen des Schul- und Bildungswesens, der Universitäten und von Wissenschaft und Forschung, Heeresreform, Verstaatlichte Industrie und verstärkte Aufmerksamkeit für Umweltpolitik. Eine große Zielsetzung bleiben die Verhandlungen mit der Europäischen Wirtschaftsgemeinschaft, die die Regierung erfolgreich abschließen möchte.

Der Wahlslogan ist Regierungsprogramm.

Reformen und Vollbeschäftigung – das ist sozialistische Regierungspolitik

Ein großes Programm. Umfassend, vielschichtig und pragmatisch. Wer vieles bringt, wird manchem etwas bringen.

Die Frage, wie sozialistisch seine Regierungspolitik sei, wird Kreisky das ganze Jahrzehnt hindurch begleiten. „Balanciert“, pflegt der Kanzler zu brummen, pragmatische Politik mit zumutbaren gesellschaftlichen Veränderungen, vor allem, wenn sie der Schaffung besserer Verhältnisse für alle Menschen dienen. Und wenn die Maßnahmen der Sicherung der Arbeitsplätze gelten. Die Frage nach dem „sozialistischen“ Budget und was das denn sei, beantwortet Kreisky ganz im Sinne des Finanzministers: „Auch ein Budget, das von Sozialdemokraten aufgestellt wird, muss sich an die Realitäten von Ausgaben und Einnahmen halten. Es werden, und das ist das Sozialdemokratische daran, die entsprechenden Akzente gesetzt. Für den Fall einer Konjunkturabschwächung ist ein Eventualbudget von drei Milliarden Schilling vorgesehen. Der Vorrang wird der Vollbeschäftigung eingeräumt. Wer die Arbeitslosigkeit erlebt hat, wird alles tun, um sie nie wieder entstehen zu lassen – das ist ein sozialdemokratisches Credo.“

Dieses Credo wird die große Herausforderung der Legislaturperiode, und darüber hinaus des gesamten Jahrzehnts. Schon im August 1971 beginnen Währungsturbulenzen. Dazu kommen Inflationsschübe, Ölpreisschock, Umweltängste aufgrund von Berichten des Club of Rome über die Begrenztheit weltlicher Ressourcen, der daraus resultierende Wandel vom Wachstumsfetischismus der Nachkriegszeit zum Wachstumspessimismus,

Für den Hüter der Staatsfinanzen ist es ein besonderes Anliegen, ein Klima des Vertrauens zu schaffen.

Überforderung aller öffentlichen Haushalte und steigende Arbeitslosigkeit in den westlichen Industriestaaten.

Österreich gehört zu jenen Ländern, die mit diesen Problemen am besten fertig werden. Auf die Währungsturbulenzen wird ruhig und besonnen reagiert (siehe Kapitel „Wir liegen goldrichtig"). Der Schilling gewinnt an Härte und Ansehen. Die Vollbeschäftigung erleidet keinen Einbruch, die aus dem Vorrang der Beschäftigungspolitik resultierenden negativen Auswirkungen aufs Budget bleiben unter Kontrolle, selbst die Inflation kann durch Hartwährungspolitik und sensible Lohn- und Preispolitik in enger Zusammenarbeit mit den Wirtschaftspartnern in Grenzen gehalten werden.

Bundeskanzler – Finanzminister: Die starke Achse

Die Hauptlast der Bewältigung dieses wirtschaftspolitischen Klimasturzes hat der Finanzminister zu tragen. Daher ist es eine logische Konsequenz, dass sich neben dem Bundeskanzler vor allem Hannes Androsch immer mehr profiliert.

Die alte Erfahrung, dass die Stärke einer Regierung in unmittelbarem Zusammenhang mit einer starken Achse Bundeskanzler – Finanzminister zu bewerten sei, wird in dieser Zeit besonders deutlich. Diese Achse ist stark, und daher kann die Regierung auch in stürmischer Zeit das Vertrauen bei der Bevöl-

»Ein Gemeinwesen, das zu viele Schulden macht, lebt auf Kosten seiner Nachfahren, ein solches, das zu wenig Schulden macht, tut zu wenig für seine Nachkommen.«
Hannes Androsch

Das neue Präsidium des österreichischen Nationalrates: Roland Minkowitsch, Anton Benya, Otto Probst (v. l. n. r.)

Chefredakteur Alfons Dalma (l.) erklärt die Spielregeln für den TV-Disput zwischen Bruno Kreisky (M.) und Karl Schleinzer (r.): Es wird eine gute und spannende Diskussion.

kerung weiter ausbauen. Die Sachzwänge des Regierens reduzieren die Kräfte der geistigen, ideologischen und personellen Erneuerung. Es bleibt zu wenig Zeit zum Nachdenken, zur Diskussion, zum Gedankenaustausch. Von dieser Gefahr sehen sich die regierenden Sozialdemokraten mit der Fortdauer der Regierungsherausforderung bedroht. In den 1970er Jahren ist man überzeugt, in der ÖVP ein warnendes Beispiel zu haben. Vom Grundsätzlichen her dem Bewahrenden verhaftet, dem Fortschritt gegenüber misstrauischer als dem Rückschritt, wirkt sie ausgelaugt, abgestumpft, ohne Verständnis für die Strömungen der Zeit, zunehmend unattraktiv – auch im personellen Angebot. Anfang 1974, gegen Ende der ersten Regierungsperiode mit absoluter Mehrheit, ein Jahr vor dem nächsten Urnengang, ist das Sensorium der Parteiführung der Sozialisten, Fehlentwicklungen rechtzeitig zu orten, noch hochaktiv. Heinz Brantl, der umsichtige Werbechef der SPÖ, läutet die Alarmglocken. Er hatte an die 700.000 Mitglieder einen Brief mit Fragen über die

Beurteilung der allgemeinen Politik und jene der Partei versandt. Reaktionen gibt es von knapp zehn Prozent der Mitglieder. Heinz Brantl: „Das bedeutet: 90 Prozent wollen eine schweigende Masse bilden. Das kommt einem Alarmzeichen gleich!" Ebenso verbreitet SPÖ-intern die Tatsache Unbehagen, dass vor lauter Regierungseifer zu wenig Zeit bleibt, sich um die eigentlichen Sorgen der Menschen zu kümmern.

„Wer von den Spitzenfunktionären ‚keine Zeit' für die Menschen hat, hat seine Zeit

Am 10. Oktober 1971 schaffen Bruno Kreisky und Hannes Androsch – „Lasst Kreisky und sein Team arbeiten!“ – erstmals die absolute Mehrheit. Rechts neben Bruno Kreisky Heinz Nittel, der ehemalige Obmann der Sozialistischen Jugend, jetzt Wiener Stadtrat für das Verkehrswesen und Generalsekretär der Österreichisch-Israelischen Gesellschaft. Heinz Nittel wird am 1. Mai 1981 ermordet.

schlecht eingeteilt. Weniger amtliche Verpflichtungen, dafür mehr Zeit für den Kontakt zur Bevölkerung würden nicht nur seinen Blick erweitern, sondern ihm auch die Möglichkeit schaffen, sich anbahnende Entwicklungen und Wünsche rechtzeitig zu erkennen, statt erst von den Zeitungen darauf gestoßen zu werden – und vielleicht darüber zu stolpern.“ (Heinz Brantl in einem Artikel in der Arbeiter-Zeitung vom 13. Februar 1974)

Parteitag mit „Fidelio“: Das Sehnen nach Freiheit

Der Parteitag zu Beginn 1974 im letzten Drittel der laufenden Legislaturperiode ist daher ganz auf die Mobilisierung der eigenen Kernschichten ausgerichtet. Von ihnen wird weiterhin die stärkste Unterstützung für die Regierung ausgehen. Ihr Engagement, getragen von starker Überzeugung, kann im politischen Wettbewerb nicht ersetzt werden.

Datum und Inszenierung der Parteitage sind wohl gewählt. Am 12. Februar 1974, zum vierzigsten Jahrestag der Verdrängung der Sozialisten in die Illegalität, sind die Delegierten des 22. Parteitages in die Wiener Staatsoper geladen: „Fidelio“. Vor der Festaufführung spricht der Parteivorsitzende Worte der Begrüßung und der Erinnerung: „Heute ist der 12. Februar. Und nichts kann so verdichtet und so ergreifend die Gefühle, die wir damals empfanden, und das Sehnen nach der Freiheit ins Bewusstsein rufen wie der Chor der Gefangenen in ‚Fidelio‘!“

Moskau: Offene Türen für Hannes Androsch

Das erfolgreiche Zusammenwirken von Bruno Kreisky und Hannes Androsch und die starke Position des österreichischen Finanzministers in allen Wirtschaftsfragen trägt frühzeitig internationale Früchte. Im Juni 1972 folgt Hannes Androsch einer offiziellen Einladung seines sowjetischen Ressortkollegen Garbusow. Den Finanzminister begleitet eine starke Journalistendelegation. Zu Recht, wie sich in Moskau herausstellt.

Dem österreichischen Finanzminister stehen in Moskau alle Türen offen, und Hannes Androsch hat eine umfangreiche Agenda im Reisegepäck: die Errichtung einer sowjetischen Bank in Wien, Schillingfakturierung im gegenseitigen Handelsverkehr, Ausweitung der russischen Erdgaslieferungen im Gegengeschäft mit Rohblechlieferungen aus Österreich. Hannes Androsch fährt sehr, sehr optimistisch nach Moskau und kommt mit großem Erfolg zurück.

Die österreichische Delegation im Gespräch mit dem Finanzminister der Sowjetunion, Garbusow (M.)

Der üppigen Gastfreundschaft in Georgien zeigen sich die Gäste aus Österreich durchaus gewachsen ...

Er kann sich bei seinen Verhandlungen auf den 24. Parteitag der KPdSU beziehen, auf dem nur drei Länder genannt wurden, mit denen die Sowjetunion die Handelsbeziehungen ausweiten möchte: Frankreich, Finnland und Österreich.

Die Gesprächspartner sind höchstrangig – der russische Finanzminister Garbusow, der Vorsitzende des Vorstandes der Staatsbank der UdSSR, Sweschnikow, der Vorsitzende des Staatlichen Planungskomitees, Baibakow, der stellvertretende Außenhandelsminister Semitschasnow.

Völlig überraschend will auch der russische Staatspräsident den österreichischen Finanzminister kennen lernen. Alexej Kossygin empfängt Hannes Androsch in seinen Amtsräumen im Kreml, unterstreicht die Ernsthaftigkeit der sowjetischen Interessen hinsichtlich der Errichtung einer russischen Bank – nach London, Paris, Frankfurt und Zürich wäre Wien der fünfte Standort – und der Ausweitung der Handelsbeziehungen.

Besonders würdigt der Ministerpräsident – und das dürfte das eigentliche Motiv für die Einladung von Hannes Androsch gewesen sein – Bruno Kreiskys Beitrag zur Entspannungspolitik. Österreich möge sich weiterhin – vor allem hinsichtlich der Sicherheitskonferenz – im höchstmöglichen Maß in der Entspannungspolitik engagieren.

Eine Koalition der Wähler

Der Parteitag steht unter einem dreifachen Motto: „Sicherheit für jeden – Vermenschlichung der Wirtschaft – Fortschritt der Gesellschaft."

Parolen, die mehrheitsfähig sind, gleichzeitig aber genug Raum für Grundsatzdiskussionen geben. Diese zu ermöglichen, ja, zu fördern, ist notwendig. Vielen der jüngeren Generation in der SPÖ ist die Politik der sozialistischen Regierung zu sehr von Pragmatismus dominiert. Die „Junge Generation" in der SPÖ verlangt nach einer mehr an sozialistischen Grundsätzen orientierten Regierungspolitik. „Rote Markierungen" werden formuliert und diskutiert. Der dialektische Imperativ der ständigen Erneuerung hält die Partei intellektuell und ideologisch weiter lebendig. Zur Erhaltung der Mehrheitsfähigkeit dürfe es weder ein Erstarren in Pragmatismus noch programmatischen Dogmatismus geben: „Wir müssen uns immer wieder uneingeschränkt zum Prinzip eines echten geistigen Wettbewerbes zwischen den politischen Parteien bekennen." (Kreisky)

Am Anfang steht die Meinungsforschung

Der Wettstreit der Parteien um die Mehrheit der Wähler ist das wichtigste Element einer Demokratie. Für Kreisky ist Sozialismus gelebte Demokratie. Durchdrungen von der Überzeugung, dass Demokratie der einzige Weg zu einer humanen Gesellschaftsordnung ist, beherrscht er auch das gesamte Register demokratischer Spielregeln. Die Erringung von Mehrheiten ist ein vielschichtiger Prozess. Kreisky weiß um die Bedeutung der Kernschichten der SPÖ für den Wahlerfolg. Er weiß aber auch, dass diese lediglich das Fundament des Erfolges bilden können. Die Mehrheit ist die Summe unterschiedlicher Wählergruppen. Daher betreibt Kreisky, solange er im Vollbesitz seiner politischen Gestaltungskraft ist, meisterhaft eine auf verschiedene Zielgruppen ausgerichtete Politik – ein Stück des Weges gemeinsam ... Die Koalition der Wähler trifft die Entscheidung am Wahltag – unverfälscht und eindeutig.

Zur Virtuosität auf der Klaviatur demokratischer Spielregeln gehört auch diese vorteilsorientierte Interpretation von Wahlergebnissen. Die Bundespräsidentenwahl 1974 ist dafür ein umfassendes Beispiel. Mit Rudolf Kirchschläger präsentiert Kreisky einen Kandidaten, der für die sozialistischen Stammwähler auf Grund seiner Zugehörigkeit zur Regierungsmannschaft gerade noch akzeptabel ist, aber wegen seiner nichtsozialistischen, parteifernen, katholischen Vergangenheit ein erweitertes personelles Angebot für bürgerliche Wählerschichten darstellt. Den Sieg Kirchschlägers (23. Juni) nimmt Kreisky für sich und die SPÖ voll in Anspruch: Halb Österreich steht hinter der SPÖ!"

Noch vier Wochen vor der Wahl ortet das „profil" beim Bundeskanzler große Nervosität. Der Grund: Die Meinungsforscher sehen die SPÖ überall auf der Straße der Verlierer.

»Verantwortliche Politik verlangt immer die gegenseitige Ergänzung und Durchdringung von praktischer und theoretischer Erfahrung.«
Willy Brandt

Bundeskanzler und Finanzminister: „Auch ein Budget, das von Sozialdemokraten aufgestellt wird, muss sich an die Realitäten von Ausgaben und Einnahmen halten."

Der Präsidentschaftskandidat der ÖVP Alois Lugger hat mit 38:38 zum Kandidaten der SPÖ, Rudolf Kirchschläger, „aufgeschlossen". Bei Nationalratswahlen ermittelt das Meinungsforschungsinstitut IMAS bereits einen 49:47-Vorsprung der ÖVP. Da macht sich das „profil" große Sorgen: „Herr Bundeskanzler, Ihre absolute Mehrheit ist bei den nächsten Wahlen extrem gefährdet." („profil", 22. Mai 1974)

Das große Unglück

Am 19. Juli 1975 stirbt Karl Schleinzer bei einem Autounfall. Der plötzliche Tod des Obmannes der Österreichischen Volkspartei zwingt zumindest die beiden großen Parteien, ihre Strategien für den Wahlentscheid am 5. Oktober neu zu überdenken. Die ÖVP steht vor einer großen Herausforderung. Sie muss möglichst rasch einen Nachfolger für

Heinz Brantl (o.) und Hannes Androsch: die Notwendigkeit der ständigen Erneuerung

Karl Schleinzer finden. Die Volkspartei handelt beeindruckend schnell. Bereits am 31. Juli entscheidet sich ein außerordentlicher Parteitag für ein neues Führungsduo: Josef Taus als Bundesparteiobmann und Erhard Busek als Generalsekretär (siehe Kapitel „Geschwächt, aber nie bedeutungslos").

Bruno Kreisky muss sich auf ein neues Gegenüber einstellen. An Karl Schleinzer, den seriösen, ruhigen, konservativen Sachpolitiker, hatte er sich schon gewöhnt. Mit Taus steht ihm zuerst einmal lediglich ein neues Gesicht gegenüber. Taus ist in der Öffentlichkeit als Bankdirektor bekannt, politisch hat er keinerlei Profil. Aber er ist über Nacht ein neuer, großer Hoffnungsträger für die ÖVP und das bürgerliche Lager.

Voll bepackt mit Vorschusslorbeeren wird er zum Politiker des Sommers. Mit Josef Taus und Erhard Busek schreiben die bürgerlichen, das heißt ÖVP-nahen, Zeitungen ein Siegerduo herbei. Eine echte Alternative zu Kreisky und zur Regierung. Intellektuell, witzig (Busek), kompetent in Wirtschaftsfragen (Taus), jung und dynamisch beide.

Geschickt nützt die ÖVP das mediale Sommerloch, um die parteiinterne Aufbruchstimmung aus dem Parteitag in eine breitere Öffentlichkeit zu tragen. Die Meinungsforschung wird als Vehikel für den Transport gezielter, aber neutral verpackter Stimmungsmache entdeckt. So glaubt im August 1975 das österreichische Gallup-Institut eine „ungeheure Sympathiewelle“ für Taus in der österreichischen Bevölkerung registrieren zu können. In der Meinungsforschung bleibt die ÖVP auf Erfolgskurs.

Die Niederlage bei der Bundespräsidentenwahl ist weggesteckt. Die Gallup-Meinungsforscher verkünden ein Aufholen der ÖVP, die bereits einen Stimmenanteil von 45,1 Prozent erreicht habe, während die SPÖ sich in der Abwärtsbewegung befinde. Ihre absolute Mehrheit aus dem Jahr 1971 sei bereits auf 48,1 Prozent zurückgegangen. In der persönlichen Beliebtheitsskala habe Taus Kreisky bereits überholt und liege nun mit 2,16 Punkten an erster Stelle. Kreisky sei mit 2,21 Punkten auf den zweiten Platz verdrängt, auf dem dritten schon wieder ein Vertreter der jungen Garde der ÖVP: Alois Mock, vor Leopold Gratz und Hannes Androsch.

Die ÖVP sei schon eine sehr konservative Partei

Prompt ändern sich auch politische Positionen. Manche Zeitungen entdecken mit der ÖVP die Vorteile einer großen Koalition, und Bruno Kreisky kann daran überhaupt keinen Gefallen finden: „Das ist nicht die Regierung, die Österreich in der kommenden Zeit braucht.“ Das müsse er dem neuen Führungsduo Taus/Busek, vor allem aber den Menschen mit aller Deutlichkeit sagen. Die ÖVP sei schon eine sehr konservative Partei, die sich bloß vor den Wahlen ein liberales Mäntelchen umhänge. Und damit alte Großkoalitionäre in der eigenen Partei nicht auf dumme Gedanken kommen, verknüpft Bruno Kreisky erstmals sein politisches Schicksal mit einer möglichen politischen Ent-

Brigitte (l.) und Lia (r.) Androsch, Ehefrau und Mutter des Finanzministers, sind bei allen elf Budgetreden live im Parlament kritische Zuhörerinnen.

scheidung gegen seine Intentionen. Falls sich nach den Wahlen vom 5. Oktober SPÖ-Gremien für eine große Koalition aussprechen sollten, dann ohne ihn. Kreisky würde dann „für meinen Teil bitten, mich aus der Verantwortung zu entlassen", weil er überzeugt sei, dass das ein schwerer politischer Fehler wäre.

Und Bruno Kreisky holt sich tausendfache Unterstützung für seine Position gerade von jener Bevölkerungsgruppe, die besonders gute Erinnerungen an die Aufbauleistungen der Großen Koalition von 1945 an haben: von den Pensionisten. Bei der älteren Generation ist auch auf Grund der historischen Erfahrungen die Empfänglichkeit für Strategien zur Zusammenarbeit der beiden großen Parteien besonders groß. Gelegenheit schafft der starke „Pensionistenverband". Er feiert das Jubiläum seines 30-jährigen Bestehens im Wiener Praterstadion. Mehr als 40.000 Menschen jubeln Kreisky zu, als er die ernsten Absichten der ÖVP zur Zusammenarbeit mit dem Hinweis, dass sie es war, die 1966 in einem „Machtrausch" die Koalition aufkündigte, vom Stadionrasen fegt, gegen die „Wahlmanipulation" durch Meinungsumfragen wettert und sich selbstbewusst Jubel und Applaus zum Siegestreffer holt: „Es hat sich nichts geändert." Nämlich an der absoluten Mehrheit der SPÖ.

So selbstsicher wie in der Jubelatmosphäre des Praterstadions ist Kreisky in der politischen Realität nicht. Daher beantwortet er Fragen nach einer möglichen Koalition mit der FPÖ freundlicher. Unter den jungen FPÖlern gebe es auch einen progressiven Flügel. Eine Koalition hänge „davon ab, ob man sich auf ein Programm einigen kann".

Die Entzauberung des Dr. Taus

Josef Taus, der neue, umjubelte Obmann der ÖVP, ist für Bruno Kreisky eine große Unbekannte. Kreisky begegnet daher der neuen personellen Herausforderung mit großer Nervosität. Würden sich Telefongespräche zu Wolken verdichten, hätte es im Sommer 1975 schon aus diesem Grund im Ausseerland, wo Hannes Androsch seinen Urlaub verbringt, wenig Sonnenschein gegeben. Für Hannes Androsch ist Josef Taus kein unbekanntes Wesen. Der Finanzminister hat mit dem Banker zu tun gehabt, kennt seine Stärken und Schwächen ganz gut. Er kann daher Kreisky auch im Umgang mit und in der Einschätzung von Taus kompetent informieren, beraten und – zumindest ein wenig – beruhigen.

Die erste Fernsehdiskussion bringt die Entzauberung. Vorausgegangen ist ein Bestechungsversuch an dem Krone-Journalisten Georg Nowotny durch den ÖVP-Abgeordneten Leopold Helbich. Josef Taus geht schlecht beraten in das TV-Duell, an dem auch Friedrich Peter teilnimmt. Er will sozusagen den Stier bei den Hörnern packen, indem er selbst dieses für die ÖVP peinliche Thema anspricht, und läuft so dem Routinier Kreisky voll ins Messer. Taus ist der eindeutige Verlierer dieser Diskussion.

Hannes Androsch hat sich in der Einschätzung von Taus nicht geirrt. Er will nachsetzen. Den angeschlagenen Herausforderer gar nicht mehr aus der Ecke lassen. Frisch gestärkt von der Währungskonferenz aus Washington zurückgekehrt, die Androsch nur Respekt und Anerkennung der wirtschaftspolitischen Erfolge Österreichs wegen eingebracht hat, fordert er Taus zum TV-Duell. Themen: die

Für ein Gespräch nimmt sich Hannes Androsch immer Zeit, denn „wer keine Zeit für die Menschen hat, hat seine Zeit schlecht eingeteilt".

Budget-, Steuer-, Stabilitäts- und Beschäftigungspolitik, die Taus stark kritisiert hat. Androsch verteidigt vor allem auch die Notwendigkeit einer Erhöhung der Mehrwertsteuer. Er hatte sie, getreu der Strategie, dass man vor Wahlen säen muss, um nachher ernten zu können, sehr zum Unwillen Kreiskys ohne Rücksicht auf den Wahltermin angekündigt.

Der Lorbeer grünt nicht wieder

Taus zieht sich nicht ungeschickt aus der Affäre. Gerne werde er, ließ er verlauten, mit dem Nachfolger Kreiskys diskutieren. Kreisky soll doch Androsch offiziell als seinen Nachfolger vorschlagen. Zu einem TV-Duell Taus – Androsch kommt es daher nicht, dafür aber zu einer Neuauflage Kreisky gegen Taus.

Kurz davor hat Hannes Androsch den „Maßnahmenkatalog der Bundesregierung zur Sicherung des hohen Beschäftigungsstandes in Österreich" verkündet. Durch den zweiten Teil des Konjunkturausgleichsbudgets werden 4,4 Milliarden Schilling an Aufträgen in die Wirtschaft gepumpt.

Der Präsident der Wiener Handelskammer, Otto Mitterer, in der Regierung Klaus Handelsminister, hilft unbedarft mit der Warnung vor „Überbeschäftigung". Bruno Kreisky kann die Diskussion mit dem Wahlkampfthema „Voll-

Bruno Kreisky vor 40.000 Pensionisten im Wiener Praterstadion (heute Ernst-Happel-Stadion): „Wir wollen, dass Österreich ein gutes und sicheres Vaterland für alle Österreicher wird."

Für ein Autogramm vom Bundeskanzler kann man auch einmal den Rücken breit machen …

beschäftigung", führen, die ÖVP verdächtigen: „Nicht alle in Ihrer Partei sind für Vollbeschäftigung" und mit internationalen Vergleichen punkten.

„Es ist wieder die absolute Mehrheit"

Taus verliert auch sein zweites Fernsehduell. Dass der bereits verwelkte Vorschusslorbeer für den Wunderknaben aus der Girozentrale so rasch wieder grünen würde, hatte sowieso niemand erwartet, spottet Manfred Scheuch, damals Chefredakteur der AZ.

Der neue Nationalrat wird dieselbe Zusammensetzung haben wie in den letzten vier Jahren: 93 Abgeordnete der regierenden SPÖ werden 90 der Opposition – 80 der ÖVP und 10 der FPÖ – gegenübersitzen ... die SPÖ ist die einzige Partei, die Stimmen und Prozente dazugewinnt. Sie erhöht ihren Stimmenanteil von 50,04 Prozent um 0,37 auf 50,41 Prozent. Die ÖVP verliert 0,16, die FPÖ 0,04 und die KPÖ 0,17 Prozent. Der Vorsprung der SPÖ gegenüber der ÖVP ist jetzt von 6,93 auf 7,46 Prozent gestiegen. An Wählerstimmen bedeutet dies, dass 343.935 mehr Menschen die SPÖ gewählt haben als die ÖVP. Der Erfolg ist also noch größer als 1971, und Kreisky ist noch mehr darum besorgt, die Siegesfreude in Grenzen zu halten. Es ist ein „Sieg ohne Übermut". Kreisky bietet bereits am Tag nach der Wahl allen Parteien Zusammenarbeit an. Eine ständige Konferenz der Parteiführer regt er an, die monatlich zusammentreten soll, ein Gremium zur Behandlung außenpolitischer Fragen, in dem alle Parlamentsparteien vertreten sein sollen. Rücksichtsvoller Umgang mit den Besiegten. In der Öffentlichkeit die Basis für künftige Erfolge.

Kreisky: Nicht über 79 hinaus

Der Erfolg stärkt auch die internationale Reputation. Kreisky ist der einzige Regierungschef ohne Verschleißerscheinungen. Österreich ein Land der inneren Stabilität, des wirtschaftlichen Erfolges, des sozialen Friedens und der Vollbeschäftigung in schwierigen Zeiten.

Auch dieser Sieg, so scheint es, hat nur einen Vater. Es ist auch nichts dagegen ein-

Stephan Koren: „Wir fürchten Neuwahlen nicht. Wir werden das Wasser rechtzeitig ablassen, das Kreisky von sich und seiner Regierung macht."

zuwenden, dass der Erfolg auf Bruno Kreisky fokussiert wird. Aber es ist – mehr noch vielleicht als 1971 – sein Team, das die mehrheitliche Bestätigung findet. Kreisky respektiert das auch, indem am Regierungsteam vorerst nichts geändert wird. Schon vor dem 5. Oktober hat er angekündigt, dass sich für den Fall, dass „das Volk der gegenwärtigen Regierung bei der Nationalratswahl das Vertrauen erneuert", personell ein bis eineinhalb Jahre nichts ändern wird. Künftige Veränderungen werden sich lediglich auf jene beziehen, die die Altersgrenze überschritten haben.

Jetzt, nach dem Wahltriumph, gibt es erst recht keinen Grund für eine Veränderung. Aber er erweitert die Perspektive: Er selbst habe nicht die Absicht, über das Jahr 1979 hinaus politische Funktionen auszuüben. Es ist ein ausdrückliches Bekenntnis zur Richtigkeit der Altersklausel, die ja er selbst in der SPÖ durchgesetzt hat. Der AZ vom 8. Oktober 1975 ist dieser Hinweis auf die umfassende Gültigkeit der Altersklausel eine dreispaltige Überschrift wert: „Kreisky: Nicht über 1979 hinaus" – „... der Verschleiß sei so groß, dass man niemanden zwingen sollte, bis 70 zu bleiben." Bruno Kreisky trifft diese Klarstellung wohl in Erinnerung an die Debatte im Vorfeld zum Parteitag 1974. Aus Sorge, der Kanzler könnte sich ernsthaft an „sein" Parteistatut halten, beantragen die Landesparteiobmänner für Bruno Kreisky eine Ausnahme von der Altersklausel:

„Nach dem geltenden Parteistatut könnte Bundeskanzler Dr. Kreisky zwar im Jahre 1975 nochmals kandidieren und zum Bundeskanzler nominiert werden, er müsste jedoch mit Ende 1977 seine Funktion zurücklegen. Im Statut ist nämlich festgelegt, dass die Altersgrenze bei der Kandidatur für den Nationalrat und Landtag sowie für die Wahl zum Bundesrat und Mitglied einer Landesregierung sowie zur Nominierung als Mitglied der Bundesregierung 65 Jahre beträgt. Kreisky, der am 22. Jänner 1911 geboren wurde, könnte demnach 1975 nochmals kandidieren, müsste jedoch spätestens am 31. Dezember 1977 ausscheiden, da laut Statut die oben genannten öffentlichen Funktionen an ‚dem der Vollendung des 66. Lebensjahres folgenden 31. Dezember' zurückzulegen sind. Um die Wähler nicht im unklaren zu lassen, wen die SPÖ für den Rest der bis 1979 laufenden nächsten Legislaturperiode als Bundeskanzler vorschlägt, fordern die Landesparteiobmänner den Parteitag zu einer Sonderregelung auf."

Die Bundesländersozialisten hatten sich zu dieser Initiative entschlossen. Der steirische Landesparteiobmann Adalbert Sebastian erklärte, dass diese Frage „in allen Bundesländern bereits seit längerer Zeit überlegt wird" (Kärntner Tageszeitung, 18. Jänner 1974).

Es wird ein Österreich sein – moderner und menschlicher zugleich

Personelle Erneuerungen beschränkt Kreisky vorerst auf den sozialistischen Parlamentsklub und auf die SPÖ. Zum geschäftsführenden Klubobmann (nominell ist der Klubobmann und Fraktionsführer traditionell der Parteivorsitzende der SPÖ), also zum parlamentarischen

»Wir haben nie Zweifel daran gelassen, dass wir unter einem modernen Österreich ein menschlicheres Österreich verstehen.«
Bruno Kreisky

Der Nächste, bitte: Mit Josef Taus sitzt Bruno Kreisky der dritte ÖVP-Obmann zum TV-Duell gegenüber: „San S' net so oberlehrerhaft ...!"

Geschäftsführer, wird Heinz Fischer, so wie Hannes Androsch Jahrgang 1938, bestellt. Der dynamisch-hemdsärmelige Karl (Charly) Blecha soll die Parteizentrale verstärken. Er wird neben Fritz Marsch ebenfalls Zentralsekretär der SPÖ.

Die Eindeutigkeit des Wahlergebnisses erlaubt einen zügigen Arbeitsbeginn der neuen alten Bundesregierung. Bereits am 28. Oktober wird das Kabinett Kreisky III von Bundespräsident Rudolf Kirchschläger angelobt. Am 4. November tritt der neue Nationalrat zu einer konstituierenden Sitzung zusammen. Und am 5. November präsentiert Bruno Kreisky seine Regierungserklärung: Es ist seine dritte als Bundeskanzler, und am Ende dieser Legislaturperiode wird er bereits länger im Amt gewesen sein als Figl oder Raab. Bruno Kreisky leitet daher das Regierungsprogramm für seine dritte Amtsperiode mit der zeitlichen Perspektive ein: „Wenn in vier Jahren diese Legislaturperiode ihren Abschluss finden wird, wird eine zehnjährige Epoche sozialdemokratischen Regierens hinter uns liegen." Es werde dann, verspricht er dem Hohen Haus, ein Österreich mit mehr Gerechtigkeit und mehr Chancengleichheit geben, mit mehr Demokratie und mehr Wohlstand. „Es wird ein Österreich sein – moderner und menschlicher zugleich."

Die Regierungserklärung ist gewohnt umfassend, reformfreudig, gesellschafts-, sozial- und beschäftigungspolitisch dominiert. Neu die Schaffung der Volksanwaltschaft, vier Wochen Mindesturlaub, Fortführung des Energieplanes mit der Ankündigung, dass die letzte Entscheidung in Fragen Atomenergie das Parlament zu treffen habe. Strukturverbesserung, Investitions- und Forschungsförderung, Umweltschutz, Bergbauern, Fremdenverkehr – alles sehr zukunftsorientiert. In der Perspektive beeindruckend, in der Umsetzung zum Teil bis heute nicht gelungen. So fordert Kreisky zum Beispiel Lösungen für das Transitland Österreich ein, ausländische Verkehrsteilnehmer müssten höhere Beiträge zur Finanzierung des Straßenbaus leisten, der Schwerverkehr muss zusehends von der Straße auf die Schiene verlegt werden. Dreißig Jahre sind seither vergangen.

Im Mittelpunkt steht aber – so wie bisher – die Erhaltung der Vollbeschäftigung. Hier wird die Regierung auch in dieser Periode voll gefordert werden – und erfolgreich bleiben.

Auf die Opposition ist weiterhin Verlass

So wie die Regierung um den Erhalt des Bewährten und Erfolgreichen bemüht ist, so übt sich auch die Opposition im Fortschreiben der Argumentation der Erfolglosigkeit: Die Regierungserklärung sei ein Dokument der Ratlosigkeit, „beinharte Klassenkampfideologie", „wohl verpackter Sozialismus", „nicht mehr weit entfernt von der DDR" (alle Zitate Taus). Es scheint, als würde sich die Regierung auch in dieser Legislaturperiode auf die Opposition verlassen können. Zumindest auf die ÖVP, deren Krisengejammer selbst der anderen Oppositionspartei wenig zielführend erscheint. Dieses Gerede von der Krise habe der SPÖ Wähler zugetrieben, ist Friedrich Peter überzeugt.

Auch Stephan Korens fachlich kompetente Kritik am wirtschaftspolitischen Kurs der Regierung und an der Budgetpolitik des Finanzministers kommt bei den Menschen nicht an. Die hartnäckigen Warnungen vor Fehlentwicklungen und Fehlentscheidungen machen aus dem Klubobmann der ÖVP eine Figur der klassischen Mythologie – Stephan Koren wird zur

Kassandra der österreichischen Innenpolitik: die unverfälschte männliche Reinkarnation der Tochter des Priamos und daher beladen mit dem Fluch, aufgrund der göttlichen Sehergabe immer die Wahrheit prophezeien zu müssen, doch niemals Glauben zu finden.

Keine Schlechtwetterepisode, sondern weltweiter Klimawechsel

Der Weg zum hehren Ziel, aus Österreich ein gerechteres Land mit mehr Chancen für alle, mit mehr Wohlstand und Demokratie zu machen, ist steinig und mühsam. Gute Vorsätze und edle Absichten sind keine geeigneten Instrumente zur Bewältigung. Die neuerliche absolute Mehrheit mag zwar das Regieren im Vergleich zu jeglicher Koalition erleichtern, aber gleichzeitig erwachsen daraus höhere Verantwortung und gesteigerte Erwartungen, wachsende Begehrlichkeiten, ständig sich ändernde Herausforderungen. Darüber hinaus wird eine dritte Periode sozialdemokratischer Alleinregierung durch die wachsende Entfremdung zwischen Regent und Kronprinz belastet.

Schon im Jahr vor der Wahl 1975 kommt es auf dem Highway der Harmonie zwischen Bruno Kreisky und Hannes Androsch zu kleinen Frostaufbrüchen. Ursache ist eine von der Opposition heftig kritisierte, durchaus kreative Bewältigung eines Schwächezustandes des Budgets. Trotzdem: dringliche Anfrage an den Finanzminister. Ein distanzierter Bundeskanzler. Auf die Frage: „Stehen Sie noch zu Ihrem Finanzminister?“ die auslegungsfähige Antwort: „Ich stehe neben ihm.“ (Siehe Kapitel „An der Spitze ist kein Platz für Freundschaft“)

Der Ölpreisschock des Jahres 1973 wird vielfach falsch eingeschätzt. Wirtschaftsexperten wie Politiker sehen darin lediglich ein Versorgungsproblem mit zeitlicher Begrenztheit. Hannes Androsch gehört zu den Ausnahmen. Er qualifiziert die Ereignisse als tiefgreifenden Klimawechsel und nicht als vorübergehenden Schlechtwettereinbruch. Mit seiner Analyse, die Ölpreisentwicklung sei eine Umverteilung von den Industriestaaten zu den Erdöl produzierenden Schwellenländern und könne daher einkommensmäßig nicht abgegolten werden, stößt er überall auf Widerstand.

Die Logik, dass ein Schilling, der für höhere Rohölpreise an das Ausland gezahlt werden muss, nicht noch einmal im Inland für die Erhöhung von Löhnen und Gehältern, für Verbesserungen von Gewinnen oder die Erweiterung der Staatsausgaben ausgegeben werden kann, kann der Finanzminister kaum begreifbar machen. Auch den Gewerkschaften, den Unternehmerverbänden und der Notenbank nicht.

Dem Bundeskanzler schon gar nicht. Heinz Kienzl, Leiter der wirtschaftspolitischen Abteilung des ÖGB, ist davon überzeugt, dass es sich nur um eine Episode ohne tiefgreifende Folgen handle. Desgleichen die Wirtschaftsforscher. Die Prognosen für das Wirtschaftsjahr 1975 prophezeien weiteres Wachstum. Real von 1 Prozent im Durchschnitt der gesamten OECD, stolze 4 Prozent für Österreich. Die Realität bringt einen Konjunktureinbruch auf minus 0,5 Prozent. „Minuswachstum“ nennen das die Fachleute. Gemeint ist damit ein Schrumpfen der Wirtschaft.

Der Kollektivirrtum der Prognostiker

Gewerkschaften und die Privatwirtschaft orientieren sich in ihrer Lohnpolitik am „Kollektivirrtum der Prognostiker“. Das Ergebnis ist

Kooperation mit Polen sichert Arbeitsplätze

März 1974 ist Hannes Androsch im „Großeinsatz“ in Polen. Es geht um die Ausweitung der Wirtschaftsbeziehungen, vor allem mit Steyr-Daimler-Puch. Die Zusammenarbeit bei der Erzeugung schwerer Lastkraftwagen ist für die Auslastung der Steyr-Werke und damit für die dortigen Arbeitsplätze von größter Bedeutung. Hannes Androsch wird vom Generaldirektor der Steyr-Werke, Johan Julius Feichtinger, und dem Generaldirektor der Österreichischen Kontrollbank, Helmut Haschek, begleitet. Hannes Androsch und seine Delegation erleben auch, wie förderlich das Wirken eines qualifizierten und engagierten Botschafters sein kann: Umsichtig und kompetent sorgt der österreichische Botschafter Zanetti für ein gutes Verhandlungsklima mit einem Programm aus Kultur, Geselligkeit und intensiven Arbeitsgesprächen.

Im September 1975 unterzeichnen Bundeskanzler Bruno Kreisky und der polnische Ministerpräsident Jaroszewicz einen Kooperationsvertrag. „Der Vertrag hat ein Volumen von 4,5 Milliarden Schilling und ist für die Arbeitsplatzsicherung im Raum Steyr von eminenter Bedeutung", sagt Bruno Kreisky und würdigt die Vorarbeit: „Dass dieser Vertrag überhaupt zustande kam, ist vor allem dem Einsatz von Finanzminister Androsch zu danken." Und von Generaldirektor Feichtinger (im Bild mit dem Bundeskanzler).

Der Präsident des Nationalrates, Anton Benya, und der Vorsitzende der Bundesregierung, Bruno Kreisky, beim informellen Gedankenaustausch im Parlament

eine völlig aus dem Rahmen fallende Lohnrunde. Die Nettotariflöhne steigen um stolze 19,5 Prozent. Bei schrumpfender Wirtschaft!

Auch wenn 1976 die Wirtschaftsleistung bereits wieder um 4,6 Prozent wächst, klaffen bei einer Steigerung der Nettolöhne von 10,3 Prozent Wirtschafts- und Einkommensentwicklung weiterhin weit auseinander.

Des Finanzministers These vom nicht abgeltbaren Einkommenstransfer wird dramatisch bestätigt. Die sprunghaft angestiegene Ölrechnung (in ihrer Auswirkung noch zusätzlich verschärft durch steigende Importe von Konsumgütern auf Grund der überproportional gestiegenen Kaufkraft) verschlechtert die Leistungsbilanz so dramatisch, dass der Außenwert des Schillings unter starken Druck gerät, und damit auch der Finanzminister. Die Diskussion um eine Abwertung des Schillings wird wieder akut. Beim Bundeskanzler sowieso, der darin eine politisch bequeme Lösung der Leistungsbilanzprobleme sieht. Aber auch der angesehene Leiter des Wirtschaftsforschungsinstituts, Prof. Hans Seidel, redet einem schwächeren Schilling das Wort.

Hannes Androsch ist mehrfach alarmiert. In der österreichischen Geschichte ebenso zu Hause wie in der Wirtschaftspolitik, zwingt ihn der Gedanke an die Geschehnisse um die Völkerbundanleihe in der Ersten Republik zu raschem Handeln: „Mir war klar, dass Österreich niemals mehr eine solche Entmündigung über sich ergehen lassen dürfe, dass daher die außenwirtschaftliche Flanke die empfindlichste Stelle unserer Politik war ..." Daher die Entschlossenheit zur Leistungsbilanzkorrektur. Außerdem musste durch rasches Handeln die sich formierende Front der Befürworter einer Schillingabwertung unterlaufen werden. Nicht aus Bestemm, sondern weil Hannes Androsch von den gesamtwirtschaftlich positiven Auswirkungen der Hartwährungspolitik überzeugt war. (Siehe Kapitel „Wir liegen goldrichtig")

Androsch setzt bereits im Sommer 1976 zu einer Kursänderung in der Budgetpolitik an. Bei einer Abklärung der politischen Ziele des Budgets für 1977 kommt es zu ersten Sparmaßnahmen. Ab nun müsse das Erbe der Rezession bewältigt werden, das heißt, es müsse jene Hypothek wieder abgetragen werden, die der Staat zur Sicherung der Arbeitsplätze und zur Stützung der Konjunktur übernommen habe. Androsch ist es ernst mit einer antizyklischen Budgetpolitik im keynesianischen Sinn und er schwört die Regierung in einer mehrtägigen Klausur auf einen ersten Schritt der Rückführung des Defizits ein.

Dieser Aufbereitung des Bewusstseins entsprechend, präsentiert Hannes Androsch am 21. Oktober 1976 dem Parlament für 1977 ein „Budget der Sparsamkeit und Vorsicht", und die Arbeiter-Zeitung fasst die budgetpolitische Strategie des Finanzministers unmissverständlich zusammen:

„Das Budget 1977 beruht auf einer vorsichtigen Konjunktureinschätzung, die den jetzigen Aufschwung nicht übersieht, aber für mögliche kommende Konjunktureinbrüche gerüstet ist. Es ist daher ein restriktives Budget, ein Budget der Sparsamkeit, das durch einen deutlichen Abbau der durch Kredite finanzierten Ausgaben versucht, rasch wieder jenen Spielraum für öffentliche Investitionen zu gewinnen, der im Falle eines neuen Konjunktureinbruches zur Sicherung der Arbeitsplätze notwendig ist. Denn die Arbeitsplatzsicherung hat unverändert absoluten Vorrang." (AZ, 22. Oktober 1976)

Kurswechsel auf dem Kahlenberg

Doch die oben erwähnten Auswirkungen von Ölrechnung und überzogener Lohnrunde machen ein Jahr später noch härtere Maßnahmen notwendig. Ort der Regierungsklausur ist wiederum der Kahlenberg. Das Wetter entspricht der Stimmung bei den Beratungen. Es ist Montag, der 19. September, aber der Kahlenberg ist in nebeliges, wolkenverhangenes Novembergrau gehüllt. Hannes Androsch präsentiert das 2. Abgabenänderungsgesetz. Das Maßnahmenpaket des Finanzministers gleicht einer Notoperation, die schärfste Kursänderung in der Regierungspolitik seit dem Koren'schen Paukenschlag des Jahres 1969, der das Ende der Regierung Klaus bedeutete. Einführung eines Mehrwertsteuersatzes von 30 Prozent für „Güter des gehobenen Konsums" – darunter fallen auch Autos –, eine LKW-Maut, Erhöhung der Vermögenssteuer, Erbschaftssteuer, Investitionssteuer, Einsparungen in der Verwaltung. Es ist ein umfangreiches Paket.

Ein notwendiger Pyrrhussieg

Bruno Kreisky ist höchst verunsichert. Ihn mag die Erinnerung an das Schicksal der Regierung Klaus neben mangelnder Einsicht in die Notwendigkeit einer solchen Fülle belastender

Bruno Kreisky bei seiner dritten Regierungserklärung: „In der Demokratie gilt das Prinzip der Mehrheit ... aber es ist für die Praxis und das Klima nicht unwesentlich, in welcher Form die Mehrheit zustande kommt."

Maßnahmen zusätzlich bestärkt haben, dagegen anzukämpfen. Am 2. Oktober ist Landtagswahl im Burgenland, sind Gemeinderatswahlen in Salzburg und Innsbruck. Doch das Ende der Regierungsklausur ist für den Bundeskanzler eine Niederlage. Hannes Androsch kann sich mit der Gesamtheit seines Paketes durchsetzen. In einer atmosphärisch hoch belasteten Stimmung sind es Anton Benya und Karl Waldbrunner, die dem Finanzminister vollen Flankenschutz geben. Kreisky flüchtet in die Beschwichtigung – man muss die Wahrheit sagen, aber es besteht keineswegs ein Grund, das Land in Alarmstimmung zu versetzen und Unsicherheiten zu verbreiten – und setzt eine Kommission ein. Ein kleines Beratungsgremium werde die nötigen Maßnahmen prüfen und dann dem Parteivorstand der SPÖ und auch der Öffentlichkeit vorlegen. Das erlaubt Kreisky, die „bittere Medizin" erst am 3. Oktober, einen Tag nach den burgenländischen Landtagswahlen, der Öffentlichkeit zu verabreichen. Das 2. Abgabenänderungsgesetz ist für die weitere Entwicklung des Landes die bedeutsamste innenpolitische Entscheidung der gesamten Legislaturperiode.

Heftig kritisiert, mit öffentlichen Demonstrationen – Wirtschaftsbund – und einer dramatischen LKW-Blockade bekämpft, brachten die Maßnahmen die angestrebten Ergebnisse: Die außenwirtschaftliche Flanke wurde abgesichert, die Hartwährungspolitik verteidigt und fortgeführt, die hohe Beschäftigung erhalten, das Nettodefizit des Budgets schrittweise auf das vom Leiter des Wirtschaftsforschungsinstituts, Prof. Hans Seidel, als erstrebenswert definierte Ziel von 2,5 Prozent des Sozialprodukts zurückgeführt. Ein Wert, der deutlich unter der in späteren Jahren von der EU in Maastricht festgelegten Latte von 3 Prozent liegt.

Die wirtschafts- und budgetpolitische Notwendigkeit des 2. Abgabenänderungsgesetzes ist die eine Seite, die möglichen innenpolitischen Auswirkungen sind die andere, vor allem im Hinblick auf die nächsten Nationalratswahlen – eine Sorge, die den Bundeskanzler besonders belastet. Ist zu Beginn der Regierung aus der Altersdifferenz jene kreative Spannung entstanden, die dem Duo Kreisky/Androsch beeindruckende Kraft verlieh, so entsteht nunmehr ein Generationenproblem.

Bruno Kreisky, sich von der Konsequenz der parteiinternen Altersklausel zunehmend entfernend, denkt nur noch an den nächsten Wahltermin. Hannes Androsch naturgemäß darüber hinaus.

Auch wenn er sich intellektuell nicht unbedingt als Nachfolger sieht, kann er realistischerweise die Möglichkeit nicht ausschließen. Dann will er kein sanierungsbedürftiges Erbe antreten müssen (siehe Kapitel „An der Spitze ist kein Platz für Freundschaft"). Diese Grundeinstellung beschleunigt den Entfremdungsprozess zwischen Bruno Kreisky und Hannes Androsch. Doch noch stärkt das Faktum, dass auch unangenehme Themen angepackt werden, ohne zu sehr auf den nächsten Wahltermin zu schielen, das Vertrauen in die Handlungskompetenz der Regierung. Auch diesmal.

Hannes Androsch und Heinz Fischer – die Harmonie unterschiedlicher Persönlichkeiten

Es gelingt Hannes Androsch, die Belastungen glaubwürdig mit einer schmerzstillenden Dosis Notwendigkeit erträglich zu machen. Der nüchternen Diagnose folgt die Therapie mit nachvollziehbaren Heilerfolgen.

Mit dem Maßnahmenpaket des 2. Abgabenänderungsgesetzes wird 1977 die Grundlage für den Wahltriumph – eine weiter ausgebaute absolute Mehrheit ist ein Triumph! – des Jahres 1979 gelegt.

Besser als alle Prognosen – eine Erfolgsbilanz

Hannes Androsch kann seine Budgetrede zum Budgetvoranschlag 1979 selbstbewusst gestalten. Einleitend kann er mit der Bilanzierung der Wirtschafts- und Finanzpolitik seit 1970 alle Kritik, Kassandrarufe, Ankündigungen von Desaster, letztem Aufgebot, Sackgasse und dergleichen mehr von sich fegen.

Die aktuelle Situation betreffend, kann der Finanzminister glaubwürdig behaupten, es sei der Politik der Bundesregierung zu danken, dass sich selbst die Prognosen des Wirtschaftsforschungsinstituts als unbegründeter Pessimismus herausstellen:

„Das Österreichische Institut für Wirtschaftsforschung errechnete für das Jahr 1978 ein Wirtschaftswachstum von 1,5 Prozent real. Tatsächlich werden wir etwa zwei Prozent erreichen. Auf dem Arbeitsmarkt wurde eine Arbeitslosenquote von 2,5 Prozent erwartet und eine durchschnittliche Arbeitslosenzahl von 70.000 als ‚kaum vermeidbar' bezeichnet. Tatsächlich konnten wir im August dieses Jahres mit 2.805.000 einen neuen Beschäftigtenrekord erreichen. Im September 1978 waren 2.802.000 Menschen beschäftigt, um 18.000 mehr als im September 1977. Die Arbeitslosenrate betrug zuletzt im September 1,4 Prozent und wird im Jahresschnitt 2,1 Prozent betragen. Und – was besonders hervorzuheben ist – Jugendarbeitslosigkeit konnte auch 1978 in Österreich vermieden werden. Die Preissteigerungsrate wurde mit 5 Prozent angenommen, vom Institut für Höhere Studien sogar mit 5,7 Prozent. Tatsächlich werden wir sie auf 3,6 Prozent herunterbringen und damit in Europa weiterhin Stabilitätsland Nr. 3 sein." Hannes Androsch präsentiert dem Parlament in seiner Budgetrede vom 18. Oktober 1978 nicht nur ein Bundesbudget auf Konsolidierungskurs, sondern die Erfolgsbilanz eines Jahrzehnts seiner Budget- und Wirtschaftspolitik:

– In den Jahren 1970 bis 1978 wuchs die österreichische Wirtschaft real um 44,1 Prozent. In Europa erzielten nur Norwegen und Frankreich höhere Wachstumsraten.

– Mit einer Inflationsrate von durchschnittlich 6,4 Prozent war Österreich in Europa hinter der Schweiz und der Bundesrepublik Deutschland Stabilitätsland Nr. 3.

– Die Zahl der Beschäftigten hat in diesem Zeitraum um rund 400.000 zugenommen, die Zahl der Erwerbstätigen ist um rund 190.000 gestiegen. Mit durchschnittlich 1,9 Prozent konnte unter allen Industriestaaten in Österreich eine der niedrigsten Arbeitslosenraten verzeichnet werden.

– In den Jahren 1960 bis 1969 betrugen die Industrieinvestitionen 102 Mrd. Schilling – in den Jahren 1970 bis 1979 – also unter Einschluss der Rezessionsjahre – werden es 244 Mrd. sein – eine Steigerung um 142 Mrd. Schilling oder 139 Prozent.

– Die Exporte stiegen von 74,3 Mrd. Schilling im Jahr 1978. Die durchschnittliche jährliche Zuwachsrate betrug 11 Prozent.

Angst vor der Zukunft darf vernünftiges Handeln in der Gegenwart nicht beeinträchtigen – Hannes Androsch präsentiert das Budget für 1980: Fortsetzung der Politik der Vollbeschäftigung, aber gleichzeitig Abbau der Budgetbelastungen aus der Vergangenheit.

Ein Blick in das Arbeitszimmer des Bundeskanzlers – ein gutes Klima der Vielseitigkeit für kreative und engagierte Mitarbeiter: Bruno Kreisky mit Margit Schmidt (links oben), seinem Pressesprecher Johannes Kunz (links unten), im Gespräch mit Journalisten (rechts oben und unten)

– Im gewogenen Durchschnitt ist unsere Währung um 24 Prozent härter geworden.

– Die Währungsreserven sind zwischen 1970 und 1978 von 45,7 Mrd. Schilling auf rund 75 Mrd. Schilling gestiegen.

– Im selben Zeitraum haben die Spareinlagen von 131 Mrd. Schilling auf fast 420 Mrd. Schilling zugenommen.

Trotz aller Schwierigkeiten kann die Regierung offensiv in den Wahlkampf 1979 gehen.

Die Entscheidungskompetenz bleibt erhalten, die Hartwährungspolitik – und damit die Stabilitätspolitik – kann fortgesetzt werden, ebenso der Prozess des Abbaus der Belastungen des Budgets aus der Rezessionsbekämpfung 1974/75 bei Aufrechterhaltung der Politik der Vollbeschäftigung. Darüber hinaus – als Zugeständnis an den Gewerkschaftsbund – eine Steuersenkung mit 1. Jänner 1979.

Eine persönliche Niederlage

Erfolgsbilanz und Maßnahmenpaket stärken die Regierung in der Öffentlichkeit. Völlig anders die Wirkung SPÖ-intern. Kreisky muss den Verlauf der Klausur als persönliche Niederlage erleben. Wiederum ist er – so wie in der Frage Hartwährungspolitik – an der Achse Androsch – Benya – Waldbrunner gescheitert. Für ihn ein Indiz mehr, dass er sich in bedeutsamen Fragen immer schwerer Gehör verschaffen kann.

Für den Finanzminister ist es ein Herbst der Erfolge, für Hannes Androsch ein Pyrrhussieg, dessen Nachwirkungen in ihrer umfassenden Dramatik noch nicht abzusehen sind.

Bereit für die 80er Jahre

Früh im Jahr, nämlich bereits am 4. Jänner 1979, schafft Bruno Kreisky Klarheit über den nächsten Wahltermin. Mit der einleuchtenden wie rücksichtsvollen Begründung, dass später viele Pensionisten bereits auf Urlaub seien, nennt er in einem AZ-Interview den 6. Mai als „voraussichtlichen Wahltag“. Kreisky unterbindet damit alle aufkeimenden Spekulationen und die Überlegungen der ÖVP, im Parlament eine Auflösungsdebatte „angesichts der Handlungsunfähigkeit der Regierung“ (Taus) zu inszenieren.

Genau ein Jahr vor dem Wahltermin, vor dem Ende der dritten Regierungsperiode der Sozialisten, rüstet die SPÖ zur Generalmobilmachung für einen neuerlichen Regierungsauftrag durch eine Mehrheit der Wählerinnen und Wähler. Unter dem Motto „Bereit für die 80er Jahre“ zieht die SPÖ alle Register und inszeniert einen Parteitag der Superlative. Ein Fest für Bruno. Waren mit der Übernahme der Parteiführung durch Bruno Kreisky die Inszenierungen der Parteitage durch Ort und Eröffnungszeremoniell von gesellschaftlichem Nachholbedürfnis geprägt – Konzerthaus, Staatsoper, Bernstein –, so wird nunmehr die kultivierte Massenveranstaltung gewagt.

Ein neues Programm – Österreich wird von Grund auf verändert sein

Rund 11.000 Besucher versammeln sich zur Eröffnung des Parteitages in der Wiener Stadthalle. Es ist nicht der Gefangenenchor aus „Fidelio“, der zu Licht und Freiheit ruft, es ist die erreichte Freiheit, die sich hier in der Modernität der Gegenwart inszeniert und

Auf dem Weg zur Regierungsklausur auf dem Kahlenberg.
Das Wetter entspricht der Stimmung im Tagungssaal.

Die Hypothek muss wieder abgetragen, neuer Spielraum für die Sicherung der Arbeitsplätze geschaffen, die Hartwährungspolitik und damit die Stabilitätspolitik fortgesetzt werden.

Bei aller Sorge wegen der Proteste, aber am Maßnahmenpaket zur Verbesserung der Budgetsituation führt kein Weg vorbei: Androsch – Vranitzky – Mauhart.

selbstbewusst Bilanz über Erfolge und Niederlagen, über Aufgeschlossenheit und Gestaltungswillen einer sozialdemokratisch bestimmten Regierung zieht.

Die Kunst ist wie selbstverständlich dabei, aber in ihrer populären, allgemein verständlichen Ausprägung; Marianne Mendt und Dolores Schmidinger, Heinz Reincke, Felix Dvorak und Fritz Muliar.

Ehrengast ist das personifizierte Selbstbewusstsein der europäischen Sozialdemokratie schlechthin: der deutsche Bundeskanzler Helmut Schmidt.

Der Parteivorsitzende Bruno Kreisky hat die Partei entrümpelt und geöffnet. Organisatorisch wie intellektuell. Nahezu logisch, dass diese bedeutsame Phase in der Geschichte der Partei auch eine ideologische Neuorientierung einschließen muss.

Das Grundsatzprogramm der SPÖ stammt aus dem Jahr 1958. Ganz Kreiskys Stil entsprechend, wird von 1975 an eine breit angelegte Programmdiskussion eingeleitet. Aus dem Pragmatismus der Regierung wächst in breiten Teilen der SPÖ, vor allem bei jungen Intellektuellen, das Bedürfnis nach einer Diskussion über zeitgemäße Grundsätze und Wertvorstellungen einer „Partei im historischen Sinn", wie sie die SPÖ nach der Definition Kreiskys ist.

Wurde das Parteiprogramm 1958 unter dem Vorsitz von Bruno Pittermann vor allem von Benedikt Kautsky und Fritz Klenner verfasst, so soll das neue Programm – ähnlich den 1400 Experten von 1967 – von Wissenschaft-

Der Präsident der Bundeswirtschaftskammer Rudolf Sallinger überbringt Bruno Kreisky den Protest der Wirtschaft gegen die geplante Erhöhung der LKW-Steuer.

»Ziel der Wirtschaftspolitik sind wachsende Wohlfahrt, gerechter Anteil am gesellschaftlichen Ertrag, humane Arbeitsbedingungen und Verminderung von Abhängigkeit und Entfremdung.«
Hannes Androsch

lern wie einfachen Parteimitgliedern, von allen befreundeten Organisationen bis zum Parteivorstand beraten und diskutiert werden.

Egon Matzner, Professor an der Technischen Universität, wird mit der Koordinierung des „Problemkatalogs" betraut, Karl Blecha mit der Leitung des Redaktionskomitees. Die Teilnahme an der Diskussion überrascht selbst Optimisten. Um dem Parteitag tatsächlich ein beschlussreifes Programm vorlegen zu können, muss das Redaktionskomitee Nachtschichten einlegen, wobei die Arbeit durch die Abwesenheit des Parteivorsitzenden nicht erleichtert wird:

„Kreisky befand sich zu diesem Zeitpunkt auf Mallorca", notiert Heinz Fischer, „sodass die Redaktionssitzung unter der bravourösen Leitung von Karl Blecha aus einer ebenso schöpferischen wie chaotischen Mischung aus Grundsatzdiskussionen, Feilschen um Positionen, Redigieren von Texten, Ausbessern von Fehlern, und das alles unterbrochen durch längere Ferngespräche nach Mallorca, bestand.

Mitten in der Nacht erschien Christian Broda mit einer großen Torte – einerseits um uns zu stärken, vor allem aber auch, um darüber zu wachen, dass an ‚seinem' Justizkapitel nicht im letzten Augenblick etwas geändert würde. Erst im Morgengrauen verließen wir völlig erschöpft die Druckerei, aber der Programmentwurf lag dem Parteitag fristgerecht vor und wurde mit geringfügigen Korrekturen, die von der Antragsprüfungskommission und von einzelnen Delegierten vorgeschlagen wurden, am 20. Mai 1978 einstimmig beschlossen (Heinz Fischer, „Die Kreisky-Jahre 1967–1983")

„Bereit für die achtziger Jahre" ist das Motto des Parteitages, unter dem der Parteivorsitzende seine Vision von der sozialen Demokratie als der menschlichsten aller Gesellschaften darlegt. Die Glaubwürdigkeit seiner Perspektive nährt sich aus der Überzeugung einer erfolgreichen Vergangenheit: „Das erste Jahrzehnt sozialdemokratischen Regierens wird zu Ende gehen, und Österreich wird, wir wagen die Behauptung, von Grund auf verändert sein." Kreisky ruft den Delegierten zur Untermauerung seiner Behauptung die Vielzahl der Leistungen bisheriger sozialistischer Regierungsarbeit ins Gedächtnis. Die Programmrede der Zukunft baut Kreisky auf dem Fundament einer stolzen Bilanz. Mit Zahlen untermauert, mit Beispielen gespickt:

„Und es gibt viel mehr Freiheit in diesem Staat. Aber die Erfolge dieser Arbeit haben uns nicht übermütig werden lassen. Wir haben immer wieder mit durchdringender Selbstkritik geprüft, ob unsere Partei auch den neuen Entwicklungen Rechnung trägt."

Auf der Suche nach dem Millennium

Auch wenn viele in der Partei registrieren, dass der große Vorsitzende zunehmend empfindlicher, kleinlicher und gereizter auf Kritik reagiert, wird aufkeimende Sorge von Bruno Kreiskys intakter Fähigkeit zur großen Perspektive hinweggespült. Gleichzeitig verliert sich der Parteivorsitzende nie in der Uferlosig-

Heinz Fischer und Karl Blecha – zwei aus dem Redaktionsteam für ein neues Parteiprogramm. Keine Uferlosigkeit utopischer Träumereien.

Ein neues Programm für eine Partei im historischen Sinn – Bruno Kreisky und Karl Blecha

keit utopischer Träumereien, sondern gibt der Weite des Horizonts konkret fassbare Orientierungspunkte, welche die Angst vor der Ungewissheit nehmen. Bruno Kreisky unterlegt denn auch dem neuen Grundsatzprogramm einen überschaubaren Zeithorizont: „Wir gehen davon aus, dass heute in dieser so raschlebigen Zeit ein knappes Vierteljahrhundert das höchste Zeitmaß eines sozialdemokratischen Programms sein kann. Julius Braunthal hat seinen Lebenserinnerungen den Titel ‚Auf der Suche nach dem Millennium' gegeben: Er meint damit jenes Reich der Utopie, von dem man nicht sagen kann, wie man hin gelangt, von dem man nicht weiß, wie es sein wird, nicht weiß, wie es sein soll. Für denjenigen allerdings, für den der Sozialismus die Suche nach dem Millennium ist, der wird mit uns nicht restlos zufrieden sein können. Aber auf der anderen Seite können wir als die große Partei und die große Gesinnungsgemeinschaft, die wir sind, nicht regieren, ohne die Pfeile unserer Ziele weit hinaus in die Zukunft zu werfen, aber auch nicht, ohne zu wissen, wie wir zu ihnen hin gelangen." (Kreisky, Reden, Band II).

Über Krisengipfel zum Hattrick

Die SPÖ geht gestärkt aus dem Programmparteitag in die nächste Wahl. Doch die demonstrative Geschlossenheit, die nahezu einstimmige Wiederwahl Bruno Kreiskys (mit 454 von 457 möglichen Stimmen) überdecken den tatsächlichen Zustand der Partei. Die Spannungen zwischen dem alten und neuen Parteivorsitzenden und Hannes Androsch belasten zunehmend Klima, Stimmung und Arbeit. Innerparteilich wie auf Regierungsebene.

Trotzdem bleibt das Wahlziel der SPÖ, neuerlich die absolute Mehrheit zu erringen. Oder, wie es der Kanzler mit sanfter Verträglichkeit formulierte: „... bei den Wahlen am 6. Mai abermals das Vertrauen der Mehrheit der österreichischen Bevölkerung zu gewinnen."

Die Wahrscheinlichkeit einer neuerlichen absoluten Mehrheit wird von vielen Beobachtern bezweifelt. Dagegen spricht nicht nur die Außergewöhnlichkeit eines politischen Hattricks dieser Qualität, sondern auch die allgemeine Entwicklung. Im Juli blockieren Österreichs Frächter die Grenzübergänge.

Günter Traxler (damals AZ-Redakteur) und SP-Zentralsekretär Fritz Marsch: „Offensichtlich wünscht sich die ÖVP eine Liste sozialistischer Bundeskanzler bis ins Jahr 2000.“

6000 ausländische Frächter verhalten sich solidarisch. Durch diesen Protest gegen die Einführung einer LKW-Steuer entsteht eine schwierige Situation für den Fremdenverkehr. Auch wenn sich für diesen Finanzierungsbeitrag zum Ausbau des österreichischen Straßen- und Autobahnnetzes sachlich argumentieren lässt, ist doch der Zeitpunkt der Einführung unglücklich gewählt. Kanzler, Finanzminister, Verkehrsminister, Präsident und Generalsekretär der Bundeswirtschaftskammer eilen zu einem Krisengipfel zusammen.

Der Stärke, die die Regierung gegenüber den Demonstranten zeigt, stehen Niederlagen auf anderen Gebieten gegenüber:

Im September kehrt Gerd Bacher als Generalintendant in den ORF zurück – gegen den Willen Kreiskys und gegen die Strategie der SPÖ. Im Oktober verliert die SPÖ bei den Wiener Landtagswahlen gleich vier Mandate an die ÖVP.

Gleichzeitig wird unter der Tuchent Stimmung gegen Hannes Androsch gemacht. Bruno Kreisky entdeckt plötzlich eine Unvereinbarkeit, die er jahrelang auch als besondere Fachkompetenz seines Finanzministers gepriesen hatte: die Tatsache, dass Hannes Androsch im Privatberuf Wirtschaftsprüfer und Steuerberater mit eigener Kanzlei ist. Die zu Beginn der Ministerschaft mit Bruno Kreisky, Partei und Behörden abgestimmte Regelung war in der Erinnerung versickert.

Die ÖVP streut genussvoll wie selbstverständlich Salz in die Wunden der Selbstgeißelung – wer denn dem Kanzler nachfolgen werde? Das wollte sie vor den Wahlen beantwortet wissen. Sie wusste um die Spannungen zwischen Bruno Kreisky und Hannes Androsch.

Aus authentischer Quelle. Von Kreisky selbst (siehe Kapitel „An der Spitze ist kein Platz für Freundschaft").

Experiment oder „Österreichischer Weg"

Für den 2. und 3. März 1979 lädt die SPÖ zu einem außerordentlichen Parteitag nach Linz ein. Damit wird der „Wahlplattform" Gewicht, Bedeutung und größtmögliche Öffentlichkeit gegeben. Nach innen über die Delegierten aus allen Regionen Österreichs und allen Teilorganisationen der SPÖ, nach außen über die Medien, die naturgemäß über die Geschehnisse auf einem Parteitag umfassend berichten.

„Weiter auf dem Österreichischen Weg" – das Motto des Parteitages wirkt in beide Richtungen – nach innen als Aufforderung und Auftrag, an die Wähler als Versprechen auf der Grundlage einer Regierungsbilanz von neun Jahren. Das Motto trägt aber auch dazu bei, bei vielen Delegierten die Sorge um die Zukunft

Pressekonferenz nach der Regierungsklausur. Der Finanzminister (l.) hat sich durchgesetzt: Das „Zweite Abgabenänderungsgesetz" bereitet Bundeskanzler Bruno Kreisky (M.) große Sorgen im Hinblick auf den nächsten Wahltermin – zu Unrecht, wie sich zeigen wird. Ganz rechts im Bild Johannes Kunz, der Pressesprecher des Bundeskanzlers.

der Partei zum Gesprächsthema außerhalb des Plenarsaales in den Couloirs, beim Kaffee, beim Bier, beim Abendessen, zu machen. Der „Österreichische Weg" war bereits zum internationalen Markenzeichen einer eigenständigen Politik eines kleinen Landes in einer schwierigen Zeit geworden. Ein Ergebnis mehrheitsfähiger Arbeit der gesamten Regierung, getragen von der Persönlichkeit Bruno Kreiskys, geprägt von den Reformen durch Hertha Firnberg und Christian Broda, vor allem aber durch die von Hannes Androsch konzipierte Wirtschaftspolitik. Nach der Summe der Eindrücke, die ein wacher Beobachter empfängt, sieht die Mehrheit der Delegierten auch die weitere Zukunft in der Gemeinsamkeit der beiden.

Doch viele spüren – manchen erzählt es Kreisky selbst –, er will den Hannes Androsch nicht mehr. Wer die Art kennt, wie Bruno Kreisky sich von Regierungsmitgliedern trennt, kann die Zeichen an der Wand schon seit längerem nachlesen. Auch wenn sich mit dem jüngst von der Regierung vorgelegten „Unvereinbarkeitsgesetz" populistisch erfolgreich argumentieren lässt, zielt der Bundeskanzler damit eindeutig auf seinen Vizekanzler und Finanzminister, auf den privatberuflich qualifizierten Wirtschaftsprüfer und Steuerberater Hannes Androsch.

„Österreich wird zu jenen Ländern gehören, die die strengsten Unvereinbarkeitsbestimmungen für Politiker haben", verkündet Bruno Kreisky nach der Sitzung des Ministerrates vom 20. Februar 1979.

Mitgliedern der Bundesregierung soll in Hinkunft die Ausübung eines Berufes verboten sein, ebenso der Besitz von Anteilsrechten, mit denen unmittelbarer persönlicher Einfluss oder persönliche Haftung verbunden ist. In Hinkunft wird es also nur mehr Beamten möglich sein, beruflich abgesichert politische Funktionen zu übernehmen. So wie Bruno Kreisky. Sein Status als Beamter des Außenministeriums ist ruhend gestellt, aber nicht aufgegeben. Die Stufen einer Beamtenkarriere klettert er automatisch weiter hinauf.

Kreisky – wer sonst?

In der Entfremdung zwischen Bruno Kreisky und Hannes Androsch erkennt die ÖVP ihre Chance. Beharrlich fordert sie die Beantwortung der Frage ein, wer denn Kreiskys Nachfolger werde. Sie kann sicher sein, wieder keine Antwort zu erhalten. Hannes Androsch, die für sie unangenehmste Alternative, wird der Bundeskanzler nicht mehr nennen, und andere Namen kann er – vor allem aus Rücksicht auf die Stimmung in der SPÖ – nicht vorschlagen.

Zu Beginn des Jahres 1979 hat die SPÖ noch die Souveränität, Geschlossenheit zu demonstrieren. Den Wunsch des Dr. Taus, bei Nichtbeantwortung der Nachfolgerfrage die neuerliche Kandidatur Bruno Kreiskys als „Täuschungsmanöver" zu qualifizieren, wischt die Wahlkampfleitung mit dem Slogan „Kreisky – wer sonst" vom Tisch. „Der Sozialist, der nach Kreisky kommt, verkörpert das Prinzip Hoffnung der Volkspartei", spottet Günter Traxler in der AZ über die ÖVP:

„Ihr inniger Wunsch, es möge sich endlich ein Kronprinz materialisieren, den anzugreifen an mehr erinnert als an die Vergeblichkeit alles irdischen Treibens, verdichtet sich im beginnenden Intensivwahlkampf zu der Forderung an die SPÖ: Stellt klar, wer nach Kreisky kommt! Die aber hat es da leicht. Noch immer kommt für sie nach Kreisky: wer sonst?"

Bürgermeister Leopold Gratz eröffnet den SPÖ-Parteitag im Wiener Konzerthaus – „Niemals vorher sind in so kurzer Zeit so große Reformen verwirklicht worden.“

Bruno Kreisky und Hannes Androsch – 1979 erstmals gemeinsam auf einer Wahlkundgebung. Dem neuen Bautenminister Karl Sekanina und Bürgermeister Leopold Gratz ist es gelungen, mit den beiden populärsten Politikern der SPÖ in der Brigittenau, dem Wahlbezirk Sekaninas, einen Wahlkampfhöhepunkt zu gestalten.

Und Günter Traxler, der heute als spöttischer Autor der Rubrik „Blattsalat" im „Standard" die Leser ergötzt, schrammt im Jänner 1979 mit seiner übermütigen Schlussfolgerung nur knapp an der politischen Realität vorbei: „So tief würde die ÖVP doch noch nicht gesunken sein, dass sie eine Liste sozialistischer Kanzlerkandidaten bis ins Jahr 2000 verlangt."

Was knapp ein Jahrzehnt davor mit „Lasst Kreisky und sein Team arbeiten!" erfolgreich begonnen hatte, mündet im Wahlkampf 1979 in „Kreisky – wer sonst". Die SPÖ hatte sich auf eine Kanzlerpartei reduziert. Aus einem Regierungsteam, in dem Bruno Kreisky selbst für eine Generationen umspannende Vielfalt sorgte, war eine Kanzlerpartei ohne überzeugende personelle Alternative zu Kreisky geworden. „Kreisky – wer sonst" ist ein Slogan der Flucht nach vorn. „Wer sonst" wäre Hannes Androsch gewesen, aber den wollte Bruno Kreisky nicht mehr. 1976, nach dem Ausscheiden von Rudolf Häuser aus der Regierung, entschied sich Bruno Kreisky für Hannes Androsch als Vizekanzler. Für die Öffentlichkeit, auch für die SPÖ intern, ein deutliches Signal in die Zukunft.

Dieses intelligente Wahlvolk

Jetzt, vor Beginn des Wahlkampfes 1979, weist der Trennungsprozess bereits krankhafte Symptome der Selbstzerstörung auf. Kreisky bringt seine unbestrittene Meisterschaft in der Kunst der Intrige noch einmal voll zur Entfaltung. In einer Mischung aus Enttäuschung, Sorge um Partei und Republik, Empörung und Verdächtigung beginnt er seinen Finanzminister, auf den er in der ersten Hälfte des Regierungsjahrzehnts so besonders stolz war, auf den er baute, auf den er hoffte, zu diskreditieren. Selbst beim politischen Gegner betreibt Kreisky die Demontage von Hannes Androsch: „Und er wusste auch Dinge, die die sehr persönliche Sphäre betrafen und die er, je nach Bedarf, seinen Gesprächspartnern, auch jenen aus der Opposition, mitteilte." (Alois Mock, zitiert nach Kriechbaumer, „Die Ära Kreisky")

Wahlstrategische Bedürfnisse erhalten Nachrang. Zur Sicherheit wird der Schuldige für ein eventuell nicht so attraktives Wahlergebnis schon im Vorfeld markiert. Hannes Androsch kann in verschiedenen Medien (z. B. „profil") die Umsicht verspüren, mit der Bruno Kreisky in gewohnter Weise dafür sorgt, dass bei einem eventuell enttäuschenden Wahlergebnis keine falschen Schuldzuweisungen vorgenommen würden. Nicht Bruno Kreisky, sondern Hannes Androsch wird dann die Ursache für den Verlust der Mehrheit sein.

Doch auf die ÖVP ist Verlass. Auch im neunten Jahr als Oppositionspartei gelingt es ihr nicht, sich als überzeugende Alternative zu präsentieren. Sie verliert sich in einem „Blumenwahlkampf", anstatt den von der SPÖ aufgelegten Personalkonflikt zu nutzen, verheddert sie sich in einer sinnlos vom Zaun gebrochenen Neuauflage der Diskussion um die Fristenlösung und eröffnet der SPÖ die Chance, das Gespenst und die Unsicherheit eines Bürgerblocks der Kontinuität der bewährten Regierung entgegenzusetzen. „Das österreichische Volk hat am 6. Mai zu wählen zwischen einer Regierung, die im Geist der letzten Jahre im Interesse der überwältigenden Mehrheit der Österreicher weiter regiert, und einer Regierung der Herren Taus und Götz", formuliert Kreisky auf dem Parteitag in Linz: „Dieses intelligente österreichische Wahlvolk, das nun schon dreimal hinterein-

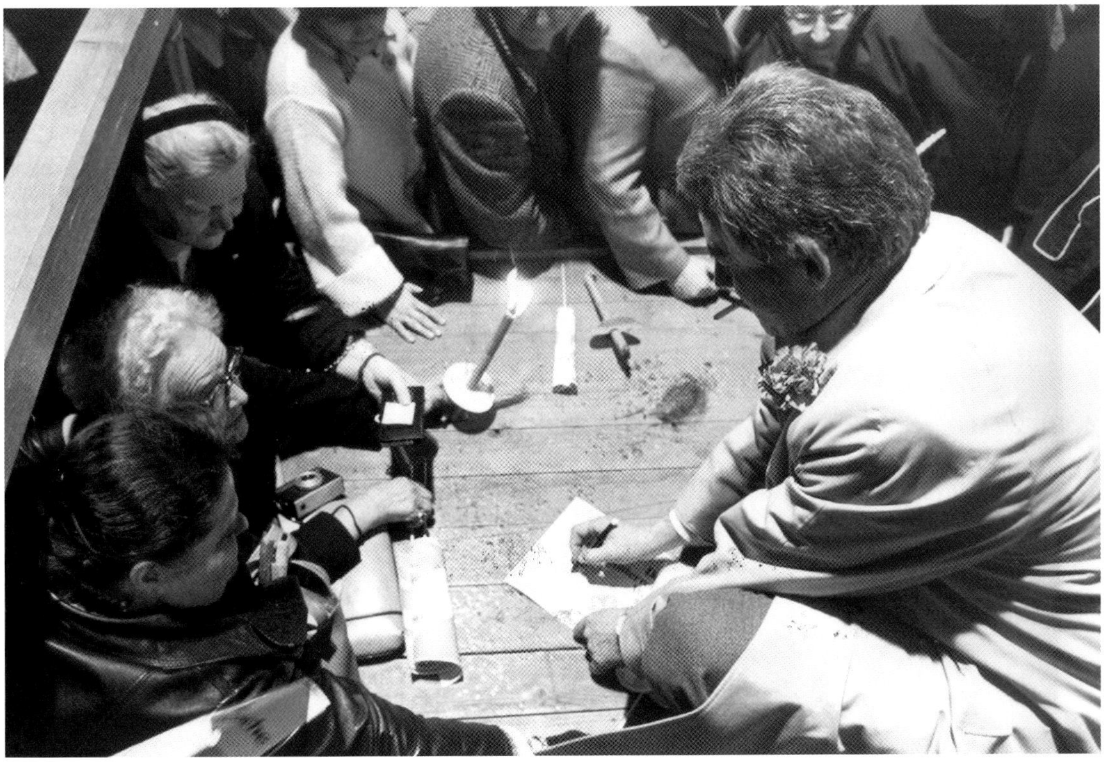

Autogramme von Bürgermeister Leopold Gratz sind selbst in unbequemer Umgebung begehrt.

ander die richtige Entscheidung getroffen hat, wird auch diesmal erkennen, worum es wirklich geht ..."

Mit großer Zuversicht motiviert der Vorsitzende die Delegierten des Parteitages zur Kraftanstrengung: „Was sich hinter diesen beiden Namen an Rückschritt und Beseitigung unserer Reformen verbirgt, ist gar nicht notwendig zu sagen. Die Österreicher werden erkennen, worum es wirklich bei den Nationalratswahlen geht.

Doping durch eine stolze Bilanz

Wir werden uns deshalb in den nächsten Wochen bei den Schwierigkeiten, die wir jetzt schon bei manchen Zeitungen haben, eine einigermaßen objektive Würdigung zu finden, vor allem auf jene zehntausende Männer und Frauen verlassen, die in guten und schlechten Zeiten zu unserer Bewegung standen. Sie sollen in einer einzigartigen Kraftanstrengung den Österreicherinnen und Österreichern sagen, dass sie das Sichere vor dem Unsicheren wählen und dafür sorgen sollen, dass die SPÖ das Vertrauen erneuert bekommt, das sie nun so lange besessen hat." Die „Wahlplattform", die „Grundlage der Wahlwerbung", baut auf einer stolzen Regierungsbilanz auf. Noch einmal begeistert Kreisky die Delegierten mit seiner Rhetorik, mit Dialektik, mit Überzeugungskraft. Von den Erfolgen im Kampf gegen das „Sterben vor der Zeit" spricht Bruno Kreisky, vom Recht auf ein gesundes Leben, vom „Mutter-Kind-Pass", durch den „tausende Kinder vor dem Tod und vor

Gehirnschäden bewahrt werden konnten". Vom höheren Maß an sozialer Gerechtigkeit, seit die Sozialisten allein regieren, ist ebenso die Rede wie von den großen gesellschaftlichen Reformen.

Und natürlich vom erfolgreichen Kampf gegen die Arbeitslosigkeit. Die Ergebnisse der Wirtschaftspolitik dominieren die Bilanz. Die Unterlagen für diesen Hauptteil der Rede Kreiskys stammen von Hannes Androsch.

Im Verständnis der Delegierten des Parteitages ist es die Bilanz der von Hannes Androsch konzipierten und durch ihn geprägten Wirtschaftspolitik, die Kreisky hier vorträgt: Der „Österreichische Weg", insgesamt ein Ergebnis des Zusammenwirkens von Bruno Kreisky und Hannes Androsch, des politischen Strategen und des kompetenten Designers.

Ein besonderes Gustostückerl politischer Rhetorik ist Kreiskys Umgang mit dem Thema Zwentendorf. Kreisky räumt ein, dass sich bei der Volksabstimmung über Zwentendorf „die SPÖ mit ihrem Standpunkt nicht durchgesetzt hat". Daraus entstand, folgt man der Argumentation Kreiskys genau, die Chance der Mehrheit. Bruno Kreisky wörtlich:

„Und denen, die dagegen gestimmt haben, soll man sagen: Bei aller Leidenschaftlichkeit der Auseinandersetzung war es die SPÖ, die ihnen die Möglichkeit geboten hat, ihr Nein durchzusetzen." (AZ, 3. März 1979)

Ein historischer Triumph

Wie schon 1979 ist der Wahlkampf erst recht von Bruno Kreisky und Hannes Androsch

Der Bundeskanzler bekennt sich als „Czettel-Fan" und unterschreibt für den Spitzenkandidaten der SPÖ im niederösterreichischen Wahlkampf.

AZ-Sonderbericht:

6 Seiten über die Nationalratswahl 79, Bildberichte, Kommentare, Analysen, Reaktionen, alle Ergebnisse

AZ
Tagblatt für Österreich

Montag, 7. Mai 1979 — Nummer 124

90 Jahre Arbeiter-Zeitung GEGRÜNDET 1889

S 4, Lire 500, Dinar 10, DM 0,60 Telephon 55 56 16 P. b. b.

Nach Autounfall: Krankls Frau ringt mit dem Tod

BARCELONA (AZ). Das war ein bitteres Wochenende für Österreichs Teamfußballer Hans Krankl: Nach einem schweren Autounfall in Barcelona ringt seine Frau Inge (Bild) seit Samstag abend mit dem Tod. Krankl selbst wurde dabei nur leicht verletzt. Kurz vorher war Krankl im Match gegen Espagnol ausgeschlossen worden (siehe Seite 9).

Die Mehrheit ausgebaut: 51,17 Prozent für die SPÖ!

Vorläufiges Ergebnis: SPÖ 96 (93), ÖVP 76 (80), FPÖ 11 (10)

Die Spannung löst sich in Freude: Bundeskanzler Kreisky und ÖGB-Präsident Benya umarmen einander, nachdem der Sieg in seinem stolzen Ausmaß feststeht

Anton Benya, Bruno Kreisky: der letzte Triumph

getragen. Beide gehen wieder an die Grenzen ihrer physischen Belastbarkeit. Kreisky zwingen seine gesundheitlichen Beeinträchtigungen allerdings, weitgehend seinen persönlichen Einsatz als Wahlkämpfer auf Großveranstaltungen zu konzentrieren. Der flächendeckende Einsatz von Hannes Androsch erhält daher besondere Bedeutung. Das Ergebnis ist – das Pathos ist gerechtfertigt – ein historischer Triumph. Nach neun Jahren der alleinigen Regierungsverantwortung ein Ausbau der absoluten Mehrheit: 51,16 Prozent, 95 Mandate, um zwei mehr als 1975. Die ÖVP verliert drei Mandate, eines davon an die FPÖ.

In den politischen Olymp gehoben

Bruno Kreisky ist der große Triumphator. Jene Persönlichkeit, die mehr als ein Jahrzehnt lang Österreichs Politik geprägt und bestimmt hat, die dem Land neues Profil, internationales Ansehen, ein neues Selbstverständnis, eine neue Identität gegeben hat, wird von einer deutlichen Mehrheit der österreichischen Bevölkerung in den demokratischen Olymp gehoben. In eine Höhe, die vor ihm keiner erlangt hat und die nach ihm angesichts der Entwicklung in den Demokratien höchstwahrscheinlich keiner mehr erreichen wird.

Die historische Korrektheit verlangt dennoch die Feststellung: Am Ergebnis vom 6. Mai 1979 hat Hannes Androsch einen beträchtlichen Anteil. Er ist der von allen Parteigliederungen am häufigsten angeforderte Wahlkämpfer. Manfred Scheuch, der Chefredakteur der Arbeiter-Zeitung, sucht im Kommentar nach der Wahl nach den Gründen für dieses Wahlergebnis „von einer Eindeutigkeit, die ihresgleichen in den Demokratien des Westens suchen muss“. Er ortet sie prominent „in der Frage, die Bundeskanzler Kreisky zuletzt in seinem Wahlkampf noch einmal formulierte: Und das soll alles anders werden? – nämlich der im Ausland viel zitierte und viel beneidete österreichische Weg der Arbeitsplatzsicherung, der Stabilität, des wachsenden Wohlstandes.“ Das ist Hannes Androsch pur. Auch im Bewusstsein der Wähler. Wie hoch der Anteil der „Androsch-Wähler“ am Zustandekommen des Wahlergebnisses ist, kann nicht quantifiziert werden. Faktum ist, absolute Mehrheiten bringt Bruno Kreisky nur gemeinsam mit Hannes Androsch zusammen. Und dann gibt es noch einen Wahlsieger: das Regierungsteam und die Sozialistische Partei insgesamt. Der SPÖ ist es diesmal gelungen, ihre Funktionäre, Vertrauensleute und Parteimitglieder maximal zu mobilisieren. Sie baut nicht nur auf Persönlichkeiten, sie versteht es, den Wählern zu vermitteln, dass dahinter ein Programm steht, dass das Wissen, was die Zukunft an Entscheidungen verlangt, dass Lösungskompetenz und Konzeptionen vorhanden sind. Damals wird über dem Regieren weder auf das Nachdenken vergessen noch die Organisation vernachlässigt. Die Reduzierung auf inhaltsleere Slogans aus der Werbewirtschaft ist 1979 noch nicht gegeben.

Die Regierungsbildung vollzieht sich so selbstverständlich wie schon in den Jahren davor. Das Rücktrittsangebot der Regierung ist ein Akt der Formalität. Es gibt keine personelle Veränderung. Am 5. Juni, vier Wochen nach dem Wahlsieg der Sozialisten, wird das Kabinett Kreisky IV angelobt.

Eine Regierung Kreisky V wird es nicht mehr geben, aber sehr bald Veränderungen in der Regierungsmannschaft.

Hannes Androsch – „Und das soll alles anders werden?"

Exkurs: Demonstration des Bauernbundes

Bauernpanzer und Käsebrot

In vielen ländlichen Gemeinden wird der 19. März, der Tag des heiligen Joseph des Nährvaters, wie ein Feiertag begangen. Namenstag schlägt Geburtstag. Am 19. März 1971 wird diese Tradition durchbrochen. Dem Bauernbund der ÖVP ist nicht nach Feiern, sondern nach Demonstrieren und Protestieren.

Der Bauernbund ist die am besten organisierte und funktionierende Teilorganisation der ÖVP. Traditionell wie geografisch besonders stark in Niederösterreich, dem Kernland der ÖVP, verankert, war für die Funktionäre des Bauernbundes die Abwahl aus der politischen Macht besonders schwer verdaulich. Es überrascht daher nicht, dass die erste Mobilmachung gegen die sozialistische Minderheitsregierung vor allem vom Niederösterreichischen Bauernbund initiiert wird. Den Bauern gelingt tatsächlich eine machtvolle Demonstration. Etwa sieben Stunden lang ist der Verkehr in Wiens Innenstadt lahmgelegt.

Die Funktionäre des Bauernbundes erkennen wohl auch, dass es dringend an der Zeit wäre, die ÖVP aus der Lähmung durch die Wahlniederlage und die Verbannung in die Opposition zu lösen. Außerdem werden die Bemühungen Kreiskys gerade um die Bauern immer deutlicher. Bereits in der Regierungserklärung wirbt er um gutes Klima: „Die Bundesregierung ist der Auffassung, dass eine gesunde und leistungsfähige Land- und Forstwirtschaft ein unentbehrlicher Bestandteil der Gesamtwirtschaft ist.“ Im Budget für 1971 werden attraktiv mehr Mittel für die Landwirtschaft veranschlagt als im letzten Budget der ÖVP-Alleinregierung. Finanzminister Androsch begründet die Großzügigkeit der Regierung mit dem schwierigen Anpassungsprozess, in dem sich die Landwirtschaft befindet. Daher werden Steuermittel bereitgestellt, „zur wirkungsvollen Unterstützung des Strukturwandels, zur Modernisierung der Betriebe, zur Verbesserung des Einkommens“.

Die Bauernbund-Führung kann einen Gewöhnungsprozess an diese Regierung nicht zulassen. Außerdem ist die langfristige Strategie Kreiskys, das Selbstbewusstsein der Bauern in Richtung Eigenständigkeit zu stärken, kein wohl behütetes Geheimnis. Kreisky macht nie ein Hehl daraus, dass er in der und mit der Bauernschaft die Chance sieht, das bürgerliche Lager zu teilen. Kurzfristig habe Kreisky Überlegungen angestellt, berichtet Heinz Fischer in seinen Tagebuchaufzeichnungen, zu versuchen, die Abgeordneten des Bauernbundes für die Zustimmung zum zweiten Budget zu gewinnen.

Mit ihrer machtvollen Demonstration zerstören die Bauern des ÖVP-Bundes jeglichen Ansatz eines Spaltpilzbefalles. Entsprechend heftig reagiert der Bundeskanzler. Mit seinem semantischen Gespür macht er die Traktoren zu „Bauernpanzern“ und gibt dadurch der

Androsch, Kreisky, Weihs (Landwirtschaftsminister), Staribacher (Handelsminister) stellen sich den Bauernvertretern: „Außerparlamentarische Methoden“

Demonstration eine unsympathische, kriegerische Etikettierung. Der historische Vergleich mit den Ereignissen von 1950 verstärkt die Verwerflichkeit dieser „außerparlamentarischen Methoden“: „In den 25 Jahren der Zweiten Republik ist es mit Ausnahme der Oktobertage 1950 zu keiner derartigen Störung des inneren Friedens gekommen.“ Die Oktobertage 1950 stehen in der Überzeugung und Erinnerung vieler Österreicher für den kommunistischen Putschversuch.

Die Regierung macht den Bauern besonders zum Vorwurf, dass sie die Konfrontation auf der Straße suchen. Zwei Tage vor dem Aufmarsch tagt der Nationalrat. Die Bauernbundvertreter lassen diese Sitzung vorübergehen, „ohne eine Aussprache mit der Bundesregierung auf dem Boden der Demokratie herbeizuführen“.

Die Demonstration ist wohl organisiert. Innenminister Rösch berichtet der Bundesregierung von 5000 Traktoren mit etwa 500 Anhängern sowie ca. 100 Autobussen, die bereits ab sieben Uhr früh, zur morgendlichen Stoßzeit, nach Wien geströmt sind und den Verkehr vollkommen lahm gelegt haben. Trotzdem kommt es, wie der Innenminister am Abend erleichtert berichten kann, zu keinen Zwischenfällen.

Auf dem Ballhausplatz, vor dem Bundeskanzleramt, sind etwa 12.000 Demonstranten versammelt. Teile demonstrieren auch vor dem Landwirtschafts-, Handels- und Finanzministerium.

Im Finanzministerium reagiert man mit vorsichtiger Hinterhältigkeit und honorig provozierender Häme. Hannes Androsch hat den Parkplatz des Ministeriums räumen lassen und demonstrationsfreundlich Parkraum angeboten. Tatsächlich beginnen die ersten Traktoren das Angebot anzunehmen, bis aufgeregte Organisatoren gelaufen kommen: „Ihr müsst doch auf der Straße bleiben, sonst hat's ja keinen Sinn!"

Die Delegation, die beim Finanzminister vorspricht, kommt vor allem aus dem Weinviertel und wird vom ehemaligen Staatssekretär Haider angeführt. Der Minister bietet Milch und Käse zur Labung. Die promillelose Gastfreundschaft wird mit so spürbarer Überwindung geschluckt, dass Minister, Beamte und Mitarbeiter trotz der Ernsthaftigkeit der Gesprächsthematik ein gewisses Ergötztsein nicht verbergen können.

Bauernschaft und Vormundschaft

Bundeskanzler und Bundesregierung bleiben den Demonstranten gegenüber konsequent. „Wir verhandeln nicht auf der Straße." Kreisky greift aber nicht den Fehdehandschuh auf, sondern bietet wenige Tage nach dem Muskelspiel mit „Bauernpanzern" bereits wieder die Friedenshand: „Die erfolglose Demonstration des Bauernbundes wird mich nicht hindern, die Anliegen der Bauernschaft gewissenhaft und objektiv zu prüfen", verspricht er auf einer großen Versammlung in Braunau am Inn, um auch gleich wieder sein Netz einer dauerhaften Partnerschaft auszuwerfen: „Statt gegeneinander zu demonstrieren würde ich es für zweckmäßiger halten, wenn Vertreter der Bauernschaft mit der Regierung in Verhandlungen eintreten nach dem Prinzip, dass sie der Regierungspartei die notwendige Unterstützung zu Projekten des Regierungsprogramms geben, die nicht mit den Interessen der Bauernschaft in Widerspruch stehen. Es würde dann der Regierung leichter fallen, die Interessen der Bauernschaft wahrzunehmen. Die Voraussetzung dafür wird freilich sein, dass sich die Bauernschaft etwas von der politischen Vormundschaft der ÖVP löst." (AZ, 23. März 1971)

Kreisky ist spürbar auf der Suche nach einer neuen parlamentarischen Mehrheit. Er kann nicht erwarten, dass die FPÖ ein zweites Mal das Budget durch das Parlament trägt. Der Gedanke an eine vorzeitige Auflösung des Parlaments, verbunden mit der Konsequenz von Neuwahlen, ist am 19. März 1971, am Tag des heiligen Joseph, noch nicht gereift.

„Wir verhandeln nicht auf der Straße, aber im Bundeskanzleramt."

Die Freiheit von Armut, Angst und Not

„The Economist", das in der ganzen Welt hoch angesehene Magazin, Ausgabe März 1980, bilanziert ein Jahrzehnt der wirtschaftlichen Entwicklung Österreichs. Sarah Hogg, die Autorin des Beitrages, reibt sich einleitend die Augen: Wunder oder Fata Morgana?

Neiderfüllte Blicke richten sich auf das mit seiner Leistung zufriedene Österreich: Als zehntgrößte Volkswirtschaft Europas erzielte dieses Land in den siebziger Jahren nicht nur die höchsten Wachstumsraten, sondern konnte das vergangene Jahrzehnt auch mit der niedrigsten Inflationsrate im Triumph abschließen.

Handelt es sich dabei um ein Wunder, das den größeren Volkswirtschaften zur Nachahmung empfohlen werden sollte, oder um eine Fata Morgana, an die man vergeblich heranzukommen versucht?"

Doch die reale Welt kennt weder Wunder noch Fata Morgana. Schon gar nicht die Welt der Wirtschaft, der Wirtschaftspolitik, der Finanz-, Budget- und Beschäftigungs-, Stabilitäts- und Währungspolitik.

Sarah Hogg verwirft daher im Economist beide und kommt nach eingehender Analyse der Wirtschaftskennzahlen der Jahre 1970 bis 1980 zur realen Schlussfolgerung: „Trotzdem ist es Österreich seit dem ersten Ölschock des Jahres 1973 gelungen, eine gleichermaßen erfolgreiche wie in hohem Maße unabhängige Wirtschaftspolitik zu verfolgen."

Und: „Im Rahmen des politisch Machbaren konnte Österreich einen beachtlichen Erfolg verbuchen."

Univ.-Prof. Dr. Fritz Machlup, Professor an den renommiertesten Universitäten wie Princeton oder New York, zwischen 1965 bis 1977 Konsulent des US-Schatzamtes, kommt nach einer Bewertung der Entwicklung von Beschäftigung, Preissteigerung und Wachstum im internationalen Vergleich zu dem Schluss: „In der Kombination dieser drei Wertungen war Österreich zweifellos der Sieger im Europacup und auch im Weltcup."

Was den österreichischen Fußballclubs nie gelang, schafft die österreichische Wirtschaftspolitik.

Die Welt registriert es mit ungläubigem Erstaunen, die Österreicher mit erstaunter Zwiespältigkeit – irgend etwas stimmt da sicher nicht. Wahrscheinlich gibt es mehr kabarettistische Nummern über Österreichs Wirtschaftswunderleistung in der Zweiten Republik als ernsthafte Analysen.

Im „Land ohne Eigenschaften" (Robert Menasse) ist bürgerlicher Selbstzweifel stärker als bürgerliches Selbstbewusstsein. Jeder

Bruno Kreisky auf einem seiner zahlreichen Betriebsbesuche: „Man muss die Menschen gern haben."

„Ein paar Milliarden Schulden mehr bereiten mir weniger schlaflose Nächte als ein paar hunderttausend Arbeitslose ..."

bemerkenswerte Erfolg birgt Wundersames in sich. Wirtschaftspolitischer Erfolg erst recht.

„Österreich ist das ‚Wirtschaftswunderland', eines der reichsten Länder der Welt, dem man dennoch unermüdlich ‚Handlungsschwäche' nachsagt; einer der ausgeprägtesten Wohlfahrtsstaaten, dessen luxuriöse Institutionen gleichwohl von den ‚Insassen' mit gerümpfter Nase kommentiert werden; ein vergleichsweise wenig liberales und protektionistisches, immer noch ziemlich josephinistisches Gebilde mit Wirtschaftspolitikern, die über Jahrzehnte grundlegend keynesianisch dachten und handelten; und dennoch ein Gebilde, das mit Entschlossenheit in die Europäische Gemeinschaft marschiert ist und versucht, sich zwischen Schutzbedürfnis und Marktchance im liberalen europäischen Wirtschaftsgelände neu zurechtzufinden: das langjährige Musterland eines konsensorien-

tierten Korporatismus, dem in seinem drastischen Niedergang kaum jemand eine Träne nachzuweinen scheint; das Land sklerotischer alter Industriegebiete und politisierter verstaatlichter Industrien, die es offenbar gar nicht so schlecht schaffen, sich aus Ruinen zu High-Tech-Zonen zu wandeln; Österreich, der Tourismus-Weltmeister, der sich dennoch als Land der sonntäglich geschlossenen Geschäfte profiliert; eine small open economy, die sich auf der Grundlage allseitiger Neutralität aus dem Weltgeschehen heraushalten will und auf die allseitige ‚Beliebtheit' vertraut hat, bis zum traurigen Erwachen, dass es mit der ‚Beliebtheit' in eventu doch nicht so weit her ist; eine erstaunliche Erfolgsgeschichte, die mit beträchtlichen kollektiven Minderwertigkeitskomplexen unterfüttert ist. Österreich ist anders." (Manfred Prisching)

Österreich ist tatsächlich anders. Nirgendwo auf der Welt scheint es ein Land von solch erfolgreicher Zwiespältigkeit zu geben. Schizophrenie als Trademark. Das Land, in dem sich einer seiner größten Dichter in selbstzerfleischender Ungewissheit quält: „Wer is stärker – i oder i?" Doch der Sieg in der Dreierkombination von Beschäftigung, Stabilität und Wachstum ist weder Zufallsergebnis noch Geschenk wohlgesonnener Götter. Er wird mit harter Arbeit, Geschick und Konsequenz errungen, mit guter Vorbereitung, klaren Zielvorgaben, effizientem Zusammenspiel von Regierung, Gewerkschaften, Notenbank, Wirtschafts- und Arbeiterkammern – den Wirtschaftspartnern.

Und mit gründlicher Vorbereitung: Das Trainingscamp sind die Jahre der „Opposition". Bruno Kreisky verordnet in den Jahren 1967 bis 1970 seiner Mannschaft Wirtschaftskompetenz (1400 Experten, Ökonomische Versammlung, Wirtschaftsprogramm). Die Ressourcen sind vorhanden. Beim ÖGB, den Arbeiterkammern, an den Universitäten – bei der gegebenen Arbeitsteilung innerhalb der großen Koalition hatten sich für sozialistisch orientierte Wirtschaftsexperten wenig Entfaltungsmöglichkeiten ergeben. Nun kommen andere Zeiten, neue Anforderungen, wirtschaftspolitische Herausforderungen.

Bruno Kreisky und Hannes Androsch beim „Sommergespräch“: „Wir sind nicht reich genug, um Arbeitslosigkeit zu tolerieren.“

Vollbeschäftigung – der kategorische Imperativ

„Wir wollen ein Österreich“, ruft Kreisky im Parteirat (dem zweithöchsten Gremium der SPÖ), der die Zusammenfassung aller Programme und Konzepte zum Gegenstand hat, am 22. November 1969 den Delegierten zu, „wir wollen ein Österreich, in dem die Grundsätze der Humanität zum kategorischen Imperativ unseres Staatslebens werden; in dem einer nicht untergeht, weil er arm oder hilflos ist.“ Ein so verstandener kategorischer Imperativ macht Beschäftigungspolitik zu einem vorrangigen Thema der wirtschafts-, finanz- und budgetpolitischen Überlegungen der Regierungsarbeit. Für Kreisky gehört Arbeitslosigkeit zu den größten gesellschaftlichen Ungerechtigkeiten. Sie bringt den Menschen Not und Elend, nimmt ihnen die persönliche Freiheit, macht sie anfällig für autoritäre Gedanken.

„Gerade weil wir Sozialdemokraten zum Problem der Arbeit eine besondere Grundeinstellung haben; gerade weil das der zentrale Wert für die Würde der Persönlichkeit und für alles andere ist; weil es richtig ist, was man in Schweden in den dreißiger Jahren gesagt hat: ‚Wir sind nicht reich genug, um Arbeitslosigkeit zu tolerieren'; gerade deshalb müssen wir ein halbes oder ein Jahr vor einer möglichen Krisenentwicklung sagen, was Sozialdemokraten tun, um einer solchen Entwicklung vorzubeugen. Und da glaube ich nun, das können nicht allein die Volkswirtschaftler beantworten. Die Frage, wie viele Haushaltsdefizite sich ein Staat politisch leisten kann, ist keine wirtschaftliche, sondern eine Frage der politischen Beurteilung."

Hannes Androsch, der Jüngere, denkt genau so. Ihn, den erst 1938 Geborenen, hat nicht die historische Erfahrung der Wirtschaftskrise der Zwischenkriegszeit geprägt, sondern das sozialistische Elternhaus, das Kriegsende und die harte Nachkriegszeit. Es sind diese traumatischen Erlebnisse der Kindertage – Hannes ist zu Kriegsende sieben Jahre alt –, die ihn nicht mehr loslassen werden. Sie sind Nährboden für sein wachsendes politisches Interesse, für die Bereitschaft, sich schon im Mittelschulalter politisch zu engagieren, Position zu beziehen, Standpunkte zu verteidigen, Grundsätze zu entwickeln.

Sozialdemokratische Wertvorstellungen: Freiheit, Gerechtigkeit, Demokratie, Solidarität mit den Schwachen der Gesellschaft. Es ist bemerkenswert, wie Bruno Kreisky und Hannes Androsch, unterschiedlichen Generationen angehörend, im mutvollen Ergreifen einer historischen Chance darin übereinstimmen, Humanität, Solidarität und soziale Demokratie zum Maßstab ihrer Regierungspolitik zu machen.

Bruno Kreisky und Hannes Androsch, Bundeskanzler und Finanzminister, stimmen in der Überzeugung überein, dass die Sicherung der Arbeitsplätze und die Aufrechterhaltung der Vollbeschäftigung das oberste Ziel der Wirtschaftspolitik sein muss.

Daher reagiert die Regierung besonders sensibel, als just zum Zeitpunkt der Regierungsübernahme das Österreichische Institut für Wirtschaftsforschung eine Abschwächung des Wirtschaftswachstums, steigenden Preisauftrieb und eine eventuelle Beeinträchtigung der Vollbeschäftigung prognostiziert. Kreisky hat sich in der Regierungserklärung vom 27. April 1970, der ersten einer von Sozialdemokraten gebildeten Bundesregierung, im Sinne des Wirtschaftsprogramms der SPÖ zu einer Politik des stetigen Wirtschaftswachstums, der Wahrung der Vollbeschäftigung und der relativen Preisstabilität bekannt. Es „konnte und durfte folglich nicht im Sinne der Bundesregierung liegen, sich mit den bei ihrer Amtsübernahme vorliegenden Wirtschaftsprognosen zu begnügen" (Kreisky).

„Fragen S' den Finanzminister"

Die Regierung lässt sich 1970 vom Fehlen der parlamentarischen Mehrheit nicht irritieren. Sie agiert nicht wie eine Regierung auf Abruf mit ängstlicher Vorsicht, sondern mit Selbstbewusstsein und zielsicherer Langfristigkeit. Daher ist die Regierung, sind vor allem Kreisky, Androsch und Staribacher von Anfang an bestrebt, mit allen Bereichen der Wirtschaft ein Klima des Vertrauens und der Zusammenarbeit aufzubauen. Das umsichtige und kompetente Auftreten des jungen Finanzministers ist für die Glaubwürdigkeit und Ernsthaftigkeit dieser

Bruno Kreisky: „I versteh von Wirtschaft nix – fragen S' den Finanzminister …"

Bestrebungen von besonderer Bedeutung. Hannes Androsch wird zur Symbolfigur, die der SPÖ die fehlende Wirtschaftskompetenz bringt, und erweist sich sehr bald als flexibler, konsensbereiter Politiker. Er wird daher zum wichtigsten Mitstreiter des Bundeskanzlers.

Kreisky und Androsch sind überzeugt, dass die wachstums- und beschäftigungspolitischen Ziele der Bundesregierung nur bei hoher Investitionsbereitschaft der Wirtschaft verwirklicht werden können. Die Bundesregierung antwortet daher 1970 auf die leicht pessimistische Konjunkturprognose mit einem 10-jährigen Investitionsprogramm, der Förderung der Niedrigpreispolitik, einer strukturpolitischen Umänderung der ERP-Kredite und – für die Dämpfung des Preisauftriebes von besonderer Bedeutung – mit der Aufwertung des Schillings.

Bereits im März 1971 korrigiert das Wirtschaftsforschungsinstitut seine Prognose. Die Vorausschau sei zu pessimistisch gewesen.

Die Sozialisten können im ersten Jahr ihrer Regierungsverantwortung auf kräftiges Wachstum und auf Vollbeschäftigung im wahrsten Sinn des Wortes verweisen. Von den wirtschaftlichen Anfangserfolgen seiner Regierung lässt sich Kreisky nicht forttragen. Seine historische Erfahrung mahnt ihn zur Vorsicht. Im ersten Bericht der Bundesregierung zur wirtschaftlichen Lage verweist er zwar mit Stolz auf den niedrigsten Stand an Arbeitssuchenden seit 1948, um im gleichen Atemzug den Finger zu heben, denn das „darf uns aber darüber nicht hinwegtäuschen, dass Entwicklungen eintreten können, die sehr rasch diesen Umstand in sein Gegenteil verkehren können."

Daher bleibt, trotz des akuten Stabilitätsproblems (in Österreich war die Inflationsrate von 2,8 Prozent im Jahr 1968 auf 4,7 Prozent im Jahr 1971 gestiegen, in der BRD gar von 1,6 auf 5,3 und in Großbritannien war sie 1971 bereits auf 9,5 Prozent geklettert) der Vorrang für die Vollbeschäftigung in der Regierungspolitik aufrecht. Kreisky im „Bericht des Bundeskanzlers zur Wirtschaftslage" vor dem Nationalrat:

„Es hat sich in der Fachsprache der Volkswirtschafter ein neuer Begriff gebildet, nämlich der der Stagflation (eine Kombination von Stagnation und Inflation). Ich möchte bei dieser Gelegenheit mit unmissverständlicher Deutlichkeit sagen, dass die österreichische Bundesregierung unentwegt um die Stabilisierung unseres Preisgefüges bemüht ist, dass sie aber nicht akzeptieren kann und nicht akzeptieren wird, dass das auf Kosten der Vollbeschäftigung geschieht. So unerfreulich gewisse Nebenerscheinungen der Prosperität auch sein mögen, sie sind unvergleichlich leichter zu ertragen als eine krisenhafte Entwicklung mit hunderttausenden Arbeitslosen."

Hannes Androsch bestärkt den Kanzler: „Eine Inflationsbekämpfung, die zur Stagnation

»Der ‚Österreichische Weg' ist eine spezifisch auf Österreich und seine Möglichkeiten abgestimmte Wirtschaftspolitik.«
Hannes Androsch

EFTA-Gipfel in Wien: Unter dem Vorsitz von Bruno Kreisky einigen sich acht Staaten in einem Zehn-Punkte-Programm auf Maßnahmen zur Schaffung zusätzlicher Arbeitsplätze. Gleichzeitig bleibt die Inflationsbekämpfung Schwerpunkt gemeinsamer Politik.

Hannes Androsch: „Das Notwendige zur richtigen Zeit tun …“

führt, lehnen wir ebenso ab, wie wir unter keinen Umständen bereit sind, dafür den Preis der Arbeitslosigkeit zu bezahlen.“

Diese Priorität der Beschäftigungspolitik bestimmte die Wirtschaftspolitik des gesamten Jahrzehnts.

Danach kann Felix Butschek in seiner Geschichte über die österreichische Wirtschaft „Vom Staatsvertrag zur EU“ feststellen, „dass es Österreich die gesamten siebziger Jahre bis zur Mitte des achten Jahrzehnts gelang, seine Einkommensposition gegenüber dem EU-Durchschnitt zu verbessern. Seit Ende der siebziger Jahre übertraf das Bruttoinlandsprodukt zu Marktpreisen und Kaufkraftparitäten je Einwohner deutlich diesen Wert.“ Von da an zählt Österreich zu den wohlhabendsten Staaten in Europa.

1955, im Jahr des Staatsvertrages, zählt Österreich noch zu den ärmsten Ländern Westeuropas. Mit dem Erlangen der vollen staatlichen Souveränität gelingt Österreich im Rahmen der langen Periode allgemeinen Wirtschaftswachstums ein mehr oder weniger kontinuierlicher wirtschaftlicher Aufstieg. Der Vorstoß an die Spitze der Industrienationen gelingt in den siebziger Jahren. Im schwierigsten Jahrzehnt nach dem Ende des Zweiten Weltkriegs, dem Jahrzehnt mit Wachstumseinbrüchen, Inflationsschüben, Währungsturbulenzen und dramatisch steigender Arbeitslosigkeit schafft Österreich eine Wirtschaftspolitik der Eigenständigkeit. Die Periode Kreisky/Androsch wird im Vergleich mit der überwiegenden Zahl der westlichen Industrienationen zum „Goldenen Jahrzehnt“ von Beschäftigung, Stabilität, wirtschaftlichem Aufstieg und sozialem Frieden.

Der Preis für diesen Erfolg der Eigenständigkeit ist ein Anstieg der Staatsverschuldung. Sie muss heute noch für die Kritik an der Wirtschaftspolitik der Regierung Kreisky/Androsch herhalten. Vor allem Hannes Androsch, der Architekt des wirtschaftspolitischen Kurses, ist auch 25 Jahre nach seinem Ausscheiden aus der Bundesregierung Objekt so mancher Biertischdiskussion: „Der Androsch war’s ... er ist schuld dran, dass die Regierung heut’ ka Geld hat ...“

Die andere Sicht von staatlicher Kreditaufnahme, die der Realisierung sinnvoller wirtschaftspolitischer Projekte und Ziele dient, eröffnet Universitätsprofessor Egon Matzner in der AZ:

„Die Höhe eines auf Vollbeschäftigung ausgerichteten Nettodefizits ist in der Rezession davon abhängig, wie groß die Zahl unbeschäftigter Arbeiter und stillstehender Maschinen wäre, die sich ohne Defizitfinanzierung ergäbe. In der Rezession macht die Schuldenpolitik ein Land und seine Menschen reicher, weil durch sie mehr Güter erzeugt, mehr Löhne ausgezahlt werden können und überdies, was von Unternehmern nicht immer gesehen wird, auch höhere Gewinne entstehen als ohne Verschuldung des Staates.“

Faktum ist: Zwischen 1970 und 1980 kommt es zu einer beträchtlichen Ausweitung der Kreditaufnahmen durch die öffentliche Hand und damit zu einem Anstieg der Neuverschuldung. Aus dem Ruder gelaufen ist die Budgetpolitik allerdings erst in den achtziger Jahren. Der Spielraum der Kreditfinanzierung ergibt sich aus dem Verhältnis von Staatsschuld zum Bruttonationalprodukt. Seit der Diskussion innerhalb der EU über den Stabilitätspakt von Maastricht und der mit 3 Prozent definierten Obergrenze der jährlichen Staatsverschuldung ist dieser Zusammenhang allgemein bekannt.

Die Frage, wozu eine Regierung Kredite aufnimmt, ist gleichermaßen von höchster Bedeutung. Für die Regierung Kreisky hat die möglichst rasche Beseitigung der ererbten Strukturschwächen der österreichischen Wirtschaft oberste Priorität. Nur dadurch kann Wachstum erzielt, Vollbeschäftigung gesichert, Wohlstand gemehrt und die Konkurrenzfähigkeit vergrößert werden. Es wäre sinnlos, Mittel für Autobahnen anzusparen, aber ebenso sinnlos wäre es, die bei den Kreditinstituten deponierten Gelder nicht zu investieren. Die Regierung Kreisky startet unmittelbar nach Übernahme der Regierungsverantwortung mit einem Investitionsprogramm für die Wirtschaft, mit dem Ausbau des Straßen- und Autobahnnetzes, mit der Errichtung von Schulen und Hochschulen. Schwächen werden beseitigt, Arbeit und Werte geschaffen.

Trotzdem kann Hannes Androsch bis zum Beginn des durch den Ölpreisschock ausgelösten weltweiten Einbruchs der Wirtschaftsentwicklung nahezu ausgeglichene Budgets vorlegen. Der Finanzminister der so genannten Wenderegierung ab dem Jahr 2000 tät' sich mit dem Anteil der Nettodefizite am Bruttonationalprodukt der frühen 1970er Jahre medienwirksam mit „Nulldefizit" berühmen: 1970 0,6 %, 1971 0,4 %, 1972 0,3 %.

Mitte der 1970er Jahre kommt es zu einem Wachstumseinbruch der Weltwirtschaft. Was Politiker wie Experten als kurzfristig vorübergehenden Konjunktureinbruch qualifizieren, erkennt Hannes Androsch als tief greifende Klimaveränderung. Ein Trendbruch der Wirtschaftsentwicklung, der die Wirtschaftspolitik vor grundlegend neue Probleme und damit vor neue Aufgaben und Herausforderungen stellt. Hannes Androsch hat Mühe, dieser Diagnose – und erst recht den Therapien – Glaubwürdigkeit zu verschaffen. Dieses Faktum deutlich anzusprechen gilt auch drei Jahrzehnte danach noch als unkritische Schönfärberei der wirtschaftspolitischen Perspektiven des Finanzministers. Ist es aber nicht, sondern redlicher Umgang mit Fakten.

Das Ende der außergewöhnlichen Wachstumsdynamik über eine Generation hinweg führt zu einer bis in die Gegenwart anhaltenden Veränderung der wirtschaftspolitischen Ideologie. In einer Studie über die Entwicklung außerhalb Österreichs zeigt Horst Knapp, einer der profiliertesten Wirtschaftspublizisten und Herausgeber der „Finanznachrichten", am Beispiel der Bundesrepublik Deutschland die Auswirkungen der Rücknahme des Vorrangs der Beschäftigungspolitik zugunsten der Inflationsbekämpfung auf. Dabei hält er fest, dass Deutschland, was den „Paradigmenwechsel" betrifft, keine Ausnahme, sondern ein Regelfall war:

„War man 1974/75 noch bereit gewesen, die deflatorische Lücke als Folge des Kaufkraftabflusses mit keynesianischem ‚deficit spending' zu schließen, so hatte sich 1980/81 fast überall die neoklassisch-monetarische Stabilitätspräferenz durchgesetzt, und der Inflationsbekämpfung wurde der Vorrang vor der Ankurbelung des Wirtschaftswachstums und der Eindämmung der steigenden Arbeitslosigkeit eingeräumt.

Erkauft wurde der raschere Inflationsabbau nach dem zweiten Ölpreisschock – binnen vier Jahren wurde im Mittel der 21 Industriestaaten die Inflationsrate, gemessen am Verbraucherpreisindex, von 11,9 Prozent (1980) auf 4,8 Prozent reduziert; nach dem ersten Ölpreisschock war sie nur von 13,3 Prozent

Die Erhaltung der Arbeitsplätze ist nicht gleichzusetzen mit der Sicherung eines bestimmten Arbeitsplatzes.

(1974) auf 7,2 Prozent (1978) zurückgegangen – mit einem rasanten Anstieg der Arbeitslosigkeit: War im Gefolge des ersten Ölpreisschocks und des scharfen Wachstumseinbruches in den 16 Industriestaaten, für die das Wirtschafts- und sozialstatistische Handbuch der Arbeiterkammer Daten anführt, die Zahl der Arbeitslosen von 1973: 7.929.900 auf 1976: 14.179.600 angestiegen (+6,2 Millionen), so führte in denselben Ländern die veränderte Reaktion der Wirtschaftspolitik auf den zweiten Ölpreisschock in der hartnäckigen Flaute zu einem fast doppelt so großen Anstieg der Arbeitslosenzahl von 1979: 14.393.600 auf 1983: 25.562.100 (+ 11,2 Millionen)."

Kreiskys schlaflose Nächte

In Österreich wird dieser Paradigmenwechsel in der Wirtschaftspolitik nicht vollzogen. Zumindest in der Periode Kreisky/Androsch nicht und nicht als Antwort auf den weltweiten Wachstumsknick, dem sich Österreich natürlich nicht entziehen kann.

Das unbeirrte Festhalten an der Beschäftigungspolitik begründet den „Österreichischen Weg". Für die sozialistische Bundesregierung ist eine Politik der Vollbeschäftigung nicht nur eine ökonomische Zielsetzung, sondern ein vorrangiges politisches Anliegen. Eine der am häufigsten zitierten Formulierungen Bruno Kreiskys bringt die ideologische Position auf den Punkt: „Ein paar Milliarden Schulden mehr bereiten mir weniger schlaflose Nächte als ein paar hunderttausend Arbeitslose ..."

Von konservativer Seite oft verspottet und kritisiert, ist die Einstellung, dass man Vollbeschäftigung tatsächlich anstrebt, eine wesentliche Voraussetzung für die Humanisierung des gesellschaftlichen Lebens.

Zumindest nach dem Verständnis von Bruno Kreisky.

Und jenem von Hannes Androsch.

In der Verfolgung dieses Zieles sind durchaus Differenzierungen auszumachen. So versucht Hannes Androsch immer wieder deutlich zu machen, dass die Erhaltung von Arbeitsplätzen nicht gleichzusetzen ist mit der Sicherung eines bestimmten Arbeitsplatzes. Aber beide, Kreisky wie Androsch, sind sich dahingehend einig, dass Arbeitslosigkeit zu den größten Ungerechtigkeiten gehört, die zu beseitigen – oder gar nicht erst entstehen zu lassen – zu den vordringlichsten Herausforderungen der Politik gehört.

Mit dem Kampf gegen die Auswirkungen des Wachstumsknicks auf die österreichische Wirtschaft, auf Wachstum, Beschäftigung und Stabilität, beginnt ein kräftiger Anstieg der Kreditaufnahmen und damit der Staatsschuld. Die Grenzen einer autonomen Wirtschaftspolitik setzt die Budgetpolitik. Diesen Spielraum möglichst auszunützen und auszureizen ist eine politische Entscheidung. Wenn wir die oben gegebene Übersicht über die Defizite in den Jahren 1970 bis 1973 um die Periode des „deficit spending" als Therapie gegen Arbeitslosigkeit und Konjunktureinbruch fortschreiben, zeigt sich folgende Entwicklung: Noch 1974 konnte das Nettodefizit mit 1,8 Prozent des Bruttonationalprodukts deutlich unter den inzwischen üblichen Stabilitätsgrenzen von 2,5 (Seidel) oder 3 Prozent (Maastricht) gehalten werden. 1975 betrug dieser Wert 4,4 und erreichte 1976 mit 4,5 Prozent seinen – negativen – Höhepunkt.

So sehr Hannes Androsch die Budgetpolitik als einen wesentlichen Bestandteil seiner Politik der Gesamtstabilität, seiner wirtschaftspolitischen Konzeption des „policy mix" einsetzt, so eindringlich verweist er von Anfang an auf die Grenzen möglicher Budgetbelastungen.

Anton Benya, Präsident, und Erich Hofstetter, Zentralsekretär des ÖGB: „Wir wissen, welche Verantwortung wir zu tragen haben."

Haushaltsdefizite in der Größenordnung der Jahre 1975 bis 1977 bewertet der Finanzminister kurzfristig als verkraftbar, verbunden mit der Zielsetzung Beschäftigung und Wachstum für sinnvoll und notwendig, mittel- und längerfristig aber zu gefährlich. Daher leitet er bereits 1977 einen Kurswechsel in der Budgetpolitik ein.

Unsere Zeit kommt ohne Etikettierungen nicht aus. Der Wirtschaftspolitik des Hannes Androsch erging es genauso. Prof. Hans Seidel, der Leiter des Wirtschaftsforschungsinstitutes, prägte den populär gewordenen Begriff „Austro-Keynesianismus". Eine nachfrageorientierte Politik nach dem Modell des britischen Ökonomen John Maynard Keynes. Aber doch nicht ganz. Daher „Austro". Monetaristen erkennen Elemente einer angebotsorientierten Politik des Finanzministers. Dann wird vom „Austromonetarismus" gesprochen (Gottfried Haberler). Es gibt auch Kritiker, die die Nase rümpfen, weil sie überhaupt kein Konzept erkennen können (Jens Tschebull: „Erfolg ohne Konzept").

Ein Modell für Österreich

Hannes Androsch folgt tatsächlich keiner Lehrmeinung, keiner Schule, keinem festgeschriebenen Modell. Fachlich hoch qualifiziert, ist er aber ebenso ein zutiefst politischer Mensch. Intellektuell geprägt vom Geist der Aufklärung, von Freiheit und Solidarität, politisch geformt von den Wertvorstellungen demokratischer Sozialisten.

Als Finanzminister sieht er sich nicht gefordert zu dozieren, sondern zu gestalten. Praktische Politik kann sich daher nicht mit der Umsetzung fortgeschriebener Modelle begnügen. Auch die Suche nach Patentrezepten wäre sinnlos. Es gibt sie nicht. In schwierigen Situationen erst recht nicht.

Der „Österreichische Weg" durch die wirtschaftlichen Turbulenzen der 1970er Jahre ist das Ergebnis der Suche nach eigenständigen, speziellen Möglichkeiten, Therapien und Lösungen. Im Laufe des Entscheidungsprozesses bildet sich dabei immer stärker die Achse Androsch – Benya heraus. Dazu kommt noch das konstruktive Verhältnis zur privaten Wirtschaft über den Präsidenten der Bundeswirtschaftskammer, Rudolf Sallinger. Benya und Sallinger sind die personifizierte Sozialpartnerschaft schlechthin.

Im Rahmen dieses Umfelds gelingt Hannes Androsch die Umsetzung seiner Konzeption der „Gesamtstabilität". Ein starker Schuss keynesianisches „deficit spending", eine Prise Monetarismus, untermischt mit Halt gebender Hartwährungspolitik, garniert mit verträglicher Einkommenspolitik. Daraus entsteht ein spezieller Cocktail, ein „policy mix", der für das Land und die vorrangige Zielsetzung der Regierung, Vollbeschäftigung auch unter den schwierigsten Umständen zu verwirklichen, äußerst bekömmlich ist. Ein Modell für Österreich. Keine Rezeptur der Allgemeingültigkeit. Kein Exportartikel. Entstanden aus der Überzeugung, dass ein speziell abgestimmter „policy mix" zweckmäßiger ist als dogmatisches Festhalten an bestimmten Analysemethoden, an akademischen Modellen oder theoretischen Rezepten. Voraussetzung ist aber auch die Bereitschaft, das Notwendige zur richtigen Zeit zu tun. Klingt selbstverständlich, ist es aber nicht. Auch in einer monocoloren Regierung gehört dazu Kenntnis des möglichen Weges und

Durchsetzungskraft. Hannes Androsch verfügt über beides.

Durchsetzungskraft ist gefragt, als die wirtschaftliche Entwicklung und die budgetäre Belastung eine Kurskorrektur notwendig machen. Die Rückführung des Defizits verlangt schmerzhafte Maßnahmen (Anhebung der Mehrwertsteuer auf 30 Prozent für „Güter des gehobenen Bedarfs", LKW-Steuer) und ist gekoppelt mit einer außenwirtschaftlichen „Notbremsung" zur Verbesserung der Leistungsbilanz.

Das letzte Budget, das Hannes Androsch vorlegt, betrifft das Jahr 1981. Das Nettodefizit ist darin auf 2,6 Prozent zurückgeführt und damit wieder bei der ehrgeizigen „Seidel-Formel". Die außenwirtschaftlichen Maßnahmen ermöglichen bereits 1982 wieder eine ausgeglichene Leistungsbilanz.

Und wieder sind es die Gewerkschaften, ist es Anton Benya, der den Kurswechsel des Finanzministers durch maßvolle, von der Gesamtwirtschaft verkraftbare Lohnabschlüsse unterstützt.

Diese konsequente – und rechtzeitige – Rückführung des Bundesbudgets auf ein stabilitätsorientiertes Maß, die Vergrößerung des budgetären Gestaltungsspielraums fügt dem „policy mix" des Hannes Androsch ein starkes keynesianisches Element hinzu.

Seit die „nachfrageorientierte" Politik durch eine „angebotsorientierte", seit die Keynesianer durch die Monetaristen aus der Politik gedrängt wurden, gilt der Name des Wirtschaftsprofessors aus Cambridge schlichtweg als Synonym für hohe Staatsverschuldung. Das ist eine Verzerrung seiner nationalökonomischen Thesen. John M. Keynes war kein Freund dauerhaft hoher Staatsschulden – ganz im Gegenteil: Er forderte von der Politik ein über den Konjunkturzyklus ausgeglichenes Budget. In der grundsätzlichen Zielsetzung gibt es, wie dargelegt, zwischen Bruno Kreisky und Hannes Androsch keinen Unterschied. Die Beschäftigungspolitik als vorrangige Aufgabe der Wirtschaftspolitik ist Ausdruck eines an humanistischen Grundsätzen orientierten Regierungsstils. In der Verfolgung dieses Zieles tun sich zwischen den beiden allerdings frühzeitig Differenzen auf. Sie treten dort besonders deutlich zutage, wo strukturpolitische Maßnahmen zu Überlebensfragen werden, wie in der Verstaatlichten Industrie. Vor dem Hintergrund der weltweiten Stahlkrise, vor Ölpreisschock und Währungsturbulenzen, muss von der Vorstellung, dass eine Politik der Vollbeschäftigung gleichzusetzen ist mit einer Politik des garantierten Arbeitsplatzes, Abschied genommen werden. Bruno Kreisky glaubt, sich der Logik dieser Entwicklung entziehen zu können. Ein Irrtum, der die Schwierigkeiten der Verstaatlichten vergrößert und es ihren Gegnern erlaubt, sie als Steuergelder verschlingendes Beispiel für von Sozialisten praktizierten Wirtschafts- und Managementdilettantismus anzuprangern.

Um der tatsächlichen Bedeutung der Verstaatlichten Industrie etwas seriöser und gerechter begegnen zu können, ist es notwendig, ihrer Entstehungsgeschichte und ihren Leistungen für den Aufbau und die Entwicklung Österreichs nach dem Zweiten Weltkrieg zuzumindest teilweise nachzuspüren.

Vom deutschen ins österreichische Eigentum

Ein Jahr nach Kriegsende, am 26. Juli 1946, verabschiedete der Nationalrat einstimmig das so genannte 1. Verstaatlichungsgesetz.

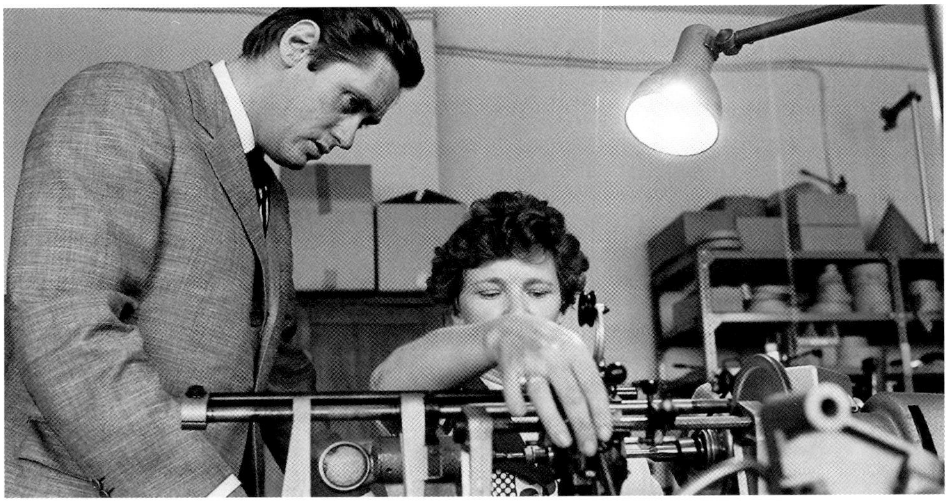

Hannes Androsch in der Lehrwerkstätte bei Elin-Union: Die positiven Folgen der Beschäftigungspolitik sind heute noch wirksam.

Dadurch wurden 70 Unternehmen bzw. Betriebe in das Eigentum des österreichischen Staates überführt. Auf 42 Betriebe erhob die sowjetische Besatzungsmacht Anspruch (USIA), über diese Betriebe sollte Österreich erst nach dem Abschluss des Staatsvertrages verfügen können.

Schon die Motive, welche dem einstimmigen Beschluss des Nationalrates zugrunde lagen, hätten nicht unterschiedlicher sein können. Eine Divergenz der Einstellungen, die diesen wichtigen österreichischen Industriezweig bis in die Gegenwart (etwa bei der VÖEST-Privatisierung) begleiten und in seiner Entwicklung bestimmen sollte.

Für die Sozialisten war die Verstaatlichte der Versuch einer nicht-kapitalistischen Gesellschaftsordnung. Durch Verstaatlichung und Wirtschaftsplanung sollte Vollbeschäftigung dauerhaft erreicht und gesichert werden. Dazu kam das politische Motiv, zu verhindern, dass, so wie in der Zwischenkriegszeit, wiederum eine Schwer- und Großindustrie entsteht, welche ihre finanziellen Ressourcen und ihren Einfluss gegen die Gewerkschaften und die Sozialistische Partei einsetzt. Auf ÖVP-Seite überwogen pragmatische Motive: fehlendes inländisches Kapital, Verhinderung ausländischen Einflusses und die Hoffnung, „durch die Verstaatlichung die Erdölfelder und die Schwerindustrie in der sowjetischen Zone dem Zugriff der Besatzungsmacht entziehen zu können" (Julius Raab, „Neue Österreichische Tageszeitung", 24. Jänner 1960).

Der Versuch, das so genannte „Deutsche Eigentum" in österreichische Verfügungsgewalt zu bekommen und damit Beschlagnahme, Schließung oder Demontage zu verhindern, war das einzige Motiv der Verstaatlichung, das beiden Parteien gemeinsam war. Diese für die einstimmige Beschlussfassung entscheidende, aber ansonsten schmale Basis war nicht lange tragfähig, sodass nach Staatsvertrag und Abzug der Besatzungsmächte der Politstreit um die Verstaatlichte mehr oder minder öffentlich ausgetragen wurde.

Dabei stand für die SPÖ die Rolle der Verstaatlichten als wirtschaftspolitisches Instrument der Beschäftigungs-, Technologie- und Wachstums-, aber auch der Gesellschaftspolitik im Vordergrund. Für die ÖVP, oder zumindest viele ihrer Entscheidungsträger, war die Verstaatlichte immer ein Ärgernis – als Konkurrent für die eigene industrielle und mittelbetriebliche Klientel, aber auch als Hochburg der organisierten Arbeiterschaft. Ziel der ÖVP war dabei immer schon die Privatisierung oder der Verkauf. Solange sie dazu politisch nicht stark genug war, wollte sie die Verstaatlichte zumindest auf ihren angestammten Grundstoffbereich beschränken und legte gegen die industrielle Weiterentwicklung in die Verarbeitung ihr Veto ein. Bei einer auf diese Art in ihrer Entwicklung eingeengten und mit politischen Anforderungen an die Personalpolitik belasteten Industrie war es dann nahezu unvermeidlich, dass es zu vereinzelten Fehlentwicklungen und Missständen kam, welche, meist grob verallgemeinert und überzeichnet, dazu verwendet wurden, die Verstaatlichte als Muster von Ineffizienz und Inkompetenz darzustellen.

Unabhängig von den grundsätzlichen Positionen der beiden Regierungsparteien reifte die Notwendigkeit tiefgreifender struktureller Veränderungen heran. Zur Zeit der ÖVP-Alleinregierung wurde von der internationalen Beratungsfirma „Booz Allen & Hamilton Inter-

VÖEST-Zentralbetriebsratsobmann Ruhaltinger (l.), Alfred Dallinger, Vorsitzender der Angestelltengewerkschaft (M.), Sepp Wille, Vorsitzender der Gewerkschaft Metall-Bergbau-Energie (r.) – die Zeit der „Betriebskaiser"

national" ein Gutachten über die Verstaatlichte Stahlindustrie angefordert. Dieses Gutachten sollte Grundlage für eine weitreichende Reorganisation sein.

Der politische Wechsel von der ÖVP-Alleinregierung zur SPÖ-Alleinregierung bringt zunächst außer einer Belebung der Diskussion nichts. Die Anregung der Gutachter, durch Zusammenführung von Betrieben eine bessere Unternehmensstruktur zu erreichen, erleidet ein klassisches österreichisches Schrebergartenschicksal. Jedes der betroffenen Unternehmen – VÖEST, Alpine Montan, Gebrüder Böhler und Schoeller-Bleckmann – 1970 rund 76.000 Mitarbeiter bei etwa 25 Milliarden Schilling (rund 1,8 Milliarden Euro) – hat eigene Vorstellungen, keiner der Vorstände will Kompetenzen abgeben. Dazu kommt die unterschiedliche Wirtschaftskraft, sodass die steirischen Betriebe fürchten, von der VÖEST einfach geschluckt zu werden, und die VÖEST um ihr Geld bangt.

1972 ist schlussendlich die Geduld der Regierung zu Ende. Der Bundeskanzler vergattert Vorstände, Betriebsräte und Gewerkschaften, und am Ende ist die Fusion beschlossen und das größte Unternehmen der Republik geschaffen: die VÖEST-Alpine.

Diese neue verstaatlichte Unternehmensgruppe wird von der SPÖ-Alleinregierung in eine echte Holdinggesellschaft umgewandelt. Die operative Verantwortung wird weitgehend dezentralisiert, die Eingriffsmöglichkeiten der ÖIAG unterliegen den Bestimmungen des österreichischen Aktienrechts, welches eine weitgehende Autonomie der Organe der Unternehmensführung gegenüber den Aktionären vorsieht.

Ebenfalls umfassend neu geordnet wird der Elektrobereich, aus dem zwei Großunternehmen, die Elin-Union AG und die Siemens AG, hervorgehen. Dabei kommt es zu einer Teilprivatisierung, bei der die Aktienmehrheit in die Hände der deutschen Muttergesellschaft übergeht. Auch die übrigen Bereiche werden reorganisiert bzw., wenn sie, wie etwa der Bergbau, international nicht mehr konkurrenzfähig sind, abgebaut, und zwar in einer Form, die sowohl für die betroffenen Menschen als auch für die Regionen sozial verträglich ist.

Betriebskaiser und Landeskaiser

Damit endet aber auch die Erfolgsgeschichte der Verstaatlichten. Mit den auf Grund der weltweiten Entwicklung wachsenden Schwierigkeiten der Stahlindustrie eskaliert der politische Einfluss. Es ist die Zeit der „Betriebsratskaiser" – gemeint sind damit die starken Betriebsräte, allen voran der Zentralbetriebsratsobmann der VÖEST, Franz Ruhaltinger. Dazu kommt, dass die Landespolitiker, zum Beispiel der starke Landeshauptmann der Steiermark, Josef Krainer, sich jeder Strukturveränderung in „einer geradezu katastrophalen Weise" (Sepp Wille) widersetzen. Im Bermudadreieck Betriebsräte – Landespolitiker – Bundeskanzler versinken alle strukturpolitischen Ansätze. Eine bemerkenswerte Situation auch insofern, als bei den Gewerkschaften die Bereitschaft gegeben ist, notwendige strukturpolitische Veränderungen mitzutragen. „Konzentrationen und strukturelle Veränderungen bringen eben auch in günstigen Fällen Härten und oft zahlreiche Kündigungen mit sich." Dieser Satz stammt vom Zentralsekretär und späteren Vorsitzenden der Gewerkschaft Metall-Bergbau-Energie, Sepp Wille, der strukturelle Anpassungen an die internationale Entwicklung für lebensnotwendig hält.

In der Politik ist gleichwertiger Realitätssinn lediglich bei Hannes Androsch angesiedelt. Bruno Kreisky kann sich aber auch deswegen nicht zu vielleicht schmerzhaften Operationen durchringen, weil er dem Irrtum der Kurzzeitigkeit erliegt. Er folgt nicht der Überzeugung seines Finanzministers, dass es sich bei der Gesamtheit der wirtschaftlichen Turbulenzen um einen grundlegenden Klimawandel und nicht um eine vorüberziehende Schlechtwetterfront handelt, er glaubt dem Generaldirektor der VÖEST, Heribert Apfalter. Dieser geht davon aus, dass die Krise in längstens drei Jahren vorbei sein werde. ein Zeitraum, den Bruno Kreisky überzeugt ist, „durchtauchen" zu können.

Bei solcher Perspektive kann man der Haltung des Bundeskanzlers mit Verständnis begegnen. Aufgrund seiner tiefen Prägung durch das Erlebnis der Arbeitslosigkeit in der Ersten Republik erscheint es ihm menschlich sinnvoll und wirtschaftlich vertretbar, die Zeit der Flaute mit Geld zu überbrücken: „Lieber ein paar Milliarden …"

Wäre er dem Rat gefolgt, den er in den Anfängen der Regierungszeit manchem Interventionisten gegeben hat – „I versteh von Wirtschaft nix, gehn S' zum Finanzminister" –, hätte der Verstaatlichten und ihren Beschäftigten wahrscheinlich viel Unbill erspart werden können. Der Erfolg der Beschäftigungspolitik wäre durch die notwendigen Strukturanpassungen, rechtzeitig und mit Augenmaß vorgenommen, kaum geringer gewesen.

Die Kritik an der Regierungspolitik, die notwendigen Strukturanpassungen nicht mit entsprechendem Nachdruck verfolgt zu haben, ist angebracht. Nicht gerechtfertigt ist die oftmals zu hörende Behauptung, die „Verstaatlichte" sei ein Fass ohne Boden und für „den Steuerzahler" eine ständige Belastung gewesen. Für die gesamte wirtschaftliche Entwicklung Österreichs sind bis Ende der 1970er Jahre und oft darüber hinaus die verstaatlichten Unternehmungen von tragender Bedeutung. Nicht nur für das hohe Beschäftigungsniveau, sondern auch für viele private Industrieunternehmen und eine beträchtliche Anzahl mittlerer bis kleiner Gewerbebetriebe. Als weltweit die gesamte Stahlindustrie ins Trudeln gerät, gibt der österreichische Staat als Eigentümer nur zurückhaltend Unterstützung, sodass die Subventionen, die in Österreich in der Stahlindustrie gezahlt wurden, im Vergleich zu den Mitteln, die in die Sanierung der – meist privaten – Stahlindustrie der EG gesteckt wurden, minimal sind. Öffentlich klagt Bruno Kreisky darüber, dass in Europa die Tonne Stahl mit durchschnittlich 600 Schilling, in Österreich aber nur mit 60 Schilling gestützt wird.

Insgesamt ist die Wirtschaftspolitik zum Vorbild geworden

Im historischen Rückblick sind die 70er Jahre des 20. Jahrhunderts das Jahrzehnt der größten wirtschaftlichen Veränderungen seit Ende des Zweiten Weltkriegs. Österreich hat unter allen Industrienationen deren Auswirkungen am besten bewältigt. „Die Wirtschaftspolitik erscheint geradezu als der entscheidende Krisenlösungsfaktor" (Christian Dirninger). Österreich ist gerade in diesem Krisenjahrzehnt zum internationalen Vorbild an wirtschaftlicher und sozialer Stabilität geworden. Die österreichische Vollbeschäftigungspolitik wurde als Modell gehandelt, der Austro-Keynesianismus zur Nachahmung empfohlen.

Auch ein Verdienst der Wirtschaftspartner

Die positiven Folgen der Beschäftigungspolitik der Regierung Kreisky/Androsch sind heute noch wirksam. Im Unterschied zu vielen anderen Industriestaaten entsteht in Österreich in keiner Phase der Entwicklung jene hohe Sockelarbeitslosigkeit, die selbst in Zeiten konjunkturellen Aufschwungs nicht mehr kleiner wird.

Es ist ein historisches Faktum, dass es der Regierung Kreisky/Androsch im Jahrzehnt 1970 bis 1980 gelingt, durch eine spezifisch auf die österreichischen Möglichkeiten abgestimmte Wirtschaftspolitik, den Menschen Arbeit zu schaffen. die Arbeitslosenrate bleibt immer unter der Zweiprozentmarke, ein Wert, der in Europa lediglich von Norwegen, Schweden und der Schweiz erreicht wird.

Auch die kreativste Wirtschaftspolitik der Bundesregierung wäre allerdings ohne das Verständnis der Gewerkschaften und der privaten Wirtschaft wirkungslos. Darum achten Bruno Kreisky und Hannes Androsch darauf, dass die Sozialpartner in alle Entscheidungsprozesse rechtzeitig eingebunden werden.

Der „Österreichische Weg" ist daher ein gemeinsamer Weg, dessen Richtung von der Regierung vorgegeben werden muss.

Ohne Steuern geht es nicht

„Die Bundesregierung ist entschlossen, in dieser Gesetzgebungsperiode eine grundlegende Reform des Steuersystems vorzunehmen", verspricht der Bundeskanzler in seiner ersten Regierungserklärung. Starke Worte. Bruno Kreisky ist Kanzler einer Minderheitsregierung, und die Steuer zu reformieren, ist für jede Regierung eine heikle Angelegenheit. Auch für eine mit starker parlamentarischer Mehrheit. Doch Bruno Kreisky hat sich einen Finanzminister erwählt, von dem er weiß, dass er sich bei Steuern besonders gut auskennt.

In einem Zeitgespräch zur österreichischen Wirtschaftspolitik am Forschungsinstitut für politisch-historische Studien zum Thema „Wege aus der Rezession – Österreichs Politik Ende der sechziger, Anfang der siebziger Jahre" bekennt Josef Taus, zwischen 1975 und 1979 Parteiobmann der ÖVP, dass die Volkspartei, „obwohl sie nicht schlecht regiert hat", gerade in der Zeit der ÖVP-Alleinregierung (1966–1970) „den klassischen Interessensausgleich innerhalb der Bünde der Partei nicht mehr durchführen konnte". Das ist eine der Ursachen für den nachhaltigen Verlust an Ansehen und Attraktivität der ÖVP. Andere liegen im langatmigen, ineffizienten Prozess der Meinungsfindung und im konservativen Charakter der politischen Inhalte begründet. Taus macht diese Tatsache am Beispiel der Steuerreform deutlich: „Zum Imageverlust der ÖVP-Alleinregierung trug aber auch bei, dass die Konzepte, die schließlich vorlagen, zu lange gedauert hatten und zu kontrovers in der Öffentlichkeit behandelt wurden … Sie, Herr Dr. Androsch, erhielten ein ordentliches Budget und konnten damit etwas machen. Und Sie haben etwas daraus gemacht, etwas, was der Sozialdemokratie eine Unmenge von Stimmen gebracht hat: Ihre Steuerreform, das heißt, das Splitting. Das war ein Einbruch in die weibliche Wählerschaft, welcher der ÖVP hohe Stimmenverluste bescherte." Und Taus weiter: „Dass das Splitting wahlpolitisch ein großer Erfolg war, möchte ich anhand der nun folgenden Begebenheit bekunden. Da ich in der Girozentrale von der Pike auf angefangen habe, kannte ich persönlich viele Leute. Nach Ihrer Steuerreform, Herr Dr. Androsch, traf ich eine langgediente Angestellte. Wem die Leute ihre Stimme geben, darum habe ich mich nie gekümmert. Bei dieser Frau habe ich aber zufällig gewusst, dass sie wahrscheinlich die ÖVP wählt. Diese Frau sagte nun zu mir: ‚Herr Generaldirektor, der Volkspartei bei der nächsten Wahl meine Stimme zu geben, das fällt mir schwer.' Daraufhin fragte ich sie: ‚Warum denn?' Und sie antwortete mir: ‚Ich arbeite jetzt seit 30 Jahren, und zum ersten

Der Finanzminister als humorvoller Steuerberater – Hannes Androsch schmunzelt vom Cover einer eigens produzierten Schallplatte. Die Einführung der Mehrwertsteuer gerät zum Marketingerfolg.

Ein Fachmann als Finanzminister – Bruno Kreisky präsentiert seine Personalentscheidung mit Stolz und Wohlwollen.

»Ich möchte mich nun mit einigen Sätzen der Steuerpolitik zuwenden. Der Herr Finanzminister versteht das alles viel besser als ich und wird Ihnen das alles sicher im Laufe dieser Diskussion auch besser erklären können.«
Bruno Kreisky

Mal rentiert es sich für mich.' Wenn die Leute einem so etwas erzählen, dann schmerzt das natürlich."

Mit diesem Beispiel illustriert Taus einen politisch wirksamen Teil der umfangreichen steuerrechtlichen Reformen in der Ära Kreisky/ Androsch.

Stolz auf den Fachmann

Am Beispiel der Steuerreformen zeigt sich ganz besonders deutlich, warum Kreisky schlussendlich den erst 32-jährigen Hannes Androsch zum Finanzminister berufen hat. Sicherlich nicht wegen seines politischen Talents, sondern in erster Linie wegen seiner fachlichen Qualitäten. Ein Fachmann als Finanzminister. Darauf ist Kreisky und mit ihm die Sozialistische Partei stolz. Einer, der seine fachlichen Qualitäten trotz seiner Jugend schon mehrfach bewiesen hat. Als freiberuflicher Steuer- und Wirtschaftsprüfer und im Klub der sozialistischen Abgeordneten als Konsulent für Steuerfragen. Kreisky hat sicherlich Freude daran, dass sein Fachminister auch politisches Verständnis mitbringt. Aber die Politik ist beim Kanzler, die Umsetzung vielfach beim Finanzminister.

Bruno Kreisky und Hannes Androsch sind ein Glücksfall der besonderen Art. Generationenübergreifend und daher im Verständnis der Sozialisten nicht nur fachlich, sondern auch perspektivisch eine attraktive Personalentscheidung des Kanzlers.

Steuerreform: Gründliche Vorbereitung ist kein Grund für Verzögerung

Dem Steuerfachmann Hannes Androsch ist die Modernisierung des österreichischen Steuerrechtes ein gleichermaßen politisches wie fachliches Anliegen. In seinem Denken von gesamteuropäischen Zusammenhängen und Perspektiven bestimmt, ist auch sein politisches Handeln danach ausgerichtet. In den „Römischen Verträgen" haben sich die Länder der EWG darauf geeinigt, beim Aufbau eines gemeinsamen Steuersystems zuerst bei den Betriebs- und Verbrauchssteuern, vor allem aber bei der Umsatzsteuer zu beginnen. Hannes Androsch ist davon überzeugt, dass moderne Steuergesetze die Position Österreichs bei den Verhandlungen mit der EWG stärken würden, die Umstellung der alten Umsatzsteuer auf die europäische Mehrwertsteuer sogar eine unbedingte Voraussetzung für erfolgreiche Verhandlungen darstellt.

Hannes Androsch hatte schon als oppositioneller Abgeordneter für die Neuordnung des Steuerwesens argumentiert. Nach seinen

Mit Jänner 1973 wird auch ein grundlegend neues Einkommensteuergesetz Realität: Respekt vor der gesellschaftlichen Stellung der Frau. Links neben Hannes Androsch der Leiter der Steuersektion, Alfred Twaroch.

Vorstellungen muss ein modernes Steuerrecht nach gesellschaftspolitischen Wertvorstellungen gestaltet werden, nach den sozialistischen Vorstellungen von sozialer Gerechtigkeit und individueller Anerkennung. Nun, da er, früher als je geträumt, von der Theorie in die Realität des praktischen Gestaltens gekommen ist, will er der Öffentlichkeit die Ernsthaftigkeit seiner Diskussionsbeiträge beweisen.

Dem Wirtschaftsprüfer ist es aber auch ein Anliegen, dass eine Steuerreform nach seinen Vorstellungen auch die Zielsetzung verfolgen muss, die Funktionsfähigkeit der Wirtschaft nicht nur zu erhalten, sondern auch zu verbessern. Daher muss diese Reform den positiven Strukturwandel in Industrie und Gewerbe unterstützen sowie die Außenhandelsverflechtung und die Fremdenverkehrsintensität der österreichischen Wirtschaft berücksichtigen.

Die Änderung von Steuergesetzen ist eine sensible und komplizierte Angelegenheit. Eine so grundsätzliche und weit reichende Reform des Steuerrechtes, wie sie Hannes Androsch vorschwebt, erst recht. Ein so komplexes Anliegen bedarf der gründlichen Vorbereitung. Hannes Androsch: „Mangelhaft vorbereitete Gesetzesentwürfe haben immer noch Ärger und Zeitverlust, ja sogar materielle Einbußen der Betroffenen zum Ergebnis gehabt."

Gründliche Vorbereitung und verantwortungsbewusste Aufbereitung der Materie sind keine Argumente für unnötige Verzögerungen. Auch nicht die mögliche Kurzzeitperspektive einer Minderheitsregierung. Die Zielsetzung „Steuerreform" ist daher bereits Thema der Regierungserklärung vom 27. April 1970: „Die Bundesregierung ist entschlossen, in dieser Gesetzgebungsperiode eine grundlegende Reform des Steuersystems vorzunehmen. Diese Steuerreform wird die Beziehungen zwischen Steuer- und Ausgabenstruktur des Bundeshaushaltes berücksichtigen, leistungsfördernd und sozial gerecht sein, zur Erreichung wirtschaftspolitischer Ziele eingesetzt werden können und einen Beitrag zur Verwaltungsvereinfachung darstellen."

Hannes Androsch lässt kurz nach Amtsantritt seine Beamten in der Steuersektion die Ärmel aufkrempeln. An der Mehrwertsteuer hat sich schon die ÖVP-Alleinregierung versucht. Bereits für 1967 war ein Gesetzesentwurf angekündigt worden. Die Einführung sollte mit 1. Jänner 1968 erfolgen. Geschehen ist nichts. Hannes Androsch macht nun Ernst. Nachdem die Hürde Budget bravourös gemeistert ist, gelingt mit der Vorlage eines Entwurfes zur Mehrwertsteuer der nächste starke Beweis für die Effizienz der neuen Bundesregierung. Bereits am 11. Februar 1971, nicht einmal zehn Monate nach Übernahme der Regierungsverantwortung, startet der Countdown der Begutachtungsfrist. 16 Monate lang wird diskutiert, beraten, gefeilt und gefeilscht, bis das Werk den Meister loben kann. Am 15. Juni 1972 beschließt der Nationalrat einstimmig das Gesetz, am 1. Jänner 1973 tritt es in Kraft.

Markteinführung der Mehrwertsteuer

Im Zusammenhang mit der Einführung der Mehrwertsteuer hat der Nationalrat einstimmig die Bundesregierung beauftragt, für eine umfassende Information der Bevölkerung zu sorgen.

Im Finanzministerium wird dieser Auftrag sehr ernst genommen. Erstmals in der

Der Auftrag des Nationalrates, für eine umfassende Information der Bevölkerung zu sorgen, wird im Finanzministerium sehr ernst genommen und kreativ umgesetzt: Der Schauspieler Klaus Wildbolz ist der TV-Steuerberater.

Geschichte der Steuergesetzgebung wird die Einführung einer neuen Steuer professionell, mit allen Mitteln der Produkteinführung, wie man sie bis dahin nur aus der Privatwirtschaft kennt, unterstützt. Broschüren, Inserate, sogar Plakate werden zur Aufklärung und Information eingesetzt. Froh und locker blickt der Finanzminister vom Cover einer Schallplatte. In einer Fernsehserie werden System, Wirkung und Handhabung der neuen Mehrwertsteuer anstelle der alten Umsatzsteuer erklärt. Der Schauspieler Klaus Wildbolz, fesch und sympathisch, ist der TV-Steuerberater. Beamte der Finanzverwaltung sind in allen Teilen des Landes aufklärend unterwegs. Bürgerservice aus erster Hand an 299 Vortragsabenden.

Wie wichtig und bedeutsam der Druck von Finanzminister Hannes Androsch ist,

„Staat, Steuer, Gesellschaft“ – das Buch zur Steuerpolitik als bekömmliche Torte

die Mehrwertsteuer rasch und zügig, ohne Irritation wegen der Sorgen des Bundeskanzlers ob des hohen Tempos, einzuführen, unterstreicht ein anderes Ereignis während der Einführungsphase: Im Juli 1972 können das so genannte Interimsabkommen und das Globalabkommen abgeschlossen werden. Damit kann für die österreichische Wirtschaft die Schwelle zum großen europäischen Markt überschritten werden. Die großen und schwierigen Handelshemmnisse sind Vergangenheit. Die europaorientierte Modernisierung der Steuergesetzgebung ist ein wichtiger Beitrag zu diesem positiven Abschluss.

Mit Jänner 1973 wird auch ein neues Einkommensteuergesetz Realität. Keine Novellierung des geltenden, sondern eben ein neues. Orientiert an sozialdemokratischen Wertvorstellungen. Aber auch in hohem Maß den modernen Vorstellungen von Steuergerechtigkeit entsprechend, und daher auch politisch – wie Dr. Taus rückblickend attestiert – wirksam.

Die Gnade der späten Geburt genießend (der jetzige Finanzminister Grasser war 1973 gerade einmal vier Jahre alt), historisch nicht belastet, plaudert Grasser, als er zur Jahrtausendwende ein paar kosmetische Korrekturen am geltenden Steuerrecht vornimmt, von der größten Steuerreform aller Zeiten. Tatsächlich findet eine solche im Jänner 1973 statt. Steuerpflichtige wie Steuerberater, Finanzverwaltung wie Unternehmen und Wirtschaftsprüfer müssen ihr Wissen und ihre Praxis gründlich entrümpeln und sich völlig neu orientieren.

Gesellschaftspolitik im Steuerrecht

Die neue Umsatzsteuer heißt „Mehrwertsteuer“, das neue Einkommensteuergesetz heißt auch weiterhin Einkommensteuergesetz, ist aber trotzdem ein neues Gesetz. Systematisch neu geordnet, inhaltlich an den sich ändernden gesellschaftlichen Verhältnissen orientiert.

Hannes Androsch begründet sein Konzept mit den gesellschaftlichen Veränderungen: „In Anbetracht des soziologischen Wandels der Familienstruktur ist daher der Übergang zur Individualbesteuerung, also zu einer Besteuerung jedes Einzelnen allein mit dem von ihm erzielten Einkommen, die modernste und gerechteste Lösung."

Mit dem Übergang von der Familienbesteuerung zur Individualbesteuerung wird erstmals auch im Steuerrecht dem soziologischen Wandel der Familienstruktur, vor allem aber der gesellschaftlichen Stellung der Frau Respekt erwiesen. Wenn wir heute, im Jahr 2005, noch immer Diskussionen über die Gleichbehandlung von Mann und Frau in vielen Bereichen unserer Gesellschaft haben, im Steuerrecht ist sie 1973 zur Selbstverständlichkeit geworden.

Ein ganz großer Schritt in Richtung Steuergerechtigkeit erfolgt mit der Einführung der Steuerabsetzbeträge anstelle der Steuerfreibeträge. Für Hannes Androsch nicht die beste, aber die bestmögliche Lösung: „Im neuen Lohn- und Einkommensteuerrecht sollen auch die derzeitigen Kinderfreibeträge in Absetzbeträge von der Steuerschuld umgewandelt werden, wobei ich gerne zugebe, dass damit nur die zweitbeste Lösung erreicht werden kann. Die beste Lösung wäre sicherlich ein Ersatz der derzeitigen Kinderfreibeträge durch fixe Prämien für jedes Kind gewesen. Diese Regelung wäre aber fiskalisch nicht zu verkraften gewesen. Die in Aussicht genommene Lösung kommt aber dem Grundsatz, wonach jedes Kind im gleichen Ausmaß als förderungswürdig gelten soll, sehr nahe. Dadurch wird nämlich die derzeitige Ungerechtigkeit, wonach der steuerliche Vorteil aus den Kinderfreibeträgen umso geringer wird, je kleiner das Einkommen ist, beseitigt."

Gleichzeitig mit den neuen Gesetzen wird auch die Novellierung anderer Steuergesetze vorgenommen: Vermögenssteuer-, Körperschaftssteuer- und Gewerbesteuergesetz.

Hannes Androsch, von seiner beruflichen Vergangenheit her mit den Bedürfnissen der Finanzverwaltung vertraut, kann sich aber nicht mit den legistischen Reformen begnügen. Gesetze zu ändern, sie politisch durchzusetzen, ist das eine, für eine reibungslose Umsetzung zu sorgen, das andere. Daher achtet der Minister auf einen den Anforderungen gerecht werdenden personellen und technischen Unterbau. Mit den neuen Gesetzen halten Automatisierung und elektronische Datenverarbeitung Einzug in die Finanzverwaltung.

Ohne Steuern kein wirtschaftliches Wachstum

Parallel zu diesen grundlegenden Reformen gibt es in der Periode Kreisky/Androsch auch tarifliche Einsparungen innerhalb des geltenden Steuerrechts. Diese Steuersenkungen sind eher als Reverenz gegenüber den realpolitischen Gegebenheiten denn als wirtschaftspolitische Notwendigkeiten zu werten. Den geringen Entlastungen der persönlichen Einkommen stehen meist beträchtliche negative Auswirkungen auf das Bundesbudget gegenüber.

Das Bundesbudget hat (siehe Kapitel „Die Freiheit von Armut, Angst und Not") die Hauptlast der Rezessionsbekämpfung und damit der Aufrechterhaltung der Vollbeschäftigung zu tragen. Sinkende Steuereinnahmen und wachsende Ausgaben führen zu „Ausgabenüberschüssen“ und damit zu steigender Staatsverschuldung. Ein Preis für die Politik der Vollbeschäftigung, den die Regierung zu zahlen bereit ist, der aber in ruhigeren Zeiten wieder zurückverdient werden muss.

Für Hannes Androsch gehört die Verteidigung gesunder Staatsfinanzen zu den Selbstverständlichkeiten seiner Verantwortung. Er nützt jede Gelegenheit, auf die Notwendigkeit des Steuerzahlens zu verweisen: „Ohne Steuern geht es nicht“ wird zum viel gebrauchten steuerpolitischen Imperativ des Finanzministers.

Hannes Androsch lässt über die Auswirkungen der konsequenten Beschäftigungspolitik der Bundesregierung und der Gewerkschaften auf die Finanz-, Steuer- und Budgetpolitik keine Zweifel aufkommen. Zur Schaffung eines entsprechenden öffentlichen Bewusstseins gehört daher auch die Diskussion über die Notwendigkeit – und auch die Sinnhaftigkeit – des Steuerzahlens.

„Ohne Steuern ist unsere Gemeinschaft undenkbar. Ohne Steuern gibt es kein wirtschaftliches Wachstum, keine sicheren Arbeitsplätze, keinen sozialen Fortschritt“, versucht Hannes Androsch die Logik der Zusammenhänge von Steuer- und Wirtschaftsleistung in der Öffentlichkeit bewusst zu machen.

„Sosehr die psychologische und damit politische Grenze der Steuer betrachtet werden muss, sosehr ist auch das Verständnis notwendig, die erforderlichen Mittel bereitzustellen.

Das biblische ‚Gebt dem Kaiser, was des Kaisers ist‘ muss in unserer Gesellschaft an den humanitären, gemeinschaftlichen und gesellschaftspolitischen Erfordernissen gemessen werden. Nur Wohlhabende können sich einen armen Staat leisten, nur Begüterte – und das nur in einem sehr, sehr beschränkten Ausmaß – können den Mangel an öffentlichen Einrichtungen kompensieren.

Wie sehr der ‚Nachtwächterstaat‘ Geschichte ist, zeigt die Summe der Forderungen, die jeder Einzelne von uns an ihn richtet. Es ist – und dieser Satz gilt uneingeschränkt – nicht der Staat, der mehr von seinen Bürgern fordert, sondern wir fordern mehr vom Staat.“

Diese grundsätzlich positive Einstellung zum demokratischen Leistungsstaat gehört für Hannes Androsch zu den wichtigen Differenzierungen gegenüber der Politik konservativer Prägung.

Wer in solchen Zusammenhängen denkt und handelt, wird allen Forderungen nach Steuersenkungen zuerst einmal kritischen Widerstand entgegensetzen. „Jede Steuersenkung hat ihren Preis. Einen Preis, der in seiner gesellschaftspolitischen Auswirkung oft den materiellen persönlichen Vorteil zum Nachteil werden lässt.“

»Das Kernstück jeder gesellschaftlich bestimmten Wirtschaftspolitik besteht in der Überwindung des Paradoxons von privatem Überfluss und öffentlicher Armut, also der Erscheinung, dass einem höheren materiellen Wohlstand des Einzelnen ein immer größerer Mangel an öffentlichen Einrichtungen, an sozialer Infrastruktur gegenübersteht.«

Hannes Androsch

Hannes Androsch, Journalisten – nur Wohlhabende können sich einen armen Staat leisten.

Daher führen Forderungen nach Steuersenkung immer zu intensiven Diskussionen mit dem Österreichischen Gewerkschaftsbund. So wird knapp nach der Amtsübernahme im Frühjahr 1970 die erste offizielle Begegnung zwischen dem jungen Finanzminister Hannes Androsch und dem mächtigen Gewerkschaftsboss Anton Benya zu einem nachhaltigen Erlebnis. Ob Benya in seiner pragmatischen Art, Forderungen durchzusetzen, mit Überrumpelung kalkuliert oder sich gleich zu Beginn einen Eindruck von den Steher- und Verhandlungsqualitäten des „Greenhorns" in der Himmelpfortgasse machen will, wurde nie hinterfragt. Jedenfalls kommen Anton Benya und Erich Hofstetter, Zentralsekretär des ÖGB – Widerspruch ist nicht vorgesehen –, mit der Forderung nach Steuersenkung in die Himmelpfortgasse. Diese Sitzung, an der auch Franz Vranitzky und ich, Androschs engste Mitarbeiter, teilnehmen, beginnt für den jungen Säckelwart der Nation und seine Gehilfen unerwartet distanziert und förmlich. Alle kennen einander, alle schätzen die normalerweise unkonventionelle, freundschaftliche Art des ÖGB-Präsidenten im Umgang mit Parteifreunden. Sein förmliches „per Sie" ist ungewöhnlich, es wirkt wie eine Drohung. So entwickelt

Die Mehrwertsteuer wird im Stil einer privatwirtschaftlichen Produkteinführung propagiert: mit Plakaten, Broschüren, TV-Filmen, Informationsabenden durch Beamte des Finanzministeriums.

sich auch die Gesprächsatmosphäre. Von förmlich zu kalt, von grad noch freundlich bis verärgert, unnachgiebig. Unflexibel und stur von beiden Seiten. Das Ende ergebnislos. Hannes Androsch und seine beiden Mitarbeiter bleiben ziemlich betroppezt zurück. So und auch nicht so rasch hatten sie sich ein Ende der eben erst begonnenen Ministerschaft nicht vorgestellt.

Freundschaft aus Respekt und Vertrauen

Das Austesten der Belastbarkeit des anderen entwickelt von Anfang an eine klare Verhandlungsatmosphäre. Ein ehrlicher Schlagabtausch scheint der Stoff zu sein, aus dem tragfähige Freundschaften gewoben werden. Voraussetzung ist Lernfähigkeit und die Bereitschaft dazu. Damit sind beide, Androsch und Benya, in hohem Maß ausgestattet. Beide pragmatisch, beide grundsatztreu, von rarer Handschlagqualität und politischer Sensibilität.

Benya macht bereits bei seiner ersten Verhandlung, seinem ersten Verhandlungsversuch, die Erfahrung, dass ihm mit dem jungen Finanzminister kein „Bürscherl" gegenübersitzt, das erst was lernen müsste.

Und Hannes Androsch erfährt sehr bald, dass Politik die Kunst des Machbaren ist. Das bedeutet in der Wirtschaftspolitik, dass Zielsetzungen und Entscheidungen zweckmäßigerweise unter Einbindung des Gewerkschaftsbundes und, je nach Thematik, der übrigen Wirtschaftspartner in die Beratungen getroffen werden.

Bundeskanzler Bruno Kreisky, seit seiner Wahl um ein störungsfreies Verhältnis zum Gewerkschaftsbund bemüht, bemerkt das spröde Klima. Er bietet an, „seine guten Dienste als Vermittler zur Verfügung zu stellen". Kreisky wirbt auf der Vollversammlung der Fraktion Sozialistischer Gewerkschafter sogar um Verständnis für die Logik der unterschiedlichen Positionen. Schlecht wäre es bestellt um die Gewerkschaft, wenn sie aus parteipolitischer Rücksicht auf die Regierung ihre berechtigten Forderungen nicht vertreten wollte. „Gleichermaßen schlecht bestellt wäre es aber um sozialdemokratische Minister, die nicht das sagten, was sie in Ausführung ihrer Pflicht für notwendig halten.“ 1971, im ersten Jahr der Minderheitsregierung, sieht der Bundeskanzler im Schulterschluss mit seinem Finanzminister die Zweckmäßigkeit regierungspolitischer Arbeitsteilung: „Der Finanzminister hat seine Vorstellungen erläutert, wonach er nicht in der Lage wäre, auf Steuereinnahmen zu verzichten, und unser Freund Benya hat uns erklärt, dass er eine Änderung des Lohnsteuersystems im Sinne einer Progressionsmilderung im Namen des ÖGB verlangen muss. Die Regierungspartei ist sich dieser Problematik voll bewusst, und es wird unsere Aufgabe sein, einen Ausweg zu finden. Das ist kein abgekartetes Spiel und kein Spiel mit verteilten Rollen, sondern ein redlicher und demokratischer Interessenausgleich. Mir obliegt dabei als Bundeskanzler die Aufgabe, für einen solchen Ausgleich meine guten Dienste zur Verfügung zu stellen.“

Die Wirtschaft in Ordnung halten

Die Freundschaft zwischen Anton Benya und Hannes Androsch entwickelt sich aus Respekt und Vertrauen gegenüber dem jeweils anderen. Und aus der Konsequenz der zu verfolgenden Ziele: die Wirtschaft in Ordnung halten als unverzichtbare Voraussetzung für die Umsetzung der politischen Anliegen; den Menschen Arbeit schaffen, Wirtschaftswachstum, Einkommen und soziale Sicherheit bringen.

Verfolgt man die öffentlichen Äußerungen der beiden über einige Jahre hinweg, ist die Wirkung ihres ständigen Gedankenaustausches deutlich nachzuvollziehen. Aber zur politischen Realität gehören auch steuerliche Anpassungen an die wirtschafts- und einkommenspolitischen Veränderungen.

Hannes Androsch: „Politik ist die Kunst des Machbaren.“

Die Modernisierung des Steuerrechts ist ein vordringliches Anliegen der gesamten Bundesregierung.

Hannes Androsch: „... weil ich der Meinung bin, dass die Politik einer Regierung nicht nur daran gemessen werden soll, inwieweit populäre Wünsche erfüllt werden, sondern vor allem daran, inwieweit sie in Verantwortung gegenüber diesem Land und jedem einzelnen in diesem Land verwirklicht wird. Glaubwürdigkeit und Offenheit war immer unser größtes politisches Kapital. Dabei muss es bleiben. Auch wenn das – ich werde noch einmal darauf zurückkommen – nicht immer angenehm ist. Das heißt aber nicht, dass ich mich grundsätzlich und zu jeder Zeit einer Steuersenkung widersetze. Gerade in Zeiten

Steuereintreiber und Steuerzahler – Finanzminister Hannes Androsch auf Besuch in einem Finanzamt

einer starken Preisentwicklung muss auch die Steuerpolitik Korrekturen setzen. Wir haben daher in der Vergangenheit beträchtliche Steuersenkungen durchgeführt. Ich erinnere an die Progressionsmilderung zum 1. Jänner 1971, die große Reform zum 1. Jänner 1973 und die Vorauszahlung im Jahre 1972. Noch in diesem Jahr wird die Bundesregierung mit dem Österreichischen Gewerkschaftsbund und anderen Interessengruppen Verhandlungen über eine neuerliche Steuersenkung beginnen."

Anton Benya: „Wenn jetzt die Diskussion in der Frage der Lohnsteuerreform läuft, wenn man uns vorwirft, dass wir die Aufgaben nicht erfüllen: Das haben wir zuerst immer wieder gehört, wenn wir gut überlegt einen Weg gegangen sind, der sich später als richtig erwiesen hat. Denn wir wissen eines, und das ist sicher: Es wäre angenehmer, weniger Lohnsteuer zu bezahlen. Wenn wir uns aber die Wirtschaft im Gesamten ansehen, wo wir stehen in der Wirtschaft, dann sagen wir: Wenn es derzeit weltweit noch nicht die richtige Konjunkturlage gibt, dann müssen wir in Österreich dafür sorgen, dass der Staat eben für die Arbeitsplatzerhaltung und für die Schaffung von Arbeitsplätzen sorgt, dass öffentliche Aufträge vergeben werden, sei es auf dem Waggonbausektor, sei es auf dem Telefonsektor, sei es beim Straßenbau, beim Hochbau. Wollen wir haben,

»Alles, was unkonventionell ist, mag vielleicht als unbequem und störend empfunden werden. Unpopulär muss es deswegen nicht sein. Wenn vernünftige Inhalte zugrunde liegen, entsteht daraus nach einem Prozess der Bewusstseinsbildung letzten Endes das Populäre.«
Hannes Androsch

Nicht immer sind Gespräche zwischen Finanzminister und ÖGB von Fröhlichkeit geprägt – Hannes Androsch, Anton Benya, Alfred Dallinger, Erich Hofstetter.

dass wir exportieren und die Exportindustrie in die Lage versetzt wird, die Produkte, die wir erzeugen, auch zu exportieren, dann brauchen wir Exportförderung.

Das ist die Politik, die wir vertreten haben, und deshalb gehen wir diesen Weg und nicht, wie man fälschlich meint, weil wir uns ganz einfach nicht getrauen, einen anderen Weg zu gehen. Das ist ja albern.

Wir Gewerkschafter in diesem Lande wissen sehr wohl, welche Stärke wir haben, wir wissen sehr wohl, dass, wenn wir diese Stärke einsetzen, dies und jenes geschehen kann, aber weil wir diese Stärke haben, wissen wir auch, welch große Verantwortung wir zu tragen haben und auch weiterhin tragen werden. Wir sind nicht bereit, ganz einfach nur eine harte Politik zu betreiben, die wir später, wenn wir keine Arbeitsplätze mehr haben, bezahlen müssen."

So spricht Benya am 11. Gewerkschaftstag der Gewerkschaft Metall-Bergbau-Energie. Im Jahr 1977. Zu dieser Zeit sieht es der Bundeskanzler nicht mehr als seine Aufgabe, seine guten Dienste zur Verfügung zu stellen. Zweckmäßigkeit und Sinnhaftigkeit von Arbeitsteilung mit nachfolgendem Schulterschluss werden einerseits vom wachsenden Misstrauen des Bundeskanzlers angekränkelt, andererseits durch inzwischen gefestigtes Vertrauen und Wertschätzung im direkten Verhältnis Anton Benyas zu Hannes Androsch überholt.

Bruno Kreisky nach der ersten Kritik an einer vom Finanzminister vor den Wahlen angekündigten Mehrwertsteuererhöhung: „Hannes, das musst du den Menschen sagen …“

Wir liegen goldrichtig

Es ist Sonntag, und es ist Muttertag: 9. Mai 1971. Doch im Bundeskanzleramt zu Wien herrscht einige Betriebsamkeit. Am Abend ist die Sensation perfekt: Bundesregierung, Nationalbank und Wirtschaftspartner haben sich auf eine Aufwertung des Schillings um 5,05 Prozent geeinigt.

Finanzminister Hannes Androsch hat sich durchgesetzt. Zu diesem Zeitpunkt kann niemand erahnen, dass Währungsturbulenzen das ganze Jahrzehnt hindurch die Wirtschaftspolitik beschäftigen werden und dass der österreichische Finanzminister mit unbeirrbarer Konsequenz darauf antworten wird. Die von Hannes Androsch konzipierte „Hartwährungspolitik“ wird zu einem wesentlichen Element des wirtschaftlichen Erfolges der Ära Kreisky/Androsch und gleichzeitig zur wachsenden Belastung im Verhältnis Kanzler zu Finanzminister.

Der Entscheidung vom 9. Mai sind kritische Tage vorausgegangen. Mitte der Woche hat die Deutsche Bundesbank den Ankauf von Dollars eingestellt.

In Frankfurt berichten die Devisenhändler, dass mit Wochenbeginn die Dollars „in Körben“ abgeliefert worden waren. 2 Milliarden Dollar innerhalb von zwei Tagen.

Für diese Dollarlawine aus den USA, die die Bundesrepublik Deutschland und in der Folge auch die Oesterreichische Nationalbank zu koordinierten Abwehrmaßnahmen zwingt, machen internationale Stimmen Deutschland selbst verantwortlich. So klagt die Neue Zürcher Zeitung über „geradezu unverantwortliche Äußerungen maßgebender deutscher Stellen über die Währungsfrage.“ Nachdem zu Beginn der Woche, präzise am Montag, dem 3. Mai 1971, eine Konjunkturdiagnose deutscher Wirtschaftsforschungsinstitute publiziert worden ist, die in der Empfehlung gipfelt, den Wechselkurs der D-Mark freizugeben, und tags darauf der deutsche Wirtschaftsminister Schiller neue Maßnahmen zur Inflationsbekämpfung angekündigt hat, ist es laut Zürcher Zeitung klar, „dass sich die internationale Spekulation in noch stärkerem Maße als in den vergangenen Phasen gegen die D-Mark richten würde.“

Der Stolz des Kanzlers

Die Oesterreichische Nationalbank folgt dem deutschen Beispiel. Turbulenzen um die Währung sind überall und zu jeder Zeit eine heikle politische Angelegenheit. In Österreich erst recht. Die österreichische Bevölkerung – vor allem die ältere Generation – hatte auf dem Weg von Krone zu Schilling zu Reichsmark zu Schilling und innerhalb dieses Zeitraumes durch Wirtschaftskrisen mehrmals ihre Ersparnisse verloren. Die Bundesregierung ist daher zuerst einmal um Beruhigung bemüht. „Noch

Gipfelgespräche: der deutsche Bundeskanzler Helmut Schmidt (r.), Hans Apel, der deutsche (l.), und Hannes Androsch, der österreichische Finanzminister (M.) – Stabilitätsimport durch Hartwährungspolitik vor einigen Jahren hatte wohl niemand gedacht, dass in Österreich einmal der Ankauf von Dollars gesperrt werden würde. Dies ist nun auf Grund der guten Situation unseres Schillings möglich geworden“, erinnert der Bundeskanzler, um dann mit Stolz darauf zu verweisen, dass es wegen der guten Wirtschafts- und Finanzpolitik keinerlei Gründe zur Besorgnis gibt: „Die günstige Situation, in der sich der Schilling nun befindet, ist nicht zuletzt auf die Wirtschaftspolitik der Bundesregierung zurückzuführen. Die österreichische Währung ist stark und gut gedeckt ... Die Regierung hat durch Einsparungen beim präliminierten Defizit, durch die kleine Steuerreform und durch die geringe Belastung des Kapitalmarktes durch den Staat Wesentliches getan, um die Kaufkraft der Währung zu erhalten. Deshalb können wir auch jetzt ruhig schlafen und brauchen keine Sorge um den Schilling zu haben“, beruhigt der Bundeskanzler.

Bevor er allerdings entscheidenden Einfluss auf die Währungspolitik ausüben kann, muss sich Hannes Androsch zuerst einmal die formale Zuständigkeit verschaffen. Vorherrschende Rechtsmeinung und Praxis war damals, für Wechselkursänderungen sei ausschließlich die Notenbank zuständig. Das bestimme das Notenbankgesetz. Der umsichtige Leiter der Kreditsektion im Finanzministerium, Sektionschef Dr. Neudörfer, zeigt seinem Minister über das Devisengesetz einen Weg zur legalen und formalen Zuständigkeit. Von da weg gibt der Finanzminister auch in währungspolitischen Fragen die Marschrichtung vor. Zum ersten Mal im Mai 1971. Dem politischen Stil entsprechend im engen Einvernehmen mit der Notenbank, unter Einbindung der Sozialpartner in den Entscheidungsprozess und in

Hannes Androsch und Beppo Mauhart im Goldkeller der Nationalbank. Dem Rat, das Gold zu verkaufen, weil es keine Zinsen bringe, folgt der erste sozialistische Finanzminister nicht.

Währungsgipfel im österreichischen Finanzministerium. Ganz links der Finanzminister der Schweiz, Nello Celio. Die österreichische Bundesregierung reagiert ruhig und überlegt.

Abstimmung mit den wichtigsten Handelspartnern, der Bundesrepublik Deutschland und der Schweiz. Hannes Androsch muss sich in diesem Jahrzehnt der währungspolitischen Turbulenzen mit seiner Linie oft mit Konsequenz und Hartnäckigkeit durchsetzen, aber sein Bemühen um einen möglichst breiten Konsens verhindert Hektik und Unruhe. Diese Vorgehensweise verschafft dem Finanzminister wachsendes Vertrauen der Wirtschaftspartner, vor allem des Gewerkschaftsbundes, für andere wirtschaftspolitische Entscheidungen.

Die Reaktion auf die währungspolitische Veränderung, als „Hartwährungspolitik" wahrgenommen, wird sehr bald zur Grundlage des Androsch'schen „policy mix" von Nachfragesteuerung, Angebotsförderung und Geldpolitik.

Hektik in Bonn – Ruhe in Wien

Die ruhige Reaktion ist wichtig, denn die täglichen Nachrichten in den Zeitungen, im Radio, im Fernsehen, transportieren große Unsicherheiten über die weitere Entwicklung. Politiker und Experten sind über den einzuschlagenden Weg völlig uneins. In Brüssel tagt die Europäische Kommission in „Geheimsitzungen". Die deutschen Konjunkturforscher regen sogar die Einführung eines Lohn- und Preisstopps an, was allerdings von der Regierung Brandt sofort zurückgewiesen wird.

Androsch hält in diesen Tagen engen Kontakt mit seinem Schweizer Amtskollegen Celio und dem deutschen Finanzminister Schiller. In Österreich werden von ihm alle wichtigen Entscheidungsträger in die Beratungen miteinbezogen – Wirtschaftskammer, ÖGB, Arbeiterkammer, Industriellenvereinigung. Trotzdem wäre beinahe alles schief gelaufen, denn während im österreichischen Bundeskanzleramt noch heftig um den einzuschlagenden Kurs gerungen wird, verkündet der deutsche Finanzminister bereits die Aufwertung des österreichischen Schillings.

Der Zerfall eines Währungssystems

Zu Währungsunruhen ist es bereits in den 1960er Jahren gekommen. Das internationale Währungssystem, das nach Spielregeln funktionierte, die noch während des Krieges in dem kleinen Ort Bretton Woods vereinbart worden waren und sich am Goldstandard orientierten, ist offensichtlich in die Jahre gekommen. Die österreichischen Währungsbehörden werden erstmals 1969 gefordert. In diesem Jahr ist die D-Mark wieder unter starken Aufwertungs-Druck geraten und wird, nach einer kurzfristigen Schließung der Devisenbörse, um 9,3 Prozent aufgewertet. Für Österreich stellt sich die Frage, ob der Schilling mitziehen soll. Die damalige Regierung Klaus und die Nationalbank unter Schmitz optieren für eine Beibehaltung der Parität zum Dollar, vor allem weil dadurch eine Verbesserung der Außenhandelsposition erwartet wird. Finanzminister Koren, erst kurz im Amt, will schon damals aufwerten, setzt sich aber gegen die Interessen der Industrie nicht durch.

Nach dem kleinen Währungsbeben im Mai 1971 kommt es bereits im August 1971 zur Eruption im brodelnden Währungsgefüge. Auf eine Rede von Präsident Nixon reagieren viele Staaten mit der Schließung ihrer Devisenbörsen. Vor allem in den westlichen Industrieländern entwickeln die Währungs- und Wirtschaftsbehörden hektische Aktivitäten. Nixon kündigt die Aufhebung der Verpflichtung der USA an, jederzeit den Dollar in Gold zu tauschen. Damit hat der amerikanische

Die Spitze der österreichischen Währungsbehörde: Franz Ockermüller, Generaldirektor der Länderbank, Sektionschef Neudörfer, Finanzminister Hannes Androsch und Nationalbankpräsident Hans Kloss

Präsident das Abkommen von Bretton Woods, das seit Ende des Krieges die Grundlage für das gesamte westliche Währungssystem bildet, einseitig aufgekündigt und faktisch außer Kraft gesetzt.

Gleichzeitig verstärkt der amerikanische Finanzminister Connally die Nervosität auf den Devisenmärkten, indem er die Möglichkeit einer Dollarabwertung in den Raum stellt.

Die österreichische Bundesregierung reagiert wie bereits im Mai desselben Jahres ruhig und überlegt.

Finanzminister Hannes Androsch sieht sich in der Entscheidung vom Mai bestätigt: „Die Aufwertung des Schillings im Mai – und damit die Abwehr von spekulativen Dollarzuflüssen – erweist sich nunmehr als – im wahrsten Sinn des Wortes – goldrichtig.“

Auch die Tagung des Internationalen Währungsfonds in Washington im Oktober 1971 bringt keine Klärung der währungspolitischen Unsicherheiten. Androsch nützt aber die Chance, im persönlichen Gespräch mit dem amerikanischen Finanzminister Connally und vor dem Plenum des Internationalen Währungsfonds (IWF) die Besorgnisse Österreichs darzulegen. Auch in Washington lässt Androsch keine Zweifel aufkommen, dass Österreich mit der Schillingaufwertung vom Mai bereits einen Beitrag zu einer eventuellen Neufestsetzung der Wechselkurse geleistet habe.

Zu Hause setzt sich der Finanzminister mit einer Grundsatzentscheidung durch. Österreich beginnt den Kurs des Schillings gegenüber den Haupthandelspartnern stabil zu halten. Das heißt, dass sich der Kurs vorwiegend an der D-Mark orientiert, wobei Hannes Androsch – auch aus stabilitätspolitischen Überlegungen – ein Klima regelmäßigen Gedankenaustauschs im Dreieck Deutschland – Schweiz – Österreich aufbaut. (Das jährliche Zusammentreffen der Finanzminister dieser drei Länder findet dann mit der Regelmäßigkeit kirchlicher Feiertage statt.)

In der Periode der besonders heftigen Währungsturbulenzen nach dem Zusammenbruch von Bretton Woods und der Gewöhnung an das „Floaten“ des Blocks der EWG-Länder (ausgenommen England, Irland, Italien) entsteht eine besonders enge Zusammenarbeit zwischen Österreich und der Schweiz. Über das Wochenende 10./11. März 1973 beraten die sechs EWG-Länder in Brüssel die währungspolitischen Schritte. Das Ergebnis dieser europäischen Währungskonferenz ist die Freigabe der Währungen gegenüber dem Dollar. Ob Österreich und die Schweiz sich dem entstehenden Hartwährungsblock anschließen werden, klären die beiden Finanzminister in direktem Kontakt.

Am Morgen des 18. März eilt Androsch nach Bern zu seinem Schweizer Amtskollegen Celio und kann am Nachmittag im Rahmen der „Wirtschaftspolitischen Aussprache“ den Wirtschaftspartnern, den Vertretern der Industrie und der Landwirtschaft sowie den Gewerkschaften ein mit der Schweiz abgestimmtes Konzept zur Beratung vorlegen. Durch dieses rasche

»Ein weicher Schilling hätte die Inflation angeheizt und die Wettbewerbsfähigkeit nur wenig verbessert. Unter diesen Umständen war es nahe liegend, den ‚Tugendkreis‘ harter Währungen zu wählen und den ‚Teufelskreis‘ weicher Währungen zu meiden.«
Hans Seidel

Die Hartwährungspolitik des Finanzministers wird nach intensiven Verhandlungen von den Wirtschaftspartnern – vor allem von Anton Benya und Rudolf Sallinger (M.) – voll unterstützt.

Reagieren, diese umfassende Information und letztendlich auch durch die Einbindung aller betroffenen Interessengruppen in die Entscheidungsabläufe schafft sich Hannes Androsch jene Vertrauensbasis, die auch in den nächsten, schwieriger werdenden Jahren die Durchsetzung seiner währungs- und damit wirtschaftspolitischen Linie ermöglicht.

Stabilitätsimport durch Hartwährungspolitik

Was in der Retrospektive wie eine quasi vorgegebene Entwicklung aussieht, ist jedoch bei jedem einzelnen Schritt heiß diskutiert oder umstritten. Im Wesentlichen stehen einander dabei die Vertreter eines außenwirtschaftlichen Traditionalismus und diejenigen eines pragmatischen Keynesianismus gegenüber. Die Ersteren gehen davon aus, dass ein kleines Land wie Österreich sich eine Hartwährungspolitik nicht erlauben könne, weil eine Aufwertung die Konkurrenzfähigkeit österreichischer Güter gefährde. Heute würde man dies wohl als „Standortpolitik" bezeichnen. Die Gegenposition sieht Währungspolitik als integralen Bestandteil einer umfassenden

Um spekulative Einflüsse auf den Schilling auszuschalten und stabile Wechselkurse sicherzustellen: Finanzministertreffen in Wien. Georges-André Chevallaz, Schweiz, Hannes Androsch, Hans Apel, Bundesrepublik Deutschland

wirtschaftspolitischen Konzeption. Das ist die Position des Finanzministers.

Hannes Androsch findet für seinen wirtschafts- und währungspolitischen Kurs bei den Gewerkschaften volle Unterstützung. Abgesehen von den partikularen Interessen der Exportindustrie und der für Österreich spezifischen Position des Fremdenverkehrs, stimmt auch die Bundeskammer in diese Konsenspolitik ein. Die starken Männer der Wirtschaftspartner – Anton Benya und Rudolf Sallinger – unterstützen den Finanzminister mit einer zurückhaltenden Preis-Lohn-Politik. Insgesamt führt die Hartwährungspolitik mit ihrer positiven Auswirkung auf die Preisstabilität zur Erhöhung der Wettbewerbsfähigkeit.

Wenn man ein theoretisches Fundament dieser Politik, das jedoch niemals die Rigorosität einer „Schule“ annahm, ausmachen kann, dann ist es das Konzept des „virtuous circle“. Danach führen Aufwertungen zu einem Stabilitätsimport durch die Senkung der Importpreise und damit zu einer Stabilisierung des inländischen Preisniveaus. Insbesondere in Österreich, wo traditionell eine negative Handelsbilanz zu einem erheblichen Importüberschuss führt. Ein Stabilitätsimport ermöglicht niedrigere (nominelle) Lohnforderungen insgesamt mit besonders positiven Auswirkungen im exponierten Sektor, also in den Unternehmen, die im internationalen Wettbewerb stehen. Der Druck auf Gewinne und Löhne regt auch die Suche nach Methoden und Prozessen zur Erhöhung der Produktivität und damit zu technischer Innovation und Beschleunigung des Strukturwandels an. Dass diese Politik glaubhaft vertreten wird, hat auch einen nicht unerheblichen Einfluss auf die Inflationserwartungen sowohl der Unternehmer als auch der Beschäftigten. Erstere können nicht damit rechnen, dass ihnen eine „weiche“ Alternative zur Strukturanpassung in Form von Inflation zur Verfügung stünde. Letztere können sicher sein, dass ihre Lohnzurückhaltung auch in Form niedriger Preise und ohne Gefährdung der Arbeitsplätze honoriert würde.

Währungspolitik als Wirtschaftspolitik

Die Währungspolitik ist damit ein zentraler Pfeiler der wirtschaftspolitischen Konzeption.

Das Spektrum an wirtschaftspolitischen Maßnahmen ist weit gespannt: Die strukturellen Anpassungsmaßnahmen der Industrie werden durch eine großzügig ausgebaute Investitions- und Exportförderung, Gewerbe und Fremdenverkehr durch eine Fülle von gezielten Aktionen des zuständigen Ressorts unterstützt. Der Rückstand an Infrastruktur bei Straßen, Wasserbauten, Schiene und im privaten wie öffentlichen Baubestand wird durch eine expansive Fiskalpolitik abgebaut. Auch die Geldpolitik versteht sich nicht einem eindimensionalen Stabilitätsziel, sondern einem Zielverbund verpflichtet.

Aus heutiger Sicht ist besonders erwähnenswert, dass der Erfolg dieser Politik auf zwei Voraussetzungen beruht, welche damals noch selbstverständlich sind. Die erste ist institutioneller Art: Die Sozialpartner sind nicht nur Staffage bei runden Tischen, sie sind vielmehr bereits im Vorfeld in die Formulierung der Politik eingebunden. Damit kann die einkommenspolitische Flanke abgesichert werden. Durch die Verstetigung der Lohnpolitik gelingt es, inflationäre Schübe aus dem Ausland auszugleichen und zu verhindern, dass dadurch eine nur schwer wieder kontrollierbare Lohn-Preis-Spirale in Gang gesetzt wird.

Die zweite Voraussetzung betrifft die Vorstellung von der Rolle und den Möglichkeiten des Staates im Wirtschaftsprozess. Wirtschaft wird als gestaltbarer und damit durch Politik beeinflussbarer Prozess gesehen. Daraus folgt auch, dass ein Staat bzw. eine Regierung den Auftrag und die Verantwortung für gestaltende Eingriffe hat. Wenn wirtschaftliches Handeln aber beeinflussbar ist, dann hat die Politik den Auftrag, das zur Verfügung stehende Instrumentarium einzusetzen, die gesamtwirtschaftlichen Ziele zu erreichen, konjunkturell angepasste Impulse zu geben, strukturelle Schwerpunkte zu setzen und last, but not least für eine gerechtere Verteilung zu sorgen. Wenn sich die Wirtschaftspolitik auch ihrer Grenzen bewusst ist, so ist sie doch meilenweit von der Gesinnung entfernt, welche sich später durchsetzt; die staatliche Eingriffe per se verteufelt und sich unter Hinweis auf unbeeinflussbare Marktkräfte und Globalisierungsauswirkungen sich selbst von der Verantwortung freispricht, steuernd einzugreifen. Dieser Wille zur Gestaltung und die Bereitschaft, als notwendig erkannte Entscheidungen zu vertreten, zu erklären und

Hannes Androsch mit dem Präsidenten der Weltbank, Robert McNamara

zu verantworten, macht den Unterschied zur Politik nachfolgender Jahrzehnte aus.

Auf der Basis dieser grundsätzlichen Übereinstimmung zwischen Kreisky und Androsch versucht die Regierung, eine adäquate Antwort auf die Turbulenzen der 1970er Jahre – Zusammenbruch des Währungssystems, Ölpreisschock, Weltwirtschaftseinbruch – zu finden. Eine erfolgreiche Hartwährungspolitik verlangt eine Reihe von harten, unpopulären Maßnahmen wie eine restriktive Geldpolitik, eine selektive Kreditpolitik, budgetäre Stabilisierungsmaßnahmen und vor allem einen Stabilisierungspakt der Sozialpartner. Dieses Abkommen, im November 1972 ursprünglich auf ein halbes Jahr abgeschlossen, wird mehrmals verlängert. Darin verpflichtet sich der Gewerkschaftsbund, auf eine Zwischenlohnrunde sowie auf Sonderzahlungen zu verzichten. Das Abkommen kommt nicht zuletzt deshalb zustande, weil der ÖGB von der Richtigkeit des währungspolitischen Kurses überzeugt ist und für die einkommenspolitische Abstützung sorgt, die für diesen konjunkturpolitischen Alleingang erforderlich ist.

In der Notenbank selbst findet Hannes Androsch wertvolle Mitstreiter – Vizepräsident Karl Waldbrunner, Adolf Wala, den späteren Generaldirektor der Notenbank, und den Leiter der volkswirtschaftlichen Abteilung, Georg Albrecht. In der weiteren Entwicklung ist dann von wesentlicher Bedeutung, dass die Erwartung, die der Bundeskanzler in die Berufung von Stephan Koren zum Präsidenten der Notenbank setzt – nämlich ein Gegengewicht zum Finanzminister zu schaffen –, sich nicht erfüllt. Hannes Androsch und Stephan Koren haben in Fragen der Währungspolitik keine unterschiedliche Position.

Am harten Schilling scheiden sich die Geister

„Diese Position blieb jedoch keineswegs unbestritten. Insbesondere Experten des Internationalen Währungsfonds wie auch Bundeskanzler Kreisky neigten immer wieder dazu, das entstandene Leistungsbilanzdefizit durch eine Abwertung zu bekämpfen. Diese Meinung vermochte sich jedoch gegenüber einer Achse, gebildet aus Finanzminister Hannes Androsch, Gewerkschaftspräsident Anton Benya sowie der Nationalbank, in der der ehemalige Leiter der Statistischen Abteilung der Arbeiterkammer, Philip Rieger (aber auch Notenbankgouverneur Koren), diese Linie entschieden vertrat, nicht durchzusetzen.“ (Butschek)

Die Leistungsbilanz, die 1977 mit einem Defizit von 3,6 Prozent des BIP abschließt, bereitet tatsächlich große Sorgen. Noch einmal flammt der Streit um die Hartwährungspolitik heftig auf. „Die nächste Bewährungsprobe der Währungspolitik erfolgt gegen Ende der Siebzigerjahre, als trotz guter Wirtschaftsdaten im Rahmen des „magischen Vierecks“ (Wachstum, Beschäftigung, Preisstabilität und Zahlungsbilanz) die Leistungsbilanz ins Defizit zu kippen droht. Ohne die wahren Ursachen auszuloten, wird zunächst der bequeme Ruf nach Abwertung laut. Sogar ausländische Experten (nämlich die des Internationalen Währungsfonds) legen Österreich eine Abkoppelung des Schillings von der D-Mark nahe; eine Empfehlung, die inländischen Abwertungsbefürwortern – etwa der ÖIAG, aber auch den Interessensverbänden der Unternehmer – nicht eben ungelegen kam … Im Rückblick lässt sich feststellen, dass die österreichische Hartwährungspolitik endgültig gerettet wurde, hätte doch selbst ein zunächst nur mäßiger Schritt in die falsche

Hannes Androsch führt Bruno Kreisky durch die Ausstellung „50 Jahre österreichischer Schilling" im Finanzministerium.

Ein Plausch mit Kunstprofessor Adolf Frohner und seiner Gattin Erna (l.), Inge und Beppo Mauhart (r.) über den harten österreichischen Schilling

Finanzplatz Wiener Opernball: die Finanzminister Georges-André Chevallaz und Hannes Androsch mit dem Chef der Deutschen Notenbank, Karl Otto Pöhl, und Gattinnen

Richtung unweigerlich eine Lohn-Preis-Spirale in Gang gesetzt. Schon ein Jahr später wurde die Richtigkeit der konsequent harten Währungspolitik … voll bestätigt." (Kausel)

Für Bruno Kreisky wird die währungspolitische Praxis zur zweifachen Belastung. Zum einen ist er von der Währungspolitik seines Finanzministers nicht wirklich überzeugt, daher ist er für die Anliegen der Exportindustrie besonders empfänglich; zum anderen sieht er in der wachsenden Eigenständigkeit des Finanzministers und den dahinter stehenden Partnerschaften eine aufkeimende Gefährdung seiner Position.

Wirtschaftspolitik besteht nicht nur aus statistisch erfassbaren Elementen. Sie ist vielmehr in eine Landschaft aus Werthaltungen, Attitüden und psychischen Befindlichkeiten eingebettet, die zu den „objektiven" Fakten oft quer liegen. So hat die dargestellte wirtschaftspolitische Konzeption – und ziemlich sicher hätte dies auch für jede andere gegolten – zu Beginn der 1970er Jahre mit einem zweifachen Glaubwürdigkeitsproblem zu kämpfen: Erstens traut man einer sozialistischen Regierung sicherlich Kompetenz bei der Verteilung von Volkseinkommen zu, nicht jedoch so ohne weiteres auch dabei, die für seine Entstehung förderlichen Bedingungen zu schaffen. Und zweitens gibt es viele, für welche die Jugend des Finanzministers nicht unbedingt eine Empfehlung ist. Dass es sehr schnell gelingt, diese

»Da hat der Koren dann zu mir gesagt: ‚... Sie schicken mir ein Fernschreiben über Ihren Protest, und ich leg es gleich ab. Sie können dann Ihren Mitgliedern sagen, Sie haben etwas getan‘.«

Herbert Krejci, Generalsekretär der Industriellenvereinigung, zur pragmatischen Umsetzung der Währungspolitik

Bedenken zu zerstreuen, zeigt sich daran, dass die wirtschaftlichen Experten in allen relevanten Institutionen den Kurs sehr schnell mittragen. Und die Bevölkerung drückt ihr Vertrauen in wachsenden Mehrheiten bei Wahlen aus.

Obwohl die Währungspolitik immer nachvollziehbarer zum tragenden Element der erfolgreichen Wirtschaftspolitik wird, entwickelt sie sich im Verhältnis Kreisky – Androsch zum sachpolitischen wie machtpolitischen Konfliktpotenzial. Der Bundeskanzler sieht sich bei dem nächtlichen Hundespaziergang mit dem Präsidenten der Industriellenvereinigung, Igler, dem ständigen Wunsch nach Abwertung ausgesetzt. Igler erhofft sich dadurch eine Verbesserung der schlechten Exportsituation der Vöslauer Kammgarnfabrik. Die gleichen Hoffnungen verbindet Kreisky hinsichtlich der verstaatlichten Industrie, die kompetenzmäßig dem Bundeskanzleramt untersteht. Doch der Bundeskanzler beißt bei Hannes Androsch auf Granit. Dass er sich so überhaupt nicht durchsetzen kann, muss Kreisky verärgern, irritieren, an der Loyalität seines „Hannes“ zweifeln lassen. Auch an der Richtigkeit der von Androsch verfolgten Politik, gibt es doch auch internationale Stimmen, mit dem Weltwährungsfonds an der Spitze, die Österreich durchaus eine weichere Währungspolitik empfehlen. Aber Hannes Androsch findet Rückhalt bei Karl Waldbrunner, der nach wie vor eine gewichtige Stimme in der SPÖ ist und dazu noch Vizepräsident der Nationalbank, und bei Anton Benya. Der Präsident des ÖGB steht voll hinter der währungspolitischen Linie des Finanzministers. Den ÖGB überzeugt die wirtschaftspolitische Konzeption der Gesamtstabilität mit dem Schwerpunkt Vollbeschäftigung, der struktur- und industriepolitischen Zielsetzungen, die Androsch mit seiner Hartwährungspolitik verfolgt.

„Hartwährungspolitik heißt, es abzulehnen, steigenden Kosten und ungenügender Produktivität durch Abwertung der Währung oder Abschwächung des Wechselkurses entgegenzukommen. Es zeigte sich immer wieder, dass der wirtschaftspolitische Druck auf die Industrie, die Produktivität zu steigern und die Kosten zu senken, generell geradezu revolutionäre Verbesserungen trotz aller furioser Widerstände von Interessenvertretungen nach sich zog. Sozialer Konsens, Streikarmut, Steuerpolitik, Einkommenspolitik und Budgetpolitik erleichtern diese Entwicklung.“ (Hannes Androsch in „Stephan Koren – Wirtschaftsforscher und Wirtschaftspolitiker in Österreich“, einer Festschrift für Stephan Koren)

Kreisky reagiert mit einem feinen politischen Schachzug. Die Position des Präsidenten der Notenbank ist neu zu besetzen. Kreisky schlägt Professor Stephan Koren, den Vorgänger von Hannes Androsch als Finanzminister, Fraktionsführer der ÖVP im Parlament, vor. Als solcher die Kassandra vom Dienst, weil er es immer wieder versteht, die Kritik an Androschs Budgetpolitik in düstere Zukunftsszenarien zu kleiden. Kreisky sieht die Chance, dreierlei zu erreichen: Erstens eine großzügige Geste nach außen. Seht her, wir Sozialisten sind wieder

Herbert Cordt (l.), währungspolitischer Berater im Kabinett des Finanzministers, und Hannes Androsch – um sechs Uhr früh war alles vereinbart ...

wer. Obwohl wir im Parlament die absolute Mehrheit haben, beharrt die Regierung nicht darauf, einen so wichtigen Posten wie den Chef der Notenbank mit einem Sozialisten zu besetzen, sondern verzichtet zugunsten der großen Oppositionspartei. Zweitens: Eine Schwächung der ÖVP, die auf ihren gleichermaßen streitbaren wie kompetenten wie angesehenen Klubobmann verzichten muss, und drittens in der Notenbank ein wesentlich gewichtigeres Gegenüber zu Hannes Androsch, als es der scheidende Präsident Kloss gewesen ist.

Doch so kunstvoll die Intrige auch inszeniert ist, sie geht trotzdem nicht auf. Die währungspolitische Federführung durch den Finanzminister wird auch von Koren akzeptiert, und in der grundsätzlichen Ausrichtung der Hartwährungspolitik gibt es keine gewichtigen Differenzen. In der erwähnten Festschrift für Stephan Koren schildert Hannes Androsch die erste Herausforderung an die beiden obersten Währungshüter und die für Kreisky weiterhin unbefriedigende, ja, belastende Situation:

„Mitte Oktober 1978 war es wieder einmal so weit: Mitten in den Vorbereitungen zur Budgetrede – üblicherweise wurde hier in den letzten Tagen bis weit über Mitternacht gearbeitet – erfuhr ich aus dem Radio, dass die

Deutsche Bundesbank die D-Mark im Rahmen des EWS wieder aufgewertet hatte. Es war ein Uhr früh und schnelles Handeln notwendig. Ich rief Herbert Cordt an, um mich zu beraten, was in dieser Situation die vernünftigste Vorgangsweise wäre. Wir kamen überein, dass ich zeitig in der Früh Präsident Koren zu Hause anrufe, um mit ihm ein Mitziehen des Schillings mit der Deutschen Mark zu vereinbaren.

Tatsächlich rief ich Koren am 16. Oktober 1978 gegen 6.00 Uhr früh zu Hause an und vereinbarte mit ihm ein teilweises Mitgehen des Schillings mit der D-Mark. Gegen 7.00 Uhr früh informierte ich den Bundeskanzler von meiner Vereinbarung mit dem Nationalbankpräsidenten, und als gegen 8.00 Uhr früh der Generalsekretär der Bundeswirtschaftskammer, Dr. Mussil, bei Dr. Kreisky eine Abwertung des Schillings forderte, war diese Sache bereits gelaufen. Die Achse Koren – Androsch hatte die Entscheidung bereits so vorbereitet, dass auch Bundeskanzler Dr. Kreisky nicht umhinkonnte, die Vorgangsweise gegenüber der Bundeswirtschaftskammer zu verteidigen."

Professor Kausel bilanziert die Hartwährungspolitik des Hannes Androsch uneingeschränkt als Erfolgsgeschichte: „Rückblickend kann als gesichert gelten, dass die Politik des harten, seit 1973 an der stabilen D-Mark orientierten Schillings die derzeitige internationale

Angelobung von Stephan Koren als neuer Präsident der Oesterreichischen Nationalbank durch Bundespräsident Rudolf Kirchschläger

Wettbewerbsfähigkeit der österreichischen Industrie begründet hat; ohne Hartwährungspolitik hätte Österreich vermutlich niemals vergleichbare moderne Industrienationen wirtschaftlich überflügeln können.

Auch im wirtschaftshistorischen Wettbewerb zwischen Deutschland und Frankreich, zwischen der Schweiz und Schweden, zwischen Japan und den USA fällt der langfristige Leistungsvergleich unbestreitbar zugunsten der jeweiligen Hartwährungsnation aus. Es gibt kein empirisches Beispiel, das auf die Dauer den nachhaltigen Erfolg einer Weichwährungslinie dokumentieren würde. Nicht einmal Italien kann als Gegenbeispiel angeführt werden, denn das italienische „Miracolo economico" war im Zeichen der 1948 geschaffenen harten Lira gestanden, und es endete ziemlich schlagartig mit der Preisgabe der fixen Wechselkurse (‚Ende von Bretton Woods', 1971).

Heute wird in Österreich der unnachgiebige Währungskurs nahezu widerspruchslos anerkannt, denn der Erfolg spricht für sich. Doch dem war nicht immer so: Es bedurfte eines langjährigen Lernprozesses, ehe die Vision eines der D-Mark gleichwertigen Schillings Wirklichkeit werden konnte, weil der uralte ökonomische Minderwertigkeitskomplex gegenüber dem großen deutschen Nachbarland alle rationalen Überlegungen verhindert."

Das goldene Selbstbewusstsein

Schwieriger, weil nur selten durch direktes Erleben oder Alltagserfahrung korrigierbar, ist es, das aufgrund der historischen Erfahrungen angeschlagene Vertrauen in die eigene wirtschaftliche Leistungsfähigkeit, insbesondere im Vergleich zur BRD, zu stärken oder vielfach erst aufzubauen. Die Hartwährungspolitik geht von der stillschweigenden Annahme aus, dass die Leistungskraft der österreichischen Wirtschaft durchaus mit derjenigen der am weitesten entwickelten europäischen Volkswirtschaften Schritt halten kann. Diese Tatsache muss im öffentlichen Bewusstsein erst verankert werden. Zu präsent sind noch trotz der Erfahrung des Wiederaufbaues und des rasch wachsenden Wohlstandes die Zweifel der Zwischenkriegszeit an der Lebensfähigkeit Österreichs.

Die Härte des Schillings, nicht zuletzt täglich an den Wechselkurstabellen in der Zeitung und im Urlaub an den eintauschbaren Gegenwerten ablesbar, trägt zur Stärkung des österreichischen Selbstbewusst-

In der Hartwährungspolitik gibt es keine Differenzen zwischen Nationalbankpräsident Koren und dem Finanzminister.

Mit Entschließung vom 12. Dezember 1975 hat Bundespräsident Rudolf Kirchschläger Prof. Alex Möller, dem früheren Finanzminister der Bundesrepublik Deutschland, das „Große Goldene Ehrenzeichen am Bande" für Verdienste um die Republik Österreich verliehen. Hannes Androsch überreicht in einem feierlichen Akt im Finanzministerium diese höchste Auszeichnung, die die Republik Österreich an ein Regierungsmitglied eines fremden Staates vergeben kann, an Alex Möller, einen seiner wichtigsten Gesprächspartner in Währungs-, Wirtschafts- und Europafragen.

seins vielleicht nicht so spektakulär bei wie der Sieg unserer Fußballer in Córdoba über Deutschland, aber sicherlich nachhaltiger. Als bewusst eingesetztes, sichtbares Symbol wird im Jahr 1976 eine goldene 1000-Schilling-Münze herausgegeben. Dieser „Goldtausender" ist nach dem Maria-Theresien-Taler die erste österreichische Münze, die auch im internationalen Handel wieder von Bedeutung ist. Das liegt auch daran, dass, anders als bei vielen Münzprägungen, der Goldwert dem Nominalwert entspricht. Ein überzeugendes Symbol für Solidität, Stärke und Selbstbewusstsein.

Die Hartwährungspolitik spiegelt die Stärke der österreichischen Wirtschaft wider

Ein zusammenfassendes Urteil über die Währungspolitik der 1970er Jahre aus der Retrospektive wird vermutlich zu folgendem kaum umstrittenen Ergebnis kommen:

Der Goldtausender: Am 28. Oktober 1976 wird Österreich vom Goldfieber geschüttelt. Schon vor dem Öffnen der Bankschalter stehen die Menschen Schlange. Bereits am Vormittag sind die Kassen leer. Der Finanzminister verspricht eine Erhöhung der Auflage: 800.000 Stück noch im Dezember, eine Million im Frühjahr 1977.

Finanzminister Hannes Androsch informiert nach der Rückkehr von der Konferenz der Weltbank in den USA die österreichischen Journalisten bereits im Sondergastraum des Flughafens Wien.

1. Die Hartwährungspolitik ist wirtschaftlich erfolgreich. Sie trägt wesentlich dazu bei, ein komplexes Zielbündel im Sinne einer Gesamtstabilität anzusteuern.
2. Die Hartwährungspolitik ist auch politisch erfolgreich. Sie wird nach anfänglichen Widerständen das Konzept, auf das sich alle wirtschaftlichen Entscheidungsträger grosso modo einigen können.
3. Auch emotional ist sie erfolgreich, sie repräsentiert die Stärke der österreichischen Wirtschaft und hilft dabei, Unsicherheit und Zweifel an der eigenen wirtschaftlichen Leistungsfähigkeit abzubauen.
4. Sie ist so erfolgreich, dass sie Teil des österreichischen wirtschaftlichen Selbstverständnisses geworden ist und heute nicht mehr ernsthaft angezweifelt wird.
5. Die Währungspolitik wird aber auch zur innenpolitischen Belastung. Sie ist ein wesentliches Störungselement im Verhältnis zwischen Bruno Kreisky und Hannes Androsch.

Insgesamt muss man der Währungspolitik Einzigartigkeit attestieren. Sie wird eigenständig als tragendes Element einer wirtschaftspolitischen Konzeption entwickelt und gegen vielfache Widerstände durchgesetzt. Es wäre für Hannes Androsch wesentlich einfacher gewesen, sich mit dem Bundeskanzler auf eine währungspolitische Linie zu einigen, die den politischen Konflikt vermieden und den tagespolitischen Bedürfnissen Rechnung getragen hätte, als gegen die Intentionen des Kanzlers anzukämpfen. Ein weniger starker Finanzminister, ein Finanzminister mit geringerer politischer und wirtschaftspolitischer Perspektive, ein karriereorientierter und weniger sachbestimmter Finanzminister hätte weder Kraft noch Mut noch Konsequenz gehabt, diese Währungspolitik der Überholspur durchzusetzen. Solche Feststellungen klingen sehr pathetisch, sind es aber nicht. Der eigenständige Weg Österreichs aus den internationalen Währungsturbulenzen in den 1970er Jahren bestimmte nachhaltig die Rahmenbedingungen für den wirtschaftlichen Aufstieg Österreichs zu einer der wohlhabendsten Industrienationen Europas. Noch einmal Professor Kausel:

„Dass dem in Österreich seit jeher latenten Hang zu weicheren Formen in der Währungspolitik in den zeitweise kritischen siebziger Jahren nicht nachgegeben wurde, kann rückblickend als ‚Sternstunde' der österreichischen Wirtschaftspolitik klassifiziert werden. Ende des Krieges wurde in dem kleinen Ort Bretton Woods in New Hampshire ein neues Weltwährungssystem konzipiert und beschlossen. Es sah feste Wechselkurse zwischen den einzelnen Währungen, mit dem Dollar als Leitwährung, vor. Der Dollar selbst war jederzeit zu einem Kurs von 35 $ je Unze gegen Gold eintauschbar. Österreich ist seit 27. August 1948 Mitglied des Währungssystems.

Zu Ende der 1960er Jahre war dieses System nur noch mit Mühe aufrechtzuerhalten. Die ursprüngliche Dollarknappheit war längst zur Dollarschwemme geworden, und die Goldeinlöseverpflichtung bestand praktisch nur noch auf dem Papier. Um einen Teil der internationalen Liquidität stillzulegen, wurde beschlossen, die Teilnehmer am Währungssystem zu verpflichten, so genannte Sonderziehungsrechte zu zeichnen, die nur für Transaktionen zwischen Banken und internationalem Währungsfonds verwendet werden konnten."

Die wichtigsten Daten der Währungsturbulenzen

1. Jänner 1970:	Erste Zuteilung der neu geschaffenen Sonderziehungsrechte (SDR), 1 US-$ = ATS 26,00
10. Mai 1971:	Schillingaufwertung um 5,05 %, 1 US-$ = ATS 24,75
15. August 1971:	Die US-Administration erklärt, dass sie ab sofort ihrer Goldeinlösepflicht nicht mehr nachkommen wird.
23. August 1971:	Freigabe der Wechselkursbildung
18. Dezember 1971:	Das so genannte Smithsonian Agreement wird beschlossen, das eine Neuordnung der Währungsparitäten und eine Erhöhung des Goldpreises vorsieht. Die erlaubte Schwankungsbreite der Währungskurse wird vergrößert.
22. Dezember 1971:	Neufestlegung eines Leitkurses gegenüber dem US-$ (1 US-$ = ATS 23,30) bei Erweiterung der Bandbreiten (Aufwertung um 6,22 %)
12./13. Februar 1973:	Der Dollar wertet um 10 % ab, die Wiener Devisenbörse wird geschlossen. Neuer Leitkurs: 1 US-$ = ATS 20,97
15. März 1973:	Mitteilung an den IWF, dass die Bandbreiten der Kursnotierung nicht mehr eingehalten werden (floaten).
19. März 1973:	Kursbildung anhand eines Indikatorsystems, Basis sind die Kurse vom 9. Februar 1973.
19. März 1973:	Die Länder der Europäischen Gemeinschaft beschließen, zwischen ihren Währungen die Wechselkurse zu fixieren, gegen den Dollar aber gemeinsam zu floaten (Blockfloaten, Währungsschlange). Die Währungen in der Schlange sind: DM, Ffr, Bfr, LUXfr, hfl, DKr, NKr, SKr.
29. März 1973:	Österreich nimmt ohne formelle Verpflichtung am Blockfloaten teil.
3. Juli 1973:	Aufwertung des Schillings um 4,8 %
17. Mai 1974:	Die OeNB verdoppelt die zulässigen Kursmargen gegenüber den Währungen, die am Blockfloaten teilnehmen.
12./13. Juni 1974:	Grundlegende Reform des Währungssystems, formeller Übergang auf variable Wechselkurse, Wert des SDR (bisher: 1 US-$) wird durch einen Währungskorb aus 16 Währungen bestimmt.
13. Juli 1976:	Neuerliche Ausweitung der Bandbreite von 4 ½ %, innerhalb derer Österreich autonom am Blockfloaten teilnimmt. Orientierungskurse sind künftig die höchsten und niedrigsten Kurse, die in den Jahren 1975 und 1976 gegenüber der DM (7,19 bzw. 7,05) erreicht wurden.
18. Oktober 1976:	Neufestsetzung der Währungsrelationen innerhalb des EG-Währungsverbandes. Österreich hält am Schilling-DM-Wechselkurs fest und wertet damit gegen die übrigen Währungen auf.
22. Oktober 1976:	Ausgabe von 1000-Schilling-Goldmünzen
1. April 1978:	Freigabe der Wahl des Wechselkursregimes für die Mitglieder des Internationalen Währungsfonds
7. September 1979:	Anhebung des Schillingwechselkurses um 1,5 %
24. September 1979:	Anpassung der Kursrelationen im EWS, Schilling wertet mit DM auf.
30. November 1979:	Neuerliches Realignment im EWS, Schilling zieht mit DM mit.
17. September 1980:	Der Währungskorb, der den Wert eines SDR bestimmt, wird auf fünf Währungen (US-$, DM, Ffr, Yen, £) verkleinert.

Der Gedanke der Toleranz

Von 17. bis 19. April 1972 tagt in Villach das höchste Gremium der Sozialistischen Partei. Zum ersten Mal in ihrer Geschichte versammeln sich die Delegierten im stolzen Selbstbewusstsein der absoluten Mehrheit.

Nach den Intentionen des erfolgreichen Parteivorsitzenden Bruno Kreisky sollen gesellschaftspolitische Aufgaben und Absichten im Mittelpunkt der Beratungen stehen, da „die Mehrheitsregierung über einen ganz anderen politischen Spielraum verfügt als die Minderheitsregierung." Als Bruno Kreisky am 18. April ans Rednerpult tritt, um „an die Spitze meines Referates einige Betrachtungen über den Ideengehalt des Sozialismus zu stellen", hat sich der Parteitag bereits eigendynamisch einen Schwerpunkt von besonderer Sprengkraft gesetzt: die Fristenlösung.

Die Initiative geht von den Frauen aus. Auf der „Bundesfrauenkonferenz der Sozialistischen Partei", die traditionell vor dem Parteitag stattfindet, ist eine heftige Diskussion über die Frage der Straffreiheit bei Unterbrechung der Schwangerschaft in einer Resolution an den Parteitag gemündet. Darin sprechen sich die Sozialistischen Frauen für Straffreiheit bei Schwangerschaftsunterbrechung innerhalb der ersten drei Monate aus. Justizminister Christian Broda, in seinem Ringen um eine für alle Parlamentsparteien akzeptable Lösung nicht erfolgreich, nimmt positiv Stellung, die Delegierten des Parteitages stimmen mit großer Mehrheit zu. Dadurch ist die bisherige Linie der SPÖ in dieser sensiblen Frage vom Tisch, und das Signal für eine der heftigsten innenpolitischen Auseinandersetzungen der Nachkriegszeit gegeben. Bruno Kreisky, der Parteivorsitzende, hat den Beschluss nicht mitgetragen. Eine bedeutende innen- wie gesellschaftspolitische Weichenstellung, die ohne sein Mitwirken, ja gegen seine Intentionen, zustande kommt. Sie wird, ist er überzeugt, der Sozialistischen Partei die Mehrheit kosten.

Als im März 1970 die Sozialisten die Regierung übernehmen, gehört das Rechtswesen zu den verstaubtesten Bereichen. Im Vergleich zu anderen europäischen Staaten zählt Österreich zu den rückständigsten Ländern. Gesellschaftliche, wissenschaftliche, medizinische Erkenntnisse und Entwicklungen haben seit mehr als 100 Jahren keinen Eingang in die österreichische Gesetzgebung gefunden. So stammt das geltende Strafgesetz aus dem Jahre 1803 und das „Allgemeine Bürgerliche Gesetzbuch" aus dem Jahr 1811.

Die Regierung kann mit der Reformarbeit sofort beginnen. Sie ist darauf nicht nur auf Grund ihres Justizprogramms gut vorbereitet, sondern es steht als zuständiges Regierungsmitglied auch ein Justizminister mit Erfahrung zur Verfügung.

Justizminister Christian Broda – Reformer aus Leidenschaft

Hertha Firnberg und Christian Broda mit den engsten Mitarbeitern des Justizministers, Heinrich Keller (l.) und Michael Neider

Christian Broda hatte bereits 1964 als Justizminister der letzten Großen Koalition einen Strafgesetzentwurf vorgelegt. Die Wahlen vom 6. März 1966 unterbrachen die Beratungen. Während der Zeit der ÖVP-Alleinregierung wird die Diskussion über eine Rechtsreform auf zwei Ebenen weitergeführt. In der ÖVP-Alleinregierung wird der Entwurf, den Broda hinterlassen hat, in seiner Liberalität reduziert.

In der SPÖ kann Christian Broda seine Reformziele weiterentwickeln. Das „Justizprogramm", das die SPÖ am 22. November 1969 beschließt, findet Eingang in die Regierungserklärung vom 27. April 1970:

„Die Bundesregierung bekennt sich zur Weiterführung der österreichischen Rechtsreform mit ihrem vornehmsten Ziel: zur Herstellung eines immer größeren Maßes an Gleichheit aller Bundesbürger vor dem Gesetz. Die Bun-

desregierung wird die Familienrechtsreform zur Verwirklichung der verfassungsgesetzlich garantierten Rechtsgleichheit der Ehegatten und zur zeitgemäßen Gestaltung des Unterhaltsrechts für Frau und Kinder fortführen ..."

Es gibt mehr Gerechtigkeit

Christian Broda, der Reformator aus Leidenschaft, kann sofort dort anknüpfen, wo er 1966 aufhören musste. Noch in der Zeit der Minderheitsregierung wird die „Kleine Strafrechtsreform" verwirklicht: Entkriminalisierung der Homosexualität (dieses „Irrtums der Natur"), die Entkriminalisierung der Ehestörung und des Ehebruchs, der Übergang zu einem System von Geldstrafen statt Freiheitsstrafen.

Christian Broda hat ganz wesentlich dazu beigetragen, dass die SPÖ am 10. Oktober 1971, nach knapp eineinhalb Jahren Regierungszeit, die absolute Mehrheit erringen kann. Das Tempo und die Professionalität, mit der Veränderungen durchgeführt werden, die viele Jahre auf der Tagesordnung gestanden sind, erhöhen Ansehen und Glaubwürdigkeit der Regierung Kreisky.

Die großen Ziele der Reform des österreichischen Rechtswesens werden in der Legislaturperiode 1971 bis 1975 angestrebt und erreicht. Dabei ist Christian Broda mit großer Sensibilität und Ausdauer um konsequente Lösungen bemüht. Seine Einstellung, dass eine pluralistische Gesellschaft nur im Geiste von Toleranz, gegenseitiger Achtung und Respekt vor den Wertvorstellungen anderer Gruppierungen gedeihen kann, versucht er in der praktischen Politik umzusetzen. Der „Aufholbedarf der österreichischen Justiz" sollte nicht mit der Mehrheit der Regierungspartei durchgesetzt, sondern von allen demokratischen Parteien getragen werden.

Allerdings erlaubt die Eindeutigkeit der Mehrheitsverhältnisse ein zügiges Vorgehen und – für Christian Broda und die gesamte Regierung besonders wichtig – eine offene Diskussion. Die interne Abstimmung mit einem Koalitionspartner, der meist der Beigeschmack der Packelei anhängt, ist nicht notwendig. Anstelle von Parteienkoalitionen ist eine Wählerkoalition Bruno Kreiskys politische Zielsetzung. Ein Stück des Weges gemeinsam – das Versprechen der Bundesregierung, die Rechtsreform gibt der Einladung sympathische Glaubwürdigkeit.

Alle Legislaturperioden der Regierungen Kreisky I bis Kreisky IV sind vom Reformgeist Christian Brodas geprägt. Die großen Schwerpunkte sind das neue Strafrecht und das Familienrecht. Beide Materien werden in der ersten Hälfte des Jahrzehnts abgehandelt. Die Prozesse der Gesetzwerdung sind gleichzeitig Höhepunkt der parlamentarischen Auseinandersetzung. Sie entwickeln sich aufgrund optimaler Voraussetzungen: Einerseits durch das grundsätzliche Bestreben der Regierung, die absolute Parlamentsmehrheit nicht zur unbedingten Durchsetzung des Regierungsstandpunktes einzusetzen, und das respektvolle Bemühen Christian Brodas, mit beiden Parteien einen rechtspolitischen Konsens zu finden, andererseits durch die Bereitschaft von ÖVP und FPÖ, die Konsensbereitschaft der Regierung zu erwidern. Die Hoffnung, dass es möglich sein werde, die großen Reformwerke in sachlichem, emotionsfreiem und qualitativ hochwertigem Meinungsaustausch zu beraten, entsteht bereits mit der Verabschiedung der „Kleinen Strafrechtsreform" 1971. Bei der Frage der Straffreiheit der Homosexualität unter Erwachsenen oder des Ehebruchs und der Ehestörung, wenn die eheliche Gemeinschaft de facto nicht mehr besteht, profiliert sich der Justizsprecher der ÖVP, Walter Hauser, als hochqualifizierter Gesprächspartner mit der Bereitschaft, sich auch innerhalb der ÖVP durchzusetzen. Daher kann die „Kleine Strafrechtsreform" bereits in der Zeit der Minderheitsregierung nahezu einstimmig (lediglich neun Abgeordnete der ÖVP stimmen dagegen) beschlossen werden.

Kein Kulturkampf, sondern eine Frage des Gewissens

Diese große Übereinstimmung will Christian Broda auch bei der „Großen Strafrechtsreform" erreichen. Der Justizminister legt daher einen Gesetzesentwurf vor, der Diskussionen aus der Vergangenheit weitestgehend berücksichtigt. Vor allem in der Frage des Schwangerschaftsabbruches kommt Christian Broda mit der „Sozialmedizinischen Indikation" der ÖVP-Position weitestgehend entgegen. Doch das Thema Schwangerschaftsunterbrechung entzieht sich einer rein sachlich-rechtlichen Lösung, ist vielmehr in jeder Phase der Diskussion – die Bemühungen, eine korrekte, saubere, humane, mehrheitsfähige Gesetzesformulierung zu finden, reichen bis in die Erste Republik, bis in das Jahr 1927, zurück – weltanschaulich belastet. Auch diesmal sind es wiederum katholische Gruppierungen, die sich vehement gegen eine Liberalisierung der geltenden Bestimmungen formieren. Die religiös-ideologischen Emotionen verdrängen jegliche Sachlichkeit. Selbst Euthanasie und Indikationenlösung werden argumentativ gleichgeschaltet. „Wenn die Tötung des Kindes im Mutterleib freigegeben wird, gibt es keine rechtliche Gewähr mehr dagegen, dass nicht eines Tages auch die Tötung bereits Geborener legalisiert werden könnte." (Fritz Csoklich in „Die Furche") Die parlamentarischen Beratungen werden durch außerparlamentarische Agitationen belastet. Die „Aktion Leben", eine von Katholiken gegründete Organisation, mobilisiert lautstarke Proteste in der Öffentlichkeit. Druck erzeugt Gegendruck. Bei den Sozialistischen Frauen kristallisiert sich immer mehr die Forderung „Fristenlösung“ anstelle der „Indikationenlösung“ in der Regierungsvorlage heraus. Die starke Emotionalisierung nimmt Formen eines das Land spaltenden Kulturkampfes an.

Bundeskanzler Bruno Kreisky beobachtet die Entwicklung mit großer Sorge. Er beobachtet, aber er greift nicht ein. Er lässt gewähren. Als sich auf dem Villacher Parteitag die Frauen mit der „Fristenlösung“ durchsetzen, stimmt er einfach nicht mit. Ein für den Kanzler ungewohnt passives Verhalten. In seinem Rückblick „Die Kreisky-Jahre“ vermerkt es Heinz Fischer mit spürbarer Verwunderung: „Die vorherrschende Meinung ist, dass die Motive Kreiskys ... im Bereich der Psychologie gesucht werden müssen: Die Strafrechtsreform ist eines der wenigen oder vielleicht überhaupt das einzige große politische Projekt, bei dem die Weichenstellungen ganz ohne Kreisky erfolgen. Allerdings ist er selber daran schuld.“

Die Verwunderung über Kreiskys Gewährenlassen wächst, wenn man sich die Sorgen, ja Ängste vergegenwärtigt, die ihn angesichts der Eskalation der Debatte belasten. Damals, 1972, ist Bruno Kreisky noch im Vollbesitz seiner gestalterischen Kräfte. Vielleicht hat ihn gerade sein wacher Instinkt davon abgehalten, sich in einer Frage zu sehr zu engagieren, die ihn in starken Konflikt zur gesellschaftlichen Entwicklung gebracht hätte. Die Zeit ist reif geworden, eine so sensible Thematik im Einklang mit der Mehrheit der Frauen zu lösen, auch wenn dadurch übergeordnete gesamtpolitische Strategien, wie die Aussöhnung mit der katholischen Kirche, gefährdet scheinen. Daher gibt Bruno Kreisky auch keine Regierungslinie vor, ärgert sich aber trotzdem über seinen Justizminister. Christian Broda muss die Aussichtslosigkeit seines Ringens um eine gemeinsame Lösung erfahren und unterstützt voll die Forderung der Sozialistischen Frauen nach der „Fristenlösung“. Auf dem Parteitag wirbt er sogar um Zustimmung zum Antrag der Bundesfrauenkonferenz:

Die große Strafrechtsreform sei mehr als eine Änderung des Paragraphen 144, unterstreicht der Justizminister in seiner Rede, „aber sie wird auch nicht daran scheitern, dass wir das strafrechtliche Problem der Schwangerschaftsunterbrechung wieder einmal nicht zu lösen in der Lage wären. Wir werden den unmenschlichen und unsozialen, ungerechten und unwirksamen Paragraph 144 beseitigen.“ Christian Broda wird von spontanem Beifall unterbrochen. Die Delegierten folgen der nunmehr eindeutigen Position des Ministers. Und Broda legt sich auch in der weiteren Vorgangsweise fest:

„Niemand soll an dem festen Willen der Regierung zweifeln, auch auf diesem Gebiet Maßnahmen zu setzen und Versäumnisse der Vergangenheit endlich gutzumachen. Die Regierungsvorlage hat die Indikationenlösung vorgeschlagen, und sie wurde von beiden Seiten kritisiert“, fuhr Broda fort, „Regierung und Justizminister nehmen diese Kritik zur Kenntnis, aber nicht nur von einer Seite. Der Vorschlag für die Fristenlösung überträgt die letzte Entscheidung, ob eine Unterbrechung durchgeführt wird, der Frau. Er geht davon aus, dass damit Voraussetzungen geschaffen werden, die betreffende Frau vor Kurzschlusshandlungen in der Isolierung zu bewahren, in die viele durch strafgesetzliche Drohung gedrängt werden. Er dient, mit der Schaffung besserer Voraussetzungen der Beratung und

Hilfe, der Wiedereindämmung der illegalen Abtreibung durch den Pfuscher."

„Wir nehmen", sagt der Justizminister, „die Gegenargumente sehr ernst. Man spricht von der Gefahr der Vernichtung werdenden Lebens. Wir sind für den Schutz des werdenden Lebens, aber ebenso für den Schutz des gewordenen Lebens, der Gesundheit der Mutter. Der Vorschlag auf Fristenlösung ist zutiefst lebensbejahend. Manchmal muss man den Mut zu Grundsätzen haben, anders geht es in der Gesellschaft nicht, wenn wir sie verändern wollen." Trotz der eindeutigen Festlegung auf die Fristenlösung gibt Christian Broda seine Bemühungen um eine Zustimmung aller Parteien nicht auf:

„Ohne Zweifel wird die große Mehrheit der Bestimmungen der Strafrechtsreform mit großer Mehrheit angenommen werden. Auch beim Schwangerschaftsabbruch werden wir um diese große Mehrheit ringen. Ich weiß nicht, ob ein vorschnelles starres Nein denen, die dieses Nein schon heute sagen, gut bekommen wird. Warum sollen wir in Österreich so weit hinter anderen demokratischen Ländern zurückbleiben?", fragt der Justizminister. „Das ist ja geradezu das zutiefst Inhumane, dass ein gesellschaftliches Übel erkannt wird, das so viel menschliches Unglück schafft, und dennoch die Menschen seit Jahrzehnten nicht fähig sind, einen brauchbaren Ausweg zu finden. Wir sind fest entschlossen, zu einer lebensnahen und sozial gerechten, zu einer menschlichen und sauberen, aber vor allem zu einer dauerhaften Lösung zu kommen." (AZ, 10. April 1972).

Die „Fristenlösung" wird am 29. November 1973 beschlossen, im Bundesrat von der ÖVP beeinsprucht, am 23. Jänner 1974 vom Nationalrat endgültig zum Gesetz erhoben. Das neue österreichische Strafgesetzbuch tritt am 1. Jänner 1975 in Kraft und ersetzt das 172 Jahre – einhundertzweiundsiebzig Jahre! – alte Strafgesetz.

Ein Markstein in der österreichischen Rechtsgeschichte, der den Namen Christian Broda trägt. Einen zweiten, zumindest ebenso bedeutsamen, wird der Justizminister noch in derselben Regierungsperiode setzen: ein neues Familienrecht.

Die politisch gefährlichste Hürde bleibt aber die „Fristenlösung". Dass sie nur mit der absoluten Stimmenmehrheit der Sozialisten genommen werden kann, lässt – wie schon erwähnt – einen äußerst besorgten Bundeskanzler zurück. Heinz Fischer, als sozialistischer Fraktionsführer und in enger Zusammenarbeit mit Christian Broda wesentlich am Zustandekommen des Gesetzeswerkes beteiligt, notiert in sein Tagebuch:

„Am 29. November wurde das Strafgesetz inklusive der sogenannten Fristenlösung mit 93:88 Stimmen beschlossen. Am Tage nach der Abstimmung packte mich Kreisky zusammen und sagte mit leiser, aber besorgter Stimme: Du bist dir bewusst, dass dies der Kardinalfehler unserer Arbeit ist. Dieser Beschluss kostet uns die Mehrheit. Es ist der dritte wahlentscheidende Fehler von Broda – nach Habsburg und Olah – Kronen Zeitung. Im Grund ist ein 20-jähriges Aufbauwerk von mir zerstört – nämlich die Aussöhnung mit der Kirche. Das

»Eine pluralistische Gesellschaft muss sich vom Gedanken der Toleranz leiten lassen.«
Christian Broda

Kreisky zu Broda: „Christian, du machst einen Fehler ...“

kann uns die Kirche nicht verzeihen – nicht der Kardinal –, aber jene, die an diesem guten Verhältnis zur Sozialdemokratie gar nicht so interessiert sind.“ (Heinz Fischer, „Die Kreisky-Jahre“, 1967–1983).

Doch es obsiegt die Besonnenheit. Franz Kardinal König erklärt die Fristenlösung zur Gewissensfrage und überantwortet somit die Entscheidung jedem und jeder Einzelnen. Die „Aktion Leben“ mobilisiert zwar für ihr Volksbegehren 896.579 Unterschriften, ist aber dennoch enttäuscht. Man hat sich mindestens eine Million erwartet. Schließlich war das Volksbegehren praktisch Thema aller Sonntagspredigten und wurde von allen Kanzeln des Landes verkündet. „Die Konfrontation ist abgeblasen, ehe sie begonnen hat“, bilanziert „Die Presse“, „es wird keinen Kulturkampf geben.“

Bruno Kreisky kann sich ohne größere Sorgen und gestärkt auf die nächsten Wahlen vorbereiten.

Das nächste große Gesetzeswerk des Justizministers leistet für den zukünftigen Erfolg einen weiteren Beitrag. Noch gilt das alte Allgemeine Bürgerliche Gesetzbuch. Dieses sieht den Mann als das Oberhaupt der Familie. Frau und Kinder haben dem Mann zu folgen. Egal wohin. Die Kinder zu erziehen ist sein

Recht, sie zu züchtigen ebenfalls. Ebenso ist das Geld beim Mann, das Vermögen, auch jenes der Frau, verwaltet er. Es ist die Gesetzeswelt des 19. Jahrhunderts, die das Zusammenleben der Menschen im ausgehenden 20. Jahrhundert bestimmt. Genauer gesagt: Das „Allgemeine Bürgerliche Gesetzbuch“ stammt aus dem Jahr 1811. Es ist hoch an der Zeit, es zu modernisieren.

Die Sozialdemokraten wollen dieses patriarchalische Familienrecht durch ein partnerschaftliches ersetzt wissen. Mann und Frau als gleichberechtigte Partner, den Grundsätzen des gegenseitigen Beistandes verpflichtet.

Für Heinrich Keller, einen der engsten Mitarbeiter von Christian Broda im Justizministerium, hat die Reformierung des Familienrechts einen hohen gesellschaftspolitischen Stellenwert:

„Die Familienrechtsreform ist, und dies lässt sich in einem Abstand von nahezu drei Jahrzehnten sagen, gesellschaftspolitisch von größerer Bedeutung als die Strafrechtsreform. Uneheliche Kinder mit ehelichen gleichzustellen, statt der väterlichen Gewalt gleiche Rechte für Vater und Mutter zu schaffen, das Haupt der Familie abzuschlagen und gleiche Rechte und Pflichten von Mann und Frau in der Ehe festzuschreiben, sind gesellschaftspolitische Maßnahmen, die auch von ökonomischer Bedeutung sind.

Gleiche Rechte für eheliche und uneheliche Kinder haben Auswirkungen im Erb- und Steuerrecht, gleiche Rechte und Pflichten beider Eltern haben Auswirkungen im Unterhalts- und im Steuerrecht und im Recht der Familienförderung, gleiche Rechte von Mann und Frau in der Ehe haben Auswirkungen im Steuerrecht und auch im Sozialversicherungsrecht, das geänderte Scheidungsrecht bewirkt tiefgreifende Veränderungen in der Struktur unserer Gesellschaft.“

Die Familienrechtsreform ist für Christian Broda auch demokratiepolitisch ein voller Erfolg. Diesmal gelingt es ihm, auch die volle Zustimmung der Oppositionsparteien zu erhalten. Gegen die Gleichstellung der Geschlechter wird höchstens noch am Biertisch gewitzelt.

In den ernsthaften Beratungen im Parlament findet der Justizminister in den Justizsprechern der ÖVP – Walter Hauser – und der FPÖ – Gustav Zeillinger – aufgeschlossene, sachkundige und konsensbereite Gesprächspartner.

Am Ende des Jahrzehnts der sozialistischen Alleinregierung verfügt Österreich über ein völlig neu durchlüftetes, modernes Rechtswesen, das in der Gesetzgebung wie im Strafvollzug zu den internationalen Standards aufgeschlossen hat.

Bemerkenswert sind aber nicht nur die Ergebnisse dieses rechtspolitischen Reform- und Modernisierungsprozesses, sondern auch die Art und Weise, wie er zustande gekommen ist. Er ist ein gutes Beispiel liberaler Demokratie – liberal in der besten Tradition des Wortes. Es sei erlaubt, Heinrich Keller, einen der engsten Mitarbeiter des Justizministers von der ersten Stunde an, in den Zeugenstand zu rufen:

„Was die Vorgangsweise der Rechtsreformpolitik betrifft, so wurden nicht nur Ideen, die bereits 1970 zu Ideen der ganzen Gesellschaft geworden waren, vom Parlament nachvollzogen. Die Geschichte der sozialistischen Rechtspolitik ist auch die Geschichte eines permanenten Bewusstseinsbildungsprozesses. Am Beginn jedes Reformschrittes stand die öffentliche Ankündigung, die öffentliche Information und Diskussion, erst dann folgte die Regierungsvorlage, die wieder und neuerlich einer breiten öffentlichen Diskussion unterzogen wurde, wobei sich die SPÖ nie scheute, den mühenvollen, aber lohnenden Weg eines Konsenses mit der öffentlichen Meinung zu gehen. Es war also nicht so, dass es in erster Linie darum ging, den Konsens mit der Opposition, das heißt mit der Österreichischen Volkspartei oder der Freiheitlichen Partei, auf Parteiebene herzustellen, sondern der Konsens wurde primär mit der öffentlichen Meinung gesucht."

Ein politischer Stil, den wiederzuentdecken und zu beleben durchaus empfohlen werden kann. Im Übrigen ist einer Würdigung des Justizministers Christian Broda, wie sie Heinz Fischer formuliert hat, nichts hinzuzufügen: „Christian Broda hat der österreichischen Justiz, der österreichischen Demokratie und der österreichischen Gesellschaft in einer Weise gedient und sich verdient gemacht, dass es nicht akzeptiert werden kann, wenn problematische Einzelentscheidungen und Weisungen aus der Zeit seiner Nachfolger damit gerechtfertigt werden, dass Fehlentwicklungen aus der Ära Broda korrigiert werden müssen."

Heinrich Keller, Pressesprecher von Justizminister Christian Broda, später Zentralsekretär der SPÖ, heute Rechtsanwalt: „Die Familienrechtsreform ist gesellschaftspolitisch von noch größerer Bedeutung als die Strafrechtsreform."

Finanzausgleich und Qualität des Lebens

Verhandlungen über einen neuen Finanzausgleich gehören zu den heikelsten Herausforderungen an einen Finanzminister. Es geht ja vor allem ums Geld.

Im öffentlichen Bewusstsein fließen die Steuern, die Bürger und Unternehmungen zu zahlen haben, in die Kassen des Bundes. Nur die Gemeinden können spezifische Abgaben – Wasser- und Abwassergebühren zum Beispiel – für ihre Kassen einheben, die Länder heben nur Bagatellabgaben ein.

Der Finanzminister im Elchtest

In der Realität des österreichischen Bundesstaates ist jedoch der überwiegende Teil der Steuereinnahmen Gemeinschaftsbesitz der Gebietskörperschaften. Ein gemeinsamer Kuchen, um dessen Aufteilung hart, listig, naturgemäß egoistisch gefeilscht wird – genannt „Verhandlungen über den Finanzausgleich".

Hannes Androsch muss sich den Begehrlichkeiten von Ländern, Städten und Gemeinden bereits in den Anfängen seiner Ministerschaft stellen.

Die ersten Gespräche über einen neuen Finanzausgleich beginnen im Frühjahr 1972. Hannes Androsch hat seit seiner Berufung zum Finanzminister im April 1970 schon einiges an Profil gewonnen. Mit dem ersten Bundesbudget hat er bewiesen, dass er nicht nur jung, sondern auch fachlich kompetent und politisch beweglich ist. Der Wahlerfolg 1971 hat auch seine Position gestärkt. Er ist nicht mehr Minister einer Regierung auf Abruf, sondern einer, hinter der eine absolute parlamentarische Mehrheit steht.

Trotzdem wollen es die politischen Haudegen, die allesamt erfahrenen Finanzreferenten aus allen Bundesländern und dem Städtebund, im „Grünen Salon" des Finanzministeriums zusammengekommen, ganz genau wissen. Der junge Finanzminister wird einem routinierten Härte-, Belastungs- und Geschicklichkeitstest unterzogen. Die Atmosphäre im Verhandlungssaal verdichtet sich zu explosiver Gespanntheit. Aber der Junghirsch ist von der versammelten Jagdgesellschaft nicht zu erlegen. Hannes Androsch verfängt sich in keiner Falle, wehrt jede Finte geschickt ab, zeigt in keiner Phase der Beratungen Unsicherheit.

Ihn leiten bei seinen Verhandlungen politische Wertvorstellungen, die Ziel und Stil seiner Gespräche bestimmen:

„Wenn es das Ziel unserer Gesellschaftspolitik ist, die Wohlfahrt der Menschen zu er-

Hannes Androsch: „Für die Wohlfahrt der Menschen die materiellen Grundlagen schaffen“

höhen, so muss es Ziel unserer Wirtschaftspolitik sein, die materiellen Grundlagen für eine so verstandene Gesellschaftspolitik zu schaffen.“

Aus diesem grundsätzlichen Wollen leitet sich die Fülle der Aufgaben ab, die im Sozial- und Wohlfahrtsstaat unserer Zeit von der öffentlichen Hand und ihren Trägern, dem Bund, den Ländern und den Gemeinden, zu erbringen sind. Die Erfüllung der Aufgaben erfordert den Einsatz geistiger, organisatorischer sowie personeller und sachlicher Mittel. Diese wiederum haben ihren Preis, der in Form von Steuern, Gebühren und Kostenersätzen von der Bevölkerung aufzubringen ist.

Handschlag mit dem Linzer Bürgermeister Franz Hillinger: Bruno Kreisky, Erwin Frühbauer, Anton Benya. „Er hat die Bundesländer aufgewertet. Er hat eigentlich aus Österreich ein Land gemacht." (Hugo Portisch)

Bei der Erstellung des neuen Finanzausgleichs setzt sich Hannes Androsch das Ziel, dass sich die Aufteilung des Steuerkuchens vor allem an der Aufgabenstellung der einzelnen Gebietskörperschaften orientiert. Das heißt, dass alle – Bund, Länder, Gemeinden – die größtmöglichen finanziellen Voraussetzungen erhalten sollen, um ihre Aufgaben zu erfüllen und ihre Ziele umzusetzen. Das klingt gleichermaßen edel wie selbstverständlich. Um dem Ziel des Finanzministers wenigstens nahe zu kommen, sind harte Verhandlungen notwendig.

Divide et impera – teile und herrsche

Die Frage nach dem Herrn im Ring wird bei der ersten Verhandlungsrunde um den Finanzausgleich von Hannes Androsch für die weiteren Gesprächsrunden eindeutig beantwortet. Und von den Verhandlungspartnern akzeptiert.

Die Erklärung für die Souveränität trotz Jugendlichkeit ist leicht gefunden. Hannes Androsch geht nie unvorbereitet in Verhandlungen, zu einer Diskussion, einem Vortrag, einer Pressekonferenz. Die gute und gründliche Vorbereitung gehört zu ihm wie die Sorgfalt bei der Kleidung oder der regelmäßige Besuch beim Friseur.

Der junge Finanzminister zeigt sich in dieser bis dahin fremden Materie des Finanzausgleichs kompetent, sattelfest und überrascht seine Verhandlungspartner mit einem durchdachten Konzept. Divide et impera – bei aller Betonung der bundesstaatlichen Zusammengehörigkeit gelingt ihm die Zweiteilung in Sonderverhandlungen mit Stadt und Land

Wien, dem für ihn politisch freundlicheren Gesprächspartner, und mit dem „Rest von Österreich". Mit einer sorgfältigen und verständnisvollen Auflistung der Probleme entsteht sehr bald nach der Aufwärmrunde des Abtastens eine Atmosphäre der Sachlichkeit. Die zu Beginn der Verhandlungen definierte Zielsetzung einer fairen, an Aufgabenstellung und Verantwortung orientierten Aufteilung wird glaubwürdig.

Hannes Androsch erkennt in den Verhandlungen um den Finanzausgleich – in den elf Jahren seiner Amtszeit wird zweimal ein Finanzausgleich vereinbart – die Chance, seine wichtigsten Zielsetzungen in konkrete politische Entscheidungen zu fassen. Überzeugt, dass Wirtschaftspolitik und Gesellschaftspolitik nicht voneinander zu trennen sind, verfolgt der Finanzminister hartnäckig die Reduzierung egoistischer Forderungen der Finanzausgleichspartner zugunsten gemeinschaftlicher Erfordernisse.

Solche Grundsätze kann nur glaubwürdig verfolgen, wer selbst ein Beispiel gibt. Im Rückblick wird Androsch wegen einer zu großzügigen Bereitschaft zur Umschichtung von Bundesanteilen zugunsten der Länder, vor allem der Städte und Gemeinden, kritisiert. Josef Taus sieht darin eine Hauptursache für ein steigendes Defizit des Bundes bis Mitte der 70er Jahre. Er ortet aber auch parteipolitische Strategie dahinter. Dass zum Beispiel der ÖVP-dominierte Gemeindebund vom roten Finanzminister Androsch anteilsmäßig mehr Mittel erhält, als ihm beim Finanzausgleich davor der schwarze Finanzminister Josef Klaus

»Wir tragen aber auch die Verantwortung dafür, dass die Verbesserung der persönlichen Verhältnisse, die wir jedem ermöglichen wollen, nicht sinnlos wird in einer zerstörten Umwelt.«
Hannes Androsch

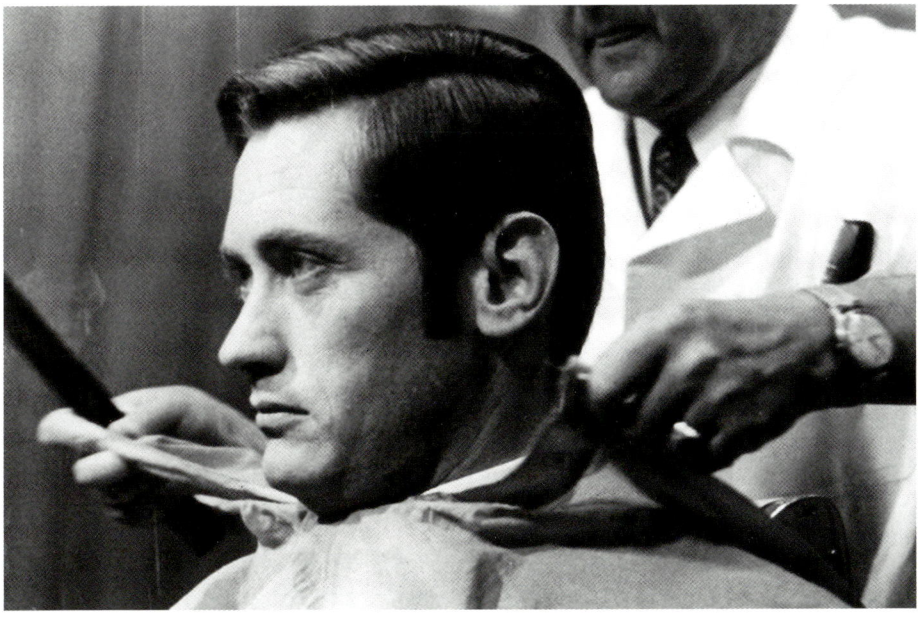

Die gründliche Vorbereitung ist ebenso Bestandteil einer guten Selbstinszenierung wie der regelmäßige Besuch beim Friseur.

zugestanden hatte, hatte für Josef Taus populistischen Hintergrund: „Derjenige, der verteilt, (ist) stets in einer besseren Position als derjenige, der zum Sparen mahnt.“

Stärkung der Gemeinden für erweiterte Aufgaben

Da ist 1972 natürlich was dran. Aber bedeutsamer als parteipolitisches Taktieren ohne Erfolgsgarantie ist für Hannes Androsch der Befund als Voraussetzung für eine wirkungsvolle Therapie. Der Befund zeigt vor allem die Gemeinden in keiner guten finanziellen Entwicklung.

In den Jahren 1967 bis 1970, also in der Periode des geltenden Finanzausgleichs, hat sich die finanzielle Situation vieler Städte und Gemeinden deutlich verschlechtert. Die Folge ist ein starker Rückgang der Investitionen. Für Androsch eine die Lebensqualität gefährdende Entwicklung. Vor allem den Kommunen sind zum Teil sehr kostspielige, aber für die Gemeinschaft der Bürger bedeutende neue Aufgaben erwachsen. Da sind höhere Anforderungen an die Kinder-, Jugend-, Alten- und Krankenbetreuung entstanden. Und – für die Zukunft des ganzen Landes von besonderer Bedeutung – die Herausforderung der Bewältigung des Massenverkehrs in den Ballungsgebieten sowie die immer dringlicher werdende Frage des Umweltschutzes.

Wasser – der wichtigste Rohstoff

Im Rückblick überrascht, wie früh die Sozialdemokraten die Bedeutung einer gesunden und intakten Umwelt als politische Herausforderung erkannt haben. Im „Humanprogramm“, veröffentlicht 1969, setzt sich die SPÖ mit den wachsenden Ansprüchen der modernen Industriegesellschaft und der Endlichkeit der natürlichen Rohstoffquellen auseinander. Besonders besorgt sind die Autoren, dass sich „der Gedanke, dass Wasser der wichtigste Rohstoff ist, bisher nur unvollkommen durchgesetzt hat.“

Drei Jahre vor dem Bewusstseinsdoping durch den Club of Rome schreiben die oppositionellen Umweltdenker der SPÖ folgende Schlussfolgerung nieder: „Es ist aber im Zuge einer Entwicklung, die in ihrer ganzen Art und Richtung dem natürlichen Stoffkreislauf entgegenwirkt, unbedingt erforderlich, Möglichkeiten zur Korrektur oder zur Minderung der Schäden der technischen Expansion zu ergreifen. Vielleicht schon der Mensch von heute, mit großer Wahrscheinlichkeit aber der Mensch von morgen wird sich damit abfinden müssen, dass die Erhaltung seines Lebensraumes, die Erhaltung der Erholungsgebiete und der natürlichen Reserven ebenso seinen Lebensstandard bestimmt wie Auto, Badezimmer und Fernsehapparat, und dass diese Grundlagen menschlichen Lebens zu einem Luxus werden, für den bezahlt werden muss.“

In den Verhandlungen zum Finanzausgleich macht Hannes Androsch die notwendigen Schlussfolgerungen aus dieser Perspektive zum Inhalt politischen Handelns. Der erste konkrete Niederschlag findet sich im Budget für 1973. Der Finanzminister begründet die budgetären Mehrausgaben mit der grundsätzlichen Feststellung, die Maßnahmen zum Schutz der Umwelt müssten *vor* Eintritt spürbarer und vielleicht irreparabler Schäden gesetzt werden.

1972 machen Bruno Kreisky und Hannes Androsch auf dem SPÖ-Parteitag in Villach den Umweltschutz zu einer der großen Herausforderungen der Zukunft: „Eine gesellschaftspolitische Aufgabe von elementarer Bedeutung"

Gegen das Sterben unserer Seen

Der Finanzminister hat dem magischen Vieleck des „policy mix" seiner Wirtschaftspolitik eine zusätzliche Dimension hinzugefügt. Die Abstimmung zwischen Vollbeschäftigung, Wirtschaftswachstum, Stabilität, Zahlungsbilanz und Währungspolitik wird in Hinkunft umweltpolitische Maßnahmen mit einschließen.

Heute, im 21. Jahrhundert, wird die hohe Wasserqualität der österreichischen Badeseen als selbstverständliche Gegebenheit hingenommen. In den 1970er Jahren des vorigen Jahrhunderts war die Reinhaltung der österreichischen Gewässer zur großen Herausforderung geworden.

Horrormeldungen aus dem Ausland über in die Leblosigkeit gekippte Seen sensibilisierten auch bei uns die Öffentlichkeit gegenüber den Gefahren der Umweltverschmutzung. Bundeskanzler Kreisky kündigt bereits in seiner ersten Regierungserklärung unter anderem Maßnahmen zum Schutz vor gesundheitsschädigenden Umwelteinflüssen an – etwa durch Reinhaltung von Wasser sowie hygienische Abfallbeseitigung an. Finanzminister Hannes Androsch rechtfertigt mit der Aufforderung „Wir müssen darauf achten, dass nicht die Verbesserung der persönlichen Verhältnisse in einer zerstörten Umwelt sinnlos wird" die jährliche Aufstockung der Mittel für den Wasserwirtschaftsfonds, für Wasserschutzbauten, für Kläranlagen und die Versorgung der Bevölkerung mit reinem Trinkwasser.

Es ist tatsächlich hoch an der Zeit, dass sich die Politik der Umweltproblematik verstärkt annimmt. In einer zehnteiligen Artikelserie geht der Journalist Robert Sterk der Frage nach: „Sterben unsere Seen?“ Und: „Kann man darin noch gefahrlos baden?“

Sterk erinnert daran, dass bereits zu Beginn der 1960er Jahre der Leiter der Bundesanstalt für Wasserbiologie und Abwasserforschung, Professor Reinhard Liepolt, die Alarmglocken läutete: „Unsere Seen laufen in absehbarer Zeit Gefahr, einerseits überdüngt, anderseits bakteriell verseucht zu werden.“

Konkrete Warnungen der Wissenschafter bleiben in Österreich meist ungehört. Erst als sich die alarmierenden Nachrichten über inoperable Verschmutzungen amerikanischer Seen, über Badeverbote an Stränden des Atlantiks und des Mittelmeers häufen, entsteht auch in Österreich so etwas wie Problembewusstsein. Nur langsam setzt sich der Gedanke durch, dass Wasser der wichtigste Rohstoff ist und man daher sorgsam damit umgehen muss.

Der Zusammenhang von Lebensqualität und öffentlichen Finanzen

Die Regierung unterstreicht die Ernsthaftigkeit ihres umweltpolitischen Engagements mit der Gründung des Bundesministeriums für Gesundheit und Umweltschutz. Spezifische Umweltprojekte bleiben aber auch in anderen

Rupert Hartl (l.), Landeshauptmann-Stellvertreter von Oberösterreich, und die Landeshauptleute Leopold Wagner (Kärnten, M.) und Theodor Kery (Burgenland, r.) – die Bedeutung des Föderalismus

Verkehrsminister Erwin Frühbauer, der „Kämpfer gegen die Rotalgen". Heute haben Österreichs Seen wieder Trinkwasserqualität.

Ressorts angesiedelt und finden ihre budgetäre Deckung: Wildbach- und Lawinenverbauung zum Beispiel oder Bauten für Hochwasserschutz und Flussregulierungen. Die Vielschichtigkeit der umweltpolitischen Schwerpunkte ergibt auch einen nicht unwesentlichen Beitrag zur Politik der Vollbeschäftigung und findet auch von daher ihre Unterstützung. Die Bundesregierung sieht in ihrer Umweltpolitik, vor allem im Schwerpunkt Reinhaltung der Seen, eine wesentliche Unterstützung für den Fremdenverkehr. So drohen in Kärnten Anfang der 1970er Jahre dem Tourismus beträchtliche Einbußen, als die Nachricht von den Rotalgen in einigen Kärntner Seen in den Medien verbreitet wird.

Es ist dann vor allem der erste Verkehrsminister der Regierung Kreisky, der Kärntner Erwin Frühbauer, der die Beseitigung der Rotalgen zu einem schwerpunktmäßigen Anliegen

Neuer Erholungsraum für die Bürger der Großstadt. Der Bau der Wiener Donauinsel ist – heute kaum zu glauben – politisch schwer durchzusetzen.

macht. Er forciert den Ausbau von biologischen Kläranlagen, von Ringwasserleitungen und – für die weitere Entwicklung von besonderer Bedeutung – er unterstützt ein Raumordnungsgesetz, das den freien Zugang zu den Seen, soweit überhaupt noch möglich, erhalten soll.

Diese Thematik war ja in der Vergangenheit überhaupt nicht beachtet worden. Als das Raumordnungsgesetz am 1. Juli 1972 in Kraft tritt, sind etwa von den wichtigsten Seen des Salzkammergutes weniger als 20 Prozent der Badeufer noch frei zugänglich.

Die freie Zugänglichkeit kann nicht wieder wesentlich erweitert werden, die Sanierung der Seen gelingt. Am Beginn des 21. Jahrhunderts sind Österreichs Seen ein Musterbild an Sauberkeit, haben Trinkwasserqualität, sind fischreich und wichtiger Teil unserer Lebensqualität.

Bereits im Sommer 1975 kann die Regierung über Erfolge jubeln: „Endlich – unsere Seen sind wieder sauber" (AZ). Der Bau von Ringleitungen und Kläranlagen hat zu den angestrebten Ergebnissen geführt. Für die Regierung bleibt das Thema trotzdem auf der Tagesordnung. Bautenminister Josef Moser löst mit seinem Vorschlag, jeder Erwerbstätige Österreicher sollte jeden Tag einen Schilling für die Gewässerreinhaltung zahlen, eine lebhafte Debatte aus. Die mürrische Abwiegelung durch den Bundeskanzler („Es ist das Recht jedes Ressortministers, Maximalforderungen zu stellen") kann die öffentliche Fragestellung nicht mehr verhindern, wie viel denn den Österreichern sauberes Wasser wert sei. Die Regierungsklausur zu Beginn 1976 muss sich mit der gesamten Problematik sauberes Wasser, reine Luft, Lebensqualität und dem daraus resultierenden Finanzierungsbedarf befassen. Wenn auch der Wasserschilling im Gejammer über die drohende Belastungslawine wieder untergeht, zur Stärkung des Umweltbewusstseins trägt er erheblich bei. Indirekt auch zur politischen Stärkung des Finanzministers.

Hannes Androsch muss sich trotzdem sein „ceterum censeo", dass privater Wohlstand unmittelbar mit öffentlichem Wohlstand zusammenhängt, dass aber gesunde Umwelt, moderne Schulen, Spitäler, Verkehrsmittel, dass Wasserversorgung und Wassererhaltung Geld kosten und uns nur durch gesunde Staatsfinanzen garantiert werden können, hartnäckig erkämpfen.

Es ist eine gesellschaftspolitische Position, um deren Umsetzung der Finanzminister nicht nur mit den meist konservativen Partnern des Finanzausgleichs ringen muss, sondern auch innerhalb der Sozialistischen Partei. Ein Bewusstsein über den logischen Zusammenhang von Lebensqualität, gesunden Staatsfinanzen und wirtschaftspolitischen Realitäten musste erst geschaffen werden.

Hannes Androsch überrascht seine Parteifreunde auf dem Villacher Parteitag – 1972 –, als er sich in einem groß angelegten Diskussionsbeitrag vor allem mit den Fragen von Lebensqualität und langfristiger Verantwortung für die Umwelt auseinander setzt. Mit einem an ihm ungewohnten Pathos versucht er, gesellschaftspolitische Emotionen zu mobilisieren. Weniger Egoismus, mehr Gemeinschaftssinn. Weniger Ansprüche an den privaten Konsum, dafür mehr Verständnis für die Notwendigkeit öffentlicher Leistungen.

Weniger Egoismus – mehr Gemeinschaftssinn

Dem Finanzminister gelingt ein gesellschaftspolitisch wohlverpackter Appell, nicht bereits wieder an die nächste Steuersenkung zu denken: „Gerade als Sozialisten dürften wir nicht die Gemeinschaftseinrichtungen vernachlässigen. Denn allzu sehr hängt die Qualität unseres Lebens zunehmend weniger vom Zuwachs des privaten Konsums als vielmehr von den Leistungen und Investitionen im öffentlichen Bereich ab. Daher gehört ein wachsender Anteil der Bedürfnisse einer Industriegesellschaft aus ökonomischen wie aus gesellschaftspolitischen Gründen in diesen öffentlichen Bereich.

Denn welchen Nutzen haben wir als Einzelne, wenn wir uns von Jahr zu Jahr einen teureren Urlaub leisten können, die Erholung aber in einer zerstörten Landschaft, an den Ufern verschmutzter Seen oder sterbender Flüsse suchen müssen?

Welchen Dienst erweisen wir unseren Kindern, wenn wir ihnen zu Weihnachten eine singende Puppe oder eine ferngesteuerte Mondfähre schenken können, aber sie das ganze Jahr über keine geeigneten Spielplätze, keine ausreichenden Kindergärten oder Schulen verfügen?

Mit unseren Entscheidungen werden wir in Hinkunft – jeder von uns – die Verantwortung auch für die kommende Generation übernehmen müssen, wenn wir uns entscheiden müssen, mehr Geld für ein größeres Auto oder einige PS mehr unter der Motorhaube oder für bessere Straßen, weniger Unfälle, weniger Tote zur Verfügung zu stellen. Wir werden uns entscheiden müssen, ob uns eine menschenwürdige Umwelt nicht mehr wert sein sollte als ein Zweitauto oder ein Wohnwagen.

Wir sind unmittelbar mit diesen Fragen konfrontiert, obwohl eine relativ große Anzahl unserer Mitbürger noch Stiefkinder des Wohlstandes sind. Noch haben wir Armut zu bekämpfen, noch müssen wir trachten, das Wohlstandsgefälle gegenüber den Industriestaaten abzubauen.

Diese Fragen haben aber auch einen sehr weit gehenden verteilungspolitischen Aspekt. Denn wenn auch die Leistungen des öffentlichen Bereiches allen zugute kommen, so sind doch jene Gruppen mit geringerem Einkommen weitaus mehr darauf angewiesen als solche mit hohem Einkommen. Die Leistungsfähigkeit des öffentlichen Bereiches liegt daher im Besonderen im Interesse gerade der Bezieher kleinerer Einkommen.“

Eine gute Wirtschaftspolitik der realen Möglichkeiten

In einem Finale furioso intoniert Hannes Androsch sein eigentliches Anliegen – eine gute Wirtschaftspolitik der realen Möglichkeiten: „… schließlich aber auch daran zu erinnern, dass es sozialistischen Grundsätzen entspricht, eine Wirtschaftspolitik zu betreiben, deren Ziel es ist, durch fortgesetzte Strukturverbesserungen das Wirtschaftswachstum auf hohem Niveau zu halten und dadurch jene Mittel zu erwirtschaften, die wir zur Finanzierung der großen Aufgaben in Gegenwart und Zukunft benötigen. Auf der Basis unserer sozialistischen Wertvorstellungen heißt dies, das gesellschaftspolitisch Erwünschte mit dem wirtschaftlich und fiskalisch Möglichen und dem politisch Durchsetzbaren in Übereinstimmung zu bringen. Das heißt aber auch, unsere Wünsche und Vorstellungen hinsichtlich des Zeitpunktes und des Umfanges ihrer Erfüllung mit den Realitäten des gespitzten Rechenstiftes abzustimmen.

Wenn uns dies gelingt, dann werden wir auch unser Ziel erreichen, nämlich aus Österreich einen modernen Staat zu machen, in dem es sich lohnt, zu arbeiten und zu leben.“

Das Parteitagsprotokoll vermerkt am Ende der Rede des Finanzministers: „Starker, lang anhaltender Beifall …“

Donauinsel – Hochwasserschutz und Freizeitparadies

Eine der attraktivsten umweltpolitischen Maßnahmen realisiert die Stadt Wien. Wenn heute, im Jahr 2006, an einem sonnigen Sommertag tausende Menschen der „Donauinsel“ zuströmen, ist schwer nachzuvollziehen, dass die Errichtung dieses Freizeit- und Erholungsgebietes politisches Streitthema war. Doch war es das. Als zu Beginn der 1970er Jahre das Projekt entwickelt wurde, mussten die Sozialisten große Anstrengungen unternehmen, es durchzusetzen.

Anstoß war das große Hochwasser 1954 gewesen. Die Befürchtungen, dass die Hochwasserschutzbauten aus der Zeit der Donauregulierung 100 Jahre davor nicht mehr reichten, wurden dramatisch bestätigt. Nunmehr verfolgte die Stadt Wien, präziser: die sozialistische Mehrheit der Stadt, den Bau eines Entlastungsgerinnes und – so quasi als Abfallprodukt – einer Insel aus den beim Aushub anfallenden Erdmassen.

Als der Wiener Stadtrat für Planung, Fritz Hofmann, im November 1972 im Wiener Gemeinderat den Antrag auf die Ausschreibung eines Ideenwettbewerbes einbringt, wird dieser nur mit den Stimmen von SPÖ und FPÖ beschlossen. Die ÖVP kann sich zu keiner Zustimmung durchringen.

Fritz Hofmann, Wiener SPÖ-Stadtrat für Planung: Die ÖVP kann sich zu keiner Zustimmung zum Bau der Donauinsel durchringen.

Der Übergriff

Am 20. September 1978 gelingt der regionalen „Kärntner Tageszeitung" die am häufigsten zitierte Schlagzeile ihrer Geschichte: „Kreisky in Paris, Benya in Sofia, Bacher im ORF".

Am Vortag war geschehen, was nicht geschehen hätte dürfen: Gerd Bacher, der am 11. Oktober 1974 abgewählte Generalintendant des ORF, ist wieder zurück – gegen den Willen Bruno Kreiskys, gegen die Intentionen der gesamten Bundesregierung, entgegen den Erwartungen von Anton Benya. Damit ist ein neues Kapitel im Verhältnis ORF – Politik, Unterkapitel Bruno Kreisky und Gerd Bacher, aufgeschlagen.

Bis hin zur Regierung Klaus war der Österreichische Rundfunk Teil der staatlichen Verwaltung. Bürokratisch, unkritisch, weisungsorientiert. Ein Volksbegehren, initiiert von verschiedenen Zeitungen, scheiterte trotz des beachtlichen Erfolges von 832.000 Unterschriften an der Großen Koalition. Die SPÖ lehnte eine Privatisierung des öffentlichen Rundfunks ab. Kompromisslos und konsequent. Die ÖVP zeigte sich beweglicher. Sie machte 1966 eine Rundfunkreform zu einem ihrer Wahlkampfthemen. Ausgestattet mit absoluter Mehrheit, bringt sie bereits im Juli 1966 einen Gesetzesentwurf ins Parlament. Der Vorschlag folgt weitgehend den Inhalten des Volksbegehrens, mit einer signifikanten Ausnahme: Ziel des Volksbegehrens war die Entpolitisierung des ORF. In den Entscheidungsgremien gab es daher keine parteipolitisch orientierten Mehrheiten. Dieser entscheidende Punkt liest sich im ÖVP-Antrag anders. Die Regierungsvorlage würde es der ÖVP erlauben, jederzeit Beschlüsse mit ihrer Mehrheit durchzusetzen. Damit begründet die SPÖ ihre Ablehnung. Jetzt, in der Opposition, argumentiert sie gegen einen Regierungsfunk und fordert die Meinungsvielfalt.

Die ÖVP sieht keinen Grund einzulenken. Am 1. Jänner 1967 tritt das neue Rundfunkgesetz in Kraft. Erster Generalintendant ist Gerd Bacher. Er ist wie für das Gesetz geschaffen und vice versa. Er ist der Typ, der mit der Anhäufung der Vollmachten, die ihm das Gesetz einräumt, professionell, wenn nötig rücksichtslos und autoritär umgehen kann. Zwar trifft er seine Personalentscheidungen in annähernder politischer Ausgewogenheit, aber mit dem G'spür für durchgehende Qualität. Für die Politiker brechen nun härtere Zeiten an. In Hinkunft wird bei Interviews tatsächlich gefragt, hinterfragt und nachgefragt.

Einen Monat danach, am 1. Februar 1967, wird Bruno Kreisky zum Parteivorsitzenden der SPÖ gewählt. Besseres als der neue ORF hätte dem neuen Parteivorsitzenden nicht

Karl Schranz auf dem Balkon des Bundeskanzleramtes im Stil eines Volkstribuns: Die uneingeschränkte Macht des ORF-Generalintendanten verträgt sich nicht mit dem Bedürfnis nach demokratischer Sicherheit.

passieren können. Bruno Kreisky legt, ganz im Gegensatz zu seinem Vorgänger, eine nahezu leidenschaftliche Offenheit gegenüber allen medialen Auftrittsmöglichkeiten an den Tag. Daraus entwickelt er einen Informationsstil, der ihm den Beinamen „Medienkanzler" einbringen wird. Er, der nach Eigendarstellung immer davon geträumt hat, einmal – zumindest stellvertretender – Chefredakteur der Arbeiter-Zeitung zu werden, weiß wie kaum ein anderer österreichischer Politiker seiner Zeit, dass Medien von Informationen leben. Bruno Kreisky wird sie üppig füttern. Während die SPÖ und führende Funktionäre der

Kreisky-Opfer Gerd Bacher und Bacher-Nutznießer Bruno Kreisky – mit der ORF-Reform wie füreinander geschaffen

Partei weiterhin hartnäckig gegen die Meinungsmanipulation durch den neuen Rundfunk zu Felde ziehen, ist ihr Vorsitzender bereits auf Versöhnungskurs.

Der ORF ist nun, so wie er ist, Realität. Man muss halt mit diesem Rundfunk und seiner Leitung leben, so gut es geht, versucht er seine Genossen auf einen pragmatischen Umgang mit diesem zukunftsträchtigen Medium einzustimmen. Und mit Gerd Bacher, dem Condottiere an der Spitze des ORF. Auf der anderen Seite bringt Gerd Bacher viele Voraussetzungen für ein zwar nicht spannungsfreies, aber wechselseitig befruchtendes Verhältnis mit.

Trotz seiner eher ÖVP-orientierten Grundeinstellung (Gerd Bacher über Gerd Bacher: „I bin a Rechter, aber ka Schwarzer") ist ihm Objektivität in der Berichterstattung ein ernstes Anliegen. Außerdem, wie im Rückblick zu erkennen ist, ist Gerd Bacher gerne Freund des jeweiligen Bundeskanzlers. Egal ob in Österreich oder in Deutschland. Es entwickelt sich daher zwischen Bruno

Kreisky und Gerd Bacher sehr bald eine sehr gute Kommunikations- und Operationsbasis. Bruno Kreisky versteht es außerdem gut, die Möglichkeiten, die der reformierte Rundfunk bietet, zu nützen. Er kommt über den Bildschirm einfach gut rüber – seine Art zu reden, die Dinge, auch die kompliziertesten, verständlich zu erklären, Vertrauen aufzubauen, offen gegenüber den Menschen und ihren Sorgen zu sein.

„Kreisky vermittelt den Eindruck, dass alles machbar sei, und nichts so kompliziert, dass er es nicht verständlich machen könnte. Man nimmt ihm ab, dass er in der Lage sei, die Probleme zu lösen, mit denen andere nur schwer, wenn überhaupt fertig werden. Bundeskanzler Klaus hingegen kommt nicht so gut über den Schirm: Stets um Seriosität bemüht, wirkt er ernst, stets um die Moral besorgt, wirkt er missionarisch, stets um die volle Wahrheit bemüht, wirkt er kompliziert. Ohne es selbst zu merken, haben Klaus und Withalm mit der großen ORF-Reform auch schon ein Instrument geschaffen, auf dem ihr Widersacher Kreisky besser spielen kann als sie." (Hugo Portisch, „Österreich II")

Das geht so lange gut, bis Gerd Bacher der Hafer sticht und die Lust am Provozieren mit ihm durchgeht.

Im Jänner 1972 finden in Sapporo, Japan die XI. Olympischen Winterspiele statt. Favorit für die Goldmedaille im Abfahrtslauf ist Karl Schranz.

Karl Schranz ist nicht nur einer, der auf Skiern die Berghänge in eindrucksvoller Art zu Tale rast, er ist auch einer, der mit vorlauten Äußerungen nicht hinter dem Berg hält. Das mag der Präsident der Spiele, der an Jahren und Weltsicht betagte Amerikaner Avery Brundage, gar nicht. Der Präsident denkt laut darüber nach, die Winterspiele wegen wachsender Unfinanzierbarkeit abzuschaffen. Sie durch Sponsoren finanzieren zu lassen, sieht er in Widerspruch zum Geist Olympias und übersieht hier vor allem, dass der Sittenverfall bereits die Teilnehmer an den Spielen erfasst hat. Brundage muss die für ihn entsetzliche Erfahrung machen, dass die überwiegende Zahl der Sportlerinnen und Sportler den Amateurstatus nach seiner puristischen Auslegung verletzt. Alle kann er nicht hinausschmeißen, aber an diesem widerborstigen Österreicher Karl Schranz wird er ein Exempel statuieren.

Die Offenheit, mit der Karl Schranz laut von sich gibt, was er vom Präsidenten hält, hat wahrscheinlich mehr Anlass zum Ausschluss gegeben als sein grünes T-Shirt mit dem Aufdruck „Aroma Kaffee".

Die Entscheidung, Karl Schranz von den Olympischen Spielen auszuschließen, löst in Österreich helle Empörung aus. Der heilige Zorn über dieses ungerechte, einem tadellosen Sportler eine olympische Goldmedaille raubende und damit eine ganze Nation demütigende Urteil erfasst das ganze Land. Die Medien, die Politiker, die Menschen.

Karl Schranz weiß im fernen Japan noch nichts von der heimatlichen Solidarität. Gleichermaßen empört wie enttäuscht, will er sofort heim nach Tirol. Doch in Frankfurt lauert Gerd Bacher. Der Generalintendant überredet ihn, den Umweg über Wien zu nehmen. Dort erwarte ihn nämlich ein großer Staatsempfang.

Augenblicklich beginnt Gerd Bacher auf der „größten Orgel des Landes" zu spielen. Hörfunk und Fernsehen melden stündlich,

„wann mit dem Eintreffen von Schranz in Wien zu rechnen ist und welche Route der Autokonvoi von Schwechat nehmen werde. Denn Schranz soll von Minister Sinowatz zum Ballhausplatz geleitet werden, wo ihn Bundeskanzler Kreisky persönlich empfangen will. Der damalige Polizeibericht hält fest, dass im Spalier vom Stadtrand bis zum Ballhausplatz 87.000 Menschen gestanden seien.“ (Portisch, „Österreich II“)

Auch Bruno Kreisky, der Bundeskanzler, muss mitmachen. Zuerst will er sich damit begnügen, Karl Schranz in seinen Amtsräumen zu empfangen. Doch kann er sich schließlich nicht der Forderung entziehen, sich mit dem Skiidol auf dem Balkon des Bundeskanzleramtes der jubelnden und johlenden Menge zu zeigen.

Es ist der Inszenierung zweifaches Ergebnis: Der Erfolg des Gerd Bacher. Der Übergriff des Generalintendanten. Er zeigt: Wenn er und sein ORF es wollen, dann führt er den Bundeskanzler der Republik der Öffentlichkeit vor, zwingt ihm von dessen eigenem Balkon aus das Déjà-vu-Erlebnis Heldenplatz auf. Von da weg denkt Bruno Kreisky über ein neues ORF-Gesetz nach. Die uneingeschränkte Macht des Generalintendanten des stärksten Mediums im ganzen Land verträgt sich nicht mit dem Bedürfnis nach demokratischer Sicherheit.

Bereits auf dem SPÖ-Parteitag in Villach im April 1972 beginnt Bruno Kreisky sehr vorsichtig eine Diskussion über eine Reform des Rundfunkgesetzes einzuleiten. Er nennt es „in aller Öffentlichkeit eine Idee zur Diskussion stellen“ – das „Zur-Diskussion-Stellen“ macht er durch Wiederholung besonders deutlich – und bietet den Zeitungsherausgebern praktisch einen eigenen Fernsehkanal an. Es ist eine Idee, wie sie nur Bruno Kreisky entwickeln und „zur Diskussion stellen“ kann: Er macht sich die Printmedien zu Verbündeten, indem er ihnen mit der Möglichkeit, über die TV-Werbeeinschaltungen ihre Probleme zu lösen, eine verlockende Knackwurst ins Fenster hängt; er selbst kann sich als lupenreiner Demokrat präsentieren, indem er das „Meinungsmonopol“ des ORF beseitigt, für Konkurrenz sorgt und damit für den Ausbau der Meinungsvielfalt die Initiative ergreift. Sein eigentliches Anliegen, das Weisungsrecht des autoritären Generalintendanten Gerd Bacher zu brechen, ist nicht Gegenstand der Diskussionen, aber Ziel der Initiative.

In der SPÖ stößt der Vorschlag auf breite Zustimmung. Die Mehrheit der Funktionäre wie der Parteimitglieder, noch von den Interventionsgepflogenheiten zur Zeit der Großen Koalition geprägt, erlebt den ORF als ÖVP-lastig. Jetzt, da die SPÖ über die absolute Mehrheit verfügt, sollte sie sagen, wie eine ausgewogene und objektive Berichterstattung zu sein hat.

Die Diskussion über eine Abwandlung des Rundfunkgesetzes zieht sich über mehr als zwei Jahre hin. Bruno Kreisky strebt mit umsichtiger Konsequenz eine Übereinstimmung aller Parteien an. Er, der Meister aller Medien, weiß sehr wohl, dass es für ihn weitaus attraktiver ist, der ORF steht im Ruf, ein „Schwarz-Funk“ zu sein. Den Akteuren im ORF ständig schlechtes Gewissen wegen mangelnder Objektivität der Regierungspolitik gegenüber einzureden, führt bei diesen zu stetem Bemühen, das Gegenteil zu beweisen. Die SPÖ – präziser: Bruno Kreisky – läuft Gefahr, sich in der eigenen Falle zu fangen,

Bruno Kreisky und „Medien-Charly“ Karl Blecha – in der eigenen Falle gefangen …

wenn die ÖVP-lastigen Verdächtigungen an Glaubwürdigkeit verlieren. Daher sieht sie sich gefordert, ein Rundfunkgesetz zu verwirklichen, das tatsächlich größtmögliche Unabhängigkeit der Journalisten ebenso garantiert wie eine demokratische Mitbestimmung und Mitgestaltung derjenigen, die mit ihren Beiträgen das Unternehmen finanzieren, also jener, die zuhören und zuschauen. Doch der Konsens gelingt nicht. Im Gegenteil – die anfangs sehr konstruktiven Diskussionen enden in einem Misstrauensantrag der beiden Oppositionsparteien an den Bundeskanzler (9. Juli 1974). Am 10. Juli beschließt die SPÖ im Alleingang die Novellierung des Rundfunkgesetzes. Lediglich das Verfassungsgesetz über die Unabhängigkeit des Rundfunks wird einstimmig, also von allen Parlamentsparteien, beschlossen.

Das Ergebnis entspricht nicht den ursprünglichen Ideen des Kanzlers. Es kommt nicht zu einem eigenen Sender für die Zeitungsherausgeber, daher auch nicht zu einer Förderung der Meinungsvielfalt, und schon gar nicht gelingt die Erhaltung der Unschuld der SPÖ gegenüber den Einflussmöglichkeiten auf den ORF. Bruno Kreisky hat sich selbst den „Bacher-Bonus“ genommen. Die Bestellung eines neuen Generalintendanten gelingt erst am 10. Jänner 1975. Und selbst dann mit Krampf und wenig beeindruckend. In den Monaten seit Beschluss des neuen Gesetzes nimmt die Debatte an Heftigkeit zu. Der Kandidat der Bundesregierung für den Generalintendanten, Dr. Otto Oberhammer, Sektionschef im Justizministerium, wird erstmals am 11. Oktober 1974 gewählt. Allerdings – wegen fehlender Zweidrittelmehrheit – nur provisorisch auf drei Monate. Nach Nationalratssondersitzung und Misstrauensantrag muss der Vorsitzende der Wahlkommission, Othmar Slunsky, Vertreter des Bundeskanzlers, bei einer Pattstellung von 15:15, durch Dirimieren eine Entscheidung herbeiführen.

Oberhammer, der Wunsch-Generalintendant des Bundeskanzlers, bleibt ein Zwischenspiel. Als 1978 turnusmäßig die Neuwahl des Generalintendanten fällig ist, bewirbt sich Gerd Bacher wiederum. Wie es scheint, in aussichtsloser Position. Wenn die SPÖ bei der Beschlussfassung 1974 bemüht ist, ein ausgewogenes, einen unabhängigen Rundfunk garantierendes Gesetz zu beschließen, so will sie sich trotzdem nicht völlig den Zufälligkeiten politischer Allianzen ausgeliefert sehen. Daher wird bei der Zusammensetzung des Kuratoriums darauf geachtet, dass es bei der Wahl des Generalintendanten nicht zu ungewollten Überraschungen kommen kann. Zumindest im zweiten Wahlgang muss eine knappe Mehrheit für ihren Kandidaten gesichert sein. Muss – nach den Vorstellungen von Karl Blecha (dem „Medien-Charly"), der für die SPÖ Verhandlungsführer ist.

„Dass man sich dabei verrechnen konnte und dass die Unabhängigkeit des ORF tatsächlich eine Realität war, stellte sich heraus, als bei der übernächsten Wahl des Generalintendanten am 29. September 1978 zum grenzenlosen Entsetzen von Karl Blecha und vieler anderer Gerd Bacher neuerlich gewählt wurde." (Heinz Fischer, „Die Kreisky-Jahre 1967–1983")

„Grenzenloses Entsetzen" löst SPÖ-intern eine inquisitorische Suche nach dem „Verräter" aus. Im höchsten Verdacht steht der Kabinettschef von Hannes Androsch, Michael Auracher, ihm nahe Kunstprofessor Adolf Frohner, mit Hannes Androsch befreundet. Der Hintergrund: Hannes Androsch und Leopold Gratz hatten schon anlässlich der Bestellung von Otto Oberhammer für eine Verlängerung der Funktionszeit des amtierenden Generalintendanten plädiert. In der Zwischenzeit macht Hannes Androsch kein Hehl aus seinem guten Verhältnis zu Gerd Bacher, lädt ihn zu seinem 40. Geburtstag ein, lässt ihn dort sogar eine Rede halten. Alles falsch. Wie sich bald herausstellt – wahrscheinlich wiederum zum größten Entsetzen von Charly Blecha –, waren es die Betriebsräte, die der SPÖ-Führung in der geheimen Wahl die Gefolgschaft verweigert hatten.

Und daher geschieht am 28. September 1978, was nicht geschehen durfte: „Kreisky in Paris, Benya in Sofia, Bacher im ORF". Allerdings ohne Weisungsrecht. Damit ist seither tatsächlich eine Sicherung gegen den Missbrauch des Rundfunks eingebaut. Ansonsten ist aus der Sicht der Regierungspartei der Erfolg eher bescheiden. Die SPÖ hat ihre Einflussmöglichkeiten tatsächlich selbst reduziert, ist jedoch künftighin dem Vorwurf des Gegenteils ausgesetzt. Bruno Kreisky verliert den „Bacher-Bonus", muss sich aber mit Gerd Bacher auseinander setzen.

Gerd Bacher mit oder ohne Weisungsrecht – den alten, neuen ORF-Generalintendanten stört es nicht. Motto: Wozu brauch' ich ein Weisungsrecht …

Die tiefen Spuren in der Bildungslandschaft

Elisabeth Gehrer, seit 4. Mai 1995 Ministerin für Bildung, Wissenschaft und Kultur, hat kein schlechtes Erbe antreten müssen. Die Ergebnisse der ersten PISA-Studie ermöglichen es ihr, stolz auf Österreichs Schülerinnen und Schüler zu sein. Sie liegen im Vergleich von 31 Ländern im guten Mittelfeld.

In Europa zu den ersten fünf zu gehören und weltweit zum obersten Drittel, zeigt, dass die österreichische Bildungspolitik Rahmenbedingungen geschaffen hat, die gute schulische Leistungen fördern", zollte Elisabeth Gehrer ihren Vorgängern faire Anerkennung, um dann tief Luft zu holen: „Jetzt kommt es darauf an, sich nicht auf den Lorbeeren auszuruhen, damit wir beim nächsten PISA-Vergleich von einem der besten Plätze Europas zur Weltklasse aufrücken."

Doch ein Jahrzehnt später steht fest: Die Ministerin kann Wollen und Können nicht in Einklang bringen. Die PISA-Studie des Jahres 2004 dokumentiert einen dramatischen Absturz. Nach zehn Jahren Verantwortlichkeit von Elisabeth Gehrer – zuerst in der großen Koalition, dann bei Schwarz-Blau – ist Österreich „in allen getesteten Kompetenzen zurückgefallen" (Van der Bellen).

Die Bildungspolitik scheint zur Jahrtausendwende wieder dort gelandet zu sein, wo sie drei Jahrzehnte davor schon einmal war: in der Sackgasse. Damals, im Jahre 1970, war die Zeit ebenso reif für Reformen, wie sie in der Parlamentsdebatte vom Jänner 2005 umfassend deutlich geworden sind. Der beklemmende Unterschied zu 1970: 2005 gibt es keine politische Kraft mit vergleichbarem politischem Gestaltungswillen oder vergleichbarer Fähigkeit, bildungspolitische Strategien zu entwickeln und konsequent umzusetzen. 1970 brannte die sozialdemokratische Minderheitsregierung darauf, eine umfassende Bildungsoffensive zu starten.

Die Utopie der Humanisierung durch Bildung

Bildung, Ausbildung, Wissenschaft und Kultur gelten traditionell als besondere Anliegen sozialdemokratischer Politik. Daher sind es Bereiche, mit denen sich die Sozialdemokraten in der Zeit der Opposition 1966–1970 bei der Erarbeitung ihrer Zukunftsmodelle besonders auseinander gesetzt haben. 1969 legte die SPÖ ihr Schulprogramm der Öffentlichkeit vor. Chancengleichheit für alle Kinder war das angestrebte Ziel – ohne Unterschied der sozialen Herkunft, ohne geschlechtsspezifische Differenzierung.

Unterrichtsminister der SPÖ-Minderheitsregierung wird 1970 Leopold Gratz. Die

Fred Sinowatz: „Mehr Chancengleichheit muss im Vordergrund der Bildungs- und Kulturpolitik stehen."

Hertha Firnberg, der erste Minister für Wissenschaft und Forschung, und Leopold Gratz, der erste sozialistische Unterrichtsminister – Bildungspolitik, das besondere Anliegen der Sozialdemokratie

Beamtenschaft des Unterrichtsministeriums gilt als besonders ÖVP-orientiert, CV-dominiert und selbst in der liberaleren Ausformung konservativ. So trifft Leopold Gratz nicht auf jene Liberalität und offene Loyalität, wie sie zum Beispiel Hannes Androsch im Finanzministerium von Anfang an erfahren konnte. Gröbere Probleme gibt es trotzdem nicht. Leopold Gratz, intelligent, gebildet, politisch erfahren, erfrischend charmant, setzt mit der selbstbewussten Unbekümmertheit desjenigen, der wohl vorbereitet eine Aufgabe übernimmt, erste Schritte einer umfassenden Schulreform.

Der Reformstau, den Leopold Gratz vorfindet, ist in allen Bereichen beträchtlich: zu wenig Klassenzimmer, zu wenig Lehrer, antiquierte Lehrinhalte.

In den 1960er Jahren drängten die geburtenstarken Jahrgänge in die Schulen. Überraschung sollte das keine gewesen sein. Trotzdem war die damalige Regierung darauf nicht vorbereitet. Ihr durchaus ehrgeiziges Schulbauprogramm kam zu spät. 1970, zu Beginn der sozialistischen Regierungsperiode, fehlen ca. 1700 Klassenräume, und in der 5-Jahres-Vorschau wird für 1974/75 ein Fehlbestand von 3500 Klassenräumen prognostiziert. Ebenso dramatisch ist der Fehlbestand bei den Lehrern, nicht nur im Pflichtschulbereich, sondern vor allem an den AHS und BHS.

Leopold Gratz: „Die Schule ist eine Angelegenheit der Gesellschaft.“

Nach der Erringung der absoluten Mehrheit am 10. Oktober 1971 und der Neubildung der Regierung am 21. Oktober folgt im Unterrichtsressort ein fliegender Übergang von Leopold Gratz zu Fred Sinowatz.

Für Fred Sinowatz, den umfassend gebildeten Historiker und charakterstarken Sozialdemokraten, ist eine moderne Schulpolitik, Sportpolitik mit eingeschlossen, zentraler Inhalt einer zeitgemäßen Gesellschaftspolitik:

„Die österreichische Bildungspolitik im Bereich von Schulen und Hochschulen leistet einen wesentlichen Beitrag zur Wettbewerbsfähigkeit der Wirtschaft und damit zur Sicherung der Arbeitsplätze. Sie trägt aber auch gemeinsam mit einer aktiven Kulturpolitik dazu bei, mit den Problemen unserer Zeit fertig zu werden und ein Leben in höherer Qualität gestalten zu können. Das Bemühen um mehr Chancengleichheit muss daher weiterhin im Vordergrund unserer Bildungs- und Kulturpolitik stehen.“

Auch für die ÖVP ist Schul- und Bildungspolitik Gesellschaftspolitik. Fred Sinowatz macht die Erfahrung, dass Reformen nur mühsam, gegen übermächtigen Widerstand und nur in kleinen Schritten umgesetzt werden können. Erschwert wird die Durchsetzung durch den Verfassungsrang wichtiger Schulgesetze. Veränderungen verlangen Zweidrittelmehrheit, sind daher nur mit Zustimmung der ÖVP im Parlament durchzusetzen.

Voraussetzung für eine Realisierung ehrgeiziger Reformpläne ist aber nicht nur ihre politische Durchsetzbarkeit, sondern auch die finanzielle Absicherung.

Die Ernsthaftigkeit der Bestrebungen der sozialistischen Regierung ist schon im Budget der Minderheitsregierung ersichtlich und wird mit dem ersten Budget der Mehrheitsregierung fortgesetzt. In seiner Budgetrede vom 12. November 1972 vor dem Nationalrat zitiert Hannes Androsch Karl Steinbuch, den für Bildungs- und Kulturfragen anerkannten

Soziologen aus Deutschland: „Unsere Entscheidungen werden einmal danach beurteilt werden, ob wir für unsere Kinder das Beste taten, vor allem danach, ob wir ihnen eine gute Bildung mitgaben."

Die sozialistische Bundesregierung will dafür die Voraussetzungen schaffen.

Bildungspolitik – ein ständiger Prozess

Schon in der Regierungserklärung der Minderheitsregierung bekennen sich die Sozialisten zu einem beweglichen Bildungssystem mit erweiterten Wahlmöglichkeiten. Daraus ergibt sich die Notwendigkeit einer langfristigen Bildungsplanung mit der Zielsetzung, unerwartete Veränderungen rasch und reibungslos absorbieren zu können. Daher habe die Bundesregierung auch die Absicht, kündigt der Bundeskanzler an, „die Initiative für eine Ausweitung der Möglichkeit von Schulversuchen zu ergreifen. Fred Sinowatz ist überzeugt, dass mit den Schulversuchen das bedeutendste bildungspolitische Unternehmen in der Schulgeschichte Österreichs begonnen und eine Schul- und Bildungsreform eingeleitet wurde, die in geplanten und kontinuierlichen Schritten vor sich geht.

Die Jugend drängt zum Unterrichtsminister: Für das Bedürfnis nach Veränderung ist Leopold Gratz eine glaubwürdige Persönlichkeit.

Für die Bildungspolitik der Regierung sind die Schulversuche tatsächlich von größter Bedeutung. Das gesamte allgemein bildende Schulwesen soll erfasst werden. Vorschulklassen, Grundschulen, fremdsprachliche Vorschulung, integrierte Gesamtschule, Ganztagsschulen, neue Lehrpläne bis hin zur Angleichung der Ausbildung von Kindergärtnerinnen, Lehrern und Mittelschulprofessoren an zeitgemäße Anforderungen werden zur Diskussion gestellt.

Ein „Schulunterrichtsgesetz" – gern als „Schulverfassung" bezeichnet – regelt erstmals eine partnerschaftliche Zusammenarbeit von Lehrern, Eltern und Schülern. Ohne Zweifel eine längst fällige Anpassung an die gesellschaftlichen Realitäten. Die Regierung zögert nicht, sie durchzusetzen.

Ganztagsschule – die realpolitische Grenze

Solch tief greifende Reformen sind aber auch eine Kampfansage an die ÖVP. Mit der Zielsetzung einer umfassenden Chancengleichheit können sich die Schul- und Familienpolitiker der ÖVP nur schwer anfreunden. Der mündige Bürger, das freie, kritische, unabhängige Individuum als Ergebnis der schulischen Erziehung, stößt auf Zweifel und Misstrauen. Demokratische Selbst- und Mitbestimmung schon im Grundschulalter und – folgerichtig – an Mittel- und Hochschulen, wie sie in der westlichen Welt – ausgelöst von intellektuellen Stars der Jugendkultur wie Herbert Marcuse oder Kurt Sontheimer – diskutiert werden, stoßen auf sorgenvolles Unverständnis.

»Österreich kann es sich ganz einfach nicht leisten, nicht alle seine Begabungsreserven auszuschöpfen.«
Bruno Kreisky

Hannes Androsch im Gespräch mit Fred Sinowatz – Budgetpolitik im Dienste der Bildungspolitik

Fred Sinowatz (r.): „Die Begabung, nicht die Brieftasche soll entscheiden."

Die Schulversuche werden zum Konfliktdauerbrenner. Gegen die Einführung der Gesamtschule für Zehn- bis 14-Jährige oder eine Forcierung der Ganztagsschule setzt sich die ÖVP mit allen demokratischen Mitteln zur Wehr. Die SPÖ kann sich nur sehr mühsam durchsetzen. Ein klassischer Fall, wo eine ambitionierte, an Grundsätzen orientierte Regierung bei der Umsetzung sehr rasch an die realpolitischen Grenzen stößt.

Robert Kriechbaumer zeigt in seinem bemerkenswerten Buch „Die Ära Kreisky" diese Konfliktsituation der unterschiedlichen Gesellschafts- und bildungspolitischen Positionen und die sich daraus ergebende Behinderung der Schulpolitik der Regierung Kreisky sehr deutlich auf:

„Die emanzipatorische Pädagogik der neuen Linken hatte auf die bildungspolitischen Konzepte der SPÖ in den späten sechziger und siebziger Jahren erheblichen Einfluss, ohne allerdings in der bildungspolitischen Realität auf Grund des Zwangs zum Kompromiss in vollem Umfang durchzuschlagen. Die SPÖ war zur Politik der kleinen Schritte gezwungen und vermochte, trotz der von ihr forcierten Schulversuche, ihr bildungspolitisches Hauptziel, die gemeinsame Schule der Zehn- bis 14-Jährigen, durch den massiven Widerstand der ÖVP nicht durchzusetzen." Kriechbaumer kommt trotz allem zum Schluss, dass die von Fred Sinowatz in die Schulpolitik der 1970er Jahre eingebrachten Ideen tiefe Spuren hinterlassen haben: „Trotz des Scheiterns der Bemühungen um die ‚Etablierung der Gesamtschule der Zehn- bis 14-Jährigen hinterließ die SPÖ-Politik der kleinen Schritte, die sich an traditionellen Konzepten der Reformpädagogik der Zwischenkriegszeit sowie der von der Frankfurter Schule geprägten kritischen Erziehungswissenschaft orientierte, tiefe Spuren in der Bildungslandschaft. Der Entfall der Aufnahmsprüfung in die AHS, die Schülerfreifahrt und die kostenlose Schulbuchaktion, die Etablierung der Koedukation im gesamten Schulwesen, die Herabsetzung der Klassenschülerhöchstzahlen, die Verlagerung der Lehrerausbildung an die neu geschaffenen Pädagogischen Akademien, die Einführung der leistungsdifferenzierenden Hauptschule und die Angleichung der Lehrpläne der Hauptschule und der Unterstufe der AHS, die Durchlässigkeit des Bildungssystems durch die Etablierung des Oberstufenrealgymnasiums, die abnehmende Bedeutung kognitiver Fähigkeiten und des Leistungsprinzips zugunsten sozialer Kompetenzen, die Etablierung der Schulpartnerschaft und das Schülervertretungsgesetz veränderten die österreichische Bildungslandschaft nachhaltig."

Das Prinzip der Chancengleichheit

Als Finanzminister Hannes Androsch den Bundeshaushalt für 1980 dem Nationalrat vorstellt, sind gleichzeitig 53 allgemeinbildende höhere Schulen und berufsbildende mittlere und höhere Schulen im Bau. Davon ausgehend ergaben Bilanz und Prognose 1970 bis 1985:

„Zwischen 1970 und 1985 werden über 300 neue Bundesschulen fertig gestellt, damit mehr als zwischen der Jahrhundertwende und 1970. Vor allem werden damit die Bildungschancen im ländlichen Raum erhöht, denn nunmehr kann innerhalb einer halben Autostunde von jeder Gemeinde Österreichs aus eine höhere Schule erreicht werden."

„Wir haben uns bei den kostenlosen Schulbüchern für die pädagogisch modernste, großzügigste und zukunftsträchtigste Lösung entschieden." (Fred Sinowatz)

Die enorme Steigerung der Budgetausgaben dokumentiert die Priorität der Bildungspolitik. Das Prinzip der Chancengleichheit verlangt zur Realisierung ein entsprechendes Angebot an schulischen Einrichtungen. Es ist ein Jahrzehnt der Schulgründungen, des Schulneubaus, der qualitativen Verbesserungen. Dazu Hallenbäder, Turnsäle, Sportplätze und Sporthallen. Die räumlichen Engpässe, eine Erblast aus der Zeit vor 1970, können zügig beseitigt werden.

„So erhöhte sich die Schülerzahl an berufsbildenden höheren Schulen seit 1969 um 144 Prozent, an berufsbildenden mittleren Schulen um 59 Prozent und an der AHS-Oberstufe um 43 Prozent. Im selben Zeitraum wurden für diesen Bereich rund 8500 zusätzliche Lehrkräfte eingesetzt, wodurch die Gesamtzahl der Lehrer an den weiterführenden Schulen auf nahezu 26.000 stieg."

Die Bekämpfung der schroffen Ungleichheit

Die infrastrukturellen Verbesserungen sind jedoch für Unterrichtsminister Leopold Gratz und dann – ab 1971 – für Fred Sinowatz nur ein Teil der bildungspolitischen Reformbestrebungen. Um Chancengleichheit tatsächlich für alle Kinder zu verwirklichen, bedarf nach der Überzeugung von Fred Sinowatz das verbesserte schulische Angebot der sozialen Ergänzung und Abrundung. Die Einführung der freien Schulfahrt bringt für die Eltern nicht nur eine finanzielle, sondern vor allem eine psychische Entlastung. Mit der Zunahme des Straßenverkehrs ist die Gefahr auf den Schulwegen gewachsen. Schülerfreifahrten aus dem Budget zu finanzieren ist für die sozialistische Bundesregierung daher aus zwei Gründen eine Selbstverständlichkeit: Zum einen wird die Chance, auch eine der höheren Schulen besuchen zu können, vor allem für begabte Kinder aus dem ländlichen Raum wesentlich vergrößert, zum anderen der Schulweg für die Kinder sicherer und gefahrloser.

Mehr Diskussionen gibt es um die kostenlose Zurverfügungstellung der Schulbücher. An der Frage, ob die Bücher im Eigentum der Kinder sein sollen oder die Einrichtung einer „Schülerlade" oder einer „Leihbibliothek" an jeder Schule der organisatorisch zweckmäßigste, kostengünstigste Beitrag zur Vergrößerung der Chancengleichheit und daher auch pädagogisch wertvoll sei, scheiden sich die Geister.

Konkrete Initiativen zu diesen gesellschaftspolitisch motivierten Reformschritten setzt bereits die Minderheitsregierung Kreisky. Leopold Gratz hat sich schon als junger oppositioneller Abgeordneter bei bildungs- und schulpolitischen Fragen engagiert und profiliert.

Den Kindern und Eltern die Kosten für die Anschaffung von Schulbüchern abzugelten, ist für Gratz die Realisierung einer alten sozialistischen Forderung. Ebenso die Abdeckung der Fahrtkosten zur und von der Schule. Beide Maßnahmen sind im Verständnis der sozialistischen Regierung nicht nur schulpolitische, sondern auch familienpolitische Maßnahmen „zur Bekämpfung der schroffen Ungleichheit auf dem Bildungssektor" (Gratz).

Die Finanzierung sollte daher großteils aus den Überschüssen des Familienlastenausgleichfonds erfolgen. Gegen eine lineare Verteilung der Gelder, wie sie die Oppositionsparteien vorschlagen, wehrt sich Gratz vehement. Untersuchungen hätten ergeben, dass vor allem in den Bundesländern die Fahrtkosten eine wesentliche Belastung des Familienbudgets

Gustav Peichl, Architekt und „Ironimus“, im Gespräch mit Fred Sinowatz –
die Freude des Karikaturisten …

darstellen. Eine gleichmäßige Verteilung der Gelder würde auf die unterschiedlich langen Anfahrtswege und damit auf die verschieden hohen Fahrtkosten nicht Rücksicht nehmen.

Die Öffentlichkeit reagiert positiv. Bei den meisten Zeitungen findet sich die Regierungsinitiative in den Schlagzeilen. Die Regierung sieht sich in ihrer Auffassung bestätigt, dass mit der Verwirklichung der Initiative ein großer Schritt Richtung Chancengleichheit getan wird. Und auch ein bleibender, den eine bürgerliche Regierung nicht mehr ungeschehen machen kann: „Man soll sich nicht darüber täuschen, dass diese Maßnahmen, werden sie einmal Wirklichkeit, nach menschlichem Ermessen nie mehr rückgängig gemacht werden können – und das ist gut so, denn sie entsprechen einer Gesellschaft, die allen ihren Kindern gleiche Chancen einräumt, einer Gesellschaft, die die optimale Nutzung aller Begabungen zum Überleben braucht. Und dazu gibt es ‚Nebenprodukte' dieser bildungspolitischen Initiative: Die Übernahme der Fahrtkosten wird viele Gemeinden veranlassen, den Widerstand gegen

Fred Sinowatz im Presseclub Concordia: „Aus Ideen müssen Taten werden."

gute Zentralschulen aufzugeben, sodass die Benachteiligung durch Volksschulunterricht in mehrstufigen Klassen verschwinden wird." (Manfred Scheuch in der AZ)

Die Kurzfristpragmatik überdeckt die mangelnde Durchsetzbarkeit der Langfristperspektive. Gratisschulbuch und Schülerfreifahrt sind Vitamine zur Stärkung des Ansehens der Regierung. Ganztagsschule und Gesamtschule bleiben sozialistische Utopie.

Die Gewöhnung an das Leben mit Büchern

Kinder möglichst früh an den Umgang und das Leben mit eigenen Büchern zu gewöhnen, ist für Fred Sinowatz ein großes pädagogisches Anliegen. Recht auf Bildung sollte zum allgemeinen Gut werden. Eine Zweiteilung der Klassen in Kinder, deren Eltern sich eigene Schulbücher leisten können, und solche, die gezwungen sind, sie auszuleihen, soll es in einem Bildungssystem mit Chancengleichheit und Chancengerechtigkeit nicht geben. Die Erreichung eines so hehren Zieles rechtfertigt den Einsatz öffentlicher Mittel.

Der theoretische pädagogische Ansatz einer derartigen Zielsetzung ist das eine, die Umsetzung in die Realität des Schulalltages die andere:

„Schließlich galt es ja, die rasche fachliche und methodische Erneuerung des Schulbuches sicherzustellen, die Entwicklung des Arbeitsbuches als Mittel zum selbständigen Lernen voranzutreiben, den verstärkten und vollständigen Einsatz des Buches im Unterricht einzuleiten und eine fugenlose Anpassung des Schulbuches an neue Lehrpläne und bildungswissenschaftliche Erkenntnisse zu ermöglichen." (Fred Sinowatz)

Die Bildungsoffensive der Sozialdemokraten hat im Jahrzehnt 1970 bis 1980 unbestreitbar große Fortschritte erzielt und zu bedeutenden Modernisierungen geführt. Allerdings nur dort, wo die Regierung nicht die Zustimmung der ÖVP für Veränderungen brauchte.

Die bildungspolitische Offensive versandet mit dem Ende der sozialdemokratischen Alleinregierung. Um die Jahrtausendwende hat der Reformstau im europäischen Vergleich wieder das Niveau von 1970 erreicht.

Vorwärts in die Vergangenheit

Die Aufregung um die Ergebnisse der PISA-Studie 2004 ist nach wenigen Wochen wieder verebbt. Der ideologischen Position der für Bildung, Wissenschaft und Kultur zuständigen Elisabeth Gehrer kann die durch PISA dokumentierte Unzulänglichkeit der Bildungspolitik zur Jahrtausendwende nichts anhaben. Sie werde es nicht zulassen, dass Kinder in eine Ganztagsschule gezwängt würden. Internationale Erfahrung und gesellschaftliche Bedürfnisse werden Opfer erfolgreicher Selbstherrlichkeit. Die Mütter sind wohl selber schuld, wenn sie zu wenig Zeit für ihre Kinder haben. Auch über ein Jahrzehnt der Schul- und Bildungspolitik der Frau Minister Gehrer wird man die gleichen Worte der Bewertung wählen können, wie sie dem Jahrzehnt Gratz/Sinowatz nachgesagt werden: „Ihre Politik hat tiefe gesellschaftliche Spuren hinterlassen." Es lebe der Unterschied: Elisabeth Gehrer als Kontrastprogramm zu Fred Sinowatz. Schule und Bildung, die nach dem Verständnis der Regierung Kreisky einem ständigen Prozess der Veränderung unterliegen sollten, werden wieder in die Behäbigkeit des Bewahrens zurückgestoßen.

Die Demokratisierung der Hochschulen

Ende der 1960er Jahre gibt es auch in Österreich beträchtlichen Reformstau an den Hochschulen. So wie in Deutschland und in Frankreich. Österreichs Studenten zünden allerdings keine Autos an, errichten keine Barrikaden, liefern der Polizei keine Straßenkämpfe.

In Österreich erfolgten Polizeieinsätze nicht zum Schutz bedrohter Bürger oder privaten Eigentums, sondern zur Wahrung der guten Sitten. Diese wurden ganz gröblich verletzt, als eine Gruppe junger Künstler im Juni 1968 im Hörsaal I der Universität Wien „Kunst und Revolution" spielte. Ein – wie damals üblich – „Sit-in", das zum „revolutionären ‚Shit-in'" (Günther Nenning) wurde.

Der Boulevard war empört und pushte die „unappetitliche Uni-Ferkelei" zur bürgerlichen Empörung auf. Jetzt hatte auch Österreich endlich seine studentische Revolution. „Ins Gefängnis mit dem obszönen Gesindel" (Aufmacher des „Wiener Montag", 10. Juni 1968).

Der „Express" ist schneller, weil ein Berichterstatter vor Ort dabei war: „Sex-Orgien radikaler Studenten", weiß er schon am 9. Juni zu berichten. Bei so viel flächendeckender Entrüstung kann die „Neue Zeitung", die nicht sehr erfolgreiche Kronen-Zeitungs-Kopie der Sozialisten, nicht zurückstehen: „Damit die Skandale an der Universität aufhören: endlich die Uni-Ferkel verhaftet!"

Skandal, Entrüstung, Einsperren – in Wahrheit eine nahezu klassisch österreichische Episode: die Kunst der Empörung aus Heuchelei.

Zur gleichen Zeit nämlich, als im Hörsaal I im wahrsten Sinne des Wortes Gestank produziert wird, drängen sich im Auditorium Maximum an die tausend Studenten. Dort geht es um die Reform der Universität. Professoren und Studenten in verbaler Auseinandersetzung. Davon wird medial nicht Notiz genommen. Da gibt es nichts zu empören, nichts zu entrüsten. Heuchelei aus dem tiefsten Inneren unmöglich. Der österreichische Beitrag zum revolutionären Aufbegehren der 68er-Generation ist zu einer „Hörsaal-eins-Scheißerei" auf der Wiener Uni verdichtet. Daraus ist allerdings eine eigenständige, international viel beachtete Kunstrichtung Österreichs entstanden: der Wiener Aktionismus.

Ob der Gestank aus dem Hörsaal I dazu beigetragen hat, den Mief der Jahrhunderte aus den Universitäten zu verdrängen, scheint nicht eindeutig beantwortbar.

Jedenfalls wird die Diskussion um Hochschulreformen lebhafter, intensiver, auch ideologischer. Die SPÖ hat ihre Reformpläne in den Jahren 1967/68 niedergeschrieben, 1969

Es ist die studentische Jugend, die 1968 die herrschenden Autoritätsstrukturen zerstört. In Österreich gelingt es der Regierung Kreisky, die Aufbruchstimmung zu fördern und – vor allem – zu nutzen.

veröffentlicht und wird bereits 1970 gefordert, den Beweis anzutreten, wie ernst sie es meint.

Und sie meint es sehr ernst. Noch bevor Bundeskanzler Bruno Kreisky die wirtschaftspolitischen Zielsetzungen der Bundesregierung erläutert, räumt er den Fragen der schulischen Ausbildung, der Jugend, den Universitäten, der Wissenschaftspolitik, den Freiheitsräumen des künstlerischen Schaffens viel Platz ein. Sich gerade mit diesen Fragen auseinander zu setzen, sie zum wichtigen Bestandteil der Regierungspolitik zu machen, ist Bruno Kreisky politisches wie persönliches Anliegen. Zu den sozialdemokratischen

Stationen des Aufbegehrens der jungen Generation Europas im Jahr 1968

Ferkelei in Wien

Straßenschlachten in Paris

Schüsse in Berlin

Grundsätzen, die, seiner Überzeugung nach, zu einer Humanisierung des gesellschaftlichen Lebens führen, gehört ein offenes, verständnisreiches, entkrampftes Verhältnis zur Jugend, zur Arbeiterjugend wie zur studentischen, zu den Wissenschaften und zu den Künsten.

„Sagen Sie ihm, dass er für die Träume seiner Jugend soll Achtung tragen"

„Ich habe vor einiger Zeit zu dieser Frage geäußert, dass, wenn wir Älteren versuchen wollen, zu verstehen, was in der Jugend vorgeht, die – um das Wort des Marquis Posa zu verwenden – das Paradies für Millionen, ‚das kühne Traumbild eines neuen Staates', verwirklichen will, für uns ein anderes Wort dieser noblen, durch und durch politischen Gestalt Schillers gelten muss, jenes Wort nämlich, das er zur Königin spricht, damit sie es dem Don Carlos übermittle: ‚Sagen Sie ihm, dass er für die Träume seiner Jugend soll Achtung tragen, wenn er Mann sein wird.' Wir müssen uns bemühen, zu verstehen, dass das, was die Jugend in dieser Zeit bewegt – und nicht nur die Studenten –, nichts ist, was rasch vergeht."

Und wie sehr oft in Grundsatzfragen nimmt Kreisky Bezug auf seine sozialdemokratischen Freunde in Schweden. Mit Olof Palme, dem Ministerpräsidenten, tauscht er gerne Gedanken und Erfahrungen aus:

„Der junge Ministerpräsident Schwedens, Olof Palme, hat Recht, wenn er unlängst erklärte, dass ‚die Völker, die die Loyalität ihrer Jugend verloren haben, keiner guten Zukunft entgegengehen.' Welche Jugend können wir, die wir im politischen Leben wirken, uns denn wünschen? Eine, die dem bloßen Konsumdenken verhaftet ist, sich von der Politik abwendet und den gesellschaftlichen Problemen mit schroffer Gleichgültigkeit gegenübersteht? Oder jene, die sich zwar mit ganzer Respektlosigkeit gegen das Bestehende, gegen das Etablierte wendet, aber der gesellschaftlichen Entwicklung ein Maß an Engagement entgegenbringt, wie wir es uns doch eigentlich gar nicht stärker wünschen können. Die Mitglieder der Bundesregierung werden dort, wo sich die Möglichkeit bietet, den Vertretern der jungen Generation unseres Volkes ein hohes Maß an Mitspracherecht einräumen."

Hertha Firnberg, der erste Minister für Wissenschaft und Forschung

Auch das Bekenntnis, der Wissenschaft ein eigenes Ministerium zu schaffen, ist bereits in der Regierungserklärung so niedergeschrieben: „Die Bundesregierung ist fest entschlossen, die Wissenschaftspolitik zu einem ihrer zentralen Anliegen zu machen und auf dem Gebiet der Forschungsförderung die bisher praktizierte Politik der kleinen Schritte durch energische, planvolle und großzügige Maßnahmen zu ersetzen ... Aus allen diesen Gründen wird die Bundesregierung – zahlreichen internationalen Beispielen folgend – dem Hohen Haus in Kürze einen Gesetzesentwurf vorlegen, der unter anderem die Schaffung eines eigenen Wissenschaftsministeriums zum Ziele hat."

Der erste Minister für Wissenschaft und Forschung heißt Hertha Firnberg. Seit 1963 Abgeordnete zum österreichischen Nationalrat, Mitglied des Europarates, ist sie ein seltener Glücksfall: gebildet, intelligent, durchsetzungsfähig, vielseitig. Sie gehört zu den profilierten Abgeordneten der sozialistischen Parlamentsfraktion, war anfangs justiz- und außenpolitisch engagiert, bezog zu Fragen der Umweltpolitik Position und war verantwortlich für die Erarbeitung des Humanprogramms der Sozialistischen Partei.

Trotzdem ist ihre Berufung zum Wissenschaftsminister eine Überraschung. Aber Kreisky, so verrät Heinz Fischer, wollte als Wissenschaftsminister ebenso wenig einen Hochschullehrer haben, wie er auch keinen Lehrer zum Unterrichtsminister bestellen wollte.

Mag sein, dass die Berufung zum Wissenschaftsminister eine Überraschung ist, in der Regierungsmannschaft will Bruno Kreisky aber die inzwischen auch zur Vorsitzenden der Sozialistischen Frauen gewählte Hertha Firnberg unbedingt haben. Zu Recht, wie sich sehr bald herausstellt:

„Hertha blühte mit der Übernahme der Funktion des Bundesministers für Wissenschaft und Forschung richtig auf. Sie hatte das Ministerium neu einzurichten, suchte sich die ihr geeignet erscheinenden und zu Gesicht stehenden Mitarbeiterinnen und Mitarbeiter aus … und genoss es sichtlich, in Österreich für Wissenschaft und Forschung verantwortlich und außerdem so etwas wie die ‚erste Dame' in der Politik zu sein. In der Tat setzte sie zahlreiche Initiativen, und die Reform der Hochschulorganisation durch die Verabschiedung des UOG (Universitäts-Organisationsgesetzes) war nur eine davon. Sie hatte einen ziemlich paternalistischen Umgang mit Ordinarien, und die Frage, ob ein Hochschulprofessor ihr Wohlwollen fand oder in Ungnade fiel, konnte beträchtliche Auswirkungen haben", weiß Heinz Fischer zu berichten, dem Hertha Firnberg im Jahr 1978 in ihrem Büro bei einem Glas Sekt das Dekret über die Ernennung zum Universitätsdozenten für Politikwissenschaft an der Universität Innsbruck überreichte.

Für Hertha Firnberg ist die Zeit reif für grundlegende Reformen. Nach ihrer Überzeugung hat die Nichtbeachtung wissenschaftlicher und technischer Veränderungen die österreichischen Hochschulen in die Krise geführt. Bildungs- und Erziehungsfragen müssen daher in der gesellschaftlichen Prioritätenskala ganz nach oben rücken. Auch wenn es der Regierung gelingt, dieses Jahrzehnt zum Bildungsjahrzehnt zu machen, wird die Entwicklung

Großvater Bruno Kreisky mit Enkel Oliver: „Wir müssen uns bemühen, zu verstehen, was die Jugend dieser Zeit bewegt."

Wissenschaftsminister Hertha Firnberg – „Die Universitäten sollen den Mächtigen des Vorhandenen nicht die Schleppe nach-, sondern die Fackel vorantragen.“ (Ernst Bloch)

„Es ist die Rache der Geschichte, dass die einst jungen Revolutionäre nun auf ihre alten Tage befrackt und mit Orden behangen auf Bälle gehen müssen, um zu repräsentieren." (Bruno Kreisky, im Bild mit Hertha Firnberg)

kein Ende finden. Der Bildungsprozess soll die Menschen ein Leben lang begleiten.

Aus ihrem grundsätzlichen Verständnis von Politik und Gesellschaft heraus ist für Hertha Firnberg auch die Demokratisierung der Hochschulen der einzig verantwortbare und zielführende Weg. Hochschulpolitik muss Teil der gesamten Gesellschaftspolitik und daher in die gesellschaftspolitische Zielsetzung integriert sein.

„Jede Hochschulreform muss zum Scheitern verurteilt sein, wenn sie nicht mit den Veränderungen der Umwelt Schritt halten kann, ja, mehr noch, wenn sie nicht einen Schritt voraus in die Zukunft zu setzen vermag." (Hertha Firnberg)

Bildung muss für die Menschen erreichbar sein

Hertha Firnberg hat ausgeprägte Vorstellungen von gesellschaftspolitischen Zielsetzungen. Sie ist überzeugt davon, dass eine Wechselwirkung zwischen der Entwicklung von Wissenschaft und Bildung und gesellschaftlichen Strukturveränderungen besteht. Die Zeit ist reif, auch den sozial schwächeren Schichten einen fairen Zugang zu den gehobenen Bildungseinrichtungen zu erschließen. Bildung kann nicht privilegierter Besitzstand bestimmter sozialer Schichten bleiben, sondern muss für alle Menschen erreichbar sein.

„Sozialistische Bildungs- und Hochschulpolitik geht, konform mit dem demokratischen Leitbild einer zukünftigen Bildungsgesellschaft, von der Forderung gleicher Bildungschancen und -möglichkeiten für alle Menschen und von einer umfassenden Förderung aller Bildungswilligen aus. Dies ist begabungsspezifische Voraussetzung für eine Gesellschaft mit optimalen Entwicklungsmöglichkeiten für alle Menschen ohne Unterschied des Geschlechtes, des Standes, der sozialen Herkunft, der Nationalität, der Rasse, der Religion oder Klasse." (Hertha Firnberg)

Obwohl die Einsicht in die Notwendigkeit, Österreichs Hochschulen zu reformieren, bereits Gedankengut aller im Parlament vertretenen Parteien ist, gestaltet sich der demokratische Weg zu Veränderungen steil und steinig. Der studentische Protest an den europäischen Hochschulen kann weder überhört noch übersehen werden. Auch Österreichs Studenten formieren sich zu Protesten und Aktionen (Stichwort: eingangs erwähnte „Uni-Ferkelei"). Die Sozialisten machen bereits aus der Opposition heraus Druck, die Klubs der Parlamentsparteien laden im Sommer 1969 zu einer „Hochschulenquete". Das Ergebnis – wie könnte es anders sein: die Einsetzung einer „Hochschulreformkommission". Auch die Assistenten und Studenten sollen mitreden dürfen.

Plötzlich drängt die Zeit. Da der Nationalrat bereits in den Ferien ist, darf sich der Bundesrat wichtig machen. Einstimmig fasst er eine „Entschließung": „Das Bundesministerium für Unterricht wird aufgefordert, ehestens eine Kommission, die sich aus Vertretern der Professoren, Dozenten und Studenten sowie Vertretern der im Nationalrat tätigen politischen Parteien zusammensetzt, einzuberufen und binnen Jahresfrist einen Plan zur Reform des österreichischen Hochschulwesens auszuarbeiten."

Das war's dann aber auch. Das Jahr verstreicht, und als Assistenten und Studenten tatsächlich aufmucken und über die künftige Organisation von Hochschulen und Universitäten mitreden wollen, sehen sich die Professoren außerstande, in der Kommission weiter mitzuarbeiten: „Dies war die Situation, vor der im Sommer 1970 die neue Bundesregierung, von Sozialisten gebildet, und der neue Bundesminister für Wissenschaft und Forschung standen: eine Kommission ohne Konzepte, in der die von einer parlamentarischen Körperschaft aufgetragene Arbeit zum Erliegen gekommen war." (Österreichische Hochschulzeitung)

Das Universitäts-Organisationsgesetz

Hertha Firnberg lässt sich nicht entmutigen. Sie will dem parlamentarischen Arbeitsauftrag eine Chance geben, holt die bockigen

Kommissionsmitglieder mit Charme und Bestemm wieder an den Beratungstisch zurück und setzt rasch dazu eine Expertenkommission ein. Mitglied dieser Kommission ist Heinz Fischer, später selbst Minister, Universitätsprofessor und dann Bundespräsident. Fischer war bereits bei der Erarbeitung des Hochschulkonzepts der oppositionellen SPÖ federführend engagiert. Einer von den legendären 1400 Experten, die die vielen Programme und Konzepte erarbeiteten. Nunmehr kann er sein Wissen in die Expertenkommission von Hertha Firnberg einbringen.

Es gelingt ihr tatsächlich, die Arbeit voranzutreiben. Bereits im Jänner 1971, also noch zur Zeit der Minderheitsregierung, kann sie ihren Entwurf eines Universitäts-Organisationsgesetzes vorstellen.

Die Diskussionen sind heftig und lang andauernd. Vor allem formiert sich der Widerstand der Professoren. Daran ändert auch ein überarbeiteter Entwurf nichts. Hertha Firnberg beweist Standfestigkeit. Sie ist trotz der Hartnäckigkeit der Auseinandersetzung nicht bereit, zentrale Positionen ihrer Reformbestrebungen aufzugeben. Das Gesetz wird 1975 beschlossen. Die Beseitigung der „hierarchischen Ordinarienuniversität" ist Realität. Auf Institutsebene wird die Drittelparität eingeführt, wobei die Professoren nur in Personal- und Budgetangelegenheiten ein absolutes Veto haben. Der Rektor wird von der Universitätsversammlung demokratisch gewählt. Diese Reformen auf fast allen Gebieten des Universitätslebens lassen nach Meinung vieler Beobachter moderne Universitäten in neuem Geist entstehen. „Hertha Firnberg hat bewusst gemacht", schreibt ihr Norbert Leser anlässlich ihres 70. Geburtstages ins Stammbuch, „dass Wissenschaft und Forschung produktive Kräfte und Sphären sind, die der vollen gesellschaftlichen Aufmerksamkeit und Förderung bedürfen."

Neubauten und Neugründungen

Wer sich über die Versäumnisse und die Lage der Wissenschaften in Österreich vor 1970 informieren möchte, braucht nur in der monatlich erschienenen Hochschulzeitung der 50er und 60er Jahre nachzulesen. Ein „Notring der Wissenschaft" wurde gegründet, um gegen die Notlage der Wissenschaften wie auch gegen die Vernachlässigung durch die Politik anzukämpfen. Die Versäumnisse zügig aufzuarbeiten, ist die Zielsetzung der Regierung Kreisky und Hertha Firnbergs.

Die Regierung krempelt die Ärmel auf. Die Bilanz des Ausbaus und der Investitionen in Wissenschaft und Universitäten ist durchaus eindrucksvoll: Die Hochschulausgaben des Bundes werden im Zeitrahmen 1970 bis 1983 vervierfacht, mehr als 1000 Professuren an Universitäten und Kunsthochschulen bestellt sowie ca. 6000 zusätzliche Planstellen für Wissenschafter geschaffen. Der Nutzraum für Universitäten und Kunsthochschulen wird in diesem Zeitraum mehr als verdoppelt. An allen Hochschulorten entstehen neue Bauten, Universitäten werden gegründet (Wirtschaftsuniversität in Wien, Universität für Bildungswissenschaften in Klagenfurt, Naturwissenschaftliche Fakultät Salzburg, Kunsthochschule in Linz).

Zu den wichtigsten grundlegenden hochschulpolitischen Zielsetzungen gehören die Chancengleichheit im Hochschulzugang für alle Bildungswilligen und Begabten, die För-

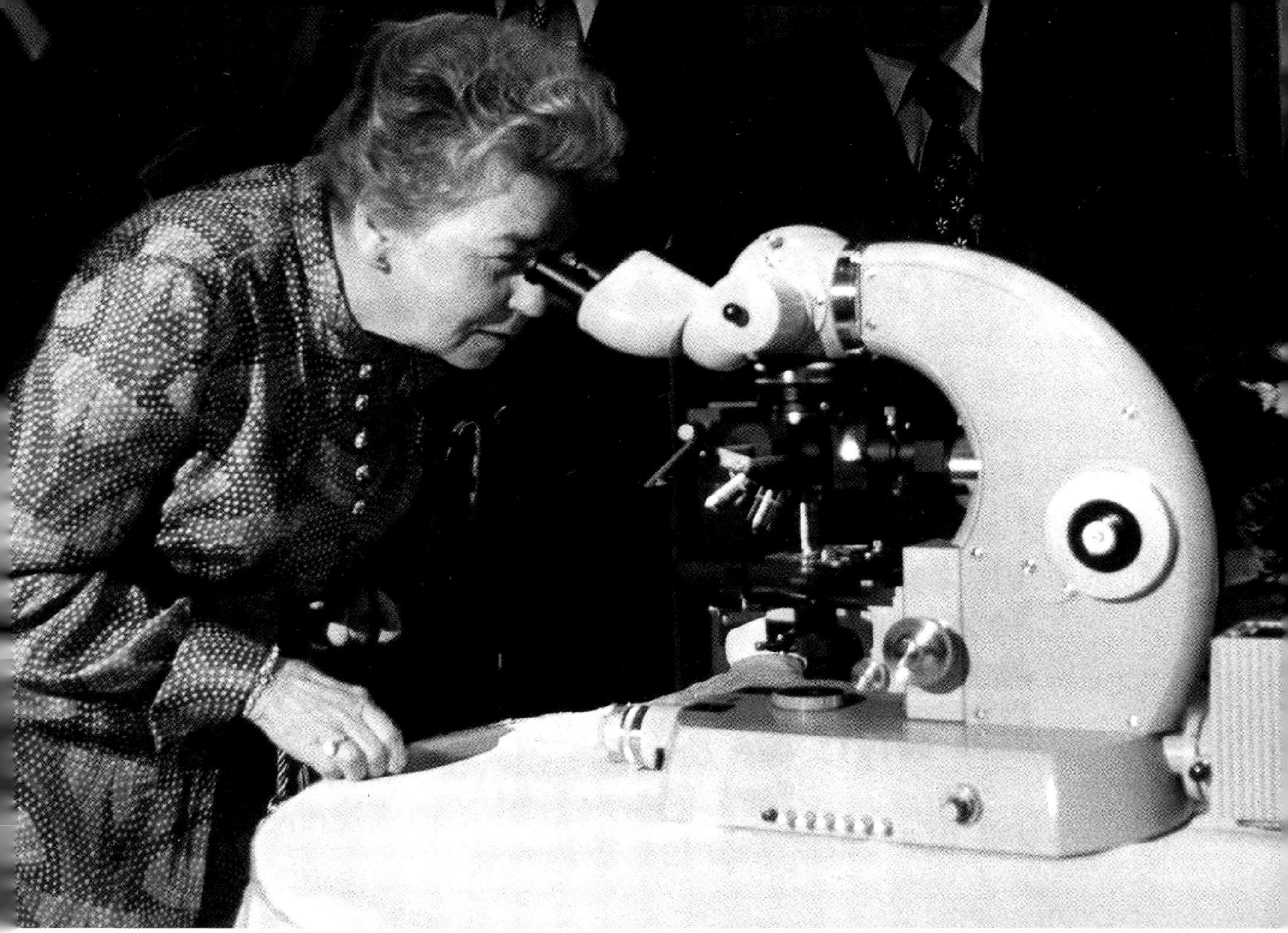

„Die Pflege der Wissenschaft gehört zu den vornehmsten Aufgaben einer kulturbewussten Gesellschaft.“ (Hertha Firnberg)

derung von begabten Kindern aus sozial schwächeren und bildungsferneren Schichten sowie die Verbesserung der sozialen Lage der Studierenden: Eine Vielzahl von Maßnahmen, unter anderem die Abschaffung der Hochschultaxen („kostenloses Studium“) und die Verbesserung des Stipendienwesens, sorgt dafür. Dies alles sollte man gerade angesichts der nach dem Jahr 2000 eingeführten Studiengebühren und der im Zusammenhang mit dem EuGH-Urteil herbeigeführten Zugangsbeschränkungen zum Universitätsstudium nicht vergessen.

Der Ausbau der Universitäten und Hochschulen dient insbesondere auch dem Ziel der „offenen Universität“ sowie im Gegensatz zu vielen anderen Ländern, in denen es Hochschulzugangsbeschränkungen damals schon gab – zur Vermeidung des „Numerus clausus“ mit seinen negativen bildungs- und gesellschaftspolitischen Folgen.

Schwerpunkt Forschungspolitik

Ein neues Kapitel wird während der Ministerschaft von Hertha Firnberg für die Forschung in Österreich aufgeschlagen: Seit 1970 gibt es eine konzeptiv geplante Forschungspolitik, ein neues Forschungsorganisationsgesetz (FOG) bringt eine Verbesserung des organisatorischen Rahmens.

„Wissenschaftliche Forschung und Lehre sind wesentliche gesellschaftliche Aktivitäten. Wissenschaft und Gesellschaft sind untrennbar miteinander verflochten, bedingen einander gegenseitig: Die Gesellschaft selbst entwickelt die Wissenschaft, die Wissenschaft entwickelt die fortschreitende Gesellschaft." (Hertha Firnberg)

Der Anteil für Forschung und Entwicklung am BIP – international ein Gradmesser für den Stellenwert der Forschung – ist deutlich verbessert worden: Durch eine konzeptiv geplante Forschungspolitik hat Österreich gegenüber anderen vergleichbaren Industriestaaten erheblich aufgeholt, den Anteil der Forschungsaufwendungen am BIP von weit unter einem Prozent im Jahr 1970 auf 1,5 Prozent in der ersten Hälfte der 1980er Jahre erhöht. Im Schnitt des Jahrzehnts 1970 bis 1980 konnte das Wissenschaftsministerium jedes Jahr über 20 Prozent mehr Budgetmittel disponieren.

Wissenschaftsminister Hertha Firnberg mit Anna Freud

Ein „Goldenes Jahrzehnt" der Bildungspolitik

Die Budgetpolitik des Finanzministers gestaltet die materiellen Voraussetzungen für die hochschulpolitischen Investitionen in die Zukunft. Zwischen Hannes Androsch und Hertha Firnberg entwickelt sich eine sehr fruchtbare, störungsfreie, am Ende des Jahrzehnts freundschaftliche Zusammenarbeit. Wünsche an das Budget versucht der Finanzminister möglichst zu befriedigen. Entsprechend entwickeln sich die Ausgaben für Wissenschaft und Forschung.

Fasst man die gesamte Bildungspolitik dieses Jahrzehnts in Zahlen, ergibt sich eine eindrucksvolle Bilanz der Ernsthaftigkeit im Bemühen der Regierung, an das europäische Niveau bildungspolitischer Rahmenbedingungen anzuschließen. Die Ausgaben dokumentieren ein „Goldenes Jahrzehnt". In den Jahren 1970 bis 1980 wurden Aufwendungen für Schulen, Universitäten und Kunsthochschulen um 251 Prozent gesteigert – um 57 Prozentpunkte dynamischer als das gesamte Bundesbudget.

Das Ende der Zukunftskommission

Bildungspolitik ist nach der Überzeugung von Hertha Firnberg ein ständiger Prozess der Erneuerung. Doch wie in vielen Bereichen des gesellschaftlichen, wirtschaftlichen und politischen Lebens verebbt nach dem Ende der Regierung Kreisky/Androsch die Dynamik der Reformen auch an den Universitäten.

Die Schul- und Hochschulpolitik von Elisabeth Gehrer, zuständige Ministerin der schwarz-blau-orangen Regierung, gerät mit jedem Jahr ihrer Ministerverantwortlichkeit präziser in das Fadenkreuz der Opposition und der Medien. Bis hin zur Abschussreife.

Als der Leiter der „Zukunftskommission" die Situation im Bildungsbereich als „geplantes pädagogisches Fiasko" qualifiziert, reagiert die Ministerin „patzig" („Der Standard"), indem sie schlichtweg erklärt: „Die Zukunftskommission gibt es nicht mehr." Als die Ministerin auf die herbe Kritik der Oppositionsparteien (Gehrer: „Die rot-grüne Jammergesellschaft") mit einem Bildungspaket II reagiert, „dessen wesentlicher Inhalt ist, dass der Schulunterricht tatsächlich stattfindet" („Der Standard"), finden die oppositionellen Rücktrittsaufforderungen mediale Ergänzung: „Die Bildungsministerin hat offensichtlich längst resigniert, und sie sollte endlich tun, was sie nach PISA-Blamage, Kunstraubdebakel und Null-Reaktion auf den deutschen Uni-Sturm längst hätte tun sollen: Sie soll zurücktreten." („Die Presse", Doris Knecht)

Und die „Salzburger Nachrichten" unterfüttern am selben Tag (22. September 2005) die Aufforderung mit einer deprimierenden Bilanz:

„In den seit Jahren blockierten Kernfragen der gemeinsamen Schule und der Ganztagsschule beschloss die Regierung, die Blockade fortzuschreiben – und irgendwann eine Arbeitsgruppe zur Schulorganisation einzusetzen. Die Unis wurden in eine heillos unterdotierte Autonomie entlassen. Die Politik verordnete nicht nur ein Hungerbudget, sondern übersah auch noch geflissentlich die zusätzlichen Kosten, Mieten, Grundsteuern, Versicherungsprämien und Lohnnebenkosten. Die ‚Leider-Nein-Weltklasse-Unis' stehen unter brutalem Sparzwang. Es fehlen jährlich 175 Millionen Euro. Rasches Nachbessern ist lebenswichtig."

Das Jahrzehnt der Kulturpolitik

Der Kunst ihre Freiheit

1968 war auch in Österreich ein Jahr der Wende. Waren die Ereignisse in ihrer Wahrnehmbarkeit nicht so spektakulär wie in Frankreich oder Deutschland, so entstand in der Folge auch kein militanter Radikalismus, aber die Tiefe der politischen und geistigen Veränderungen ist durchaus vergleichbar.

Die Ausgangslage ist es ebenfalls. 1968 ist Österreich kein liberales Land im heutigen Verständnis. Auch wenn es die Galerie nächst St. Stephan mit dem katholisch-liberalen Priester Monsignore Otto Mauer gibt, auch wenn die katholische Kirche durch den aufgeschlossenen Franz Kardinal König repräsentiert ist, lastet trotzdem katholischer Mief über dem Land. In den Schulen sind vorwiegend Autoren aus der Vorkriegs- und Kriegszeit zugelassen, das Burgtheater weigert sich, Bert Brecht zu spielen, an den Hochschulen werden politische Veranstaltungen untersagt – „Politisch Lied, ein garstig Lied".

Wie auch immer. Faktum ist, in Österreich kommt es 1968 zu keiner explosionsartigen Entladung. Warum das so war, darüber wurde und wird vielfach spekuliert, gerätselt, interpretiert und erklärt. Bei so umwälzenden und vielschichtigen gesellschaftlichen, kulturellen, programmatischen und ideologischen Veränderungen gibt es keine monokausalen Erklärungen. Aber es ist höchst wahrscheinlich, dass Österreich Glück mit der spezifischen Entwicklung im Land hatte. Mit der Wahl Bruno Kreiskys zum SP-Parteivorsitzenden ist ein Mann in eine führende politische Position gekommen, der für die Aufbrüche der Zeit das richtige Gespür hat. Und die ebenso wichtige Glaubwürdigkeit. Er durchbricht die Enge des traditionellen parteipolitischen Lagerdenkens, öffnet seine Partei für alle, die bereit sind, ein Stück des Weges mit den Sozialdemokraten zu gehen, gibt den Sehnsüchten nach Offenheit, Ehrlichkeit, Liberalität und mehr Gerechtigkeit glaubwürdige, nachvollziehbare Antworten. Der Leitspruch auf der Wiener Secession „Der Zeit ihre Kunst – der Kunst ihre Freiheit" ist nicht mehr historische Phrase, sondern zeitgeistiges Motto. Kreisky hat intellektuelle Ausstrahlung, Künstler, Schriftsteller, intellektuelle Jugendliche haben in ihm einen Gesprächspartner. Eine reale Alternative zum amtierenden Bundeskanzler Dr. Klaus, dessen pastorale Provinzialität Stillstand und nicht Aufbruch, Engstirnigkeit und nicht Liberalität, Kleinbürgerlichkeit und nicht Weltoffenheit personifizierte.

Ibusz-Reisen mit Sowjetpanzern

Es gäbe noch viele Erklärungen, die in der Geschichte Österreichs wurzeln, seiner Untertanenmentalität, seiner Angst vor radikalen Veränderungen, seiner nachhaltigen Verschlagenheit. In Österreich hatte die Gegenreformation gesiegt und nicht die Aufklärung.

Mühl-Aktion: Der Wiener Aktionismus ist ein Protestschrei der Befreiung von der dumpfen Atmosphäre der 50er Jahre: „Es muss so deutlich sein, dass es die Menschen erregt, aufregt, empört und entrüstet.“ (B. Kreisky)

Jeder Erklärungsversuch muss die geopolitische Randlage Österreichs mitbeachten. Österreichs Jugend hat 1956 die Ungarische Revolution und ihre Niederwerfung wahrscheinlich intensiver erlebt als etwa Studenten in Paris. Der Verband Sozialistischer Studenten zum Beispiel organisierte 1956 öffentliche Protestkundgebungen. Als die Polizei eine Demonstration vor der Albertina in Wien auflöste, retteten die Demonstranten ihre Transparente mit Aufschriften wie „Ibusz-Reisen mit Sowjetpanzern“ – Ibusz war das staatliche ungarische Reisebüro – in den Wiener Stephansdom. Und als Hans Janitschek, „Kurier“-Reporter und später einige Jahre der leitende Sekretär der Sozialistischen Internationale, von einem Besuch an der österreichisch-ungarischen Grenze ins Vereinslokal des Verbandes

Studenten aus den kommunistischen Nachbarländern bei Bundespräsident Adolf Schärf – der Unterschied der Freiheit …

Sozialistischer Studenten zurückkam, wollte er alle Anwesenden dafür gewinnen, sofort den Ungarn im Kampf gegen die Sowjetpanzer zu Hilfe zu eilen.

Als die Truppen des Warschauer Paktes die im Prager Frühling aufkeimende Freiheit zertrampelten, erlebte Österreichs Jugend neuerlich hautnah die Brutalität kommunistischer Konsequenz. Da blieb kein Platz für linksradikale Romantik, da war pragmatische Hilfestellung gefordert, die gerade von Jugendorganisationen, sowohl bürgerlicher als auch sozialistischer, sehr engagiert geleistet wurde.

Der Verband Sozialistischer Studenten veranstaltete in dieser Zeit zweimal im Jahr internationale Studentenseminare. Gäste waren vorwiegend Studenten aus den so genannten Entwicklungsländern, die mit Hilfe staatlicher

Studentenseminar der Sozialistischen Studenten – Freiheit und Wohlstand durch amerikanische Hilfe

Stipendien in den kommunistischen Nachbarstaaten Österreichs studieren konnten. Die Sozialistischen Studenten wollten die Gelegenheit schaffen, den Unterschied zwischen dem Leben in einem freien, demokratischen Land wie Österreich und den Verhältnissen in ihren kommunistischen Gastländern nachvollziehen zu können. Die Freiheit, den Wohlstand, die sozialen Rechte der Arbeiter, die die sozialistischen Studenten zeigen konnten, verdankte die österreichische Bevölkerung der demokratischen Verfassung und der wirtschaftlichen Hilfe durch die Amerikaner. Gleichzeitig war Österreich das Land, das sich um normale Beziehungen zu den kommunistischen Nachbarstaaten bemühte. Pragmatisch und selbstbewusst. Politisch und wirtschaftlich. In Wien finden die ersten kommunistischen Weltjugendfestspiele außerhalb der sowjetischen Einfluss-Sphäre statt. Ein großer Erfolg für die demokratischen Jugendorganisationen des Westens.

Aus dieser emotional-historischen Beziehung, wie sie sich nach Ende des Weltkrieges und dann nach 1955, nach dem Staatsvertrag, gegenüber den USA entwickelte, mag auch resultieren, dass die Empörung über den Vietnamkrieg bei der Mehrheit der österreichischen Jugend nicht jenes Ausmaß an Amerikafeindlichkeit erzeugte wie zum Beispiel bei der Jugend Frankreichs.

Kunst revolutioniert die Köpfe

Vielleicht gibt es so etwas wie eine allen gewaltsamen Änderungen gegenüber kritisch eingestellte mentale Grundsubstanz eines Volkes. Österreich hatte es nicht einmal 1848 zu einer ordentlichen Revolution gebracht.

„VALIE EXPORT" – die Künstlerin als Logo, ein Markenprodukt der Provokation. Ex-Port: raus aus dem Hafen der Geborgenheit, Rollentausch, Identitätswechsel, Abstract Film, Tastkino.

Damit 1968 in Österreich revolutionsähnliches Geschehen überhaupt über das lokale Ereignis hinaus wahrgenommen werden konnte, bedurfte es der künstlichen Erregung durch den Boulevard und einer Obrigkeit noch im Geiste der Maria-Theresianischen Keuschheitskommission. Ohne die Hilfestellung durch kleinbürgerliche Empörung und mediale Entrüstung über das „obszöne Gesindel“ hätte es die „Uni-Ferkelei“ zu keinerlei öffentlicher Wahrnehmung und daher auch zu keinerlei revolutionärem Ansehen gebracht.

Wunden in die Regeln schlagen

Trotzdem, im Land von Sigmund Freud explodiert der Protest in Ausgelassenheit und Lust. VALIE EXPORT, ausg'schamt attraktiv, Professorin an der Kunsthochschule Köln und Präsidentin der Kunsthochschule Linz, beschreibt die studentische Aufbruchstimmung mit lustbetonter Offenheit: „Alles war so mit Lust verbunden, mit der Lust an der Aggression, mit der Lust an der Provokation, mit der Lust am künstlerischen Material, mit der Lust am radikalen Ausdruck, ich meine damit Lust als Haltung. Die Zeit war lustvoll, frech und aggressiv für mich, jedoch auch sehr konstruktiv, innovativ. Man hat sich nicht um Normen und Regeln gekümmert, die eingehalten oder verletzt werden sollten. Man hat sie einfach verletzt, das war die Voraussetzung, man hat Wunden in die Regeln geschlagen. Es war eine starke progressive Kraft vorhanden, man hat geglaubt, alles sei möglich und man könne die Welt, das System umkrempeln, es war eine unheimlich aufwühlende Stimmung.“ (VALIE EXPORT, zitiert nach Danièle Roussel: „Der Wiener Aktionismus“)

Aber im lustvollen Agieren ist auch die Politik mit dabei. Adolf Frohner, Aktionist der ersten Stunde, ist durchaus ein politischer Aufbegehrer. Die jungen Provokateure wie Otto Mühl, Hermann Nitsch oder Günter Brus mobilisieren nicht die Straße, zünden keine Autos an, werfen keine Molotow-Cocktails, sondern protestieren durch eigene Leidensfähigkeit: drei Tage eingemauert und danach ein uns, die Verfasser, aufwühlendes Manifest: „Die Blutorgel“.

„Also, warum man solche Dinge gemacht hat? Das war nicht so klar zu der Zeit, als wir das gemacht haben“, räumt Adi Frohner, heute Professor an der Kunstuniversität am Wiener Stubenring, ein. „Wir waren etwas anarchistischer als jetzt. Aber mein Ansatz war, da ich mich politisch immer sehr interessiert habe: Es kann doch nicht sein, dass nach einer Periode der Menschenvernichtung – nicht, dass umgebracht wurde, das geschah immer, sondern in welcher Form, dass Leute zum Ungeziefer erklärt und in einem irrsinnigen Ausmaß vernichtet wurden, Auschwitz als Beispiel, wo der Mensch zum Schmutz erklärt wurde – die Malerei einfach nahtlos weitergeht. Sie muss doch diese Spuren sichtbar machen.“ (Adolf Frohner, zitiert nach Danièle Roussel: „Der Wiener Aktionismus“)

Dass sich daraus eine der bemerkenswertesten Kunstrichtungen Österreichs nach 1945 entwickelt hat, ist inzwischen historisches Faktum. Ob der Aktionismus – eine Etikettierung, die Peter Weibel (inzwischen Professor für Mediengestaltung an der Universität für angewandte Kunst in Graz und künstlerischer Leiter der Ars Electronica in Linz) der Gruppe verpasst hat – nicht nur Kunst, sondern auch politische Revolution *ist*, darüber sind sich nicht einmal die Akteure einig.

VALIE EXPORT: „Alles war so mit Lust verbunden, mit der Lust an der Aggression, mit der Lust an der Provokation, mit der Lust am künstlerischen Material, mit der Lust am radikalen Ausdruck …“

Die Schriftsteller Gerhard Roth (l.) und Peter Turrini (r.) sowie der deutsche Fotograf Konrad R. Müller (M.) schaffen einen künstlerisch gestalteten Bildband „Bruno Kreisky". Das erste Exemplar erhält der Bundeskanzler.

Ein Aufbegehren gegen die geistige Enge in Österreich, gegen die katholisch-ständestaatliche Tradition, gegen die Erstarrtheit der Kunst ist es allemal. Und daher hochpolitisch.

Günther Nenning, zu jener Zeit Chefredakteur der Kulturzeitschrift „Neues Forum", gibt dieser Diskussion in seinem Artikel „Aktionismus und Politik" (Neues Forum, Jänner 1974) einen klaren Inhalt: „Dass für bestehende Verhältnisse nicht nur Politik gefährlich sein kann, sondern auch Kunst – das ist eine Errungenschaft des bürgerlichen Zeitalters. Dichter als Führer der (bürgerlichen) Nation gegen Adel und Fürsten, Theater- oder Opernaufführungen als (letzte) Auslöser der (bürgerlichen) Revolution: Kunst revolutioniert massenhaft die Köpfe, von dort aus wird, nach gehöriger Ansteckungsfrist, die übrige Wirklichkeit ergriffen …

... wer durch seine Kunst- oder Lebensübung neue Formen schafft, nicht modisch vorübergehend und folglich wirkungslos, sondern mit Intensität und Dauerhaftigkeit, sodass alte Formen auf dem Misthaufen der Geschichte landen – der ist auch dann kein unpolitischer Mensch, wenn er bewusst nichts als dies tut, bewusst mit Politik nichts zu tun haben will – objektiv ist er politisch tätig, wenn Politik insbesonders heißt: Veränderung bestehender gesellschaftlicher Verhältnisse und/oder bestehenden gesellschaftlichen Bewusstseins."

Kulturpolitik muss radikal sein

Viele Beobachter sind der Überzeugung, dass die politische Aufmischung der Gesellschaft

Adolf Frohner: „Es muss doch was passieren!"

im Jahr 1968 eine wichtige Voraussetzung für die Erfolge Kreiskys bedeutete. Vereinfacht auf den Punkt gebracht: Das 68er Jahr war der notwendige Klimawandel, ohne den Bruno Kreisky, ohne den das sozialdemokratisch regierte Jahrzehnt in Österreich nicht hätte gedeihen können.

Mag sein. Umgekehrt gilt gleichermaßen: Bruno Kreisky hat das Sensorium für die Strömungen der Zeit. Prager Frühling, Ungarische Revolution, Studentenrevolte, Aktionismusprovokationen zeugen von einer gewaltigen Aufbruchbewegung unter unterschiedlichen gesellschaftlichen und politischen Verhältnissen, Bruno Kreisky spürt diese Chance zur Veränderung, zum Aufbau einer liberalen Gesellschaft.

„So sehr ich also der Meinung bin, dass die gesellschaftlichen Veränderungen nur im Wege der Reformen in den Demokratien sinnvoll verwirklicht werden können, so sehr bin ich mir aber dessen bewusst, dass auch die demokratische Gesellschaft eines hohen Maßes an Radikalismus bedarf, weil sonst Bewusstseinsänderungen nicht herbeigeführt werden können, die man dringend braucht, um die Reformbereitschaft bei der großen Mehrheit auch zu schaffen. Und deshalb glaube ich, dass eine Kulturpolitik, die von Sozialdemokraten gefördert wird, eine durchaus radikale sein muss ...

Ich glaube, dass eine demokratische Gesellschaft von allem Anfang an einen breiten Raum den modernen Künsten einräumen muss, ohne dass sie damit Partei ergreift oder ganz bestimmte Richtungen besonders protegiert – außer in dem Sinn, wie man sich Minderheiten gegenüber verhalten soll: Sie sollen nicht in die Schranken gewiesen werden durch das Wort von der Gleichberechtigung,

Mühl-Kommunenchef Otto mit Kommunardin:
„Im Kampf gegen den katholischen Kulturkonservatismus wird man radikal …“

sondern sollen existieren und sich entfalten können durch ein gewisses Maß an Bevorrechtung. Und deshalb bekenne ich mich zu einer Kulturpolitik, die bereit ist, einem gewissen kulturellen Radikalismus, oder sagen wir überhaupt, dem Kulturradikalismus, einen Platz einzuräumen, weil, wie gesagt, es für unsere Bewusstseinsbildung von entscheidender Bedeutung ist.“ (Bruno Kreisky)

Diese grundsätzliche Bereitschaft, auch das Ungewohnte, das Außergewöhnliche, das Provozierende, das Radikale gelten zu lassen, verbunden mit der Überzeugung, dass Kunst ein unverzichtbares Element der Humanisierung der Gesellschaft ist, lässt in Österreich in den 1970er Jahren ein neues, offenes kulturelles Klima entstehen.

Vorurteile und Vorbehalte kann auch die Regierung Kreisky nicht aus der Welt, vor allem nicht aus dem Denken und Empfinden der Österreicher, schaffen. Traditionen lasten schwer, sich nur für das Gewohnte und Gelernte zu begeistern, sich über das Ungewohnte zu entrüsten, ist Bestandteil der österreichischen Seele. Sich zu empören, sich ganz ohne Grund so richtig aufregen zu können, gehört zu den lustvoll gepflegten Leidenschaften. Aufs Engste damit verbunden der Ruf nach der Polizei, nach Recht und Ordnung, nach Verbieten, nach Einsperren.

Gegen diese tradierte Grundstimmung eines großen Teils der österreichischen Bevölkerung versucht die Regierung Kreisky schon von 1970 an mobil zu machen. Kunst kann sich nur in Freiheit entfalten, ist einer der Grundsätze der neuen Kulturpolitik. Daher sollen sich die Verantwortlichen davor hüten, bestimmte Kunstrichtungen, Stimmungen, Formen zu privilegieren.

Zum ersten Mal entsteht so etwas wie eine aktive Kulturpolitik, die sich nicht nur auf die Bewahrung bestehender Kulturgüter konzentriert. Die zuständigen Minister Fred Sinowatz (Unterricht und Kunst) und Hertha Firnberg (Kunsthochschulen) haben zwar nicht Kreiskys Talent, Intellekt und Bildung medienwirksam vor sich her zu tragen, aber humanistisch gebildet, von wachem Intellekt und vorurteilsfreier Aufgeschlossenheit sind sie allemal.

Das Team im Team

Heute, zur Zeit der schwarz-orangen Koalition, vom Teamgeist der Regierung zu sprechen,

Alfred Hrdlicka (vorne l.), hinter ihm ein Original der Wiener Kunstszene, Wilhelm „Bücher“ Herzog

käme nur Zynikern oder Kabarettisten in den Sinn. 1970 versteht sich die Regierung tatsächlich als Team mit einem allseits respektierten Teamkapitän. Die Regierung Kreisky hat allerdings gegenüber den Bundesregierungen von 1983 weg den strukturellen Vorteil, keine Koalitionsregierung sein zu müssen. Zumindest in den ersten Jahren der Regierung Kreisky ist der Teamgeist gelebte Realität.

Tagespolitische Erosionskräfte aus Sachzwängen, Ressortegoismus, Profilierungsbedürfnissen und medial geförderter Eitelkeit führen im Laufe der Jahre allerdings auch im Regierungsteam zu Verformungen und Überwerfungen. Der Kanzler selbst hat, wie allgemein bekannt, durch perfekten Stil und verfeinerte Methode, den Fisch zu streicheln, bis er für alle sichtbar kraftlos am Haken zappelt, einiges dazu beigetragen.

Der Kultur- und Bildungsbereich der sozialistischen Alleinregierung erweist sich gegen solch allgemeine oder spezifische Umwelteinflüsse ziemlich resistent. Hertha Firnberg, Fred Sinowatz und Hannes Androsch bleiben über ein ganzes Jahrzehnt hinweg ein funktionierendes Team im Team. Daher gibt es Jahr für Jahr bildungs- und kulturpolitische Fortschritte, prägende und bleibende Umsetzungen kulturpolitischer Anliegen.

Ein Beispiel dafür ist die Gründung der Kunsthochschule in Linz. Das Gesetz zur Gründung der „Hochschule für Künstlerische und Industrielle Gestaltung in Linz" wird bereits im Mai 1973 vom Nationalrat beschlossen. Der erste Geburtstag der Linzer Kunsthochschule wird im Wiener Finanzministerium gefeiert. Ein Bericht darüber ist in einer umfangreichen Publikation über

Unterrichtsminister Fred Sinowatz, „Phantastischer Realist" Wolfgang Hutter, Beppo Mauhart (v. l. n. r.): Kunst kann sich nur in Freiheit entfalten.

Geburtstag der Kunsthochschule Linz im Finanzministerium zu Wien: Professor Helmuth Gsöllpointner, Professor Ortner, Hannes Androsch, Hertha Firnberg, Christian Broda – „Die freundlichen Mächte"

Helmuth Gsöllpointner, den ersten Leiter der Meisterklasse „Metall", der zwischen 1973 und 1981 der Hochschule für Künstlerische und Industrielle Gestaltung auch als Rektor vorsteht, enthalten. Sie gibt Zeugnis von der Teamatmosphäre in den ersten Jahren der Regierung Kreisky. Es sei daher ausnahmsweise erlaubt, mich selbst auszugsweise wiederzugeben:

„Wenige Jahre nach dieser Ankündigung – wie sich's gehört – feiert diese nach schmerzhaften Geburtswehen gegründete Kunsthochschule Geburtstag. Nicht in Linz, sondern in Wien. Nicht in der Secession oder im Künstlerhaus oder im Bundesministerium für Wissenschaft und Kunst, sondern im Finanzministerium – Symbol für eine neue Zeit.

Wir erleben die ersten Jahre der Ära Kreisky – mit dem jungen Finanzminister Dr. Hannes Androsch, der von Anfang an einer der Impulsgeber und Schrittmacher des Aufbruchs war, weg von bisheriger Krähwinkelhaftigkeit. Der Weg, den die ehrgeizigen Väter der Kunsthochschule – angeführt durch den legendären Linzer Bürgermeister Ernst Koref – von der anfänglichen ‚Kunstschule der Stadt Linz' bis zur Gründung der ‚Hochschule für Künstlerische und Industrielle Gestaltung' zurücklegen mussten, war lang: voller bürokratischer Stolpersteine und ideologischer Schlaglöcher.

Der erste Rektor der Hochschule, Dr. Alfons Ortner, fasste diesen Leidensweg in einem Satz zusammen: ‚Ein Wirklichkeit gewordener kafkaesker Weg ins Schloss, bis endlich – nun à la Raimund – freundliche Mächte die immer neu erstehenden Wände hinwegzauberten.‘ Die ‚freundlichen Mächte‘ waren der neue Bundesminister für Wissenschaft und Forschung, Hertha Firnberg, und der neue Finanzminister, Hannes Androsch. Beide waren überzeugt von der Sinnhaftigkeit, ja, Notwendigkeit einer Hochschule für Gestaltung, die nicht nur in einem dynamischen Industriezentrum angesiedelt, sondern auch mit Industrie und Wirtschaft verbunden war: Eines der Ateliers der bisherigen Kunstschule war bereits mitten auf dem Gelände der VÖEST-Lehrwerkstätten untergebracht.

Dies erschließt die Perspektive einer praxisnahen Ausbildung mit hohem künstlerischem Anspruch. Es konnten Anforderungen gestellt werden, die im Einklang mit den Bedürfnissen von Industrie und Gesellschaft standen. Und damit war auch die Beseitigung des Nachholbedarfs auf dem Gebiet der künstlerischen Formgebung bei Gütern des industriellen und des persönlichen Bedarfs zu erwarten.“

Anschluss an die Zukunft

Die Entwicklung der Industriegesellschaft verlangt neue Antworten der Humanität, der künstlerischen Ausdrucksformen sowie der Verhältnisse von Kunst, Wirtschaft und Menschen in der Arbeitswelt. Der Gefahr einer neuartigen Enthumanisierung der Gesellschaft durch das Primat der Zweckmäßigkeit und der Wirtschaftlichkeit muss begegnet werden. Erste Gedanken der Umweltgestaltung sind damit verbunden. Eine Aufgabe, die „in aller Welt immer mehr als Menscheitsaufgabe erkannt wird“ (Prof. Ortner) und aus deren Bewältigung die junge Kunsthochschule ihre besondere Herausforderung ableitet.

Die Idee der neuen Linzer Kunsthochschule mit ihrer zukunfts-, wirtschafts- und umweltorientierten Konzeption fügt sich wie selbstverständlich in dieses geistig-politische Klima des Aufbruchs zu neuen Ufern ein. Sie findet daher in diesem Moment jene Unterstützung, die ihr jahrzehntelang versagt geblieben ist. Österreich muss wieder „Anschluss an die Zukunft“ (Nenning) finden. Daher ist es nahezu logisch, dass die Präsentation zum ersten Geburtstag der Linzer Kunsthochschule im Winterpalais des Prinzen Eugen in der Himmelpfortgasse – dem traditionellen Sitz des Finanzministers – zu einem gesellschaftlichen Ereignis wird. Anwesend sind: der Minister für Wissenschaft und Kunst, der Unterrichtsminister, der Justizminister, der Finanzminister, Professoren und Studenten der Wiener Akademien, Presse und Fernsehen (Kulturredaktionen!) – halt alles, was sich junge Künstlerinnen und Künstler zur Eröffnung der Ausstellung ihrer Werke und zu ihrem ersten öffentlichen Auftritt nur wünschen können.

Dieses heute wohl außergewöhnliche Faktum zeigt auch: Die erste Regierung Kreisky ist in ihrer individuellen Vielfalt eine vom gestalterischen Durchsetzungswillen geprägte Einheit. Das Team mit Hertha Firnberg, Christian Broda, Hannes Androsch, Fred Sinowatz, Josef Staribacher oder etwa Leopold Gratz – man könnte die gesamte Ministerriege an-

Kunst revolutioniert massenhaft die Köpfe – Peter Michael Lingens, Franz Kreuzer, Peter Turrini im Atelier von Adolf Frohner zu Gast beim „Most-Advent".

führen – besitzt besonders hohe individuelle Qualitäten, die wahrscheinlich die Voraussetzung für diese in den ersten Jahren beachtliche Geschlossenheit in der Vielfalt bilden. Jedes einzelne Mitglied der Regierung hätte die Fähigkeit zum Regierungschef. Angesichts der gemachten Erfahrungen ist es wohl besonders betrüblich, dass das große Zukunftspotenzial dieser personellen Ressourcen nicht nur naturgegeben zwangsläufig verloren gegangen ist, sondern auch durch tagespolitische Überwucherung.

Ein Haus für die moderne Kunst

Die Fruchtbarkeit der regierungspolitischen Teamarbeit bringt Österreich auch Anschluss an das zeitgemäße Kunstschaffen. Während des gesamten 20. Jahrhunderts wird moderne Kunst in Österreich behandelt wie ein Asylwerber. Herumgeschoben zwischen unterschiedlichen Interessengruppen, meist obdachlos oder in Notquartieren untergebracht, scheint die Herbergsuche 1962 erfolgreich: Die Realisierung der Idee, den von Prof. Karl

Peter Handke und H.C. Artmann. Der Beitrag österreichischer Autoren zur deutschsprachigen Literatur seit den 1970er Jahren wird zwar teilweise „med ana schwoazzn dintn“ geschrieben, zeugt aber vom Aufbruch einer neuen Generation aus dem „wunschlosen Unglück“ österreichischer Vergangenheit.

Ingeborg Bachmanns Erzählung „Das dreißigste Jahr" wird zur Identitätserklärung der jungen Intelligenz nach 1968. Und eine Gedichtzeile zum politischen Zitat.

Die gestundete Zeit

Es kommen härtere Tage.
Die auf Widerruf gestundete Zeit
wird sichtbar am Horizont.
Bald mußt du den Schuh schnüren
und die Hunde zurückjagen in die Marschhöfe.
Denn die Eingeweide der Fische
sind kalt geworden im Wind.
Ärmlich brennt das Licht der Lupinen.
Dein Blick spurt im Nebel:
die auf Widerruf gestundete Zeit
wird sichtbar am Horizont.

Drüben versinkt dir die Geliebte im Sand,
er steigt um ihr wehendes Haar,
er fällt ihr ins Wort,
er befiehlt ihr zu schweigen,
er findet sie sterblich
und willig dem Abschied
nach jeder Umarmung.

Sieh dich nicht um.
Schnür deinen Schuh.
Jag die Hunde zurück.
Wirf die Fische ins Meer.
Lösch die Lupinen!

Es kommen härtere Tage.

Ingeborg Bachmann

Die Ausstellung der Sammlung Ludwig im Künstlerhaus wird zur Grundlage für ein Museum moderner Kunst – Irene Ludwig, Bundespräsident Rudolf Kirchschläger, Hertha Firnberg, Hans Mayr und Peter Ludwig (v. l. n. r.)

Schwanzer für die Weltausstellung in Brüssel entworfenen Pavillon für eine Heimstätte der modernen Kunst zu retten, bringt erstmals eine attraktive, dauerhafte Lösung: Das „Museum des 20. Jahrhunderts" wird errichtet, und die Hoffnung ist groß, dass nunmehr kontinuierlich eine Sammlung zeitgenössischer österreichischer Kunst aufgebaut werden kann. Doch den architektonisch attraktiven Bau in der Nähe des Wiener Südbahnhofes ereilt bald das „österreichische Schicksal". Bestand hatte lediglich die Hoffnung. Die Anfangsbeschleunigung einer „umsichtig begonnenen Ankaufs- und Ausstellungstätigkeit" (Hermann Fillitz) verebbt sehr bald an unzureichenden Finanzmitteln.

Die Intention der Regierung Kreisky, auch in der Dokumentation und Förderung zeitgenössischen Kunstschaffens international aufzuschließen, ist dann vom Glück begünstigt. Das Wiener Künstlerhaus holt eine Auswahl der Sammlung des Ehepaares Peter und Irene

Ludwig nach Wien. Ludwig, deutscher Schokoladefabrikant und Kunstsammler, ist bereit, dem österreichischen Staat Werke aus seiner Sammlung leihweise zu überlassen. Die Regierung erkennt die Chance und zögert nicht lange. Im Katalog zur Eröffnung der Ausstellung „Wien – Kunst der letzten 30 Jahre“ ist Hermann Fillitz überzeugt, dass „das Wiener Museum nun auf dem Gebiete der Gegenwartskunst einen Schwerpunkt bekommen hat, der ihm einen entsprechenden Rang innerhalb der internationalen Museen moderner Kunst sichert“.

Und ähnlich wie bei der Errichtung der Linzer Kunsthochschule sind es wieder Hertha Firnberg, Fred Sinowatz und Hannes Androsch, die die Gunst der Stunde zwingen. Hermann Fillitz in seinen dem Kunstprofessor und Direktor des Kunsthistorischen Museums angemessenen, respektvollen Formulierungen:

„Frau Bundesminister Dr. Hertha Firnberg hat das Angebot des Ehepaars Ludwig sofort aufgegriffen und seine Verwirklichung mit großer Energie und Begeisterung ermöglicht. Nur durch diese ihre Tatkraft konnte das Museum in erstaunlich kurzer Zeit realisiert werden. Frau Minister Firnberg hat dabei auch Verständnis und Zustimmung des Herrn Bundeskanzlers Dr. Bruno Kreisky, des Herrn Vizekanzlers und Finanzministers Dr. Hannes Androsch und des Herrn Bundesministers für Unterricht und Kunst, Dr. Fred Sinowatz, gefunden.“

Vor allem beeindruckt, wie rasch ressortübergreifend die Bereitstellung der finanziellen Mittel gelingt und die Anmietung des Palais Liechtenstein realisiert werden kann.

Ausgangslage für die Errichtung des Museums Moderner Kunst in Wien ist die Tatsache, dass in den zurückliegenden Jahrzehnten eine stark konservative Kultur- und Kunstpolitik die zeitgenössische Kunst und ihre Sammlung und Dokumentation sträflich vernachlässigt hat. Insbesondere in den 1940er bis 1970er Jahren entstandene zeitgenössische moderne Kunst wird nur in sehr geringem Umfang angekauft und in entsprechenden Sammlungen dokumentiert und einer breiten Öffentlichkeit präsentiert. Das erwähnte, 1958 im Schweizergarten in Wien eingerichtete „Museum des 20. Jahrhunderts“ veranschaulicht geradezu die Vernachlässigung zeitgenössischer Kunst. Mit der neuen Museumsinitiative, dem Museum für moderne Kunst, das im Palais Liechtenstein innerhalb nur weniger Monate realisiert werden konnte, gelingt es, für die moderne Kunst in Wien und Österreich eine neue Dokumentations- und Präsentationsstätte zu schaffen. Schon damals gibt es die ersten Pläne und Initiativen für einen modernen Museumsbezirk in den ehemaligen Hofstallungen („Messepalast“), dem heutigen „MuseumsQuartier – MQ“.

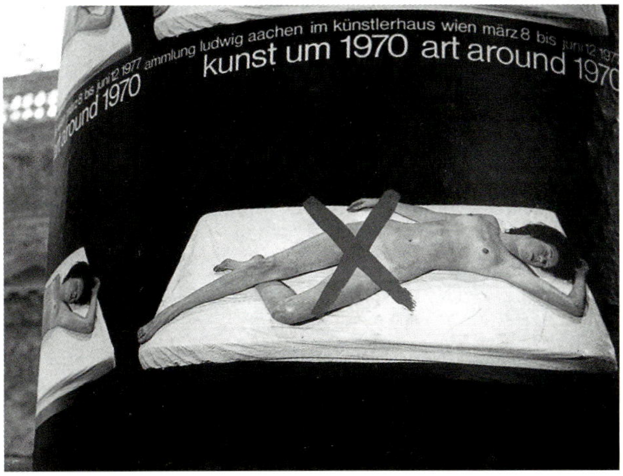

Plakat für die Ausstellung „Kunst um 1970“ im Künstlerhaus: Schwerpunkt der Gegenwartskunst

Hertha Firnberg schmunzelt über die Ähnlichkeit.

Die Kunsthochschule Linz und das Museum Moderner Kunst sind nur zwei konkrete Beispiele pragmatisch umgesetzter Kulturpolitik. Bedeutungsvoller ist die intellektuelle Durchlüftung des Landes, eine Befreiung von der dumpfen Atmosphäre der Verdrängung, der katholisch-traditionellen moralischen Doppelbödigkeit. Kreiskys Wahl zum Vorsitzenden der SPÖ im Jahr 1967, die programmatische Durchforstung nahezu aller Lebensbereiche durch die „1400 Experten", die außergewöhnliche personelle Situation der ersten Regierung Kreisky, Rundfunkreform und Neuorientierung der politischen Repräsentanten im Umgang mit den Medien verdichten sich zu einer für Österreich glückhaften Konstellation im Gefolge der künstlerischen, intellektuellen und Tabus brechenden Impulse des Jahres 1968.

Konfrontationen

Finanzminister Hannes Androsch macht das Finanzministerium zu einem Ort der Begegnung von Tradition und Moderne, von barocker Üppigkeit und zeitgenössischer

Reduziertheit. Solche die Nüchternheit von Finanz- und Wirtschaftspolitik ergänzenden Bereicherungen entstehen nicht nur aus der kulturpolitischen Aufmerksamkeit des Finanzministers, sondern haben einen pragmatischen Hintergrund. Die barocke Pracht des Winterpalais des Prinzen Eugen ist im höchsten Maße renovierungsbedürftig. Schon Stephan Koren hatte damit begonnen. Hannes Androsch lässt die Arbeiten zügig fortsetzen. Das führt zu einer der Kuriositäten des politischen Aktionismus der neuen Oppositionspartei ÖVP. Wie sagte doch Karl Marx: Das Sein bestimmt das Bewusstsein. Jetzt, aus der Opposition heraus, erblickt die ÖVP in der Fortsetzung der Renovierungsarbeiten ungebührliche Verschwendung von Steuergeldern. Parlamentarische Anfrage, Kritik, Vorwurf – Hannes Androsch muss die Erhaltungswürdigkeit solch wertvollen Kulturgutes erklären und die Fortsetzung und Finanzierung der Renovierungsarbeiten verteidigen. Intern reagiert der „Sozialist im Fürstenschloss" („stern") mit der Öffnung der bis dahin geheiligten Amtsräume des Finanzministeriums für das breite Publikum. Künftighin kann man im „Blauen Salon" an manchen Abenden der Lautenmusik aus der Zeit des Prinzen Eugen (neuerliche parlamentarische Anfrage, Aufdeckung und Berichterstattung in der Kronen Zeitung, dass dafür 8000 Schilling, umgerechnet ca. 570 Euro, verschwendet wurden) lauschen, Lesungen besuchen, in der durch den Dompfarrer zu St. Stephan frisch geweihten Kapelle ein Stoßgebet um Steuererleichterung zum Himmel schicken, gleichzeitig die monumentalen Gemälde im „Schlachtenbildersaal" und zeitgenössische Malerei betrachten. Aus oppositionellem Aktionismus entsteht sinnvolle Öffentlichkeitsarbeit.

Rudolf Hausner, einer der profiliertesten „Phantastischen Realisten", Professor an der Kunsthochschule in Hamburg und der Akademie der bildenden Künste am Schillerplatz zu Wien, lässt sich von uns dazu anregen, über die Präsentation seiner Meisterklasse für Malerei im barocken Rahmen nachzudenken. Daraus entsteht „Konfrontationen",

Hannes Androsch, Maximilian Melcher und Schüler seiner Meisterklasse

Thomas Bernhard: „Er ist das Maß der österreichischen Literatur, und alle Übrigen sind das ‚Andere'. Und keiner wird je mit ihm mithalten können." (Elfriede Jelinek)

eine Ausstellungsreihe im Rahmen der Wiener Festwochen.

Im Vorwort zum Katalog der ersten „Konfrontationen" formuliert Rudolf Hausner die Gedanken zu diesem kulturpolitischen Versuch. Das Vordergründige kreativer Öffentlichkeitsarbeit ist durchaus mit gesellschafts- und kulturpolitischen Motiven unterfüttert. Professor Hausner schreibt der dauernden Einrichtung eines heterogenen Prozesses in der renovierten Üppigkeit das Wort: „Konfrontation ist notwendig zur Verdeutlichung divergierender Tendenzen. Es ist Konfrontation, wenn moderne Kunst in einem alten Palais ausgestellt wird, es bedeutet Konfrontation, wenn zwölf Künstler, die kein gemeinsames ästhetisches oder weltanschauliches Konzept verbindet, gemeinsam ausstellen und damit zwölf verschiedene Interpretationen der Aktualität konfrontieren.

Die Architektur des Hauses repräsentiert die autoritäre Gesinnung einer feudalen Gesellschaft. Das großartige Bauwerk ist mit seinen Räumen und ihrem Dekor eine wunderschöne Apotheose der Macht seines Bauherrn.

Die jungen Künstler dagegen repräsentieren die demokratische Gesellschaft unserer Zeit mit ihren polyvalenten Standpunkten, die gleichberechtigt nebeneinander existieren."

Dem Wunsch des Professors, dass aus diesem ersten Konfrontationsversuch „eine ständige Einrichtung werden könnte", entspricht Hannes Androsch, 1972 bereits auf dem Weg zum Langzeitminister, mit deutlicher Bereitschaft:

„Ein Land kann aber nicht nur von der Tradition leben. Es muss auch die Konfrontation mit der Gegenwart wagen. Österreich ist derzeit wieder daran, geistige Großmacht zu werden. Lange Jahre waren wir Europas größter Talenteexporteur. Jetzt mehren sich endlich die Nachrichten über Rückkehrwünsche nach Österreich.

Unsere jungen Autoren werden an den großen deutschen Bühnen gespielt, unsere Maler und Bildhauer werden in alle Welt zur Präsentation ihrer Werke eingeladen. Ein Aufbruch zu neuen Ufern? Vielleicht!

Um das feststellen zu können, brauchen wir Maßstäbe, brauchen wir Konfrontationen.

Wir haben daher – ich sozusagen als Hausherr und Dr. Sinowatz als der für Kunst zuständige Ressortchef – die Studenten einer Meisterklasse der Akademie der bildenden Künste eingeladen, diese Konfrontation zu wagen."

Die Einladung zu Diskussion und Konfrontation wird von den Lehrern und Studenten der Kunsthochschulen engagiert angenommen. Viele, die im künstlerischen Schaffen Österreichs einen wichtigen Platz einnehmen sollten, stellen ihre Werke erstmals im Finanzministerium einem größeren Publikum vor. Josef Bramer, Gottfried Helnwein, Franz Zadrazil, Ulrich Gansert, Josef Kaiser, Edith Spira, Siegfried Anzinger, um nur einige zu nennen.

Das blaue Auge im Gesicht der Gesellschaft

Einen besonderen Höhepunkt der Konfrontationen bringt das Jahr 1977. Zu Gast im Finanzministerium ist das Grazer „Forum Stadtpark". „Nach wie vor", schreibt Alfred Kolleritsch im Ausstellungskatalog, „sind wir ein blaues Auge im Gesicht der Gesellschaft, in der wir leben. Das wollen wir bleiben."

Bereits 1960 gegründet, mit den klassischen Anfangsschwierigkeiten einer Avantgarde, die sich organisieren will. Im Programmheft zur Eröffnung skizziert Erich Breitschopf die zögerlichen Anfänge: „Unser Eröffnungsprogramm ist schon vor vielen Monaten gedanklich ausgearbeitet worden. Wir waren uns darüber einig, dass es ein künstlerisches Bekenntnis werden sollte. Aber da begannen die Schwierigkeiten. Anfangs saßen etwa 20 Leute um den runden Tisch, später wurden es bedeutend mehr; alles Individualisten, gleich heftig in ihrer Hinneigung zu einer bestimmten Richtung wie in der Ablehnung der anderen."

Es ist trotzdem ein intellektueller Aufbruch. 4000 Besucher waren 1968 zur Eröffnung des „Forum Stadtpark" gekommen, und künftig wird Graz das Zentrum der österreichischen Avantgarde sein.

Im Finanzministerium präsentiert sich das Grazer „Forum Stadtpark" den beiden Gastgebern Hannes Androsch und Fred Sinowatz sowie hunderten von Gästen in seiner gesamten

Vielseitigkeit: Literatur, bildende Kunst, Architektur, Aktuelles, Film, Foto, Musik.

Die als „Stadt der Bewegung" als faschistoid gebrandmarkte Landeshauptstadt Graz wird zum Zentrum des geistigen Aufbruchs. Die von Alfred Kolleritsch herausgegebene Zeitschrift „manuskripte" erobert sich den Platz der wichtigsten Zeitschrift der deutschsprachigen Literatur. 1977 erscheint das 50. Heft, eine Jubiläumsausgabe. Die Autorenliste ist eindrucksvoll. Rolf Michaelis stellt sie im Katalog des Finanzministeriums vor: „Kolleritsch hat in seinen ‚manuskripten' viele heute bekannte Autoren, nicht nur aus Graz, zum ersten Mal gedruckt. Die Autorenliste auch dieses Fünfzigerheftes, das man Jubiläumsnummer zu nennen sich scheut, kann sich sehen lassen: Von Achternbusch bis zu Widmer, von Artmann über Wolfgang Bauer, die Frischmuth, Handke, Jandl, die Jelinek, Jonke, Karin Kiwus, Dieter Kühn, die Mayröcker, E. Y. Meyer, Rosei, die beiden Gerhard Roth und Rühm bis zu Karin Struck kann man das Alphabet der jungen Autoren ziemlich vollständig nachbuchstabieren. Wer wissen will, wie der Literatur-Hase läuft, kaufe das preiswerte Heft, das bald Sammlerwert haben wird. Und wenn's denn stimmt, Herr Kolleritsch, dass die ‚manuskripte' nur ‚schon so lange' erscheinen, ‚weil man ihnen den Untergang gewünscht hat', dann unterdrücke ich jede Versuchung zum Glückwunsch und rufe nach Graz: Weiterhin fröhlichen Untergang!"

Friederike Mayröcker, Nicht-Nobelpreisträgerin, über ihre Art des Verwebens von Sprache und Text: „Vielleicht werden die Literaturhistoriker meine Art von Prosa als eine neue experimentelle Romanform bezeichnen."

Ein Biotop neuer Kreativität

Der „Steirische Herbst" ist in den 1970er Jahren Österreichs progressivstes Theaterfestival. Mit allen dazu gehörenden Anfeindungen. Axel Corti inszeniert Thomas Bernhard. Als Wolfgang Bauers „Gespenster" aufgeführt wird, brechen faschistoide Urtöne durch – „ein Borkenkäfer, der vergast gehört".

Diese immer wieder anzutreffende faschistische Grundeinstellung aufzubrechen, ist die einigende Zielsetzung. Die beschämende Intoleranz beseitigen, ebenso den Provinzialismus, die geistige Enge, die Fortschrittsfeindlichkeit, die Sucht nach Ausgrenzung des Fremden, des Ungewohnten, des Andersartigen. Die Provokation ist Programm. Peter Turrini, der mit „Sauschlachten" die Geschichte eines Außenseiters der Gesellschaft, Wolfgang Bauer, der Sex, Drogen und Gewalt auf die Bühne zerrt.

Vom Forum Stadtpark aus erobert die österreichische Literatur den deutschen Sprachraum. Ingeborg Bachmann, Friederike Mayröcker, Ernst Jandl, Peter Handke, Thomas Bernhard. Das Gruppenfoto im Katalog des Finanzministeriums zur Vorstellung des Forum Stadtpark in Wien vermittelt die einmalige Dichte literarischer Aufbrüche durch österreichische Autoren: „Unter lauter Einzelgängern eine Gruppe: die Grazer, von denen einige hier versammelt sind. Von links nach rechts: Michael Scharang, Wilhelm Hengstler, Helmut Eisendle, Klaus Hoffer, Alfred Kolleritsch, Gerhard Roth, Gert Jonke, Wolfgang Bauer, H.C. Artmann, Gerald Bisinger, Helmut Zenker, Harald Sommer. Keine Clique, ein loser Haufen – von Einzelgängern, geeint weniger durch landsmannschaftliche Vereinsmeierei als durch den Willen, mit Gedichten, Erzählungen, Dramen gegen verlogenes Heimatgefühl die Erkenntnis der Wirklichkeit zu fördern."

Das progressive Kulturklima in der steirischen Landeshauptstadt motiviert auch die Sozialisten, 1977 eine Veranstaltung ihrer „Kulturkontakte" in Graz zu organisieren. In einem Referat – „Die Kultur soll die Welt verändern" – streut Kreisky den Protagonisten der Grazer Kulturszene zumindest rote Nelken: „Wir haben unsere Kulturkonferenz nach Graz verlegt, weil keine andere Landeshauptstadt im kulturellen Bereich dem Kontroversiellen so viel Raum bietet. Graz ist eine kulturell außerordentlich lebhafte Stadt. Es gibt hier eine starke nonkonformistische Tendenz im Kulturleben, und ich beglückwünsche dazu alle die, die das ermöglicht haben, auch wenn sie dafür immer wieder viel Kritik ernten."

In diesem neuen politischen Klima des Aufbruchs entsteht neben der neuen Höhepunkten zustrebenden „Hochkultur" – so wird zum Beispiel Herbert von Karajan an die Wiener Staatsoper zurückgeholt – eine eigenständige Musikszene. Nicht nur Politik und Wirtschaft entwickeln einen „österreichischen Weg", sondern auch die Popmusik. „Austropop" wird – im Unterschied zum „Austro-Keynesianismus" tatsächlich – zum Exportartikel. Marianne Mendt verhilft mit Gerhard Bronners Lied „Wia a Glockn" der starken Ausdruckskraft des Dialekts zum Durchbruch. Ebenso Wolfgang Ambros („Da Hofa") oder Georg Danzer („A Nackerter im Hawelka"). Besonders André Heller („A Zigeuner möcht i sein") versucht den Dialekt salon- und gesellschaftsfähig zu machen: „Der Wiener Dialekt ist die sinnvollste Fremdsprache, die es innerhalb des deutschen Sprachgebiets gibt." Das Café Hawelka wird zum Biotop neuer Kreativität, einer Art neuer „Kaffeehausliteratur". Beim Genuss der legendären Buchteln der Josefine Hawelka gedeiht gesellschaftskritischer Protest.

Kunst auf kleinster Fläche

Das Prinzip „Konfrontation" erfasst auch die Münzgestaltung. Die österreichischen Sondermünzen sind unter Sammlern sehr begehrt. Im österreichischen Hauptmünzamt betreibt man die Kunst des Münzprägens mit höchster

Silber- und Umlaufmünzen: „50 Jahre Schilling“, „Olympische Winterspiele Innsbruck“ (o.) und 20-Schilling-Münze (u.). Österreichs Meister der kleinen Kunst: Medailleur Professor Helmut Zobl bringt zeitgenössische Kunst in das österreichische Münzangebot.

Perfektion. Freunde der zeitgenössischen Kunst kritisieren aber, dass die handwerkliche Vollkommenheit mit der künstlerischen Gestaltung der Münzbilder nicht Schritt hält. In früheren Jahrhunderten war die Münze auch Dokument der zeitgenössischen Kunst. Die österreichischen Münzen der zweiten Hälfte des 20. Jahrhunderts vermitteln ein erstarrtes Kunstverständnis.

Zeitgemäße Kunst als Münzkunst

Als junge Künstler und Medailleure – Helmut Zobl, Hans Jascha, Helmuth Gsöllpointner – beim Finanzminister vorsprechen, finden sie sofort Gehör. Die Argumentation, dass Österreich in der Welt der modernen Kunst wachsende Bedeutung erlangt, dass die Münzkunst aber den Anschluss an die Entwicklung verpasst habe, fällt bei Hannes Androsch auf fruchtbaren Boden. Von 1974 weg werden Gold- und Silbermünzen öffentlich ausgeschrieben, die eingelangten Entwürfe von einer Jury bewertet und im Finanzministerium ausgestellt.

Prompt gibt es Konfrontationen und damit Aufregung. Vor allem die Entwürfe des Medailleurs Helmut Zobl erregen die Traditionalisten. Helmut Zobl gehört international zu den bedeutendsten und am meisten geschätzten Vertretern dieser elitären Kunst. Er selbst bezeichnet sich als Vertreter einer Kunstform, die „auf kleinster Fläche“ eine Vielfalt an Phantasie, gestalterischen Möglichkeiten und gedanklicher Verdichtung darlegen kann. In der Amtszeit von Hannes Androsch gelangen immerhin fünf neue, von Helmut Zobl gestaltete Münzen in den Geldumlauf. Das am weitesten verbreitete „Kunst-

Multiple" Österreichs ist die Zwanzigschillingmünze, der größte Aufreger der Silberne Hunderter anlässlich der Olympischen Winterspiele in Innsbruck mit dem in „Medienraster" aufgelösten Skifahrer.

Arena – aus Begeisterung wird Protest

Auf dem Weg der geistigen Durchlüftung, zu Toleranz und Großzügigkeit im Denken und politischen Handeln gibt es auch Rückschläge. Einer davon sind die Ereignisse um die „Arena". Am 7. Oktober 1976 meldet die APA: „Arena-Besetzung abgebrochen".

In den Morgenstunden dieses Oktobertages ist es auf dem Gelände der „Arena" zu Auseinandersetzungen mit der Polizei gekommen. 18 Jugendliche werden festgenommen. Zum Eingreifen der Polizei war es gekommen, „als eine Funkstreifenbesatzung bei der Patrouillenfahrt befürchtete, dass das angezündete Großlagerfeuer weit über das vertretbare Ausmaß ginge und bereits außer Kontrolle geraten sei. Die Beamten alarmieren die Feuerwehr, die, als sie sich bei dem Löscheinsatz behindert fühlt, Sicherheitswachebeamte zur Unterstützung anfordert. Bei dem Löschen des Feuers unter Assistenz uniformierter Polizeibeamter hatten dann die Auseinandersetzungen begonnen."

Damit findet ein Zeitabschnitt sein Ende, der als elementares Ereignis des Jugendprotestes begonnen hatte. Erinnerungen an 1968 werden wach. Wiederum sind es vor allem Studenten, Künstler, Intellektuelle, die gegen eine Erstarrung des kulturellen Lebens aufbegehren, gegen ihrer Meinung nach sich wiederum breit machendes Establishment und aufkeimendes Spießbürgertum.

1976 soll in Wien der alte Schlachthof St. Marx abgerissen werden. Bevor es so weit ist, nützen die Wiener Festwochen die Hallen für Vorstellungen internationaler Experimentalbühnen. Die Aufführungen sind ein großer Erfolg. Es ist besonders die intellektuelle Jugend, die in die „Arena" pilgert. Aus der Begeisterung wächst Protest gegen den geplanten Abbruch. Es ist der 27. Juni 1976, als sich eine Theatervorstellung in ein spontanes Happening verwandelt. Vier- bis fünfhundert junge Menschen weigern sich, nach Hause zu gehen.

Das war der Auftakt zur 101 Tage dauernden Besetzung des damaligen Auslandsschlachthofes St. Marx in Wien. Zwei Politikerinnen, die damals in verschiedenen Lagern standen, waren dabei: die damalige SP-Vizebürgermeisterin Gertrude Fröhlich-Sandner und – unter den Protestierern – ihre Parteifreundin und Amtsnachfolgerin Grete Laska. „Wir hatten auch im Rathaus Diskussionen über die Problemlösung", erinnert sich Fröhlich-Sandner an den Herbst 1976. ‚Die schwab' ma mit Wasserwerfern weg', war eine der Strategien. Als politisch Verantwortliche setzte ich da eher auf Dialog." Die damals 50-jährige Politikerin heute: „Ende September gab es wieder einmal Verhandlungen mit dem Arena-Komitee. Als ich das Areal betrat, baumelte eine Stoffpuppe am Galgen. Damit war ich gemeint."

Während der 101 Tage pilgern 180.000 Sympathisanten zu Konzerten. Die Schmetterlinge werden mit ihrer „Proletenpassion" zum Symbol der Bewegung. Weltstar Leonard Cohen tritt mehrfach in der Arena auf. Einer der Dauergäste ist die Junglehrerin Grete Laska: „Wir kamen aus der 68er-Generation. Ich sah es als Verpflichtung an, mit meiner Klasse

Solidarität zu zeigen. Viele Wiener Schulen unterstützten die Besetzer." 25 Jahre später ist Laska Vizebürgermeisterin und betont den „enormen Lernprozess, den alle Beteiligten durchgemacht haben. Egal, ob Politiker, Aktivisten, Lehrer, Schüler, Künstler oder neutrale Bürger, das Gemeinschaftserlebnis war neu." Während die Arena besetzt war, verkaufte Wien das Areal. Der Kampf um das selbst verwaltete Kulturzentrum wurde aggressiver. Es kam zu Zusammenstößen mit der Polizei.

Was als spontanes Happening begonnen hat, entwickelt sich innerhalb weniger Tage zu einer massiven Protestbewegung. Die Besetzer beginnen sich wirkungsvoll zu organisieren, machen Willi Resetarits, später als „Ostbahn-Kurti" populär, zu ihrem Sprecher. Sie formulieren vier Forderungen: „Erstens, kein Abbruch des Schlachthofs. Zweitens, ein Kulturbetrieb in der Arena das ganze Jahr hindurch. Drittens, die Organisation der Arena in die Selbstverwaltung der Beteiligten, und viertens, die Bezahlung der Betriebskosten durch die Gemeinde Wien."

Im Wiener Rathaus behält Gertrude Fröhlich-Sandner klaren Kopf. Der „Die schwab' ma mit die Wasserwerfer weg"-Mentalität setzt sie den Dialog entgegen.

Von den vier Punkten werden praktisch drei akzeptiert. Über die Erhaltung des Arena-Geländes gibt es keine Einigung. Fröhlich-Sandner bietet den Inlandsschlachthof als Alternative an. Es sind dann zunehmend äußere Umstände, die zum Ende der Besetzung führen. Auf die Dauer ist es unmöglich, Ordnung, Disziplin und vor allem Hygiene aufrechtzuerhalten. Alkoholexzesse und zwei Drogentote liefern den Behörden starke Argumente. Die Zahl der Besetzer bröckelt zunehmend ab, und am 7. Oktober wird beschlossen, das Gelände in St. Marx freizugeben.

Ein Jahr später gelingt es Kreisky, zurückgebliebenes Unbehagen in Sympathie umzuwandeln und durch Selbstkritik auf seine Person zu kanalisieren: „Es ist nicht so, dass Jugend kulturell nur ein Durchgangsstadium zum Älterwerden ist und dass junge Leute nur jüngere Alte sind, wenn Sie mir diese paradoxe Formel gestatten. Meiner Meinung nach gibt es ein echtes Jugendbewusstsein, es gibt das Bedürfnis der Jungen nach eigener kultureller Entfaltung, nach einer eigenen Jugendkultur, wie das einmal genannt wurde. Sie können es eine Subkultur nennen, wenn Sie wollen, aber es ist gar keine Frage, dass die Arena-Bewegung in Wien, wenn man von den politischen Konsequenzen absieht, die manche daraus gezogen haben, ein elementares Ereignis war und dass die Gesellschaft gut beraten wäre, würde sie derartigen Entwicklungen Raum geben.

Ich habe mich immer zu dieser Auffassung bekannt. Nun ist das offenbar ein sehr gelungener Versuch gewesen und der Entwicklung im Anschluss daran ist nicht in befriedigender Weise, so glaube ich, entsprochen worden. Soferne man den Maßstab einer modernen Gesellschaft hier anlegen würde, war es unser aller Fehler. Ich gehöre mit zu denen, die hier nicht genügend bereit waren, Lösungen zu finden."

»Sie können es eine Subkultur nennen, wenn Sie so wollen, aber es ist gar keine Frage, dass die Arena-Bewegung in Wien ein elementares Ereignis war und dass die Gesellschaft gut beraten wäre, würde sie derartigen Entwicklungen Raum geben.«
Bruno Kreisky

Wiens Vizebürgermeisterin Gertrude Fröhlich-Sandner (r.) setzt im Gegensatz zu ihren Parteifreunden auf Dialog mit den Besetzern der „Arena“.

101 Tage dauerte die Besetzung des alten Schlachthofes von St. Marx.

Ein Kraftwerksmodell im Maßstab 1:1

Am 24. und 25. Oktober 1978 tagt der Klub der sozialistischen Abgeordneten in Neusiedl am See im Burgenland. Auf der Tagesordnung steht die Erarbeitung eines neuen zehnjährigen Wirtschaftsprogramms.

Doch zehn Tage vor der Volksabstimmung über Zwentendorf überrascht Kreisky seine Parteifreunde, indem er sein künftiges politisches Schicksal mit dem Abstimmungsergebnis über Zwentendorf koppelt.

In der mittäglichen Pressekonferenz schwächt Kreisky seine interne Äußerung, dass er im Falle einer Niederlage zurücktreten werde, in die interpretationsfähige Formulierung ab, dass ihn ein mehrheitliches Nein „sicher nicht unbeeinflusst lassen" werde. Die Journalisten, schon längst darin geübt, bei Kreisky zwischen den Zeilen zu lesen, entdecken auch in den weiteren Formulierungen versteckte Rücktrittsabsichten. Es werde, sollte sich bei der Abstimmung eine Nein-Mehrheit ergeben, „keine Sündenböcke geben". Er werde daher nicht an den Handelsminister mit einer Aufforderung zum Rücktritt herantreten, auch er selbst wolle nicht sagen, er würde dann zurücktreten. Jedenfalls wäre es aber eine Niederlage der Regierungspartei.

Bei den Journalisten wie bei den Tagungsteilnehmern bestimmten die internen Äußerungen und die öffentliche Andeutung die Diskussion. Hannes Androsch und Josef Staribacher warfen sich sofort in die Schlacht. Nach erfolgter positiver Abstimmung sollte das Kraftwerk so rasch wie möglich in Betrieb genommen werden, versuchten die beiden Minister den Themenwechsel von der losgetretenen Personaldiskussion zum Kraftwerk. Eine Inbetriebnahme wäre nach Abstimmung in sechs bis neun Monaten möglich, also im Frühjahr, spätestens im Sommer 1979, versprühte Josef Staribacher Optimismus. Und Androsch übte sich zwar in Kreisky'scher Formulierungskunst, indem er zugestand, dass „eine Nein-Mehrheit kein Erfolgserlebnis für die Regierung wäre", um sich dann ganz deutlich gegen eine Koppelung mit anderen Fragen und Themen auszusprechen: „Eine Koppelung mit einem Rücktritt des Bundeskanzlers oder einer Vorverlegung der Nationalratswahlen sehe ich nicht, und man sollte eine solche Koppelung auch nicht herstellen."

Was als deutliche Absage an journalistische Spekulationen und als eindeutige Unterstützung Bruno Kreiskys gedacht war, kam beim Bundeskanzler allerdings als ungebührliche Rüge an. Er habe noch immer das Recht, zurückzutreten, wann er wolle, weist er Androsch aufgebracht zurecht.

Es ist eine politische, aber keine parteipolitische Entscheidung:
Bruno Kreisky bei der Bürgermeisterkonferenz im Atomkraftwerk Zwentendorf

Für die in Neusiedl versammelten Abgeordneten und Regierungsmitglieder schlägt diese zusätzliche Dramatisierung der Volksabstimmung über Zwentendorf wie ein Blitz aus heiterem Himmel ein.

Noch wenige Tage davor erbringt eine von der „Sozialwissenschaftlichen Studiengesellschaft" durchgeführte Umfrage ein eindeutiges Ergebnis für Zwentendorf. Die Meinungsforscher erheben, dass 54 Prozent mit „Ja" stimmen werden und lediglich 29 Prozent mit „Nein". 17 Prozent sind zum Zeitpunkt der Erhebung – 4. bis 18. Oktober 1978 – noch unentschlossen.

Allerdings zeigt sich so knapp vor dem Abstimmungstermin, dass die Politisierung der Frage bereits Wirkung zeigt. So erklären sich lediglich 32 Prozent der ÖVP-Wähler bereit, für die Inbetriebnahme von Zwentendorf zu stimmen, während sich 47 Prozent dagegen aussprechen. Bei der SPÖ folgen 77 Prozent der Argumentation von Bruno Kreisky, Anton Benya, Josef Staribacher und Hannes Androsch. Nur 14 Prozent verweigern der Inbetriebnahme die Zustimmung.

Das Ziel: drei Atomkraftwerke

Wie die UNO-City stammt auch die Errichtung eines Atomkraftwerkes aus der Erbmasse der Regierung Klaus.

Im April 1968 wird Bundeskanzler Klaus, bedrängt von ÖGB und Industrie, initiativ. Österreich sollte den Anschluss an moderne Formen der Energiegewinnung nicht verlieren. Weltweit waren sich die Fachleute dahingehend einig, dass die Atomkraft die Energiequelle der Zukunft sein werde. Unerschöpflich und umweltfreundlich.

Nunmehr wird in Österreich eine Kernkraftplanungsgesellschaft gegründet. Die Verbundgesellschaft und die Landeselektrizitätsgesellschaften werden zu Eigentümern. Im Wettstreit der Bundesländer um die Standorte setzt sich Niederösterreich durch. Das erste Atomkraftwerk soll in Zwentendorf errichtet werden. Die Ausschreibung wird von der Regierung Klaus 1969 abgeschlossen, die Fertigstellung für 1975/76 in Aussicht genommen.

Die Regierung Kreisky fasst 1971, noch in der Zeit der Minderheitsregierung, den Beschluss, das Projekt weiter voranzutreiben. Insgesamt will die Regierung drei Kraftwerke bauen – zwei in Niederösterreich und eines in Kärnten.

Zu diesem Zeitpunkt hat die Atomenergie fast nur Befürworter. Vereinzelte Gegner gelten als Außenseiter, Querulanten, Fortschrittsfeinde. Dementsprechend leichtfertig geht die Regierung mit der Vorbereitung der Errichtung um. Aufklärung und Information der Bevölkerung werden völlig vernachlässigt. Und schließlich liegt es auch im Selbstverständnis der Regierung, Dinge, die als richtig und notwendig erkannt werden, auch durchzusetzen. Die Flucht in die Beliebigkeit ist noch nicht modern geworden.

Doch gerade die Bereitschaft, Notwendiges umzusetzen, hätte eine größtmögliche Professionalität bei der Vorbereitung verlangt. Die Regierung hatte bisher bewiesen, dass sie das kann. Strafrechtsreform, Mehrwertsteuer, Bildungsoffensive sind Beispiele. Gerade bei einem so schwierigen und sensiblen Thema wie der Kernkraft werden nicht einmal die handwerklichen Notwendigkeiten bedacht. So können gerade bei der Jugend angesehene

Ein Bild von der Entscheidung über die Nutzung der Atomenergie – der Strom kommt aus der Steckdose.

Umweltschützer wie Robert Jungk und Bernd Lötsch immer wieder auf einfachste Art punkten. Sie veröffentlichen ein Gutachten, das der Regierung seit Anbeginn bekannt war, in dem vor dem Standort Zwentendorf wegen mangelnder Erdbebensicherheit gewarnt wird. Die Behauptung, die Frage der Endlagerung sei geklärt, stellt sich als falsch heraus. Mit jeder Aktion schwillt die Zahl der Atomgegner an. Als man die ungeklärte Frage der Endlagerung des Atommülls mit einer Zwischenlagerung im niederösterreichischen Allentsteig, dem traditionsreichen Truppenübungsplatz, lösen will, bricht ein Sturm der Ablehnung los. Jetzt erst wacht die Politik auf. Kreisky fordert die Bereitstellung eines Gutachtens, aus dem die Ungefährlichkeit eines solchen Zwischenlagers klar ersichtlich ist. Schnell wird eine Informationskampagne entworfen, auf die weltweiten Erfahrungen verwiesen, die unbedingte Notwendigkeit der Aufrechterhaltung der Energieversorgung in Österreich, die Unabhängigkeit des Landes, die Auswirkungen auf die Beschäftigung – und was es halt so an guten und weniger guten Argumenten zur Realisierung des Kraftwerksprojektes zu sagen gibt.

Demonstration gegen die Inbetriebnahme des Kraftwerks – „Wenn alle über die Partei herfallen, müssen dann noch die eigenen Jungen dazukommen?" (Bruno Kreisky)

Doch die Regierung kommt aus der Verteidigung nicht heraus. Zuerst versucht sich die niederösterreichische ÖVP vor einer klaren Entscheidung zu drücken, und als Kreisky in die Volksabstimmung flüchtet (nachdem das Kraftwerk praktisch fertig ist) und schlussendlich daraus eine Vertrauensfrage macht, sehen viele ÖVP-nahe Befürworter der Kernkraft eine Chance, eine politische Entscheidung herbeizuführen.

Schon zu Jahresbeginn hatte ein „Atomgespräch" zwischen Bruno Kreisky und Josef Taus nach nur halbstündiger Dauer ergebnislos geendet. Ein neuerlicher Versuch, am Spitalsbett Kreiskys, scheitert ebenfalls. Die ÖVP habe nicht einmal „das bisserl Courage", räsoniert Kreisky, einen solchen Beschluss im Parlament mitzutragen. Doch bei Taus überwuchern im Sommer 1978 bereits die parteipolitischen Chancen die persönliche sachpolitische Position. Der ÖVP-Obmann will sich ein mögliches Wahlkampfthema nicht selbst vermasseln. Kreisky und die SPÖ hätten sich – selbst verschuldet – in die Ecke drängen lassen. Er, Taus, werde sich da nicht zum Nothelfer machen lassen.

Nach den Plänen der Regierung hätte Zwentendorf bereits im Juni 1976 in Betrieb gehen sollen. Energieminister Josef Staribacher begründet die Verzögerung einerseits mit Versäumnissen durch die Baufirma, die deutsche Kraftwerks-Union, andererseits mit der ständigen Verschärfung der Sicherheitsauflagen. „Wann immer neue Erkenntnisse gewonnen wurden, dann wurden sie zur Auflage gemacht", erklärt Staribacher in einem Interview in der Arbeiter-Zeitung, um dann die Letztentscheidung dem Parlament zu überantworten. „Am Ende der Debatte über die Kernenergie wird es zu einer Willensäußerung der Volksvertretung kommen, was auf diesem Gebiet weitergehen soll. Das Ergebnis im Parlament muss abgewartet werden." Gleichzeitig erinnert Staribacher daran, dass am Anfang die Übereinstimmung stand. Staribacher an die Adresse von Industrie und Wirtschaftspartnern: „Der Energieplan wird jedes Jahr revidiert. Ende 1975 sind die Energiewirtschaft und die Interessenvertretungen einstimmig zu der Überzeugung gelangt, dass wir drei Kernkraftwerke brauchen, wenn der starke Verbrauchszuwachs anhält." (AZ, 14. Mai 1977)

Die Regierung ist nun endlich auf Touren gekommen. Zur Regierungsklausur in Hernstein, dem Bildungszentrum der Bundeswirtschaftskammer, lädt Bruno Kreisky vier anerkannte Wissenschaftler ein – den Generaldirektor der Internationalen Atomenergieorganisation, Dr. Sigvard Arne Eklund (Schweden), den Vizedirektor und Leiter des Forschungsprojekts Energiesysteme des Internationalen Instituts für Angewandte Systemanalyse (IIASA) in Laxenburg, Professor Dr. Wolf Häfele (BRD), den früheren Generaldirektor der europäischen Kernforschungsorganisation (CERN), Professor Dr. Victor Frederick Weisskopf (USA), und den bedeutenden Kern- und Astrophysiker und Friedensforscher Professor Dr. Carl Friedrich Freiherr von Weizsäcker (BRD).

Die AZ fasst die Meinung der vier Experten in der Überschrift zusammen: „Keine Alternative zur Kernkraft".

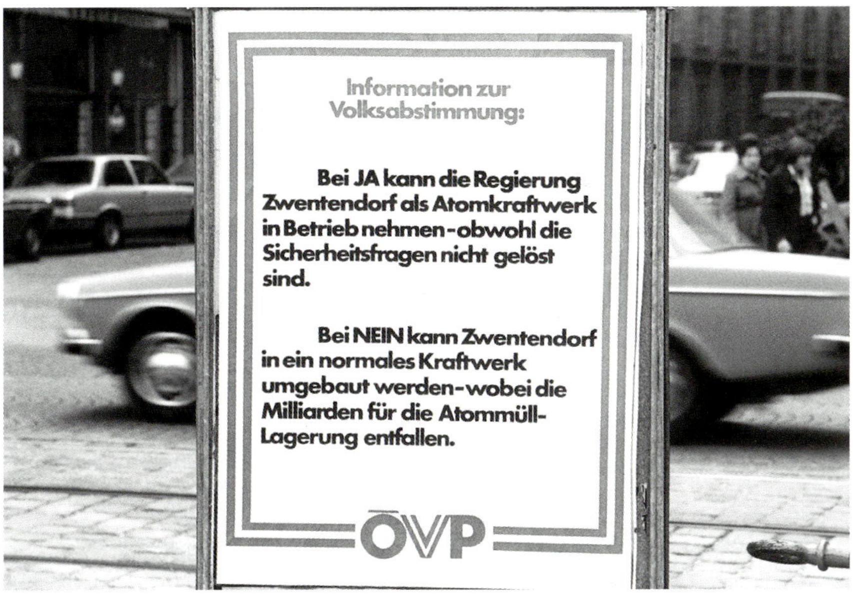

Der parteipolitische Wandel – von der Kindesweglegung zum Versprechen ohne Chance auf Verwirklichung

Als Ergebnis dieser „Atomklausur" kündigt Kreisky für den Herbst einen Bericht der Bundesregierung an das Parlament an: „Im Herbst soll das Parlament – möglicherweise ohne Klubzwang – über die Atomproblematik beraten. Der Regierung liegt an einer einvernehmlichen Entscheidung, die auch in parlamentarischen Parteienberatungen herbeigeführt werden soll." (AZ, 7. Juni 1977)

Die SPÖ versucht durch eine Totalmobilisierung verlorenes Terrain wieder aufzuholen. ÖGB-Präsident Anton Benya und der leitende Sekretär des ÖGB, Erich Hofstetter, besuchen das Kraftwerk. Handelsminister Staribacher ist mit dabei. Der ÖGB-Präsident drängt auf Verwirklichung. „Ein Probebetrieb bei Nullleistung könnte bereits im November 1977 beginnen."

Hannes Androsch sondiert bei Bundeskammerpräsident Rudolf Sallinger. In der Vergangenheit hatte die Wirtschaftskammer, dem ÖGB und der Industriellenvereinigung gleich, auf die energiepolitische Ergänzung durch Kernkraft gedrängt. Nun hält sich Rudolf Sallinger bedeckt. Die Taus-Strategie der parteipolitischen Thematisierung scheint zu greifen. Da entschließt sich Bruno Kreisky, eine zweite Front aufzumachen. Vom Krankenbett aus informiert er zuerst einmal Hannes Androsch, Heinz Fischer und Leopold Gratz über seine Pläne einer Volksabstimmung. Noch wenige Monate davor hatte er die Frage nach der Verwendung von Atomenergie zur Stromerzeugung als ungeeignet qualifiziert, in einer Volksabstimmung gelöst zu werden.

Nachdem alle Versuche, im Parlament zu einem parteienübergreifenden Konsens zu kommen, ergebnislos bleiben, sucht Kreisky einen anderen Weg, die Verantwortung zu teilen: „Ich bin dagegen, dass mit drei Stimmen Mehrheit die Entscheidung fallen soll, ob in Österreich Atomstrom verwendet wird oder nicht", begründet er gegenüber der „Presse" sein aktualisiertes Demokratieverständnis. Das Volk entscheidet am 5. November.

Am 17. Oktober richtet der Parteivorstand einen leidenschaftlichen Appell an alle Österreicher: „Stimmt ‚JA' für Zwentendorf."

Für den 28. Oktober bittet die SPÖ zu einer großen Bürgermeisterkonferenz ins – fertige – Kraftwerk nach Zwentendorf.

„Es ist zweifellos eine politische Frage, ob ein Staat auf eine Energiereserve verzichtet, die dem Umfang des gesamten Erdölvorkommens von Österreich entspricht. Daher ist es eine politische, aber keine parteipolitische Entscheidung, die am 5. November fallen muss." (AZ, 29. Oktober 1978)

Erstmals kritisiert Kreisky die parteiinternen Quertreiber öffentlich. Dabei wird der Appell an die Österreicher im Parteivorstand nahezu einstimmig beschlossen. Das Protokoll vermerkt lediglich eine Gegenstimme, vom Vorsitzenden der Sozialistischen Jugend, Josef Cap.

Am 30. Oktober stellt sich Vizekanzler Hannes Androsch einer Fernsehdiskussion. Sein Werben um breite Zustimmung ist von Sorge um die Abstinenz einer schweigenden Mehrheit getragen.

„Die Regierungspartei hat größtes Interesse an einer breiten Zustimmung zu ihren Vorschlägen, sie bemüht sich daher auch um eine möglichst hohe Beteiligung an der Volksabstimmung am 5. November. Eben weil sie davon überzeugt ist, dass die Mehrheit der österreichischen Bevölkerung für die Inbetriebnahme des Kernkraftwerkes Zwentendorf

Das politische Geschäft mit der Angst

ist, will die SPÖ eine starke Teilnahme. Es bestehe die Gefahr, dass die organisierten Gegner möglichst vollzählig zu den Urnen gehen, die Befürworter hingegen, als die schweigende Mehrheit, sich weniger motiviert fühlen, sich zu artikulieren.“ (AZ, 30. Oktober 1978)

Am 31. Oktober versammeln sich mehr als 7000 Betriebsräte aller politischen Fraktionen im Floridsdorfer Werk der Simmering-Graz-Pauker AG. Bruno Kreisky und Anton Benya stellen ihr Werben für Zwentendorf unter das Motto der Arbeitsplatzsicherung:

„Es ist ein erklärtes Ziel der Bundesregierung und der Regierungspartei, die Vollbeschäftigung in Österreich zu erhalten. Wir haben uns vorgenommen, zu verhindern, dass es jemals wieder eine halbe Million Arbeitslose gibt, und heute verzeichnet Österreich trotz weltweiter Krise einen Beschäftigtenstand, der höher ist als irgendwo in Europa.

Soll sich Österreich weiter als moderner Industriestaat entwickeln, müssen in den nächsten zehn Jahren 250.000 Arbeitsplätze geschaffen werden. Dafür brauchen wir mehr Energie, und deshalb sind wir für die Inbetriebnahme von Zwentendorf, unter der Voraussetzung, dass alle Sicherheitsbestimmungen erfüllt sind.“

Die Versammlung steht unter dem Motto „Ja für die Zukunft“. Mit einem handfesten und einem stark emotionalen Appell wird sie von Kreisky geschlossen: „Dieses Werk hat Milliarden gekostet, es darf nicht verrotten! Wir machen uns um unsere Kinder ebenso viele Sorgen wie andere, die gegen Zwentendorf sind. Eben aus Sorge um die Zukunft Österreichs sagen wir ja zu Zwentendorf!“

Doch das Steuer ist nicht mehr herumzureißen. Vor allem nimmt für die Wähler der ÖVP die parteipolitische Chance immer konkretere Formen an. Da die FPÖ im konsequenten Anti-Atom-Kurs schon seit geraumer Zeit eine Marktlücke aufgespürt hat, wird die Volksabstimmung über das Atomkraftwerk

Bruno Kreisky nach der knappen Abstimmungsniederlage: „Im November 1979 keine ‚Atomwahlen', sondern eine Abstimmung über die Zukunft Österreichs."

Zwentendorf immer mehr zu einer parteipolitischen Heerschau: Sozialisten auf der einen Seite – das bürgerliche Lager, in der Chance vereint, Kreisky persönlich eine Niederlage zuzufügen, auf der anderen Seite.

Das Ergebnis ist denkbar knapp: 50,47 Prozent der Stimmen dagegen, 49,53 Prozent dafür. Dazu noch eine für Österreich in damaliger Zeit ungewohnt niedrige Abstimmungsbeteiligung: 64,1 Prozent. Österreich hat es wieder einmal geschafft, gleichzeitig respektvoll bestaunt und respektlos verspottet zu werden. Den Atomgegnern eine Stätte des Triumphes, den Ökonomen, den pragmatischen wie visionären Politikern ein Land, in dem der „Verschwender" und „Der Bauer als Millionär" als Theaterstücke entstanden sind, das einzige Land auf der Welt, das es sich leistet, das Modell eines Atomkraftwerks im Maßstab 1:1 zu bauen. Und dafür acht Milliarden Schilling (600 Millionen Euro) in den Sand zu setzen.

Rückblickend kann man interpretieren, Kreisky habe diese Niederlage instinktiv herbeigeführt. Ihm ist die Kernenergie in Wahrheit nicht ganz geheuer. Daher ist er nur mit reduzierter Vernunft bei der Sache, nicht mit emotionaler Gestaltungskraft. Und so nützt er das knappe Ergebnis sofort, um in Österreich der Kernenergie für alle Zukunft den Garaus zu machen. Das Atomsperrgesetz, das die Sozialisten im Parlament einbringen, kann nur mit Zweidrittelmehrheit und anschließendem Volksentscheid wieder aufgehoben werden. Industrie und Wirtschaft verplempern sich zu lange im parteipolitischen Erfolg und durchschauen nicht die weit reichenden Folgen dieser Gesetzesinitiative. Durch ihre Zustimmung im Parlament schaffen sie dem Kanzler die Plattform für seine letzte taktische Meisterleistung. Binnen weniger Wochen wandelt Kreisky die Niederlage zum Erfolg und steuert einer neuen absoluten Mehrheit zu. Der größten, die je errungen werden konnte.

Bei 64,1 Prozent Beteiligung siegen die Gegner mit weniger als einem Prozent Differenz: 50,47 zu 49,53 Prozent.

Glück auf zur großen Tat

Alle Wege führen durch Österreich. Wer auf der Straße, mit der Bahn, vom Norden Europas nach dem Süden, vom Osten nach dem Westen will, nimmt meist den Weg durch Österreich. Dieser europäischen Herausforderung an die Verkehrspolitik versucht sich die österreichische Bundesregierung in den siebziger Jahren zu stellen.

Was Gott durch einen Berg getrennt hat, soll der Mensch nicht durch ein Loch verbinden": Der Überlieferung nach soll Landeshauptmann Eduard Wallnöfer, personifiziertes Tiroler Urgestein, mit dieser saftigen Weisheit seine heilige Scheu vor der Durchbohrung des Arlbergs dem österreichischen Bundeskanzler Kreisky kundgetan haben. Einer weiteren Legende nach hätten Tiroler und Vorarlberger trotz der europäischen Perspektive und Notwendigkeit dieses Verkehrsprojekts noch länger auf die Erleichterung ihrer gegenseitigen Kommunikationsbedürfnisse warten müssen, hätte es nicht Winter für Winter ein für alle Geschehnisse in den Ländern hinter und vor dem Arlberg übergeordnetes Ereignis gegeben. Bruno Kreisky und Hannes Androsch, Bundeskanzler und Finanzminister, pflegen ihre Skiurlaube in Lech am Arlberg zu verbringen. Jahr um Jahr. Schon während der Zeit, bevor sie Regierung wurden. Sie verbringen ihre Urlaube nie gemeinsam. Aber an manchen Abenden finden sie zusammen, in der Wirtsstube des Gasthofes Zur Post, beim Moosbrugger, am Tisch im Hergottswinkel. Und dann wird eben über Gott und die Welt geredet. Auch darüber, wie der Mensch nie des Schöpfers trennende Berge umgehen soll. So grundsätzlich ernst kann das wohl nicht gemeint sein, denn schließlich hat der liebe Gott, so stimmen Agnostiker (Kreisky) und Altkatholik (Androsch) überein, die Menschen auch befähigt, Tunnel zu bauen. So entsteht, wie gesagt der Legende nach, der Arlbergtunnel. Plötzlich geht es Schlag auf Schlag. Eine Aktiengesellschaft wird gegründet, Bund, Tirol und Vorarlberg die Gesellschafter, ein Finanzierungsgesetz beschlossen und bereits am 13. November 1973 mit dem Spaten – symbolhaft – in die Erde gestochen. Der Tunnelanschlag erfolgt ein halbes Jahr später – genau am 5. Juli 1974. Zu diesem Zeitpunkt ist die Bundesregierung noch eine harmonische Familie, daher schlägt auf der Tiroler Seite Minister Josef Moser, der Bautenminister, das künftige Tunneltor. Auf der anderen Seite, in Vorarlberg, Hannes Androsch, der Finanzminister, Vera Kreisky, die Frau des Bundeskanzlers, fungiert als Tunnelpatin, und ihr Mann, der Kanzler, als Festredner: „Es wird ein gesamtösterreichisches Werk sein, mit dem ich viele Hoffnungen verbinde. Nämlich, dass es gelingen möge, dieses Werk zu vollbringen, ohne Menschen opfern zu müssen, dass dieses Werk zum Segen Österreichs und seiner Bundesländer

An manchen Abenden finden sie zusammen – der Bundeskanzler und der Finanzminister.
Daraus ist, der Legende nach, das Loch durch den Arlberg entstanden …

Die Größe des Bauwerks rechtfertigt das Pathos der Eröffnungsreden. Bundespräsident Rudolf Kirchschläger: „Ein Jahrhundertwerk einer richtigen politischen Entscheidung.“

Tirol und Vorarlberg gereichen möge und dass es eine große Leistung österreichischen Arbeitens und österreichischen Ingenieursdenkens werden möge. So wünsche ich allen, die hier am Werk sein werden, Glück auf zur großen Tat!“

Und eine große Tat wird es tatsächlich. Bereits am 1. Dezember 1978 kann mit 13.972 Metern der damals längste Straßentunnel der Welt dem Verkehr übergeben werden. Auch die Bauzeit von 53 Monaten, um sieben Monate kürzer als ursprünglich geplant, ist Weltrekord. Wahrlich ein großes Beispiel österreichischer Ingenieurs- und Arbeitsleistung. Leider geht der wichtigste Wunsch des Bundeskanzlers nicht in Erfüllung: 14 Menschenleben hat der Berg gefordert. Die Errichtung des Arlbergtunnels ist das spektakulärste Verkehrsprojekt der Ära Kreisky/Androsch. Die Bundesregierung sieht aber in der ge-

samten Verkehrspolitik einen Schwerpunkt der regierungspolitischen Herausforderungen. Ihrer Überzeugung nach ist eine moderne, leistungsstarke Infrastruktur eine unbedingte Voraussetzung für die wirtschaftliche Entwicklung Österreichs.

Bruno Kreisky beruft den Abgeordneten Josef Moser als Minister für Bauten und Technik in sein Minderheitskabinett. Josef Moser, aus der Steiermark stammend, war Insidern

als sachkundig, eher zurückhaltend, aber mit trockenem Humor ausgestattet, bekannt. Als er zum Beispiel einmal während einer Parlamentsdebatte mehrmals durch Zwischenrufe eines Abgeordneten, der dafür bekannt war, seine Anteilnahme an parlamentarischen Debatten durch Hört-hört-Rufe zu dokumentieren, eben mit „hört, hört!" unterbrochen wurde, unterbrach Moser tatsächlich seine Ausführungen, wandte sich an den Abgeordneten: „Lieber Kollege N.N., ich verrate Ihnen ein Geheimnis: Ich habe mir nie eingebildet, über besonders viel Verstand zu verfügen. Aber hätte ich solchen, würde ich ihn bei Ihnen verstecken, denn dort wird ihn garantiert niemand suchen."

Bundesstraßennetz – Ordnung und Ausbau

Wie in allen anderen Sparten und Zuständigkeiten des Regierens ortet die sozialistische Bundesregierung auch in der Verkehrspolitik beträchtlichen Nachholbedarf. In seiner ersten Regierungserklärung erläutert Kreisky, warum „die Verkehrspolitik für Österreich eine geradezu entscheidende Bedeutung" hat. Josef Moser, der neue Bautenminister, trägt die hohe Anfangsbeschleunigung der Bundesregierung voll mit. Ordnung in den Ausbau des Bundesstraßennetzes zu bringen, ist für ihn die Voraussetzung für die Verfolgung steigender Investitionen. Am 1. September 1971, noch in der Zeit der Minderheitsregierung, tritt das vom Bundeskanzler verlangte moderne Bundesstraßengesetz bereits in Kraft.

Wieder ein Jahr später präsentiert Josef Moser eine „Dringlichkeitsreihung der Autobahnen und Schnellstraßen".

Leopold Gratz, Josef Moser (damals Bautenminister), Hannes Androsch und Bruno Kreisky: Es wird ein gesamtösterreichisches Werk sein, mit dem sich viele Hoffnungen verbinden.

Insgesamt werden in fünf Stufen 998 Kilometer Autobahnen und 1051 Kilometer Schnellstraßen nach ihrer Dringlichkeit gereiht. Dafür errechnet man – auf der Preisbasis von 1970 – einen Kostenaufwand von rund 51 Milliarden Schilling für die Autobahnen und 33 Milliarden für die Schnellstraßen.

Im Juni 1975 kann Josef Moser eine der wichtigsten Alpenquerungen für den europäischen Urlauberverkehr freigeben. Bundespräsident und Bundeskanzler, Finanzminister und Bautenminister und selbstverständlich auch die Landeshauptleute von Salzburg und Kärnten kommen zusammen, als das 52 km lange Scheitelstück der Tauernautobahn mit der unvermeidlichen Durchschneidung des rot-weiß-roten Bandes durch Bundespräsident Rudolf Kirchschläger eröffnet wurde. Die im Winter oft unmögliche Überquerung der Radstädter Tauern ist Vergangenheit.

Die Zukunft ist eine durchgehende Nord-Süd-Querung der Alpen. Bereits drei Jahre nach der Freigabe der Tauernscheitelstrecke beginnen Österreich und Jugoslawien gemeinsam den Bau des Karawankentunnels. Es wäre nicht Österreich, hätte es ab dieser Phase nicht auch Gemaule gegeben. Jetzt würden dann die skandinavischen, holländischen und vor allem deutschen Urlauber auf der Direttissima durchziehen und ihren Urlaub nicht mehr an den Kärntner Seen, sondern an den Küsten der Adria verbringen.

Die Realisierung des schwierigen Verkehrsprojektes ermöglicht ein gleichermaßen komplizierter Vertrag zwischen zwei Staaten unterschiedlicher Gesellschaftsordnung und wirtschaftlicher Leistungskraft. Die Kosten werden aber 50 : 50 geteilt.

Die 1980 in ihrem wichtigsten Teil fertig gestellte Tauernautobahn wird ihre Fortsetzung Richtung Staatsgrenze gegen Jugoslawien in der Karawankenautobahn finden. Jugoslawien hat bereits mit dem Ausbau der ‚Transjugoslawischen Autobahn' begonnen, die im Karawankenstraßentunnel ihren Ausgang nimmt.

Wie bei allen großen Autobahntunnels wird auch beim Karawankentunnel vorerst nur eine Röhre gebaut. Die Betonung sollte auf „vorerst" liegen. Doch ein ganzes Vierteljahrhundert danach sind die Infrastruktur-Pionierleistungen der 1970er Jahre zum nachhaltigen Stückwerk verkommen. Auf die zweite Röhre … oder die Zufahrtsstraßen zum Arlbergtunnel … heißt es weiterhin

Der neue Bautenminister Karl Sekanina macht den Weg frei für in- und ausländische Autofahrer.

„Bitte warten". Nicht einmal die triste Beschäftigungslage ist bisher Impuls genug, diese dringenden Verkehrsprojekte in Angriff zu nehmen.

Der Druck der Straße – LKW-Blockade der Grenzübergänge

Grundsätzlich ist Österreich gerne Mittelpunkt. Ausgenommen in Fragen des europäischen Güterverkehrs. In diesem Zusammenhang ist Mittelpunkt nicht Eitelkeit und Wohlgefallen, sondern Belastung und Problem. Durch Österreich führen die wichtigsten europäischen Verkehrswege vom Norden nach dem Süden Europas, seit der Öffnung auch von West nach Ost.

Untersuchungen im Auftrag der Europäischen Verkehrsministerkonferenz gegen Ende der 1970er Jahre bestätigen die Sonderstellung Österreichs. Danach hat Österreich jährlich ein mehr als doppelt so großes Transitaufkommen zu bewältigen wie das gesamte Transitaufkommen der Schweiz, Jugoslawiens, Griechenlands und der Türkei. An dieser gewaltigen Belastung hat sich bis heute nichts geändert. Österreich war und ist das mit Abstand am stärksten vom Transitverkehr belastete Land Europas.

Die österreichische Bundesregierung reagiert in den 1970er Jahren mit einem gegenüber dem Jahrzehnt davor verstärkten Ausbau der Verkehrsinfrastruktur. Sie bekennt sich zur sich aus der geografischen Lage ergebenden Brücken- und Mittlerrolle im europäischen Verkehrsgeschehen.

So erlaubt Österreich den Frächtern aus aller Welt die Durchfahrt mit 38 Tonnen schweren LKWs, während die Schweiz ein um zehn Tonnen geringeres Limit aufrecht hält. Die daraus resultierende starke Abnützung von Österreichs Straßen, die zunehmende Belastung der österreichischen Volkswirtschaft, die empfindliche Beeinträchtigung der Lebensbedingungen an den Durchzugsstraßen, die nachhaltige Schädigung der Umwelt sollten genug Argumente sein, den Verursachern solchen Unbills einen Kosten-

»Österreich, in der Mitte Europas gelegen, ist gehalten, den Ausbau seines Fernverkehrsnetzes auch aus gesamteuropäischer Sicht zu gestalten.«
Bruno Kreisky

Der Tiroler Landeshauptmann Eduard Wallnöfer: „Was Gott durch einen Berg getrennt hat …"

Bürgermeister Gratz eröffnet die „Tangente", Wiens wichtige Südostumfahrung.

beitrag abzuverlangen. So denkt zumindest Hannes Androsch, der Finanzminister. Das Parlament folgt der Logik seiner Überlegungen und beschließt die Einhebung eines Straßenverkehrsbeitrages für schwere LKWs.

Daraufhin ist im Juli 1978 für einige Tage auf Österreichs Straßen die Hölle los. Die Frächter blockieren Straßen, Autobahnen und Grenzübergänge. Österreich wird zur Wagenburg, in die es kein Hinein und aus der es kein Heraus gibt. Der Schaden ist beträchtlich, mancherorts treten Versorgungsschwierigkeiten auf, der Fremdenverkehr stöhnt, und auf den Finanzminister wird beträchtlicher Druck ausgeübt. Doch die Regierung gibt dem Druck der Straße nicht nach. Der Kanzler ist zwar besorgt und beunruhigt, aber er weilt in London. Die zuständigen Minister Hannes Androsch und Karl Lausecker lassen keinen Zweifel aufkommen, dass der Forderung der Frächter nicht nachgegeben werden wird. Die LKW-Steuer wird sicher nicht wieder zurückgenommen. Unterstützung kommt auch von Heinz Fischer, dem Chef des sozialistischen Parlamentsklubs, der unmissverständlich klarstellt, dass Gesetzesänderungen durch illegale Gewaltmaßnahmen nicht erzwungen werden können. Zum Wochenende, rechtzeitig vor Beginn der großen Urlauberwelle, sind Österreichs Autobahnen wieder befahrbar und die Grenzübergänge wieder frei.

Der Bürgermeister legt selbst Hand an – Leopold Gratz als Baggerführer beim Bau der Wiener U-Bahn.

Die Dominanz des Autos

In diesem Jahrzehnt der Regierung Kreisky/Androsch wird dreimal so viel Geld in den Bau von Bundesstraßen und Autobahnen investiert wie im Jahrzehnt davor. Wichtigste Finanzierungsquelle ist die Bundesmineralölsteuer.

Für besonders teure und schwierige Bauvorhaben bewährt sich die Errichtung von Sondergesellschaften. Die Finanzierung von Arlberg-, Brenner-, Pyhrn- oder Tauernautobahn aus dem Bundesbudget hätte entweder alle anderen Straßenbauprojekte unmöglich gemacht, oder alle Vorhaben hätten nicht in gleicher Zeit realisiert werden können. Die Sondergesellschaften, die sich den Großteil der Finanzierung auf dem Kreditweg verschaffen, sind der budgetschonende, also andere Straßenbauprojekte nicht blockierende Ausweg.

Leistungswettbewerb zwischen den Verkehrsträgern

Eine moderne, leistungsstarke Verkehrsinfrastruktur kann aber mit dem Ausbau des Straßen- und Autobahnnetzes allein nicht erreicht werden Es ist bereits in den 1970er Jahren deutlich zu erkennen, dass zum Straßenverkehr die Eisenbahn die unverzichtbare Alternative sein muss. Rund 90 Prozent des Güter- und Personenverkehrs werden in Österreich über die Straße abgewickelt. Bei der Dynamik der Entwicklung des Verkehrsaufkommens hinken Kapazitätsausweitungen immer hinten nach. Außerdem erreicht die Umweltbelastung die Grenzen der Erträglichkeit.

Die historische Dominanz der öffentlichen Verkehrsmittel wird nach dem 2. Weltkrieg durch die Motorisierung in den Hintergrund gedrängt. Das Auto wird zum Symbol für Wohlstand und Freiheit. Die Bereitschaft der Regierungen und der Wirtschaft, vorwiegend in den Individualverkehr zu investieren, lassen faire Wettbewerbsbedingungen zwischen Individual- und öffentlichem Verkehr erst gar nicht aufkommen.

Mit steigendem Umweltbewusstsein setzt langsam ein Prozess des Umdenkens ein. Die Explosion der Ölpreise von 1973 verbessert die Wettbewerbsposition der öffentlichen Verkehrsmittel.

Die Regierung Kreisky rückt die Bedeutung des öffentlichen Verkehrs wieder stärker ins Bewusstsein. In der Regierungserklärung vom November 1971 bekennt sich der Bundeskanzler zum Wettbewerb der verschiedenen Verkehrsträger: „Zwischen den verschiedenen Verkehrsträgern soll voller Leistungswettbewerb unter möglichster Herstellung gleicher Chancen bestehen." Um dies zu erreichen kann, kündigt Bruno Kreisky die Zusammenfassung aller Verkehrsagenden im Bundesministerium für Verkehr an, „damit die in Europa einmalige Aufsplitterung der Verkehrsagenden auf mehrere Ressorts endlich beseitigt wird."

Hannes Androsch unterstreicht in seinen Budgetreden und einschlägigen Vorträgen die Notwendigkeit des Ausbaus von öffentlichen Verkehrsmitteln und Verkehrswegen: „Die Bevorzugung, die in den vergangenen Jahren der Ausbau von Verkehrseinrichtungen für den Individualverkehr erfuhr, hat unsere Verkehrsprobleme nur zum Teil gelöst. Die moderne Entwicklung verlangt eine ausgeglichenere Nutzung der vorhandenen Investitionsmöglichkeiten. In den Ballungsräumen ist der verstärkte Ausbau öffentlicher Nahverkehrseinrichtungen besonders dringlich." Und zur Bundesbahn:

„Für die Österreichischen Bundesbahnen besteht die Verpflichtung zu einer möglichst sparsamen und rationellen Betriebsführung. Für den Staat besteht im Interesse der Gesamtwirtschaft die Verpflichtung, im Rahmen seiner finanziellen Möglichkeiten diesem wichtigen Bundesbetrieb entsprechende Investitionsmittel zur Verfügung zu stellen."

Im Rückblick muss man festhalten, dass die Regierung in der Umsetzung dieser verkehrspolitischen Grundsätze nicht unbedingt erfolgreich war. Zwar ist durchaus viel modernisiert und investiert worden – von der durchgehenden Elektrifizierung bis zur Schaffung des großen, modernen und leistungsstarken Verschiebebahnhofs in Wien-Kledering. Auch in den Fuhrpark wurde investiert, Nahverkehrseinrichtungen wurden geschaffen, Bahnhöfe renoviert.

Aber die große, übergeordnete Zielsetzung, ein sinnvolles, ausgewogenes Nebeneinander von Schiene und Straße zu schaffen, gelang nicht. Die Beseitigung des Nachholbedarfs und eine zeitgemäße Modernisierung schaffte die Regierung in diesem Jahrzehnt nicht …

Um die Weihnachtszeit wird der Arlberg zum Zentrum der österreichischen Innenpolitik. Im Schnee oder danach in der Wirtsstube werden Ideen für den nächsten Ministerrat geboren …

Auf und davon – am Arlberg herrscht Eintracht auf dem Sessellift …

… und den anderen Skifahrern gefällt es sichtlich sehr, wenn Bundeskanzler und Finanzminister sich brav in die Warteschlange einreihen und keinen Versuch machen, irgendwelche Privilegien in Anspruch zu nehmen.

Wien wird internationales Zentrum der Weltpolitik

Am 23. August 1979 kann die österreichische Bundesregierung den gesamten Gebäudekomplex UNO-City an die Vereinten Nationen und die Internationale Atomenergiebehörde übergeben.

Wien ist dadurch – neben New York und Genf – zum dritten Hauptsitz der Vereinten Nationen geworden. Ein wichtiger Tag für Österreich.

Der feierliche Akt der Übergabe setzt den Schlusspunkt hinter ein Projekt von nahezu klassischer Vielschichtigkeit. Es wäre nicht Österreich, hätte die Realisierung der UNO-Stadt zu Wien nicht folgenden Verlauf genommen: Am Anfang steht eine große, mutige Idee. Den Prozess der Verwirklichung würzen Politgezänk, Intrigen, Verdächtigungen, Beleidigungen, Vorwürfe von Schiebung und Bestechung – und am Ende steht ein eindrucksvoller Bau. Die Bundeshauptstadt erhält ein neues, modernes Wahrzeichen am linken Donauufer, Österreich wird international und sogar national mit Lob und Anerkennung berühmt, das große Bauprojekt wird professionell, im Zeit- und Kostenplan, unbeirrt vom umwogenden Politgezeter, fertig gestellt.

Noch zu Zeiten der Großen Koalition hat die österreichische Bundesregierung begonnen, sich um die Ansiedlung internationaler Organisationen zu bewerben. Vor allem versteht sich die Stadt Wien schon von ihrer Geschichte her als Ort der Begegnung zwischen Ost und West. Die geopolitische Lage hart an der Grenze zum Eisernen Vorhang verleiht dieser Tradition besondere Aktualität. Mit dem Staatsvertrag beginnt sich Österreich zunehmend seiner wiedererlangten politischen Manövrierfähigkeit bewusst zu werden und internationale Organisationen zu ermutigen, Wien als Konferenzort oder überhaupt als ständigen Amtssitz zu wählen. Das Werben von Regierung und Stadtverwaltung wird in überraschend kurzer Zeit belohnt. Bereits 1957 entscheidet sich die Internationale Atomenergieorganisation (IAEA) für Wien, und 1965 die Organisation Erdölexportierender Länder (OPEC). Als die 21. Generalversammlung der Vereinten Nationen 1967 beschließt, die neue Organisation für Industrielle Entwicklung (UNIDO) in Wien anzusiedeln, wird die internationale Position Wiens weltweit gestärkt.

Die getanzte Anmut der Internationalität vor der Schöpfung des Architekten Johann Staber – „Alles modern Geschaffene muss dem neuen Materiale und den Anforderungen der Gegenwart entsprechen, wenn es zur modernen Menschheit passen soll.“ (Otto Wagner)

Der Stolz und die Genugtuung des Bundeskanzlers: Das Schicksal, vergessen zu werden, wird Österreich nun nicht mehr erleiden. Links neben Bruno Kreisky der Vorsitzende des Aufsichtsrates Walter Waiz, rechts Hannes Androsch, daneben Gerhard Puschmann, ganz rechts Franz Weich.

„Es ist großartig, ich bin begeistert", soll UNO-Generalsekretär U Thant ausgerufen haben, als ihm jenes Gelände zwischen Alter Donau, Donaustrom und Donaupark mit Blick auf die Kette des Wienerwaldes und die Silhouette der Stadt präsentiert wurde, das die Stadtväter für die Errichtung der UNO-City in Aussicht genommen hatten.

Die Standortwahl wurde zwischen Finanzminister Wolfgang Schmitz und Wiens Finanzstadtrat Felix Slavik im Februar 1967 in einem vertraulichen Rahmenübereinkommen zwischen Republik Österreich und Gemeinde Wien festgelegt. Ebenso die Aufteilung von Leistung und Verantwortung. In diesem Übereinkommen verpflichtet sich die Stadt Wien, kostenlos ein baureifes Grundstück „in dem Ausmaß, das für die geplante UNO-City erforderlich ist und eine laut Planung erforderliche Expansion ermöglicht", in das Eigentum der Republik

Österreich zu übertragen. Außerdem verpflichtet sich Wien zur Errichtung entsprechender Verkehrsbauten, wie einer Schnellverbindung zwischen UNO-City und dem Wiener Stadtzentrum, und zu einer finanziellen Beteiligung von 35 Prozent an den Gesamtkosten. Planung und Durchführung werden Stadt Wien und Republik Österreich wahrnehmen. Die zweckmäßigste Form für die Zusammenarbeit wird einvernehmlich festgelegt werden.

Größe, Bedeutung und Internationalität des Vorhabens verlangen nach einer öffentlichen Ausschreibung und einer hoch qualifizierten, ebenfalls international besetzten Jury. Die Beteiligung am Wettbewerb dokumentiert die Attraktivität des Projektes und stellt die Jury vor eine schwierige Entscheidung. 283 Entwürfe von Architekten aus 36 Staaten müssen gesichtet und bewertet werden. Die Beratungen der Jury nehmen mehrere Wochen in Anspruch, aber keine Entscheidung fällt. Keines der Projekte wird als realisierungsreif bewertet, vier von den 283 allerdings als überarbeitungswürdig qualifiziert.

Sektionschef Dr. Walter Waiz – einer, von dem man sagt: So einen wird es nicht wieder geben.

Noch bevor ein entscheidungsreifes Modell vorliegt, erfolgt in Österreich der politische Machtwechsel von der ÖVP zur SPÖ. Damit aber auch ein überraschender Stimmungswandel der ÖVP. Bundeskanzler Bruno Kreisky und die sozialistische Regierung sehen sich bei der Realisierung der UNO-City wachsendem Widerstand durch die ÖVP ausgesetzt. Die einstige Regierungspartei betreibt in der Opposition Kindesweglegung. Warum, ist nicht ganz einsichtig.

Am Ende des spannenden Prozesses der Ausschreibung werden UNIDO und IAEA, die betroffenen UNO-Organisationen, zu einer detaillierten Stellungnahme eingeladen. Am 18. Dezember 1970 wird von der Vergabekommission einstimmig entschieden, die Ausführung des bedeutendsten Projektes der österreichischen Architektur nach dem 2. Weltkrieg dem Wiener Architekten Johann Staber zu übertragen.

Von da weg macht die ÖVP die UNO-City hartnäckig zu einem innenpolitischen Streitthema. Architekt Stabers Kompetenz wird sorgenvoll angezweifelt, die Leistungsfähigkeit seines Büros an den Pranger gestellt. Bundeskanzler Kreisky wird verdächtigt, protektionistisch entschieden, die Haltung der UNO-Organisationen und die Entscheidung der „gemischten Kommission“ zugunsten des österreichischen Architekten beeinflusst zu haben. Ein Vorwurf, mit dem zu leben dem österreichischen Bundeskanzler durchaus gelingt.

Am 3. Mai 1971 wird die IAKW (Internationale Amtssitz- und Konferenzzentrum Wien) AG gegründet. Beteiligung wie im Schmitz-Slavik-

Abkommen vorgesehen: 65 Prozent Bund, 35 Prozent Stadt Wien. In einem Finanzierungsgesetz wird der Finanzminister ermächtigt, „für die von der Aktiengesellschaft zur Planung, Errichtung, Erhaltung, Verwaltung und Finanzierung des als Bundesgebäude zu errichtenden Amtssitzes internationaler Organisationen und des Konferenzzentrums Wien im In- und Ausland durchzuführenden Finanzoperationen (Aufnahme von Anleihen, Darlehen und sonstigen Krediten) die Haftung namens des Bundes als Bürge und Zahler gemäß § 1357 des Allgemeinen Bürgerlichen Gesetzbuches zu übernehmen“.

Zu Geschäftsführern der IAKW werden zwei junge Beamte berufen – Dr. Gerhard Puschmann vom Finanzministerium, und von der Stadt Wien Dipl.-Ing. Franz Weich. Dieses Duo, unbestechlich, konsequent und kompetent, von herzerfrischender Arroganz (Puschmann) und hemdsärmeliger Intelligenz (Weich), wird das Großprojekt zielsicher durch den politischen Intrigantenstadel, um Interventionsklippen und bausumpfige Untiefen führen.

Vorsitzender des Aufsichtsrates wird Ministerialrat Dr. Walter Waiz aus dem Finanzministerium. Ein Beamter von besonderer Qualität. Einer, von dem man sagt, so einen wird es nicht wieder geben. An Dr. Walter Waiz, den Hannes Androsch später zum Leiter der Budgetsektion berufen wird, personifiziert sich die Unsinnigkeit der ÖVP-Attacken gegen die UNO-City-Entscheidungen der Bundesregierung. Waiz und die anderen im Finanzministerium mit dem Projekt befassten Beamten waren schon in der Zeit der ÖVP-Regierung mit der

»Was immer wir von uns aus tun können, es ist begrenzt. Aber es liegt in unserer Hand, im Bewusstsein der Weltöffentlichkeit, immer wieder präsent zu sein.«
Bruno Kreisky

Hannes Androsch und sein Kabinettschef Michael Auracher: bereit, Gastland für weitere Organisationen der Vereinten Nationen zu werden

„Wir sollten uns daran erinnern, dass die großen finanziellen Aufwendungen für ein derartiges Bauwerk ein besonderes Verständnis der Steuerzahler zur Grundlage haben." Hannes Androsch empfängt den symbolischen Kaufpreis von einem Schilling aus der Hand des Generalsekretärs der Vereinten Nationen, Kurt Waldheim.

Agenda betraut. Politisch eher den Vorgängern von Hannes Androsch nahe stehend, nehmen sie ihre Aufgabe unter einer neuen Ressortleitung weiterhin gewissenhaft, sachorientiert, mit distanzierter Loyalität zu ihrem neuen Chef wahr. Mit jedem Angriff, jeder Verdächtigung, jeder parlamentarischen Aktion steigt das Unverständnis über das Verhalten der ÖVP, bis es in Empörung kippt. Dazu eine kleine Episode, die die Stimmung illustriert: Lagebesprechung beim Minister am Vorabend einer Parlamentssitzung. Die ÖVP hat wieder einmal einen Großangriff angekündigt („Die kleinen Galoppierer, weil Koren und die feinen Herren das Geschäft nicht machen wollen" – Kreisky). Die vor Hannes Androsch versammelten Beamten prüfen Unterlagen, widerlegen Vorwürfe, munitionieren den Minister, damit dieser gegen all diese schäbigen Anschuldigungen ankämpfen könne. Am Schluss der Besprechung ein Ministerialrat, im Privatberuf ÖVP-Gemeinderat in einer niederösterreichischen Kleinstadt: „Herr Minister, sollen wir auch Unterlagen für die Redner Ihrer Fraktion vorbereiten?"

Bundeskanzler Kreisky geht in die Offensive. Im Pressefoyer nach dem Ministerrat vom 14. März 1972 betont der Kanzler, „die Regierung sei nicht gewillt, dieser fadenscheinigen Verdächtigungskampagne zuzusehen: Alles werde nun auf den Tisch gelegt. Jeder Österreicher soll in alle entsprechenden UNO-City-Akten Einsicht nehmen können. Staatsbürger sollen – soweit es sich nicht um schikanöse Wünsche handelt – Abschriften von entsprechenden Dokumenten erhalten können. Zwei Beamte werden für Auskünfte zur Verfügung stehen. Außerdem soll aufgedeckt werden, wer wo und bei welchem Beamten in der UNO-Sache interveniert hat."

Doch die ÖVP scheint von der Überzeugung besessen, Kreisky skandalisieren zu können. Im Juli 1972 eskaliert die Auseinandersetzung in theatralischer Heftigkeit. Als die „kleinen Galoppierer", die ÖVP-Abgeordneten König, Blenz und Ermacora, zum einstimmigen Bericht des parlamentarischen Untersuchungsausschusses einen Minderheitsbericht vorlegen, in dem Kreisky der Schiebung, der Verschwendung von Steuermitteln und der Protektionswirtschaft beschuldigt wird, bricht mitten im Sommer Eiszeit aus. SP-Klubobmann Leopold Gratz kündigt alle Kontakte zur ÖVP auf. Kreisky fordert vom Plenum des Nationalrates die Aufhebung seiner Immunität, um gegen diese Verleumdungen gerichtlich vorgehen zu können. Der FP-Abgeordnete Broesigke ist um einen Ausweg bemüht. Der Vorschlag des späteren Rechnungshofpräsidenten: Der Rechnungshof möge die gesamte Causa prüfen. Daraus entsteht ein Werk von 300 Seiten. Eine Regierungsvorlage für eine Inszenierung des berühmten Hornberger Schießens. Die AZ widmet am 6. Februar 1974 dem Bericht des Rechnungshofes den Aufmacher: „Rechnungshof stellt klar: VP-Vorwürfe wegen UNO-City völlig haltlos." Um dann triumphierend zu berichten: „Ein Lügengebäude, an dem die ÖVP jahrelang gearbeitet hat, ist zusammengebrochen."

Danach braucht es noch ein halbes Jahrzehnt, bis der attraktive Bau am Wiener Donauufer an die Vereinten Nationen übergeben werden kann. Es wird für Wien und Österreich ein stolzer Tag, den man würdig zu feiern weiß. Bundeskanzler Kreisky badet in Stolz und Genugtuung. „Der Gebäudekomplex an der Donau ist ein Symbol für die Bestrebungen, aus Wien ein Zentrum internationaler Politik zu machen. Wien ist nicht mehr wie in den Dreißigerjahren ein vergessener Winkel dieser Welt."

Bruno Kreisky kann sich am Ziel seiner Bestrebungen sehen, Österreich auf der internationalen Bühne einen angemessenen Erfolg zu sichern. Österreichs Präsenz in der Welt ist nun unverrückbar gefestigt. Das Schicksal, vergessen zu werden, wird Österreich nicht mehr erleiden. Wie immer in wichtigen Augenblicken bewegen den Kanzler historische Reminiszenzen:

„Das Furchtbarste für Österreich in den Jahren 1934 bis 1938 war doch, aus dem Bewusstsein der Weltöffentlichkeit weitgehend verdrängt worden zu sein. Nach dem Jahr 1938 ist Österreich dann vollends vergessen worden. Hätten nicht die alliierten Großmächte im Oktober 1943 anlässlich ihrer Konferenz in Moskau mangels anderer Verhandlungsgegenstände, über die sie sich einigen konnten, die österreichische Frage so stark hervorgekehrt – wer weiß, wie lange Österreich noch vergessen geblieben wäre.

Eine Führung durch die Baustelle mit Franz Weich bringt selbst den Bundeskanzler zum Schwitzen.

„Der Gebäudekomplex an der Donau ist ein Symbol für die Bestrebungen, aus Wien ein Zentrum der internationalen Politik zu machen." – Bruno Kreisky anlässlich der Übergabe der UNO-City an die Vereinten Nationen

Feierliche Eröffnung der UNO-City am Donauufer

Österreichs Minister für Wissenschaft und Forschung, Hertha Firnberg, eröffnet die größte internationale Konferenz, die je in Wien stattgefunden hat: die UNO-Konferenz über Wissenschaft und Technik.

Historische Parallelen beschäftigen mich sehr. Für mich ist alles, was geschieht, Teil eines historischen Ablaufes. Deshalb bedeutet mir die historische Erfahrung außerordentlich viel. Was immer wir von uns aus tun können, es ist begrenzt. Aber eines liegt in unserer Hand, nämlich – im Bewusstsein der Weltöffentlichkeit immer wieder präsent zu sein."

Der Übergabe des Gebäudekomplexes in die Obhut der Vereinten Nationen geht die größte internationale Konferenz voraus, die je in Wien stattgefunden hat: die UNO-Konferenz über Wissenschaft und Technik im Dienste der Entwicklung.

Hertha Firnberg, Österreichs Wissenschaftsminister, präsidiert rund 4000 Delegierten aus 130 Mitgliedsländern der UNO. Mehr als 300 Journalisten berichten in alle Welt von der großen Konferenz und vom neuen Standort der Vereinten Nationen. Für wenige Tage ist Wien zum Zentrum der Hoffnung geworden. Der Hoffnung, dass internationale Zusammenarbeit den „Teufelskreis der Abhängigkeit der Dritten Welt in allen Bereichen von Wissenschaft und Technik von den Industrieländern durchbrechen werde" – so spricht der Generalsekretär der Vereinten Nationen, Kurt Waldheim, vor der Wissenschaftskonferenz der UNO in der Wiener Stadthalle. Tags darauf erhält er aus der Hand des Bundeskanzlers den Schlüssel für das Haus der UNO in Wien. Ab nun wird Österreich aus dem Bewusstsein der Weltöffentlichkeit nicht mehr verdrängt werden können.

Ohne Sicherheit keine Freiheit

„Die Bundesregierung wird ein großes Reformprogramm in Angriff nehmen, dessen Ziel die Wohlfahrt und der Fortschritt des freien Menschen in der Gesellschaft ist." Dieses Versprechen gibt Bruno Kreisky mit der Regierungserklärung vom 27. April vor dem Nationalrat ab. Die Umsetzung dieses Ziels in politische Realität ist die große Herausforderung für Sozialminister Rudolf Häuser.

VON GÜNTHER STEINBACH

Am 21. April 1970 kam der Präsidialchef des Sozialministeriums besonders zeitig in sein Büro. Ein schwerer Tag stand ihm bevor. Heute würde der neue Sozialminister sein Amt antreten, Rudolf Häuser, in der Zweiten Republik der erste Sozialminister, der gleichzeitig Vizekanzler ist. Das war eine ernste Herausforderung für den Präsidialchef, an die mit Umsicht herangegangen sein wollte. Was sieht das Protokoll für so einen Anlass vor? Abholen des neuen Chefs mit dem Ministerauto von zu Hause oder Empfang in der Hauseinfahrt des Regierungsgebäudes? Und wenn Empfang, dann durch wen? Jedenfalls natürlich durch den Präsidialchef selbst als obersten Chef des „Dienstes um die Person des Bundesministers"; aber durch wen sonst noch? Alle Sektionschefs oder nur den dienstältesten? Und nicht zu vergessen die Personalvertretung – schließlich sind wir ja das Sozialministerium und Rudolf Häuser ist als GPA-Vorsitzender der Obmann der größten Gewerkschaft und ÖGB-Vizepräsident.

Der Präsidialchef begann sogleich eifrig zu konferieren und zu telefonieren. Der Vormittag war noch nicht weit fortgeschritten, da war alles ordentlich geplant und organisiert. Und da verbreitete sich die Schreckensnachricht, dass Rudolf Häuser bereits an seinem Schreibtisch saß; er war mit seinem alten Privat-Mercedes einfach in den Hof des Regierungsgebäudes eingefahren und in sein Büro gegangen. Für den Präsidialchef – und nicht nur für ihn – brach eine Welt zusammen.

Mit diesem Kulturschock für Beamte, die bis dahin ihre Minister als entrückte Halbgötter erlebt hatten, die man durch geradezu orientalisch anmutende Zeremonien bei gnädiger Laune gehalten – und gelegentlich auch nach Tempeldienermanier schlitzohrig aufs Eis geführt – hatte, begann die Ära der Sozialpolitik in der Regierung Kreisky.

Es wäre falsch, zu behaupten, damals hätte man in der Sozialpolitik bei null anfangen müssen. Schließlich hat es 1918 bis 1920 in der Regierung von Karl Renner den Sozialpolitiker Ferdinand Hanusch gegeben, der Österreich ein System sozialer Absicherung und Fürsorge hinterlassen hat, das Österreich international zu einem sozialpolitischen Vorzeigeland gemacht hat, und dessen Hinterlassenschaft im halben Jahrhundert danach eine taugliche Grundlage für den weiteren Ausbau der Sozialpolitik gewesen ist – in den mageren Jahren

Rudolf Häuser, der erste Sozialminister der Regierung Kreisky: Sich der Mitmenschen anzunehmen, ist für ihn nicht nur ein Gebot der individuellen Ethik, sondern eine Verpflichtung der Gesellschaft.

der Ersten Republik trotz der Bemühungen des Langzeitsozialministers Josef Resch mit geringen, in den Koalitionsregierungen nach 1945 mit beträchtlichen Fortschritten, für die bei weitem nicht als einziges, aber wohl als repräsentativstes Beispiel das 1955 beschlossene ASVG steht.

Rudolf Häuser war ein Sozialdemokrat, für dessen politische Tätigkeit die Idee Leitlinie war, zu deren Verwirklichung die Sozialdemokratie angetreten ist: dass sich seines Mitmenschen anzunehmen nicht nur ein Gebot der individuellen Ethik ist, sondern die Gesellschaft als Ganzes verpflichtet, und dass Solidarität mit den der Hilfe Bedürftigen und ein gerechterer Ausgleich der Lebensverhältnisse zwischen allen Gesellschaftsmitgliedern als Auftrag an eine Gesellschaft angesehen werden müssen, die sich als eine humane versteht – nicht weniger, aber auch nicht mehr.

Sepp Wille, Alfred Dallinger, Hans Hobl in Diskussion mit Hannes Androsch: Der Wohlfahrtsstaat ist zu kostbar, um ihn durch mangelnde Finanzierbarkeit zu gefährden.

Es gibt kein Politikfeld, auf dem das unmittelbarer geschehen kann als im sozialen. Rudolf Häuser machte sich als Sozialminister daran, den seit Kriegsende stürmisch gewachsenen gesellschaftlichen Reichtum – 5 ½ Prozent durchschnittliches Wirtschaftswachstum, nahezu verdreifachtes Arbeitnehmereinkommen in den letzten eineinhalb Jahrzehnten – zu nutzen. Er tat das auf seine Weise, mit viel Sachverstand und Augenmaß für das politisch Mögliche, aber er war auch gut für lautstarken Schlagabtausch, wenn seine Verhandlungspartner sich verstockt zeigten gegenüber seinen Argumenten. Rudolf Häuser war ein Pragmatiker. Wenn er sagte: „m. p.", dann wusste im Sozialministerium bald jeder, was gemeint war. „m. p." hieß: „man probiere". Für Illusorisches war Rudolf Häuser nicht zu haben. Er liebte das Machbare.

Die revolutionäre Veränderung der Stellung der Frau

Es war eine ganze Menge machbar mit den Methoden von Rudolf Häuser. Der gesellschaftspolitische Modernisierungsschub der Kreisky-Ära ist wohl nirgends so deutlich kennbar geworden wie in der geradezu revolutionären Veränderung der Stellung der Frau in diesen dreizehn Jahren. Der spektakulärste

Schritt dabei war zweifellos die Beseitigung der Strafbarkeit des Schwangerschaftsabbruches, die Streichung des § 144 des alten Strafgesetzes. Aber Wichtiges geschah auch für eine neue Positionierung der Frauen in der modernen Gesellschaft und die Anpassung der sozialen Schutzmechanismen an die neuen Anforderungen im Verantwortungsbereich von Rudolf Häuser.

Eine Neuerung trug der Realität Rechnung, dass inzwischen immer mehr Frauen Beruf und Familie miteinander verbanden. Das so genannte Babyjahr wurde in der Pensionsversicherung als Ersatzzeit eingeführt. Andrerseits wurde für Frauen, die dem traditionellen Rollenbild entsprechend ihr Leben lang auf das Einkommen des Ehemannes angewiesen gewesen waren und nach dessen Tod von seiner Pension leben mussten, der Wohlstandszuwachs der letzten Jahre für eine Erhöhung der Witwenpensionen von 50 auf 60 Prozent genutzt.

Und es gab ein Bündel von flankierenden sozialpolitischen Maßnahmen zur Abschaffung des § 144. Abtreibung sollte nicht durch Strafdrohung, sondern durch eine positive Veränderung der Situation der Mütter verhindert werden. Unter diesem Gesichtspunkt wurde das Karenzurlaubsgeld neu geregelt. Es wurde drastisch erhöht und für alleinstehende Mütter ein erhöhtes Karenzurlaubsgeld eingeführt. Abgerundet wurde diese Neuordnung durch eine neue Unterstützungsleistung: die Sondernotstandshilfe. Die erhielten Mütter, die keine Möglichkeit hatten, ihr Kind durch andere Personen versorgen zu lassen, und deshalb keine Arbeit aufnehmen konnten.

Wer glaubt, dass Politik sich an der gesellschaftlichen Verantwortung für menschenwürdige Zustände orientieren muss, der kann das Geschehen in der Wirtschaft mit ihren Auswirkungen auf Einkommensverteilung und Arbeitsmöglichkeiten nicht der von der klassischen und neuerdings auch wieder von der neoliberalen Wirtschaftstheorie gerne beschworenen „unsichtbaren Hand“ des Marktes überlassen. Was auf den Märkten geschieht, sind jedenfalls in dem Sinn keine irgendwelchen Naturgesetzen folgenden quasi-physikalischen Unvermeidlichkeiten, als sie das Ergebnis von – beinflussbarem – menschlichem Verhalten sind, das durch Änderung der Rahmenbedingungen dafür beeinflusst werden kann.

Das Konzept der aktiven Arbeitsmarktpolitik

Eine in diesem Sinn aktive Wirtschaftspolitik, wie sie Bruno Kreisky und sein Finanzminister Hannes Androsch betrieben haben, hat auch die Chance für ein Konzept geboten, das Rudolf Häuser aus dem ÖGB in sein Ministeramt mitgebracht hat und das er gleich zu Beginn seiner Ministerschaft umzusetzen begonnen hat: das Konzept der aktiven Arbeitsmarktpolitik. Die Wirtschaftspolitik der Kreisky-Regierung war darauf ausgerichtet, durch politische Maßnahmen in allen Politikbereichen so viele Arbeitsmöglichkeiten zu bieten wie möglich; die aktive Arbeitsmarktpolitik hat dafür gesorgt, dass die Menschen, die Arbeit suchen, auch konkret in die Lage versetzt werden, die vorhandenen Arbeitsmöglichkeiten tatsächlich zu nutzen. Mit einer Serie von Novellen zum Arbeitsmarktförderungsgesetz hat Rudolf Häuser die organisatorischen und finanziellen Voraussetzungen geschaffen, um diesen Grundgedanken schrittweise zu realisieren.

Die Bewährungsprobe dieses Zusammenspiels von Wirtschafts- und Sozialpolitik war der weltweite wirtschaftlich Paradigmenwechsel 1974/75. Bis dahin hatte die Wirtschaft der Industrieländer seit dem Ende des Zweiten Weltkrieges eine scheinbar unaufhaltsame, nur von kurzen Stagnationsphasen unterbrochene Wachstumsentwicklung zu immer größerem Wohlstand und steigender Beschäftigung durchlaufen. Der Ölschock von 1973 machte dem jäh ein Ende. Nach einem dramatischen Einbruch des wirtschaftlichen Wachstums musste sich die Welt wieder mit dem Wechsel von Perioden des Wachstums mit depressiven Phasen abfinden. Das wirkte sich naturgemäß auf den Arbeitsmarkt aus. Das Gespenst der Arbeitslosigkeit kehrte zurück.

Während die meisten anderen Länder dem wirtschaftlichen Geschehen seinen Lauf ließen, wurde in Österreich mit der von Finanzminister Hannes Androsch konzipierten Wirtschaftspolitik gegengesteuert. Und die aktive Arbeitsmarktpolitik erwies sich als taugliches Mittel, diese Politik zu unterstützen.

Das Ergebnis konnte sich sehen lassen. In der zweiten Hälfte der 70er Jahre lagen in den OECD-Staaten die Arbeitslosenquoten schon über 5 Prozent. In Österreich erreichte die Arbeitslosenquote bis in die 80er Jahre nicht einmal 2 Prozent und die Beschäftigung wuchs zwischen 1976 und 1980 trotz der Krise jährlich um ca. 30.000 Personen.

Das gab's nicht umsonst. Hohe Aufwendungen an öffentlichen Mitteln waren nötig, um das zu erreichen, konsequent im Sinn des Kreisky-Satzes, dass ihm einige hunderttausend Arbeitslose mehr schlaflose Nächte bereiten als einige Milliarden mehr an Staatsverschuldung.

Den Rasen komplett gemäht

Mit 30. September 1976, formgerecht zum Quartalsende, entließ Bruno Kreisky den Sozialminister der ersten Stunde aus der Regierung. Rudolf Häuser hat sich gelegentlich als den „Betriebsrat der Regierung" bezeichnet. Aber das wird nicht der Grund gewesen sein. Betriebsräte kündigt man bekanntlich nicht. Schon gar nicht als Sozialdemokrat. Rudolf Häuser hat in den nicht ganz sechseinhalb Jahren – es war ziemlich genau die Hälfte der Kreisky-Ära – ein schönes Stück Arbeit geleistet. So sah das auch sein Nachfolger Gerhard Weißenberg. „Rudolf Häuser hat den Rasen komplett gemäht", sagte er bei seinem Amtsantritt, „mir bleibt nur, da und dort noch ein paar Halme zurechtzustutzen."

Das war nun vielleicht doch zu bescheiden. Der gelernte Sozialrechtsjurist Gerhard Weißenberg fand noch einige Büschel, die auf gärtnerische Behandlung warteten. Sein Feld war das ASVG und die parallelen Gesetze für Selbständige und Bauern. Unter seiner Ministerschaft wurden die landwirtschaftlichen Zuschussrenten in Übergangspensionen umgewandelt und das ASVG für Freiberufler geöffnet – um nur zwei der wichtigeren Neuerungen Gerhard Weißenbergs anzuführen. Und er kann sich die sozialpolitische Innovation des Insolvenz-Entgeltsicherungsgesetzes als sein Verdienst anrechnen, mit dem eine wichtige Lücke im System der sozialen Sicherheit geschlossen wurde. Seit 1977 erhalten Dienstnehmer ihre Forderungen aus dem Dienstverhältnis, die ein insolventer Dienstgeber nicht erfüllen kann, aus einem besonderen Fonds erstattet, für den sich inzwischen die einprägsame Bezeichnung „Pleitenfonds" eingebürgert hat.

Es sind vor allem viele alte Menschen, die zu Hannes Androsch Vertrauen haben.

Die Tragfähigkeit des sozialen Netzes

Und Alfred Dallinger, der 1980 nach dem Tod Gerhard Weißenbergs Sozialminister wurde, schloss die Sozialpolitik der Ära Kreisky mit dem 1981 beschlossenen Nachtschicht-Schwerarbeitergesetz ab, das als Ausgleich für Arbeitsbedingungen in Berufen mit besonderen gesundheitlichen Risken oder berufsbedingten Erkrankungen sozialrechtliche Besserstellungen, vor allem eine Vorpension in Form eines Sonderruhegeldes, eingeführt hat.

Mit dem Abtreten Bruno Kreiskys als Bundeskanzler im Jahr 1983 war auch die Zeit der sozialdemokratischen Alleinregierung zu Ende. Seither ist beinahe ein Vierteljahrhundert vergangen und in dieser Zeit hat sich vieles geändert – an Rahmenbedingungen, an Möglichkeiten, an Einstellungen, mehr wohl als sonst in einem solchen Zeitraum. Fall des Eisernen Vorhanges, Europäische Integration, Revolutionierung der Kommunikationsmittel, interkontinentale Migration und Globalisierung, um nur einige Stichworte aufzuzählen. Was bedeutet da heute noch die Sozialpolitik der Ära Kreisky?

Das Wichtigste: Das soziale Netz, komplettiert zwischen 1970 und 1983, hat bisher gehalten, und das trotz der Belastungen durch wirtschaftliche Rezessionszeiten, höhere Lebenserwartung, explodierende Gesundheitskosten, Schrumpfung der Spielräume der öffentlichen Haushalte – freilich um den Preis von Abstrichen da und dort seit den 90er Jahren. Ins Auge springt auch die im europäischen, ja weltweiten Maßstab niedrige Arbeitslosigkeit.

Alle Zahlenspielereien der jeweiligen Opposition – in den Kreisky-Jahren war es die ÖVP, jetzt sind es SPÖ und Grüne –, irgendwelche nicht in der Statistik als Arbeitslose ausgewiesene Personen den Arbeitslosen zuzuzählen, ändern nichts daran, dass Österreich bei allen Berechnungsarten im Vergleich zu fast allen anderen Ländern der Welt die niedrigste Arbeitslosigkeit hat – so wenig man sich auch damit zufrieden geben kann. Und diese niedrige Arbeitslosigkeit ist – zumindest auch – eine Spätfolge der politischen Konstellation der 70er Jahre, des Arbeitslosigkeit mehr als alles andere fürchtenden Bundeskanzlers Bruno Kreisky und des „policy mix" des Finanzministers Hannes Androsch. Sie haben in den 70er Jahren durch ihre Politik die Arbeitslosigkeit niedrig gehalten und damit auch, solange es die Alleinregierung gegeben hat, das Entstehen eines Sockels von Dauerarbeitslosen verhindert.

Nach dem Abtreten der beiden wurde diese Politik nicht fortgesetzt. Das war auch für Österreich allein gegen alle anderen schon wegen des großen finanziellen Aufwandes auf die Dauer nicht möglich. Aber während der mehr als dreißig Jahre, die seit dem ersten Ölschock vergangen sind und in denen es immer wieder schwierige wirtschaftliche Phasen gegeben hat, hat Österreich als Folge seines zähen Widerstandes gegen das Anwachsen der Arbeitslosigkeit in der Anfangsphase dieser Periode bis heute seine Arbeitslosigkeit deutlich unter dem Niveau fast aller vergleichbaren Länder halten können. Der materielle und der immaterielle Schaden, der Österreich dadurch erspart geblieben ist, ist weit höher zu veranschlagen als die tatsächlichen Kosten, die durch diese Politik entstanden sind. Alles in allem, in einem Satz: Der Modernisierungsschub der Kreisky-Ära hat auch in der Sozialpolitik ein Vierteljahrhundert lang mit der heute gerne apostrophierten Nachhaltigkeit dafür gesorgt, dass Österreich trotz aller politischen und wirtschaftlichen Wechselfälle auf der Höhe der Zeit geblieben ist. Dazu gehört aber ein zweiter Satz: Das darf nicht zu dem Irrtum verführen, dass man deshalb auch für die nächsten 25 Jahre alles beim Alten lassen kann – mit dem Etikett „Noch mehr vom selben".

Dazu nur ein paar Hinweise. Das österreichische Arbeitsrecht sichert gut ab – aber es hat in seiner Grundkonstruktion traditionell den vollbeschäftigten Arbeitnehmer mit fixer Arbeitszeit vor Augen, eine Situation, die inzwischen auf mehr als ein Drittel derer, die am Arbeitsprozess abhängig teilnehmen, nicht mehr zutrifft, auch in dem Sinn, dass da oft die Grenze zwischen selbständiger und unselbständiger Arbeit verschwimmt. Versuche,

»Durch das hohe Maß an sozialer Sicherheit eröffnen sich für den Einzelnen neue Bereiche, aber auch neue Notwendigkeiten der Eigenverantwortung, der Eigeninitiative und der Eigenvorsorge. Es ist aber auch notwendig, eine Überprüfung der sozialen Einrichtungen vorzunehmen, um zu verhindern, dass Leistungen nach dem Gießkannenprinzip ein Kostenausmaß erreichen, das die Bereitschaft der Menschen zur Finanzierung überschreitet und beim Einzelnen nicht einmal annähernd mit der entsprechenden Wertschätzung verbunden ist.«
Hannes Androsch

diese relativ neuen Gegebenheiten durch Anpassungen an die Systematik des herkömmlichen Arbeitsrechtes in den Griff zu bekommen, laufen der Entwicklung hinterher.

Ähnliches gilt für die soziale Sicherheit. Da ist der von Montagfrüh bis Freitagabend zu fixen Zeiten vollbeschäftigte männliche Familienerhalter seit der Einführung der Pflichtversicherung durch Otto von Bismarck in den 80er Jahren des 19. Jahrhunderts das klassische Modell, an dem sich systematisch alle Regelungen orientieren und das ebenso mühsam wie im Ergebnis unbefriedigend auf die Realität hingetrimmt wird.

Und da ist die Tatsache einer kräftig gestiegenen und weiter steigenden Lebenserwartung. Sich darüber zu freuen wird nicht genügen. Zum einen bedeuten der Fortschritt und die Technisierung der Medizin, die die Behandlung und die Heilung von Krankheiten in einer bis vor kurzem unvorstellbaren Weise revolutioniert haben, einen enormen Kostenschub im Gesundheitswesen, der finanziert werden muss. Zum anderen müssen durch die höhere Lebenserwartung die Kosten des Pensionssystems ebenfalls sprunghaft steigen – und zwar desto stärker, je mehr gesellschaftlich toleriert wird, dass immer jüngere Menschen für das Arbeiten als zu alt angesehen werden und sich in ein pensionsversorgtes arbeitsfreies Leben verabschieden können.

Das reale Pensionsantrittsalter

Die klassische Altersgrenze von 65 Jahren für den Übertritt in den „wohlverdienten Ruhestand“ stammt aus dem 18. Jahrhundert. Kaiser Joseph II. hat sie für die Staatsdiener festgelegt, weil damals kaum einer in diesem Alter noch arbeitsfähig war und zumeist danach ohnehin nicht mehr lange lebte. (Joseph II. selbst ist mit 49 Jahren gestorben.) Tatsächlich liegt das reale Pensionsantrittsalter heute im Durchschnitt trotz aller Bemühungen, es anzuheben, unter 60 Jahren, und wir sind umgeben von munteren „Senioren“, die sich über eine Lebenserwartung um die 80 Jahre freuen und, während düstere Prognosen vor einem in absehbarer Zeit drohenden Zusammenbruch des Altersversorgungssystems warnen, ihre nicht mehr für den wirtschaftlichen Prozess in Anspruch genommene Arbeitsfähigkeit Freizeitvergnügungen jeglicher Art widmen können. Und während unsere Gesellschaft auf diese erfahrenen, oft hochqualifizierten Arbeitskräfte verzichtet, sagen uns andere Kassandras voraus, dass der Geburtenrückgang uns demnächst zwingen wird, massenweise Fremde ins Land zu holen, weil sonst niemand da sein wird, der für die nötige Arbeit zur Verfügung steht. Eine weitere Verschärfung eines anderen Konfliktthemas – des Ausländerproblems – ist damit vorprogrammiert.

Die Notwendigkeit von und der Mut zu neuen Gedanken

Dabei gibt es seit jeher beides nebeneinander, verzweifelte Suche nach Arbeit und ebenso verzweifelte nach Arbeitskräften – und ein dickes Bündel von Gründen, warum sie nicht zusammenkommen können. Weil unsere Gesellschaft – mit Recht – niemanden einfach verhungern lässt, hat sie ein Netz von materiellen Absicherungen der verschiedensten Art für die verschiedensten Lebenssituationen entwickelt, aus denen heraus jemand seinen Lebensunterhalt nicht durch Arbeit sichern kann. Die Folge: In unserer Gesellschaft sind im Lauf der Zeit Ämter, Organisationen, Serviceeinrichtungen entstanden, die mit viel bürokratischem Aufwand und unterschiedlichen Herangehensweisen und Vorgaben ein und denselben Zweck erfüllen sollen: Menschen vor dem Absturz ins materielle Nichts zu bewahren. Wäre es da nicht einfacher, billiger und auch noch gerechter, eine Grundleistung für alle Mitglieder der Gesellschaft, abgekoppelt vom Zwang zur Arbeit, vorzusehen, ein Bürgergeld oder Grundeinkommen oder wie immer man das dann nennen will?

Gewiss, ein Tabubruch. Aber ein gutes Stück sind wir doch auf dem Weg der Lösung von Arbeit und Einkommen schon gegangen. Der moderne Sozialstaat besteht ja nicht zuletzt darin, dass Einkommen zuerkannt und gesellschaftlicher Status gesichert werden, ohne dass Arbeit dafür verlangt wird. Schon das ist erst durch die Steigerung der Produktivität in der Folge der industriellen Revolution möglich geworden, die jene Wohlstandsreserve geschaffen hat, aus der diese Leistungen finanziert werden können. Und so akzeptieren wir den Pensionisten, den wegen Krankheit, Behinderung oder Elternschaft nicht Arbeitenden als vollwertiges Mitglied der Gesellschaft. Ein Bürgergeld wäre nur ein weiterer Schritt auf diesem Weg.

Der Einwand gegen eine solche Idee ist der, der bisher gegen jede Weiterentwicklung des sozialen Systems vorgebracht worden ist: Das ist nicht bezahlbar.

Was erst zu beweisen wäre. Wenn man ein solches System des Grundeinkommens gegen alle jetzt zum gleichen Zweck geleisteten Aufwendungen und den dafür nötigen bürokratischen Aufwand gegenrechnet, schrumpfen die Mehrkosten zu einer in einem der reichsten Länder der Welt handhabbaren Größe. Und um eine Auseinandersetzung um die Möglichkeiten unseres Sozialsystem werden wir ohnehin nicht herumkommen.

Die Trennung von Arbeitseinkommen und Finanzierung sozialer Systeme

Dass die Finanzierung des Sozialsystems auf Dauer nicht einseitig der Arbeitskraft aufgebürdet werden kann, müsste ohnehin langsam klar sein. Es wird unvermeidlich sein, Arbeitseinkommen und Finanzierung der sozialen Systeme voneinander zu lösen, schon deshalb, weil der Prozess der Ablösung menschlicher Arbeitskraft durch die Technik diese Finanzierungsbasis immer schmäler macht.

Der Gedanke, die Finanzierung sozialer Leistungen an der Wertschöpfung selbst anzusetzen und auf diese Weise gleichzeitig den Produktionsfaktor Arbeit zu entlasten und damit den gesamten Wohlstandszuwachs für deren Finanzierung nutzbar zu machen, wird früher oder später in der einen oder anderen Form eine unvermeidliche Alternative zum jetzigen Finanzierungssystem sein.

Diese skizzenhaften Bemerkungen sind natürlich kein fertiges sozialpolitisches Programm. Aber dass sie unabhängig davon, wie man zu den hier in die Diskussion gebrachten Lösungsvorschlägen steht, jedenfalls einige von den aktuellen Problemen der Sozialpolitik ansprechen, wird sich kaum bestreiten lassen.

Dass es Kreisky und seinem Team in den dreizehn Jahren, die ihnen zur Verfügung gestanden sind, gelingen konnte, Österreich aus der Nachkriegszeit herauszuführen und

Günther Steinbach. Eine Wiederholung dieser Erfolgsstory wird nur gelingen, wenn man es wieder so macht.

als ein Land auf der Höhe der Zeit und unter den wohlhabendsten Ländern der Welt zu etablieren, hatte damit zu tun, dass sie sich auf ihre Aufgabe gründlich und umfassend vorbereitet hatten. Es waren die berühmten 1400 Experten aller Sparten und weltanschaulichen Richtungen, die den Masterplan entwickelt haben, nach dem dann die Erfolgsstory der Kreisky-Ära ins Werk gesetzt worden ist.

Eine Wiederholung dieser Erfolgsstory wird nur möglich sein, wenn man es wieder so macht – mit dem Mut zu fundamental anderen Lösungen für den gleich bleibenden Zweck. Wer daran glaubt, dass die Humanisierung der Gesellschaft durch Hilfeleistung für die, die der Hilfe bedürfen, und ständigen Ausgleich mit dem Ziel von mehr Gerechtigkeit zentraler Inhalt gesellschaftlichen Handelns sein muss, wird gerade deshalb nicht darum herumkommen, hinsichtlich der Formen, in denen das künftig geschehen soll, veränderte Verhältnisse zur Kenntnis zu nehmen und wo nötig auch neue Wege zu gehen. Klare Alternativen zur Lösung der anstehenden Probleme sind gefragt, wenn es eine Neuauflage einer „Kreisky-Ära" geben soll.

Und man muss sich bewusst sein, dass wir inzwischen das wenigste von dem, was an Neuem nottut, im Alleingang umsetzen können. Es wird nur im Gleichschritt mit der EU gehen. Das darf kein Grund für Resignation und Weiterwurschteln im Althergebrachten sein. Bruno Kreisky hat für das, was er anstrebte, stets die benötigten internationalen Partner gefunden. Für das, was an Neuem in der Gemeinschaft der EU geschehen muss, würde er eben Gleichgesinnte als Verbündete suchen, auch wenn das alles ein Stück komplizierter macht und der Erfolg nicht von vornherein garantiert ist. „m. p.", „man probiere", würde Rudolf Häuser sagen. Man muss es versuchen, wenn man etwas erreichen will.

Wir sind wieder wer in der Welt

Wie wenige andere Staatsmänner der Zweiten Republik hat Bruno Kreisky auch der Außenpolitik des Landes immer wieder seinen persönlichen Stempel aufgeprägt und in wichtigen Phasen ihre Richtung vorgegeben.

VON PETER JANKOWITSCH

Bruno Kreiskys Wirken in der Außenpolitik war entscheidend von den geistigen und intellektuellen Traditionen beeinflusst, denen er seit seiner Jugend verbunden war und aus denen er immer wieder Anregungen und Ideen für seine praktische Arbeit schöpfen konnte. So kamen aus seiner Verwurzelung in der österreichischen und europäischen Arbeiterbewegung seiner Zeit internationalistisches Denken und Bewusstsein für den Wert internationaler Verbindungen und Vernetzungen, aus der Nähe seiner Generation zu einem noch größeren Österreich aber auch der Sinn für die weitere Dimension und die kontinentale Perspektive. Aus dem jungen Sozialdemokraten, der schon in der ersten Republik den Ideen Coudenhove-Kalergis begegnet war, wurde auch ein überzeugter Europäer, der immer wieder nach Wegen zur Überwindung der Trennungslinien in Europa suchen würde.

In seinem Europabild hatte aber auch eine demokratische österreichische Republik ihren Platz, und schon in seiner Maturaarbeit Ende der 1920er Jahre versuchte er, den Beweis für ihre damals von vielen angezweifelte wirtschaftliche Überlebensfähigkeit zu erbringen. Und während auch noch ein Teil der sozialdemokratischen Emigration während des Zweiten Weltkrieges an der „großdeutschen Revolution“ festhielt und nicht daran dachte, den Anschluss rückgängig zu machen, sprach sich – nicht zuletzt unter seinem Einfluss – die Stockholmer Gruppe für ein wieder unabhängiges Österreich aus.

Es war daher ein logischer Entschluss, nach dem Wiederbeginn in Wien 1945 in den diplomatischen Dienst des neuen Österreich einzutreten, eine der Alternativen, die Kreisky, der sich wieder in den Dienst seines Landes stellen wollte, von Adolf Schärf angeboten wurde.

Bruno Kreisky und die österreichische Neutralität

Die Gestaltungsmöglichkeiten, die Bruno Kreisky in der österreichischen Außenpolitik suchte, boten sich vor allem nach seiner schließlichen Rückkehr nach Wien und seiner Berufung zu einem der Berater des damals neu gewählten Bundespräsidenten Theodor Körner. Das zentrale Problem damaliger österreichischer Außenpolitik, der Kampf um den Staatsvertrag, beherrschte auch die Diskussion um eine künftige Stellung Österreichs in Europa und in der Welt.

Bruno Kreisky, der Außenpolitiker:
„Das Wichtigste ist, dass Gespräche begonnen werden, denn am Anfang steht das Wort …“

Ein freundschaftlicher Händedruck unter guten Nachbarn – Helmut Schmidt und Bruno Kreisky

Wenn sich in einigen seiner Aussagen – etwa in einem Interview für eine der damals angesehensten Schweizer Tageszeitungen, das „Journal de Genève" – Theodor Körner (ebenso wie sein Vorgänger Karl Renner) für eine bestimmte Form österreichischer Neutralität aussprach, so kann man darin ohne Zweifel die Handschrift seines außenpolitischen Beraters vermuten.

Kreiskys Einfluss auf die österreichische Außenpolitik verstärkte sich natürlich durch seine Berufung zum Staatssekretär in das damals noch dem Bundeskanzleramt angehörende Außenamt an der Seite von Karl Gruber und Leopold Figl. In dieser Eigenschaft sollte er zusammen mit Raab, Schärf und Figl zu einem einflussreichen Gestalter der Staatsvertragsperiode der österreichischen Außenpolitik werden.

Seine besondere Gesprächsfähigkeit, vor allem auch zu Vertretern der damaligen Großmächte, machte ihn rasch zu einem gesuchten Gesprächspartner auch der alliierten Hochkommissare in Wien, die die umfassenden Kenntnisse und das Einfühlungsvermögen des jungen Regierungsmitgliedes schätzen lernten.

In dieser sensiblen Phase österreichischer Außenpolitik war es wieder Bruno Kreisky, der es verstand, Ideen zur Überwindung sowjetischer Widerstände gegen den Abschluss eines österreichischen Staatsvertrages erfolgreich zu ventilieren. So berichtet ein unverdächtiger diplomatischer Zeuge, der damalige schwedische Botschafter in Wien, über ein Abendessen in der Villa Kreiskys, bei dem der Gastgeber den damals wichtigsten sowjetischen Repräsentanten in Wien auf die Möglichkeit anspricht, dass Österreich eine Neutralität, allerdings eine solche nach dem Muster der Schweiz, annehmen könnte.

Gerade diese Formel, zu der Kreisky offenbar schon früh gefunden hatte, hat es ja dann schließlich in Moskau erlaubt, anfängliche

Bedenken von Adolf Schärf, der jedem Neutralismus skeptisch und ablehnend gegenüberstand, zu überwinden und das Memorandum zu unterzeichnen, das den Weg für den Staatsvertrag freigab.

Hat Kreiskys Rücksicht auf seine neutralitätsskeptischen Parteifreunde ihn also ganz offenbar dazu veranlasst, sich zu diesen Ideen nicht schon früher in der Öffentlichkeit zu bekennen, so ist seine Rolle bei der Schaffung eines innerösterreichischen Konsenses zur Frage der Neutralität unverkennbar.

Kreiskys Rolle bei den Staatsvertragsverhandlungen vor und nach Moskau hat ihm aber auch eine für die damalige österreichische Außenpolitik wichtige Vertrauensbasis zu wichtigen Signatarmächten, vor allem zur UdSSR ebenso wie zu den USA und ihrem damaligen Außenminister John Foster Dulles, geschaffen.

Kreisky als Deutschland- und Entspannungspolitiker

Es war auf der Grundlage dieser Vertrauensbasis, dass Kreisky dann in späteren Jahren immer wieder eine wichtige Rolle, vor allem in der europäischen Entspannungspolitik, spielen konnte und dass ihm auch heikle Vermittlungsmissionen übertragen wurden.

So kam ihm eine bedeutende Rolle bei der Lösung der damals um Berlin und den Status der Stadt entstandenen Krise zu, die immer wieder auch Konfrontationen zwischen den beiden Supermächten USA und UdSSR auslöste. Um verschiedene Vorschläge der Sowjetunion an die westliche Seite, vor allem auch an den Regierenden Bürgermeister von Berlin, Willy Brandt, heranzutragen, bediente sich der diplomatisch bewegliche Ministerpräsident der UdSSR, Nikita Chruschtschow, des jungen österreichischen Außenministers Kreisky, der ihm bei verschiedenen Begegnungen aufgefallen war und der auch über gute Kontakte zu Brandt verfügte: Ein Erfolg dieser Bemühungen, in die damals auch Egon Bahr als enger Mitarbeiter Brandts eingeschaltet war und die dann schließlich am Misstrauen aller Kontrahenten scheitern mussten, hätte vielleicht – so die Meinung mancher Zeithistoriker – den Bau der Berliner Mauer verhindern können.

Auch andere Seiten der europäischen und globalen Entspannungspolitik dieser Jahre hat immer wieder Kreisky geschrieben, natürlich auch später in seinen Jahren als

Willy Brandt und Bruno Kreisky – Freunde im Kampf um Frieden und Entspannung

Ohne ideologische Grenzen zu verwischen, öffnete Bruno Kreisky das Tor zu den kommunistischen Staaten des Ostens.

Staatsbesuch des polnischen Ministerpräsidenten Jaroszewicz in Wien

Bundeskanzler Kreisky trifft den sowjetischen Außenminister Andrei Gromyko zu einem Arbeitsgespräch.

Verhandlungen mit dem sowjetischen Ministerpräsidenten Kossygin (links Mitte)

Festlicher Empfang für den ersten westlichen Regierungschef in der DDR

Am Anfang steht das Wort – Bruno Kreisky diskutiert mit dem amerikanischen Schriftsteller Servant-Schreiber dort, wo sich gut diskutieren lässt: beim Wiener Heurigen …

österreichischer Bundeskanzler, in denen – wie unter anderem Henry Kissinger in seinen Erinnerungen berichtet – auch die Führer beider Supermächte seinen Rat und seine Meinung schätzen lernten.

Dazu gab es auch so manchen Höhepunkt, wie etwa das Treffen zwischen US-Präsident Jimmy Carter und dem russischen Präsidenten Leonid Breschnew in Wien im Sommer 1979, bei dem eines der bedeutendsten damals ausgehandelten Abkommen über nukleare Rüstungskontrolle, das so genannte SALT-II-Abkommen, von den beiden Weltmächten unterzeichnet wurde.

Einen anderen, ebenso bedeutenden Beitrag zur Entspannungspolitik leistete Kreisky durch seine Politik der guten Nachbarschaft gegenüber den Österreich damals umgebenden kommunistisch beherrschten Staaten. Mit einer Politik des Dialogs und der Öffnung war aber keineswegs eine blinde Anerkennung des von der UdSSR erzwungenen Status quo verbunden, sondern der Versuch, über den oft hartnäckig verteidigten Eisernen Vorhang hinweg menschliche Kontakte zu ermöglichen und ein in den Jahren des Kalten Krieges verschüttetes Netz von Beziehungen wirtschaftlicher, kultureller und sozialer Natur wieder aufzubauen. Diesem Ziel diente unter anderem eine Politik der damals ganz ungewöhnlichen Visafreiheit gegenüber Staaten wie Polen und Ungarn, deren Freiheitsregungen im westlichen Europa, vor allem aber auch von Kreisky aufmerksam verfolgt wurden.

Bruno Kreisky zögerte aber auch nicht, gegen die UdSSR und die kommunistischen Diktaturen im Osten aufzutreten, wenn durch Ereignisse wie das Ersticken des Prager Frühlings im August 1968 zarte Versuche der Schaffung eines Regimes mit menschlicherem Antlitz brutal unterdrückt wurden. Gegenüber der unsicheren und schwächlichen Haltung der damaligen Regierung Klaus, die anfänglich kaum Worte des Protestes gegen den Einmarsch sowjetischer Truppen in die ČSSR fand, organisierte Kreisky als Vorsitzender der in Opposition befindlichen SPÖ in Wien große Protestkundgebungen gegen die Unterdrückung in Prag und zwang damit auch die österreichische Regierung, sich dem Protest des ganzen freien Europa anzuschließen.

Früher als andere hat er aber auch jene Signale der Dissidenz erkannt, die selbst in der Sowjetunion von großen Wissenschaftern und Denkern wie Andrej Sacharow ausgingen, und er trug wesentlich dazu bei, ihnen mehr Gehör auch im Westen zu verschaffen.

Als Bundeskanzler stellte sich Bruno Kreisky auch entschieden dem sowjetischen Einmarsch in Afghanistan entgegen und appellierte – allerdings ohne Erfolg – an den damaligen Koordinator der Bewegung der Blockfreien, Fidel Castro, eine Vermittlungsaktion zur Wiederherstellung der Unabhängigkeit Afghanistans zu unternehmen.

Kreisky und die Europapolitik

Auch in der österreichischen Europapolitik hat Bruno Kreisky, sowohl als Außenminister als auch als Bundeskanzler, wichtige Weichenstellungen vorgenommen und nach einem guten Platz für Österreich im Prozess der europäischen Integration gesucht. Vor allem stand für ihn niemals die wirtschaftliche, aber auch die politische Westorientierung Österreichs in Zweifel, die schon in den ersten Jahren der Zweiten Republik mit der Annahme des Marshall-Plans und dem Beitritt zur damaligen OEEC ihren Anfang nahm.

Darüber hinaus dachte Kreisky in Fragen der Integration der westeuropäischen Demokratien „großeuropäisch“ und unterstützte daher schon in den 1950er Jahren den Plan einer großen europäischen Freihandelszone, die der britische Schatzkanzler Reginald Maudling verwirklichen wollte, um eine integrationspolitische Spaltung Europas zu verhindern.

Erst nachdem durch den Abschluss der Römischen Verträge und die Gründung der EWG diese Bemühungen gescheitert waren, schloss er sich zusammen mit den skandinavischen Staaten, der Schweiz und Portugal dem britischen Projekt einer kleinen Freihandelszone, der EFTA, an, um eine integrationspolitische Isolierung Österreichs zu verhindern. In seinen Augen war die EFTA aber keineswegs eine „Gegenkultur“ zur EWG, sondern sollte in den

Rudolf Kirchschläger, Leonid Breschnew, Jimmy Carter, Bruno Kreisky – „Wir sind wieder wer in der Welt"

damals auch weltpolitisch möglichen Formen Brücken zu der größeren und ehrgeizigeren Integrationsgemeinschaft der Sechs schaffen.

Diese Form des methodischen Brückenbaues erschien ihm sinnvoller und auch politisch realistischer als manche der damals in der österreichischen Europadiskussion modischen Stimmen, die einen sofortigen Beitritt zur EWG für möglich hielten und, wie ein ehemaliger steirischer Landeshauptmann, fürchteten, Österreich könnte „in der Neutralität verhungern".

Ebenso wenig gangbar erschien Kreisky aber auch der Weg eines österreichischen Alleingangs nach Brüssel, wie ihn dann in den 1960er Jahren die ÖVP-Alleinregierung zu gehen versuchte: Tatsächlich scheiterte er auch am Veto Italiens, das mit Österreich in die Kontroverse um das Schicksal Südtirols verstrickt war und in dieser Situation zu keinen Konzessionen in Fragen der Annäherung des Landes an die EWG bereit war. Nicht ausgeschlossen kann werden, dass auch andere Mitglieder der Sechsergemeinschaft damals wenig Geschmack an einer Sonderlösung für Österreich fanden und die Einwände Italiens als bequemes Mittel für einen Ausweg nutzten.

So blieb es Bundeskanzler Kreisky überlassen, nach Wegen zu einer neuerlichen Annäherung an die EWG zu suchen, die inzwischen durch den Beitritt Großbritanniens, Dänemarks und Irlands weiter gewachsen, damit aber auch bereit für einen echten Brückenschlag zur EFTA geworden war. So entstand 1972 die große europäische Freihandelszone zwischen EWG und EFTA, deren Zustandekommen Kreisky durch eine erfolgreiche diplomatische Offensive in den wichtigsten Hauptstädten der EWG und in Brüssel besondere Bemühungen gewidmet hatte.

Aber auch durch weitere integrationspolitische Initiativen setzte er den Prozess

»Um es klar und deutlich auszusprechen: Auf palästinensischer Seite müsste die Existenz des Staates Israel als Realität zur Kenntnis genommen werden. Und Israel müsste bereit sein, die nationalen Rechte der Palästinenser als legitim anzuerkennen.«
Bruno Kreisky

Peter Jankowitsch war Bruno Kreiskys erster Kabinettschef.

Europäer von Format: Bruno Kreisky und François Mitterrand

Die indische Ministerpräsidentin Indira Gandhi zu Besuch in Österreich – ein stark ausgeprägtes Verantwortungsbewusstsein und Gefühl für internationale Solidarität

der europäischen Integration immer wieder in Gang, etwa durch die Abhaltung einer ersten Gipfelkonferenz der Regierungschefs der EFTA, die damit ihre europäischen Anliegen deutlich machen konnten.

Auch für Bruno Kreisky war es klar, dass der Weg Österreichs in der europäischen Integration auch weiter führen könnte, jedenfalls sobald auch das Klima der Weltpolitik, besonders der europäischen Entspannungspolitik, dafür reif war. War es ihm auch als Regierungschef nicht mehr vergönnt, auch diese letzten Schritte einzuleiten, so hat er doch in den letzten Jahren seines Lebens auch in der österreichischen Europadiskussion ein unüberhörbares Ja zum schließlichen EU-Beitritt Österreichs gesagt und damit auch zu jenem nationalen Konsens beigetragen, der dann die Entscheidung von 1989 ermöglicht hat.

Kreisky und Südtirol

Die Südtirolpolitik Österreichs verdankte Bruno Kreisky vor allem ein wesentliches

Element, auf dem ihre Fortsetzung und der schließliche Abschluss mit Italien 1992 beruhen, nämlich die Internationalisierung der Südtirolfrage, die Italien lange mit dem Hinweis zu verhindern suchte, es handle sich bei allen Fragen betreffend die österreichische Minderheit in Italien um eine rein innere Angelegenheit Italiens, die sich daher für internationale Verhandlungen mit Österreich nicht eigne.

Auch schon Kreiskys Vorgänger im Amt des österreichischen Außenministers war bald klar geworden, dass die italienische Lesart des 1946 im Rahmen der Friedensverhandlungen mit Italien abgeschlossenen Gruber-De Gasperi-Abkommens, das besondere Maßnahmen zum Schutz der deutschsprachigen und ladinischen Südtiroler vorsah, eine wesentlich andere war als die Österreichs, vor allem aber die der Südtiroler selbst.

So konnte vor allem in der bloßen Schaffung einer autonomen Region Trentino – Alto Adige, in der wieder die italienische Volksgruppe die Mehrheit stellte, kein wirksamer Schutz der ethnischen und kulturellen Identität der Südtiroler gesehen werden. Da Italien aber gegenüber Forderungen nach einer echten Autonomie für seine deutschsprachige Bevölkerung in der Provinz Bozen taube Ohren zeigte, musste Österreich, damals von Italien allerdings noch nicht als Schutzmacht für seine Landsleute südlich des Brenners anerkannt, für die Sache der Südtiroler eintreten. Da sich alle bilateralen Kontakte als fruchtlos erwiesen, auch auf der Parteiebene zwischen den damals in Italien tonangebenden Democristiani und ihrer österreichischen Schwesterpartei ÖVP, fasste Kreisky den Entschluss, den Konflikt durch eine Befassung der Generalversammlung der Vereinten Nationen zu internationalisieren.

Das Ergebnis dieser Entscheidung waren zwei hart errungene Südtirol-Resolutionen der Vereinten Nationen, in denen ein für Österreich äußerst wertvolles Verhandlungsmandat gegenüber Italien enthalten war. Dieser diplomatische Erfolg Österreichs wäre im Übrigen ohne die Unterstützung vieler Staaten der Dritten Welt oder europäischer Blockfreier wie Zypern nicht möglich gewesen, da Italien

Staatsbesuch des Präsidenten von Senegal, Léopold Senghor

seine starke Stellung im westlichen Lager nutzen konnte, um Österreich Hilfe von dieser Seite zu verwehren.

In den folgenden Jahren kam Kreisky, vor allem durch eine weit reichende Verständigung über ein auch international abgesichertes erstes Südtirol-Paket mit dem ersten sozialdemokratischen Außenminister Italiens, Giuseppe Saragat, einem Abschluss sehr nahe. Dass dieses dann schließlich von Vertretern der Südtiroler Volkspartei als nicht substanziell genug abgelehnt wurde, hat Kreisky als einen Akt parteipolitischer Intrige empfunden, sosehr der große alte Mann der Südtiroler Politik, Silvius Magnago, der auch damals schon alle Fäden zog, immer wieder beteuerte, wie sehr Südtirol Kreisky Dank schulde und wie wenig die Ablehnung seiner Vereinbarung mit Saragat mit Parteipolitik zu tun habe; oder dass ganz einfach das konservative Tirol einem Sozialdemokraten nicht den Abschluss eines Südtirol-Abkommens gönnen wolle.

Bruno Kreisky hat dann auch als Bundeskanzler die dann von seinen konservativen Vorgängern abgeschlossenen Südtirol-Verträge, Paket und Operationskalender, buchstabengetreu erfüllt, so viel er auch als Führer der Opposition an ihnen auszusetzen haben mochte.

Dennoch hat Bruno Kreisky die Rolle Österreichs als Schutzmacht für Südtirol ein für alle Male abgesichert und damit auch den europäischen Minderheitenschutz um ein nicht unbedeutendes Kapitel bereichert.

Kreisky und die Dritte Welt

Als einer der ersten österreichischen Außenpolitiker hat Bruno Kreisky auch sehr früh die Bedeutung des raschen Aufstieges der Dritten Welt zu einem der neuen Machtfaktoren, auch zwischen Ost und West, in einer sich rapide wandelnden Weltpolitik erkannt. Waren für Österreich erste Berührungspunkte mit diesen neuen, unabhängigen Nationen die Vereinten Nationen, in denen Österreich auch bei eigenen Anliegen – etwa bei der Südtirol-Frage – auf sie zählen konnte, so suchte Kreisky auch nach persönlichen Berührungspunkten mit den Führern der Dritten Welt. Besonders prägend waren dabei Begegnungen mit dem Gründer des neuen Indien, Pandit Nehru, mit dem ihn, wie auch später mit dessen Tochter, Indira Gandhi, eine enge persönliche Freundschaft verband.

Aus dieser Beziehung entstanden Initiativen wie die Gründung des Wiener Instituts für Entwicklungsfragen, mit dem Kreisky eine erste offene Tribüne des Nord-Süd-Dialogs schaffen wollte und für das er führende Köpfe der Dritten Welt, wie Ahmed Ben Salah aus Tunesien oder Tom Mboya aus Kenia, gewinnen konnte.

Der Pflege der Beziehungen zu den Nationen der Dritten Welt, deren Einfluss auch in den Vereinten Nationen immer spürbarer wurde, diente später auch sein Entschluss, ein institutionell allerdings von einer gewissen Distanz geprägtes Verhältnis zu der damals machtvollen Bewegung der Blockfreien

»Also die frühe Anerkennung der PLO, die Einladung an Gaddafi nach Österreich hat natürlich Aufsehen und auch Ärgernis erregt, insbesondere in Amerika, selbstverständlich in Israel, aber es hat uns aufgewertet, vor allem die Person Kreisky aufgewertet.«
Hugo Portisch

Die Welt zu Gast bei Bruno Kreisky …

… mit US-Außenminister Henry Kissinger (r.) …

… mit Ägyptens Präsident Anwar as-Sadat …

… und mit dem deutschen Bundeskanzler Willy Brandt

Willy Brandt, Anwar as-Sadat, Bruno Kreisky, Shimon Peres: den Nahostkonflikt vom Weg der Gewalt zum Weg des Dialogs führen …

zu begründen, in deren Rahmen Österreich der Status eines „Gastes“ zugestanden wurde. Dieser Status, um den sich nach Österreich auch andere europäische Neutrale, die Schweiz eingeschlossen, erfolgreich bewarben, sollte keineswegs ein politisches Naheverhältnis signalisieren, da Österreich als westeuropäische Demokratie zu vielen Fragen der Weltpolitik einen anderen Zugang hatte als die oft erst kurz der kolonialen Beherrschung entgangenen Staaten der Dritten Welt. Er sollte aber als realistisches Zeichen der Anerkennung für einen neuen Faktor der Weltpolitik verstanden werden, der es besonders in seinen Anfangsjahren oft verstand, unabhängige Positionen aufzugeben, ein besonderes Kapital an Sympathie und Verständnis zu erwerben, das sich besonders in den Vereinten Nationen oft in Unterstützung für österreichische Anliegen umsetzen ließ.

So steht außer Zweifel, dass der Ausbau Wiens zu einem der beiden europäischen Zentren der Vereinten Nationen sehr viel der Unterstützung der Dritten Welt verdankt, während sich westeuropäische Staaten hier oft reserviert verhielten. Ebenso konnten dank dieser Unterstützung immer wieder große internationale UN-Konferenzen nach Wien geholt werden.

Auch keineswegs ideologischen Motiven war es zuzuschreiben, wenn Österreich in diesen Jahren – ebenso wie andere westeuropäische Demokratien – Befreiungsbewegungen der Dritten Welt unterstützte, ebenso wie Maßnahmen gegen Apartheid-Regime im südlichen Afrika, vor allem jenes in Südafrika selbst: Viel eindeutigere Motive waren hier das klare Bekenntnis einer europäischen Demokratie für Menschenrechte und Grundfreiheiten oder das Recht auf nationale Selbstbestimmung.

Aus diesem Grund ist das Österreich der Ära Kreisky auch sehr nachdrücklich gegen Diktatur und Unterdrückung in Südamerika oder anderen Teilen der Welt aufgetreten und hat eine große Zahl politischer Flüchtlinge aus Chile, Argentinien oder Uruguay aufgenommen. In dieser Politik war ohne Zweifel auch das persönliche Schicksal von Bruno Kreisky als politischer Flüchtling vor dem Naziregime ein bestimmender Faktor, und immer wieder hat er sich daher auch persönlich, in allen seinen Regierungsfunktionen wie auch als Privatmann, für die Freilassung nicht nur prominenter politischer Gefangener eingesetzt.

Eine seiner wohl bedeutendsten Initiativen für die Dritte Welt war schließlich in den letzten Jahren seiner Regierungszeit der Gipfel von Cancún, den Bruno Kreisky zusammen mit dem Präsidenten Mexikos, López Portillo, organisierte. Auf diesem Gipfeltreffen, an dem im Oktober 1981 die bedeutendsten Persönlichkeiten der damaligen Weltpolitik teilnahmen – neben US-Präsident Ronald Reagan auch Margaret Thatcher, François Mitterrand, Julius Nyerere und Indira Gandhi –, sollten Fragen der Entwicklungspolitik auf höchstem politischem Niveau erörtert werden, um einen großen Durchbruch in den Nord-Süd-Beziehungen zu erzielen. Es gehört zu den tragischen Seiten von Kreiskys politischem Wirken, dass ihm seine bereits stark angegriffene Gesundheit die Teilnahme an diesem Treffen verwehren sollte.

Kreisky und die Nahostpolitik

Nur wenige Seiten der außenpolitischen Aktivitäten von Bruno Kreisky wurden, natürlich vor allem auch noch zu seinen Lebzeiten,

„Niemand anderer als die beiden Völker selbst vermag ihr Problem zu lösen" – Palästinenserführer Yassir Arafat, Bruno Kreisky.

von so vielen, teils sehr missgünstigen Auslegungsversuchen begleitet wie seine Bemühungen in der Nahostpolitik.

Tatsächlich waren es weder persönliche, österreichischen Interessen weit entfernte Neigungen oder andere, in seiner Herkunft liegende Gründe, die Bruno Kreisky dazu veranlassten, in der Nahostpolitik seiner Zeit ein privilegiertes Betätigungsfeld zu sehen. Es waren vielmehr eine Serie elementarer politischer Einsichten, die sich mit den Jahren und seinen Erfahrungen im Nahen Osten noch verfestigten, die ihn zu einem der einflussreichsten und meistbeachteten Nahostpolitiker seiner Zeit machten.

So hat Bruno Kreisky schon sehr früh erkannt, welch direkter und unmittelbarer Einfluss von den permanenten Krisen im Nahen Osten auf Sicherheit und Stabilität nicht nur der Region, sondern auch Europas ausging. Dies wurde erstmals auch für ganz Europa im Gefolge des Jom-Kippur-Krieges 1973 sichtbar, der nicht nur die erste große Ölkrise der Geschichte, sondern auch eine gefährliche Konfrontation zwischen USA und UdSSR auslöste.

Erst nach diesen Ereignissen konnte sich auch Bruno Kreiskys Nahostdiplomatie voll entfalten, für deren Anliegen er bis dahin auch im Rahmen der Sozialistischen Internationale nur wenig Gehör gefunden hatte.

Mit seinen dann von der ganzen Internationale, die israelische Arbeiterpartei eingeschlossen, getragenen „Fact-finding"-Mis-

Weitblick, Beharrlichkeit und Entschlossenheit führten zum Dialog. Treffen der Präsidenten Ägyptens und der USA, Anwar as-Sadat und Gerald Ford mit Gattin Betty, in Österreich bei Bundespräsident Rudolf Kirchschläger.

sionen im Nahen Osten verfolgte Kreisky nur wenige, dafür aber substanzielle Ziele.

Zum einen wollte er jenen Gründen nachgehen, die immer wieder zu einem Aufflackern des Konfliktes, zum Teil in terroristischen Formen wie jenen des so genannten „Schwarzen September" und anderen geführt hatten. Weiters sollte aber auch nach Formen des Dialogs und der Verständigung zwischen jenen gesucht werden, die als Hauptkontrahenten des Konfliktes erkannt worden waren.

Für Bruno Kreisky wurde dabei klar, dass als einer der wesentlichsten Hintergründe des Konfliktes das palästinensische Phänomen zu sehen war, das selbst in der bahnbrechenden Resolution 242 des UN-Sicherheitsrates – bis heute eine der wichtigsten Grundlagen für eine Lösung des Nahostkonfliktes – noch hinter vagen Formulierungen verdeckt blieb.

Nicht zuletzt von seinen Erkenntnissen getragen, richteten sich internationale Vermittlungsbemühungen später – und bis heute – immer stärker auf diesen Faktor aus, vor allem, nachdem durch den Friedensschluss von Camp David einer der längsten Hauptgegner Israels, das Ägypten von Präsident Sadat, zum Dialog gefunden hatte.

Kreisky hat weiters einen substanziellen Beitrag dazu geleistet, der damaligen Führung der Palästinenser, der PLO Yassir Arafats, die Fruchtlosigkeit weiterer Gewaltanwendung vor Augen zu führen und sie auf den politischen Weg zu bringen, einen Weg, den Arafat selbst durch seinen ersten, spektakulären Auftritt vor den Vereinten Nationen einleitete.

Ebenso war Bruno Kreisky mit Erfolg bemüht, immer wieder den Dialog zwischen Führern der arabischen Welt und israelischen Staatsmännern zu vermitteln, so wenig er sich selbst als Handelnder und Gestaltender in einem Konflikt von weltpolitischen Dimensionen sehen wollte.

So wenig es Kreisky natürlich gelingen konnte, Phasen der Gewalt und der Gewaltanwendung aus dem Nahostkonflikt zu verbannen, und sosehr auch Terror und Gegenschläge immer wieder zurückkehrten, kann doch kein Zweifel darüber bestehen, dass er immer wieder entscheidende Beiträge dazu geleistet hat, den Nahostkonflikt vom Weg der Gewalt zum Weg des Dialogs und der Verhandlung zu führen. Gerade diese Beiträge und Ideen Kreiskys müssen daher auch als eine unverzichtbare Grundlage dessen angesehen werden, was erst in späteren Jahren, erst nach seinem Tod 1990, zwischen Israel und seinen arabischen Nachbarn, vor allem mit der Führung der Palästinenser, möglich geworden ist. Ohne Zweifel war Bruno Kreisky einer der Väter, einer der Urheber der historischen Vereinbarungen, die später in Oslo zwischen Itzhak Rabin und Yassir Arafat geschlossen worden sind. Diese Initiative Kreiskys findet auch in Israel bis heute immer wieder Anerkennung und Beachtung, sosehr gerade auch in Israel sein Bemühen um einen Frieden im Nahen Osten Gegenstand heftiger Kritik war.

Dennoch hat Bruno Kreisky nie einen Zweifel an seiner Loyalität gegenüber seinen israelischen Parteifreunden und an einer positiven Einstellung zum Staat Israel gelassen, dessen Sicherheit ohne Zweifel zu den Motiven seiner Nahostpolitik gehörte. Die Polemik mit manchen Vertretern der israelischen Politik seiner Zeit, nicht zuletzt mit den vom Likud gestellten, hat diese Motive freilich überlagert und seine Politik in einem anderen Licht erscheinen lassen.

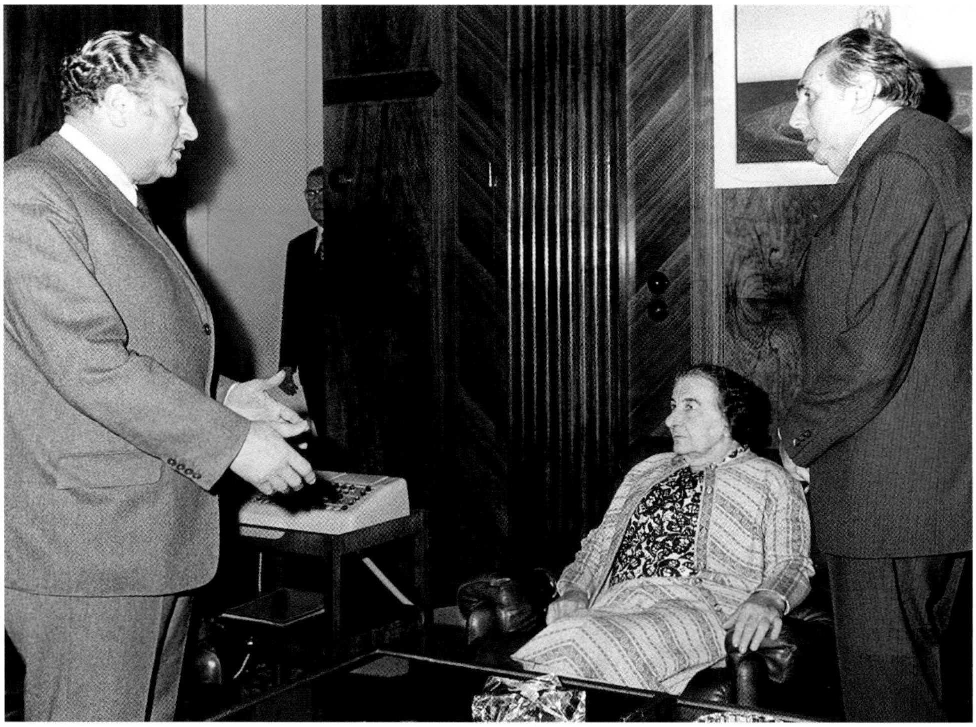

Eher frostige Stimmung herrschte beim Gespräch mit Israels Ministerpräsidentin Golda Meir.

Bruno Kreiskys Außenpolitik: Die Schwerpunkte

Versucht man sich einen Überblick über sein Gesamtwerk zu verschaffen, so wird rasch deutlich, dass Bruno Kreisky nicht nur der bedeutendste Außenpolitiker der ersten Jahrzehnte der Zweiten Republik gewesen ist, sondern auch ein politischer Denker und Stratege, dessen Wirken noch viele weitere Generationen nach ihm beeinflussen wird. So war Bruno Kreisky, im Gegensatz zu vielen seiner in der Außenpolitik aktiven Nachfolger, mit einer globalen Sicht der Dinge ausgestattet und verstand es, Österreich und seine Interessen nicht nur im europäischen Kontext oder im Kontext seiner unmittelbaren Nachbarschaft – ein beliebtes außenpolitisches Spielfeld eher provinziell denkender konservativer Politiker – ins Spiel zu bringen.

Daher war Bruno Kreisky, und mit ihm ganz Österreich, gern gesehener Partner auch von Weltmächten wie den USA oder der damaligen Sowjetunion.

Dabei stand Bruno Kreisky auch in den Jahren des Kalten Krieges unverrückbar auf der Seite des Westens und machte sich besonders die Pflege von Beziehungen zu den Führern der amerikanischen Politik zur Aufgabe. So gab es besonders herzliche Beziehungen zu Präsident John F. Kennedy, der seine scharfsinnigen Analysen schätzte, später auch zu den Präsidenten Gerald Ford und Jimmy Carter, aber auch zu dessen republikanischem Nachfolger Ronald Reagan, dem Kreiskys letzter Staatsbesuch in den USA im März 1983 galt.

Bruno Kreisky war also auch Weltpolitiker und hat das nirgends so deutlich unter Beweis gestellt wie in seiner Nahostpolitik. Hat er doch die engen Zusammenhänge

Die österreichisch-israelische Kontroverse um das Lager Schönau

»Das Durchgangslager Schönau wurde geschlossen; die Terroristen flogen ab – ohne dass Menschenleben vernichtet worden wären. Aber trotzdem setzte Österreich seine Praxis der humanitären Hilfe fort.«
Willy Brandt

Nachdem im September 1973 palästinensische Terroristen an der österreichisch-tschechoslowakischen Grenze vier Geiseln (darunter drei jüdische Auswanderer und einen österreichischen Zollbeamten) genommen hatten, um die weitere Auswanderung jüdischer Emigranten aus der UdSSR über Österreich zu stoppen, erreichte Bruno Kreisky in dramatischen Verhandlungen die Freilassung der Geiseln, stimmte aber im Gegenzug der Schließung eines Durchgangslagers in Schönau zu, das de facto von der Jewish Agency verwaltet wurde.

Allerdings wurde durch die Schließung des Lagers der weitere Transit sowjetischer Juden durch Österreich nicht weiter beeinträchtigt, ja, nahm in den weiteren Jahren immer mehr zu, so dass bis 1986 schließlich mehr als 270.000 Menschen die UdSSR auf diese Weise verlassen hatten.

Israel, das diese Transitmöglichkeit immer begrüßt hatte, da sich zu dieser Zeit kein anderer westlicher Staat – auch nicht z.B. die Niederlande oder Norwegen, die außenpolitisch eine offen pro-israelische Linie verfolgten – bereit erklärte, sowjetischen Juden den Transit in den Westen zu ermöglichen, war natürlich bemüht, diese Auswanderer für eine „alija“ nach Israel zu gewinnen. Diesem Ziel diente unter anderem die Präsenz der Jewish Agency in Schönau, die dort Einfluss auf die Auswanderer erhalten konnte. Tatsächlich hatte jedoch die große Mehrheit der Emigranten andere Zielländer, wie insbesondere die USA und Kanada, im Auge.

Österreich hingegen leitete die Übernahme seiner Transitfunktion vor allem aus humanitären und menschenrechtlichen Motiven ab, da es das Recht sowjetischer Juden respektierte, sich frei für eine neue Heimat zu entscheiden.

Kreisky blieb daher auch nach einer persönlichen Intervention der damaligen israelischen Ministerpräsidentin Golda Meir, zu der er allerdings schon von früheren Anlässen her ein persönlich frostiges Verhältnis hatte, bei seiner Entscheidung, die für ihn vor allem auch durch humanitäre Erwägungen – Schonung des Lebens der jüdischen Geiseln – begründet war.

Bruno Kreisky (M.) mit dem schwedischen Ministerpräsidenten Olof Palme (l.) und dem gemeinsamen Freund, dem deutschen Bundeskanzler Willy Brandt (r.), beim Treffen der Sozialistischen Internationale in Salzburg

Kreisky beim Gedankenaustausch mit dem ägyptischen Präsidenten Anwar as-Sadat bei dessen Staatsbesuch

Großes Treffen in Salzburg: Großbritanniens Premierminister Harold Wilson, Fred Sinowatz, der damalige Generalsekretär der Sozialistischen Internationale, Hans Janitschek, und Bruno Kreisky

Die israelische Ministerpräsidentin Golda Meir auf dem Weg zum Gespräch mit Bundeskanzler Bruno Kreisky. Dramatische Verhandlungen aus humanitären und menschenrechtlichen Motiven.

zwischen der Sicherheit Europas und der des betroffenen Raumes erkannt. Dort hat er, ohne pathetische Worte und mit einem bescheidenen Anspruch, dennoch große Beiträge für eine echte Friedensordnung geleistet, damit aber auch – so wenig er selbst das so gesehen haben mag – einen Beitrag zur Erhaltung des Weltfriedens.

In der Europapolitik war er ein überzeugter Anhänger einer progressiv fortschreitenden europäischen Integration, in der auch Österreich seinen festen Platz haben sollte. Dabei musste er natürlich auf das weltpolitische Klima seiner Zeit, den Kalten Krieg und die Rolle, die Institutionen der europäischen Integration darin spielen konnten, Bedacht nehmen. Daher setzte die Nähe der alten EWG zum westlichen Verteidigungsbündnis einer Annäherung Österreichs und anderer europäischer Neutraler wie Schweden und Finnland an die EWG Grenzen.

Dennoch waren Bruno Kreisky und seiner pragmatischen und realistischen Europapolitik ideologische Klischees der Zeit, die in der EWG lediglich einen „kapitalistischen Bürgerblock", in der EFTA aber eine Art sozialdemokratisches Gegenprogramm erkennen wollten, völlig fremd. Seine Äußerungen zu Brüssel waren von Anerkennung für dieses dichte Netzwerk europäischer Integration gekennzeichnet.

In der österreichischen Nachbarschaftspolitik, die schon in seiner Zeit als Außenminister mit klaren Akzenten begann, hat Bruno Kreisky tiefe Spuren hinterlassen. Ohne ideologische Grenzen zu verwischen, suchte er nach einer Normalisierung der Beziehungen zu Österreichs kommunistisch gewordenen Nachbarn, führte aber auch in deren Hauptstädten eine klare Sprache, in der er sich zu den westlichen Werten bekannte, die der österreichischen Politik zugrunde lagen.

Diese Politik der Normalisierung, die ähnliche Züge trug wie das später von Willy Brandt verfolgte Konzept des „Wandels durch Annäherung“, stellt sicher einen jener Beiträge dar, durch die der Eiserne Vorhang und mit ihm die Trennung Europas ins Wanken geriet.

Bruno Kreiskys Außenpolitik war vor allem dazu bestimmt, Österreich und seinen Interessen, vor allem der Sicherheit des Landes in einer unruhigen Welt, zu dienen. Er hat daher Instrumente der Politik und der Diplomatie militärischen Mitteln bei weitem vorgezogen und daher auch den Offizieren des Bundesheeres – sosehr er ihren Einsatz im Rahmen der Friedenstruppen der Vereinten Nationen schätzte – so manchen Wunsch abgeschlagen in der Einsicht, dass der Sicherheit Österreichs durch Investitionen wie den Sitz der Vereinten Nationen in Wien besser gedient ist als mit der Anschaffung modernen Kriegsgeräts.

So hat Kreiskys Außenpolitik dem kleinen Österreich eine oft sogar glanzvolle Rückkehr in eine Weltpolitik erlaubt, aus der das Land lange verbannt gewesen war, und Österreich Positionen eröffnet, die seine Sichtbarkeit noch weiter erhöhten, wie etwa die des Generalsekretärs der Vereinten Nationen oder – erstmals in der UN-Geschichte Österreichs – einen Sitz im Sicherheitsrat.

Dieses Maß an internationaler Anerkennung hat zu einer immer stärkeren Identifikation vieler ÖsterreicherInnen mit ihrem Staat beigetragen und ein neues Nationalbewusstsein gefördert, um das frühere Generationen von Politikern erfolglos gekämpft hatten.

Gewiss hat eine so umfassende und oft engagierte Art des Herangehens an internationale Fragen, wie Kreisky sie gezeigt hat, auch Kritik ausgelöst – sowohl in Österreich bei einer durch seine Weltsicht oft überforderten Opposition als auch manchmal im Ausland. Das galt besonders für seine Nahostpolitik, deren Grundideen oft zur Basis westlicher Politik wurden.

Bruno Kreiskys Vermächtnis bleibt lebendig, hat er doch in der wiedererstandenen Zweiten Republik eine lange verdörrte, lange nur unter großen Schwierigkeiten betriebene Dimension der Außenpolitik wiederbelebt, der Republik eigentlich erst wieder eine Außenpolitik gegeben, von der zu reden es sich lohnte – in Wien wie in anderen Hauptstädten Europas. Gewiss ist das, was er auf diesem Gebiet geschaffen und geleistet hat, trotz aller heute spürbaren Nostalgie nicht mehr wiederholbar. Zu sehr haben sich Zeiten und Rahmenbedingungen geändert.

Der Geist und die Ambitionen, mit denen Bruno Kreisky an die Aufgaben seiner Epoche heranging und die ihm so ungewöhnliche Erfolge beschert haben, stellen ein Kapital dar, von dem Österreich heute noch zehren kann.

»Ich meine, das Österreichbewusstsein wurde auch von Kreisky wesentlich gestärkt … indem er den Österreichern vorgezeigt hat, dass wir wer sind in der Welt. Bis dahin waren wir recht bescheiden, haben uns immer als die Kleinen gefühlt in Europa, immer als die Benachteiligten … Kreisky hat gezeigt, … dass dieses Land eine große Position haben kann, weit über seine Bedeutung als Wirtschaftskörper oder als politische oder gar militärische Macht hinaus.«

Hugo Portisch

Das gute Verhältnis zu den Vereinigten Staaten von Amerika: Dem gestürzten Präsidenten Gerald Ford bei seiner Ankunft in Salzburg auf die Beine helfen …

… und ihn wenig später im Salzburger Schnürlregen herzlich willkommen heißen …

Erinnerungsfoto an Bruno Kreiskys Zeit als Außenminister: In dieser Eigenschaft besuchte der spätere Kanzler US-Präsident John F. Kennedy im Weißen Haus.

Spaziergang der großen Weltpolitik im Salzburger Mirabellgarten: US-Präsident Richard Nixon und sein Außenminister Henry Kissinger

AKH – der inszenierte Skandal

Der Historiker Robert Kriechbaumer scheut sich nicht, in seinem Buch „Die Ära Kreisky" zu behaupten: „Keine Regierung der Zweiten Republik war von so vielen politischen Skandalen gekennzeichnet wie jene Kreiskys."

Auch Oliver Rathkolb, Herausgeber der Kreisky-Memoiren, vertritt in seinem erst jüngst – 2005 – präsentierten Buch „Die paradoxe Republik" die Meinung: „Die innerösterreichische Realpolitik Ende der siebziger und Anfang der achtziger Jahre wurde zunehmend von Affären dominiert (AKH-Skandal), in die sozialistische Politiker verwickelt waren."

Die Historiker können zur Beglaubigung ihrer Feststellungen führende Männer dieser Epoche in den Zeugenstand rufen. Noch einmal Robert Kriechbaumer:

„Auf Grund der bekannt gewordenen Verflechtungen von Politik und Geschäft sah sich Bundespräsident Rudolf Kirchschläger am 29. August 1980 veranlasst, in einer Aufsehen erregenden Rede anlässlich der Eröffnung der Welser Messe von der Notwendigkeit der Trockenlegung der ‚Sümpfe und sauren Wiesen' in der politischen Landschaft Österreichs zu sprechen. Fünf Tage später präsentierte Bundeskanzler Kreisky angesichts des Ausmaßes an Korruption beim Bau des AKH bei einer Konferenz der Bezirksobleute des Pensionistenverbandes der SPÖ ein ‚10-Punkte-Programm' für mehr Sauberkeit im öffentlichen Leben und zur Trennung von Politik und Geschäft. Am 9. September wurde es von den Spitzen der Partei offiziell abgesegnet. Bereits im Sommer 1980 hatte der Kanzler bemerkt, die Partei müsse sich verstärkt mit einer neuen Klasse von weitgehend entideologisierten Aufsteigern und der Politik der SPÖ, die deren Aufstieg ermöglichte, auseinander setzen." (Kriechbaumer, „Die Ära Kreisky")

Um einen Ruf als ernst zu nehmende Historiker müssen sich nichtwissenschaftliche Autoren zeitgeschichtlicher Publikationen nicht sorgen. Die Errichtung des Allgemeinen Krankenhauses und der damit verbundene Neubau der Universitätskliniken gilt gemeinhin als Skandalgeschichte, ist schlichtweg historischer Stehsatz; dass darin viele Spitzenpolitiker der SPÖ involviert gewesen seien, ebenso; dass darunter Hannes Androsch, der Vizekanzler, Finanzminister und stellvertretende Parteivorsitzende, einer davon und – nach Lesart mancher Leute – sogar der „Pate" gewesen sei, erst recht.

„Die Chronik Österreichs", ihrer Eigendarstellung nach ein „zuverlässiges Nachschlagewerk und zugleich das große Haus- und Erinnerungsbuch aller Österreicher", schreibt für alle Zeiten fest:

„Die Verflechtungen seiner Steuerberatungskanzlei ‚Consultatio' mit dem Skandal

Bei der Sondersitzung des Nationalrates im August 1980 ist dem Bundeskanzler die Verteidigung seines Finanzministers gestoppte 55 Sekunden wert – „Androsch hat mich nicht überzeugt, deshalb muss er sich selber verantworten …“

um die Schmiergeldaffäre beim Bau des Allgemeinen Krankenhauses in Wien ...“

Erst in jüngster Zeit wird der Dogmatismus, mit dem solcher Zusammenhang unkritisch transportiert worden ist, etwas aufgeweicht. Im Bemühen von Barbara Liegl und Anton Pelinka, einer „funktionalen Erklärung“ des Konfliktes Kreisky – Androsch nachzuspüren, finden die beiden Autoren zu einer etwas differenzierteren Darstellung der behaupteten Zusammenhänge. Die Möglichkeit, dass die medialen Verdächtigungen wohlfeile Munition für die politischen Gegner von Hannes Androsch waren, wird zumindest in Erwägung gezogen:

„Doch dieser Skandal mit seinen strafrechtlich relevanten Aspekten führte – zumindest indirekt und zumindest in der Wahr-

ÖVP-Obmann Alois Mock bei der dringlichen Anfrage an den Bundeskanzler wegen des AKH: Es gebe geschäftliche Querverbindungen zu den privaten Firmen des Vizekanzlers.

nehmung von Androschs Gegnern – direkt zu Hannes Androsch. In der Debatte des Jahres 1980 wurde zumindest implizit ein Zusammenhang zwischen dem kriminellen Verhalten von Personen wie Winter und dem Einflussbereich von Hannes Androsch hergestellt. Und die Gegner Androschs nützten diesen impliziten Zusammenhang, um einen Konflikt auf der persönlichen Ebene auszutragen." (Barbara Liegl/Anton Pelinka „Chronos und Ödipus – der Kreisky-Androsch-Konflikt")

Für die Oppositionsparteien eröffnet das Verhalten der SPÖ, einen internen Konflikt bereitwillig mit Verdächtigungen zu verknüpfen, willkommene Chancen. Sowohl für die ÖVP wie auch für die FPÖ ist Hannes Androsch zum stärksten politischen Gegner geworden. Im Jahr 1980 ist Bruno Kreisky nur mehr Gegenwart. Die Zukunft heißt Hannes Androsch. Sich an ihm zu reiben verheißt, die politische Konkurrenz zu schwächen, das eigene Profil zu stärken, den Erfolg in greifbare Nähe zu rücken.

Eine Partei der Alltäglichkeit

Parteiinterne Konflikte hat es immer gegeben. Auch innerhalb der SPÖ. Sie bewahren die Parteien vor Verkrustung und Erstarrung. Doch nach außen hin bemühen sich die Sozialisten immer um Geschlossenheit. Heute ist diese Tradition der Geschlossenheit kein besonderes Qualitätsmerkmal mehr. Gegen Ende der Funktionsperiode des Parteivorsitzenden Bruno Kreisky öffnet sich die SPÖ auch der politischen Intrige von außen. Spötter wie Analysten meinen, die SPÖ sei nunmehr in der Normalität demokratischer Parteien angelangt. In der weiteren Entwicklung eine Partei des Alltäglichen. Der Pluralität, aber auch der Beliebigkeit preisgegeben. Der AKH-Skandal, oder korrekter: der Umgang mit der medialen Aufbereitung der Begleitumstände des Baus des Allgemeinen Krankenhauses in Wien, beschleunigt bei den Sozialisten diesen Prozess der Veränderung, der von Bruno Kreisky anfangs mit deutlich anderer Zielsetzung eingeleitet worden ist. Was als „Wanzenjournalismus" (Gerd Bacher) begonnen hat, wird zum größten Erfolg der österreichischen Mediengeschichte. Einem durchaus zweifelhaften Erfolg, denn der Erfolg der kriminellen Intelligenz eines Magistratsbeamten im Zusammenspiel mit Mitarbeitern privater Firmen wird zur Denunzierung der Politik insgesamt und manch qualifizierter Politiker im Einzelnen instrumentalisiert. Es gelingt, die Politik in den Gerichtsstand zu verlegen. „Die öffentliche Aufmerksamkeit hatte den AKH-Skandal eigentlich erst zum Skandal gemacht" (Anton Pelinka). Der AKH-Skandal ist daher ein im höchsten Maße politischer und manipulierter Skandal. Die Spuren um die tatsächlichen Ereignisse um den Neubau des Allgemeinen Krankenhauses und der Universitätskliniken freizulegen, könnte doch für Historiker, die sich mit Österreichs Zeitgeschichte befassen, eine gleichermaßen reizvolle wie wichtige Aufgabe sein.

Niemand möge diese Anregung als laienhafte Anmaßung missdeuten. Weder will ich mich in die „Geschäfte" von Wissenschaftern einmischen, noch kann ich es. Aber ich war unmittelbarer Zeuge dieser Ereignisse am Ende des Jahrzehnts und habe sie als exemplarisches Beispiel für die Eigendynamik einer politischen Intrige in Erinnerung. Ein wirksames Gebräu aus echter Sorge, kolportierten Halbwahrheiten, gezielten Falschmeldungen, politischer Profilierungssucht, intelligentem Gaunertum, überforderter Bürokratie, überforderter Politik und – ganz entscheidend – selektiver Wahrnehmung.

Ein Akt der Selbstüberschätzung

Auch wenn das heutige AKH mit dem ursprünglichen Projekt nur mehr den Namen gemeinsam hat, stand am Beginn eine unglaubliche Selbstüberschätzung der Bürokratie. Das wurde damals, in den 1950er Jahren, nicht so gesehen. Den Gepflogenheiten entsprechend wurden öffentliche Aufträge über die in den Gemeinden, Ländern oder dem Bund zuständigen Stellen vergeben. In Wien war das das Stadtbauamt. Weil über die Universitätskliniken auch der Bund beteiligt war, wurde mit der Bundesgebäudeverwaltung eine Arbeitsgemeinschaft gebildet. Das heißt, ehrenwerte Beamte, deren organisatorische, planerische und wirtschaftliche Erfahrung in der Errichtung von Kindergärten, Schulen oder Gemeindebauten der Stadt Wien gegeben war, schickten sich an, ein neues Zentralkrankenhaus samt Universitätsklinik zu errichten, die rasante Entwicklung des medizinischen Fortschritts, die Sonderwünsche der Professoren, die Visionen der Politiker, die Vorstellungen der Architekten mit den finanziellen Möglichkeiten vor allem der Stadt, aber auch des Bundes, in Einklang zu bringen. Das war Dilettantismus pur. Das war brutale Überforderung, die nur ins Chaos führen konnte. Die gesundheitspolitische Vision wird bald zum Albtraum, die Selbstüberschätzung der

Bürokratie zum Bleischuh der politischen Entscheidungsträger.

Als Leopold Gratz 1973 Bürgermeister von Wien wird, ist die Baustelle AKH die größte Erblast aus der Vergangenheit. Der neue Bürgermeister will neue Wege beschreiten, entzieht das Projekt den bisher Verantwortlichen und bestellt mit Josef Bandion einen Generalbevollmächtigten für das AKH. Gratz hat Bandion aus der Finanzprokuratur geholt, sieht die Chance, mit ihm frischen Wind und damit Leben in die verkrusteten Strukturen der Rathausbürokratie zu bringen, installiert ihn als Magistratsdirektor und überträgt ihm alle Verantwortung für die Fortführung des Bauprojektes.

ÖVP-Obmann Alois Mock im Gespräch mit SPÖ-Klubobmann Heinz Fischer – einig über den Untersuchungsausschuss

Die Ergebnisse sind mager. Leopold Gratz sucht Hilfe bei Hannes Androsch. Der Finanzminister hat inzwischen mehrfach bewiesen, wie Großprojekte erfolgreich verwirklicht werden können. Zuletzt mit der IAKW, jener Gesellschaft, die für den Bau der UNO-City verantwortlich ist.

Nach dem Modell UNO-City wird 1975 die AKPE (Allgemeines Krankenhaus Planungs- und Errichtungs AG) gegründet, allerdings mit anderen Mehrheitsverhältnissen. Hielt der Bund bei der UNO-City die Mehrheitsanteile, so teilen sich das Land Wien und der Bund in der AKPE die Anteile jeweils zur Hälfte. Daher begnügt sich der Finanzminister damit, den Vorsitzenden des Aufsichtsrates zu nominieren – auf die Geschäftsleitung nimmt er keinen Einfluss.

Winter und seine Haberer

Die Gründung der AKPE räumt endlich professionell mit dem Chaos auf. Die drei Geschäftsführer Adolf Winter, Gerhard Schweiger und Josef Parzer leisten gute Arbeit. Zumindest erkennbar bessere als das, was bisher geschehen ist.

Vor allem Adolf Winter erweist sich als qualifizierte Personalentscheidung. Er ist besonders auf dem Gebiet der Haustechnik kompetent – speziell für diesen Bau von ganz großer Bedeutung –, ist flexibel und tüchtig. Zu tüchtig, wie sich nach einiger Zeit herausstellen wird.

Einige Jahre vor der Bestellung von Adolf Winter zum Geschäftsführer der AKPE sind in Liechtenstein die Firmen „Plantech" und „Geproma" gegründet worden. Adolf Winter und „seine Haberer" bei privaten Unternehmungen – Siemens und ITT – entwickeln ein Provisionssystem, wie es im privatwirtschaftlichen Verkehr gang und gäbe ist: Für die erfolgreiche Vermittlung eines Geschäftes gibt es Belohnung. Die Firmen aus Liechtenstein bieten Unternehmen, die sich um Großaufträge bewerben wollen, an, bei der Erreichung des Zuschlages behilflich zu sein. Im Erfolgsfall würden 1–2 Prozent der Auftragssumme in Rechnung gestellt, bei Nichtzustandekommen wäre auch nichts zu bezahlen.

Im Frühjahr 1980 tauchen Zweifel an einer korrekten Geschäftsführung durch Adolf Winter in der AKPE auf. Er sei bestechlich, wird gemunkelt. Verdachtsmomente werden dem Journalisten Alfred Worm zugetragen. Der persönliche Freund des Wiener ÖVP-Obmanns Busek erkennt seine Chance und macht daraus eine beeindruckende berufliche Karriere. In Hinkunft gelingt es Alfred Worm, von Beamten zu profitieren, die es im Umgang mit dem Amtsgeheimnis nicht so genau nehmen. Egal, ob Rechnungshof oder Kontrollamt der Stadt Wien, ob Finanz- oder Justizbehörden, Alfred Worm versteht es, überall Beamte zu finden, die ihn mit Informationen versorgen. Worm interessiert sich vor allem für Hinweise aus laufenden Untersuchungsverfahren, denn diese bringen ihm journalistischen Wettbewerbsvorteil. Bis zu diesem Zeitpunkt sind Gesetzesverletzungen durch Beamte und mangelnde Legalität bei der Informationsbeschaffung keine bejubelten Tugenden. Journalisten und Medien mit noch traditionellem Berufsethos sprechen von „Wanzenjournalismus" (Gerd Bacher), von „Verletzung der primitivsten Regeln menschlichen und journalistischen Anstandes" (Karl Graber, ein bekannt korrekter Wirtschaftsjournalist, in „Die Presse"). Doch Alfred Worm gelingt es, ein Kriminalstück zwischen einem zum Leiter des Krankenhausbaues aufgestiegenen Magistratsbeamten und Mitarbeitern von privaten Industriegesellschaften als hochpolitischen Korruptionsskandal zu inszenieren. Der „investigative Journalismus" schafft es sogar, die unter der Hand informierenden Beamten vom Vorwurf der Gesetzesverletzung reinzuwaschen. Worms Methode der Informationsbeschaffung – geheime Tonbandaufzeichnungen von Unterredungen, die er auch selbst als bedenklich einstuft – wird im Nachhinein durch das dadurch ausgelöste politische Erdbeben scheinbar legitimiert. Diese in Österreich neue und von Günter Wallraff inspirierte journalistische Technik rechtfertigt offenbar der Erfolg – losgelöst von der Frage, „ob und in welchem Umfang sich journalistische Recherchen auf solche Methoden überhaupt stützen dürfen" (Anton Pelinka).

Das Tauschgeschäft als Bekenntnis

Der aus dem 17. Jahrhundert stammende Grundsatz jesuitischer Moral: „Der Zweck heiligt die Mittel" in modernem Gewand. Alfred Worm hat es geschafft. In Hinkunft schmückt ihn der Beiname „Aufdecker der Nation". Wer immer meint, etwas zur Sauberkeit im Lande Österreich beitragen zu können, adressiert seine Information oder auch nur seine Intrige an Alfred Worm.

Der 1. April 1980 ist für Adolf Winter kein Tag für Scherze. Schon seit geraumer Zeit spürt er, dass Beamte des Rechnungshofes und des Kontrollamtes der Stadt Wien kritisch seiner Geschäftsgebarung nachspüren. Selbst die Presse beginnt sich für ihn zu interessieren. Insbesondere das „profil". Schon im März hatte die Zeitschrift über angebliche Bestechungen und vorschriftswidrige Vergabe von Aufträgen berichtet. Der intelligente Winter geht nicht unvorbereitet zum Gespräch mit dem „profil"-Redakteur Alfred Worm in einem Kaffeehaus im siebenten Wiener Gemeindebezirk. Er ist doch ein kleiner Fisch für die journalistische Angel. Er will an seiner Statt einen schmackhafteren Köder anbieten, der einen tatsächlich attraktiven Fang garantieren soll.

Alfred Worm legt schon zu Beginn seiner „investigativen" Karriere Gerissenheit an den Tag. In seiner Aktentasche steckt ein Tonbandgerät. So raffiniert, wie er seinen Gesprächspartner einschätzt, wird er noch allemal sein. Mit seinem Tonbandgerät fängt er beides: Adolf Winter und den ausgelegten Köder.

Was der Politikwissenschaftler Anton Pelinka in seinem Beitrag zum AKH-Skandal – „‚Wanzenjournalismus' und ‚Zerfall der Geschlossenheit'" – respektvoll als „Bekenntnisse" bezeichnet, ist ein schlichter Versuch der Ablenkung. Adolf Winter bietet ein Tauschgeschäft in Richtung Hannes Androsch an. Wenn Alfred Worm seine Winter-Geschichte vergäße, würde er ihm heiße Informationen über Walter Waiz, den Vorsitzenden des Aufsichtsrates und Sektionschef im Finanzministerium, außerdem engen Vertrauten des Ministers, zukommen lassen.

Glaubhafte Anhaltspunkte, dass der Finanzminister geschäftlich in den AKH-Bau involviert sein könnte, gibt es: Hannes Androsch hat zusammen mit Bürgermeister Leopold Gratz den Bau des Krankenhauses aus der alleinigen Zuständigkeit der Rathausverwaltung herausgelöst und die damit unmittelbar befassten Beamten in eine Aktiengesellschaft gezwungen. Einflussreicher Vorsitzender des Aufsichtsrates ist Walter Waiz, bereits Vorsitzender des Aufsichtsrates der IAKW, jener Gesellschaft, die die UNO-City baut, der das volle Vertrauen des Finanzministers genießt. Und da ist die ÖKODATA. ÖKODATA ist auf die Beratung von Spitalsträgern spezialisiert und hat sich als Arbeitsgemeinschaft ABO mit zwei deutschen Krankenhausspezialisten um die Betriebsorganisation des AKH beworben. Einer der ÖKODATA Gesellschafter ist Dr. Franz Bauer, hauptberuflich Geschäftsführer der Consultatio.

Die Profilierungschance für den neuen FPÖ-Obmann

Am 8. April 1980 veröffentlicht Alfred Worm sein Gespräch mit Adolf Winter im „profil". Von da an erfasst ein nahezu orgiastischer Taumel die gesamte Innenpolitik. Im Wettstreit der Parteien um Initiativen gegen Korruption und für Sauberkeit will die SPÖ die Führerschaft nicht verlieren. Sie flüchtet in einen parlamentarischen Untersuchungsausschuss. Heinz Fischer, der Fraktionsführer der Sozialisten, bringt am 16. April einen entsprechenden Antrag ein:

»Ich habe Skurrilitäten der Demokratie erlebt, zu was die fähig ist, und das hat alles seine Zusammenhänge.«
Bruno Kreisky

„Im Zusammenhang mit dem Bau des Allgemeinen Krankenhauses in Wien wird:

1. Zur Untersuchung der Vergabe von Aufträgen (bzw. von Subaufträgen) und deren Abwicklung,

2. zur Untersuchung der Vorwürfe im Zusammenhang mit angeblichen gesetzwidrigen finanziellen Zuwendungen durch die Firma Siemens bzw. von anderen Firmen, die am Projekt beteiligt sind, und

3. zur Untersuchung der Vorwürfe betreffend angebliche Parteienfinanzierung im Zusammenhang mit Auftragserteilungen ein Untersuchungsausschuss eingesetzt." (Heinz Fischer, „Reflexionen")

Hätte die SPÖ nicht angstvoll dem Verlangen der Oppositionsparteien nach einem parlamentarischen Untersuchungsausschuss zuvorkommen wollen, sondern die Position des Parlamentspräsidenten zur Zeit der schwarz-orangen Regierung eingenommen (siehe nebenstehenden Text), hätte sie sich viel an Ärger erspart. So schafft sie den Oppositionsparteien eine attraktive Plattform für heftige Angriffe.

Der Antrag wird einstimmig beschlossen, der neue Obmann der kleinen Oppositionspartei FPÖ, Norbert Steger, zum Ausschussvorsitzenden bestimmt. Nun wird der AKH-Skandal zum Politskandal. Die Aufklärung der Bestechungsvorwürfe wird in den Hintergrund gedrängt. Die Aufmerksamkeit wird auf eine Mischung aus Verdächtigungen, Profilierungsstreben, Politintrige gelenkt, ergänzt durch grundsätzliche Aussagen der einzelnen Parteien über ihr Verständnis von Sauberkeit in der Politik.

Norbert Steger sieht zuerst einmal eine Chance, sich als neuer Obmann der FPÖ profilieren zu können. Die gleiche Chance wittert seine Parteifreundin Dr. Helene Partik-Pablé.

Der Präsident des österreichischen Nationalrates Andreas Khol im ORF-Mittagsjournal vom 18. Juli 2006 auf die Frage, warum die ÖVP keinem BAWAG-Untersuchungsausschuss zustimmt: „Weil hier Kriminalfälle untersucht werden und der Untersuchungsausschuss, und das verwechselt die Opposition immer wieder, der Untersuchungsausschuss ist kein Gericht, ein Untersuchungsausschuss kann nicht Schuld und Strafe feststellen, ein Untersuchungsausschuss ist da, um im Falle von Schuld die politische Verantwortung dafür, wenn es eine gibt, zu klären. Daher ist die alte Linie der ÖVP, die ich auch als Klubobmann immer gestaltet und geprägt habe: Wenn gerichtliche Verfahren anhängig sind, ist das Ende der gerichtlichen Verfahren abzuwarten. Wenn sich dann herausstellt, dass es zu fehlbarem Verhalten gekommen ist, dann und erst dann kann ein Untersuchungsausschuss feststellen, ob es dafür auch eine politische Verantwortung gibt. Das war auch immer die Meinung der klugen Rechtswissenschaft."

In enger Verbindung mit dem für die Causa zuständigen Staatsanwalt Friedrich Matousek versteht sie es, Verdächtige medienwirksam verhaften zu lassen (einschließlich des Präsidenten der Industriellenvereinigung Fritz Mayer), wird als erste Frau vom Wirtschaftsmagazin „trend" zum „Mann des Jahres" gewählt und plustert sich zielsicher zur blauen Abgeordneten für Sauberkeit auf.

Die ÖVP sieht ihre Chancen steigen, den Keil zwischen Bruno Kreisky und Hannes Androsch tiefer zu treiben, die SPÖ einer inneren Zerreißprobe auszusetzen und deren politische Vorherrschaft zu beenden.

Bruno Kreisky wiederum sieht sich im Misstrauen gegen Hannes Androsch, das seit geraumer Zeit wie ein Krebsgeschwür in seiner Seele wuchert, bestätigt. Der Kanzler und manche in seiner Partei finden sich mit den beiden Oppositionsparteien auf einer Linie der politischen Zielsetzung: Hannes Androsch muss weg.

Der Meinung ist auch das „profil“. In seinem ersten Interview findet der Vorsitzende des Untersuchungsausschusses, Norbert Steger, der seine Vorsitzführung nicht als „Hochamt einer rechtsstaatlichen Untersuchung“ zelebriert (Rudolf Streicher), zu kräftigen Formulierungen. Im Gespräch mit Alfred Worm und Peter M. Lingens, deren Fragestellungen die Erwartung des „profil“ erkennen lassen, dass als Ergebnis einer erfolgreichen Ausschussarbeit nur der Rücktritt von Politikern zählt, ist Steger zuversichtlich, dass er dem Wunsch der Redakteure gerecht werden kann.

Norbert Steger: „… Meiner Meinung nach reicht das, was bis jetzt in der Öffentlichkeit bekannt geworden ist, schon seit längerem aus, damit mehrere Politiker zurücktreten.“

Die vorgeführte Politik

Und die Redakteure lassen keinen Zweifel aufkommen, wer unter diesen Politikern wohl zu finden sein muss. Der zur gleichen Zeit mit Vorwürfen der Unvereinbarkeit seines Amtes und seiner Steuerberatungskanzlei konfrontierte Finanzminister wird in der Fragestellung wohl aus Gründen eines erhöhten Kontrastes der Argumente auf kleinbürgerliche Dimensionen geschrumpft:

„profil: ‚… selbst Finanzminister Androsch war ein kleiner Steuerberater, bevor er in die große Politik gegangen ist. Von so jemandem zu erwarten, dass er von sich aus zurücktritt …‘

Steger: ‚Da muss es eben den Druck der Partei als Ganzes geben.‘“

Und der neutrale Ausschussvorsitzende weiß auch, warum er so forsch argumentiert:

„… denn der AKH-Skandal ist eben nicht irgendein Skandal. Er ist der größte Skandal der Zweiten Republik.“

Aber schließlich zwingen die nackten Fakten Norbert Steger, im Privatberuf Rechtsanwalt, zurück auf den Boden der Objektivität. Die Suppe lässt sich nicht so dick einkochen, wie vielfach gehofft, erwartet und auch verlangt wird. Bruno Kreisky, erinnert sich Norbert Steger, „wurde richtig grantig, weil ich ihm kein Material gegen Androsch liefern konnte. Er wollte mit mir eine Pressekonferenz machen. Aber da war nichts.“ Ein ganzes Jahr hindurch müht sich der Untersuchungsausschuss, parteiliche Intrigen zu beweisbaren Anschuldigungen zu verdichten. Vergebens. Im Mai 1981 beendet der Ausschuss seine Arbeit, legt einen Bericht vor – von der Mehrheit beschlossen, denn eine Minderheit hätte durchaus noch länger Gefallen am medial wirksamen parlamentarischen Intrigenspiel gefunden. Für den Verdacht der Parteienfinanzierung durch AKH-Gelder konnte kein wie immer gearteter Anhaltspunkt gefunden werden, für jenen der persönlichen Bereicherung politischer Funktionäre ebenso wenig.

Unabhängig vom parlamentarischen Ausschussgezänk führt die Justiz die strafrechtliche Untersuchung fort. Schließlich werden zwölf Beschuldigten Anklageschriften zugestellt. Politiker sind nicht darunter.

Es ist durchaus eindrucksvoll, wie sehr es den Medien, allen voran dem „profil“, gelingt, die Politik und viele ihrer führenden Repräsentanten vorzuführen.

Der prominenteste darunter ist Bruno Kreisky. Es wäre ein Zuviel der Anerkennung,

Bruno Kreisky ist noch immer nicht am Ziel: „Die Partei hat eine starke moralische Kraft. Sie solidarisiert sich mit einem angegriffenen Parteifunktionär."

den engagiertesten medialen Protagonisten, Alfred Worm und Peter Michael Lingens, eine gezielte politische Strategie zuzutrauen. Alfred Worm ist nicht Gerd Bacher. Erfolgreich sind Lingens und Worm trotzdem, beide talentierte, karrierebedachte Journalisten, die höchstwahrscheinlich tatsächlich davon überzeugt sind, einer großen Schweinerei auf der Spur zu sein.

Das liechtensteinische Provisionsmodell des Adolf Winter und seiner Kumpane bei den Firmen Siemens und ITT wäre Gaunerei genug gewesen. Aber für eine tatsächlich große Story in der Sache doch nur ein gewöhnliches Kriminalstück und von den handelnden Personen her wenig attraktiv. Die mediale Chance heißt Hannes Androsch. Der Finanzminister als Pate im Hintergrund, Parteienfinanzierung durch Abzweigung öffentlicher Gelder, die Verfilzung von Spitzenfunktionären der SPÖ, der Partei für politische Sauberkeit, das ist der Stoff, aus dem die Träume echter Journalisten sind.

Bruno Kreisky fällt voll darauf rein. Zu Hannes Androsch hat er kein Vertrauen mehr. Er will ihn loswerden. Er plagt sich damit. Die Erfolglosigkeit seiner Anstrengungen belasten ihn zusätzlich. Jetzt sieht sich Bruno Kreisky in seinem Misstrauen bestätigt, seine Anstrengungen gerechtfertigt. In der Sache AKH selbst kennt er sich nicht aus. Der Politprofi durchschaut die Politintrige nicht. Sie ist für ihn glaubwürdig, weil sie seinen inneren Befürchtungen entspricht. Dass ihm selbst beim Bau der UNO-City nach der gleichen Methode „Schiebung“ unterstellt worden ist, verdrängt er. Er ist darauf fixiert: Androsch muss seiner Funktionen enthoben werden, um Fehlentwicklungen von der SPÖ fernzuhalten. Er wird selbst Opfer seiner selektiven Wahrnehmung: Er glaubt das, was er glauben will, hört nur das, was er hören will. Daher setzt Bruno Kreisky den oppositionellen Verdächtigungen und den medialen Angriffen keinen Widerstand entgegen. Überzeugt davon, dass die Sauberkeit der Politik, ein Anliegen vor allem der sozialistischen Bewegung, im Sumpf von Freunderlwirtschaft und Geldsucht zu versinken droht, verrennt er sich tragisch in ein Fehlverhalten: Um Hannes Androsch endlich loszuwerden, nimmt er die nachhaltige Rufschädigung der gesamten Sozialistischen Partei, ja, der Politik insgesamt, in Kauf.

„Androsch hat mich nicht überzeugt“

Als der „AKH-Skandal“ ausbricht, ist dieser Trennungsprozess der beiden dominierenden Persönlichkeiten des Jahrzehnts schon sehr weit fortgeschritten. Für die Zeitschrift „profil“ eine Marktchance, die sie zu nutzen versteht. Mit der Häufigkeit der „profil“-Geschichten über Kreisky und Androsch steigt die Auflage, erhält die Zeitschrift tatsächlich Profil. Professionell verfolgt sie eine erfolgreiche Strategie. Sie macht Druck gegen Hannes Androsch, irritiert, ärgert, verunsichert dadurch Bruno Kreisky, verstärkt bei ihm den Eindruck, dass alle Schwierigkeiten die Folgen von Androschs wirtschaftlichem Hintergrund sind – genau in diese schwärende Wunde, die Bruno Kreisky und Hannes Androsch sich gegenseitig zugefügt haben, streut „profil“ Salz, das schmerzt und die Wunde vertieft:

„‚profil‘ (beim Interview mit Bruno Kreisky): Noch haben Sie gigantischen Kredit in der Öffentlichkeit. Sie haben genug Kraft, Glaubwürdigkeit und Durchsetzungsvermögen, das Problem Androsch zu lösen: Warum tun Sie nichts? Warum setzen Sie keine Signale?

Kreisky: ‚Weil man ganz sicher sein muss … dass es in der Partei verstanden wird. Die SPÖ hat eine starke moralische Kraft. Sie besteht zum Teil auch darin, dass sich die Bewegung mit einem angegriffenen Parteifunktionär solidarisiert.‘

‚profil‘: Sie versuchen doch jetzt nicht, das Problem Androsch zu bagatellisieren?

Kreisky: ‚Nein, wirklich nicht … Halten wir fest: Es hat keine Androsch-Beziehungen zu dem bestochenen Herrn Winter gegeben. Ich will da jetzt noch nicht weiter eindringen … halten wir weiter fest – ich komme schon zum entscheidenden Punkt –, dass die Firma des Finanzministers beim AKH selbst nicht in skandalöser Weise beteiligt war, sondern einfach nur gewisse Kontakte mit anderen Firmen hatte.‘“

Aber „profil“ lässt nicht locker und manipuliert hartnäckig weiter:

„‚profil: Wenn Sie Androschs Lebensstil, sein Nebeneinkommen und seine oft kaltschnäuzige Arroganz, mit der er agiert, qualifizieren müssten – hat dann Ihr Stellvertreter in Regierung und Partei noch das Zeug zum sozialdemokratischen Politiker, wie Sie ihn sich vorstellen?

Kreisky: ‚Ich möchte doch erst lieber diese Frage, die Sie mir da stellen, in den

Sondersitzung des Nationalrates: „Ein Tumult mit Schreiszenen, ein wütender SP-Klubobmann, eine Sitzungsunterbrechung – und über all dem ein Vizekanzler, der jeden Vorwurf sofort pariert." („Die Presse")

Parteigremien erörtern, ehe ich mich dazu äußere. Sicher ist aber, dass es derartige Komplikationen mit Androsch immer wieder gab und gibt.'"

Dass die Komplikationen nicht nachlassen, dafür sorgt auch die ÖVP. Mitten in den Sommerferien, am 21. August, zwingt sie den Nationalrat zu einer Sondersitzung. Es ist ein Zettel, ein formloses Stück Papier, eine anonyme Anzeige, die sie zum Anlass nimmt, an den Bundeskanzler eine dringliche Anfrage zu richten. Die deutsche Illustrierte „stern" sieht in der Inszenierung „eine neue Variante, wie Kreisky Personalprobleme zu lösen versteht: In einer Sondersitzung des Wiener Nationalrates, von der oppositionellen Volkspartei (ÖVP) wegen der Korruptions- und Finanzskandale um den Bau des Wiener Allgemeinen Krankenhauses einberufen, lehnt es Kreisky noch ab, sich von seinem Vize zu trennen. Braungebrannt zur Sitzung von seiner spanischen Ferieninsel Mallorca eingeflogen, macht Kreisky seine Sympathie zum Vize messbar: 55 Sekunden lang verliest er mürrisch 14 vorgedruckte Zeilen, mit denen er sich hinter Hannes Androsch stellt."

Vom „profil" befragt, warum er vom ursprünglichen Plan, eine vorbereitete Erklärung zu verlesen, wieder abgekommen sei – (profil: „Damit hätten Sie nach außen dokumentiert, dass die Distanz zwischen Ihnen und Ihrem Vize doch nicht unüberbrückbar ist, und damit hätten Sie diesen Eklat vermieden" – antwortet Bruno Kreisky: „Androsch hat mich in dieser konkreten Frage – um es offen zu sagen – nicht überzeugt. Deshalb muss er sich selber verantworten."

Diktatur der Dilettanten

Während dieses Interviews wird Kreisky zum Telefon gerufen: ... „Den Mayer haben's verhaftet."

profil: Den Stadtrat oder den Präsidenten der Industriellenvereinigung?

Kreisky: Den Präsidenten.

profil: Und was sagen Sie dazu?

Kreisky: Ich kann überhaupt nichts mehr dazu sagen. Mir fehlen die Worte."

Bruno Kreisky fehlen nicht nur die Worte. Er hört nicht mehr, er sieht nicht mehr, dass politische Verdächtigungen und strafrechtliche Verfolgung nicht zur Deckung zu bringen sind.

Anders der Wiener Finanzstadtrat Hans Mayr: „Wir sind nicht bereit, einer Hysterisierungs- und Skandalisierungspolitik, wie Sie sie betreiben, zu folgen." Mayr leistet Widerstand und gerät voll ins Visier von „profil" und Opposition. Für Alfred Worm „verschönt" Hans Mayr dadurch, dass er sich durch mediale und politische Angriffe nicht irritieren lässt, „die skandalösen Vorgänge um das Monster-Spital."

Hans Mayr ist, wie Hannes Androsch und auch Bürgermeister Leopold Gratz, nicht davon abzubringen, Bau und Fertigstellung des AKH erfolgreich voranzutreiben. Von einer „Diktatur der Dilettanten" schäumt Alfred Worm, vom „AKH-Desaster-Macher Hans Mayr, der im Wiener Gemeinderat seine Bankrotterklärung proklamiert", der „von einem Fettnäpfchen ins andere stolpert". Gott sei Dank! Ist man im Rückblick verleitet auszurufen. Ansonsten gäbe es in Wien weder das AKH noch General Motors mit 2500 Arbeitsplätzen.

„profil" wörtlich: „Mayr versuchte es nochmals: mit General Motors. 900 Millionen Schilling beträgt das Gemeinde-Wien-Geschenk an GM plus weitere 480 Millionen für Aufschließung und Infrastruktur. 2650 neue Arbeitsplätze verpflichtete sich GM dafür zu schaffen. Wenn's wahr ist, denn nach jüngsten Aktienentwicklungen trudelt der amerikanische GM-Konzern schon jetzt recht ordentlich."

Bekanntlich wurde das GM-Werk 1982 eröffnet.

Die beleidigte Bürokratie

Parallel zu den Anstrengungen auf Bundesebene, den Bau des AKH zum politischen Skandal zu stilisieren, etabliert sich auch im Wiener Rathaus ein Intrigantenstadl. Machtverlust und verletzte Eitelkeit sind die bestimmenden Motive. Mit der Gründung der AKPE wird die Kompetenz von Josef Bandion beschnitten, von da weg gibt es auch keinen Generalbevollmächtigten mehr. Josef Bandion ist seine Zuständigkeit für das AKH los.

Der Magistratsdirektor kreidet seinen Verlust an Macht und Einfluss – zu Recht –

dem Finanzminister an. Als Hannes Androsch Ordnung in das Chaos bringen will und die AKPE gegründet wird, damit der Krankenhausbau aus der Rathausbürokratie und dem Verantwortungsbereich von Josef Bandion herausgelöst wird, entdeckt das „profil" plötzlich den Weitblick des Generalbevollmächtigten. Bandion tritt nun überhaupt für die Einstellung des Baus ein. Kein Bandion, kein AKH.

Diese Bereitschaft und die offenen Schwierigkeiten mit Finanzstadtrat Hans Mayr qualifizieren sie als Kronzeugen für „profil"-Geschichten. Durch Josef Bandion wird die Einstellung des Baus von Spital und Universitätskliniken zu einem ernsthaften Thema. Laut „profil" hat Bandion bereits 1974 „eindringlich davor gewarnt, das AKH weiterzubauen." Und wenn doch, dann nur mit ihm:

„Er hat sich massiv gegen eine Beteiligung des Bundes an der in Gründung stehenden AKPE ausgesprochen und wollte das AKH in Alleinverantwortung der Gemeinde Wien – also ohne Dreinreden des Bundes – errichten. Bandion schlug eine andere Gesellschaftsform, ein anderes Organisationsmodell und eine generelle Überdenkung des Konzepts vor. Mayr war dagegen." („profil")

Norbert Steger, der Vorsitzende des parlamentarischen Untersuchungsausschusses, lässt sich in Richtung Baueinstellung abdrängen:

„‚profil': Sie kennen die Wiedergabe im profil, sie kennen jetzt die Originaldokumente. Haben Sie irgendeine Manipulation bei der profil-Darstellung finden können? Haben Sie die berühmten Stellen finden können, die für den Weiterbau des Krankenhauses sprechen?

Steger: Nein!

‚profil': Die Leute haben also gewusst, dass das AKH sich zum Fiasko auswächst?

Steger: ... und ihr wichtigstes Argument fürs Weiterbauen war tatsächlich, dass eine Einstellung des Baues politisch nicht auszuhalten wäre. Ich gebe zu, ich hab's bis vor zehn Minuten nicht geglaubt, dass das wirklich so drinsteht.

‚profil': Und was bedeutet das für den parlamentarischen Untersuchungsausschuss, der ja jetzt auch diese Unterlagen zur Verfügung hat?

Steger: Darüber will ich nichts sagen.

‚profil': Aber für den FPÖ-Obmann Norbert Steger, der das ‚profil' gelesen hat, muss es doch irgend etwas bedeuten?

Steger: Was soll man da noch sagen?

‚profil': Also doch auch bei Ihnen nicht der Mut, sich an die Spitze eines moralischen Aufstandes zu stellen?

Steger: Es muss ein Aufstand in der SPÖ sein. Sonst ist er nutzlos!

‚profil': Und wer sollte an der Spitze stehen?

Steger: Kreisky – wer sonst! Denn wenn eine politische Verantwortung auf jeden Fall feststeht, dann ist es die Verantwortung des Bundesparteiobmannes Doktor Kreisky für den Zustand der SPÖ." („profil")

Der Kontroll-Schaden

Üblicherweise gilt das Aufstellen „kühner Behauptungen" nicht unbedingt als journalistisches Qualitätskriterium. Aber in Sachen AKH gibt es kein „üblicherweise". Alfred Worm entwickelt im Zuge der AKH-Story große Meisterschaft im neuen journalistischen Stil, der ihm Anerkennung und Applaus verschafft. Eine dieser „kühnen Behauptungen" bringt eine beträchtliche Anzahl politischer Anträge im Zusammenhang mit möglichen Einsparungen, wobei Auswirkungen auf die Realisierung des Projektes unberücksichtigt bleiben:

„Hätte sich der Finanzstadtrat" – gemeint ist Hans Mayr – „schon 1979 und 1980 um das AKH gekümmert, anstatt die insgesamt 73 Prüf- und Sachanträge von ÖVP und FPÖ zu verniedlichen, hätte Mayr also die ‚Hysterie' der Opposition ernster genommen und sich nicht geweigert, ‚Konsequenzen' zu ziehen, hätten schon vor zwei Jahren viele hundert Millionen eingespart werden können." Die Behauptung ist kühn und – weil hypothetisch – nicht zu widerlegen. Ebenso wenig wie die Überzeugung, dass die Nichtbeachtung solcher Antragsflut großen Schaden vom AKH ferngehalten hat.

Leider gibt es keinerlei Untersuchungen darüber, welchen Schaden die Verpolitisierung der Machenschaften des Adolf Winter mit seinen Komplizen bei Siemens und anderen privatwirtschaftlichen Unternehmen verursacht hat. Oskar Grün, Professor an der Wiener Wirtschaftsuniversität, spricht von einem „Kontroll-Overkill". Und tatsächlich sind konstruktive Gedanken weder im gesamten Gezeter in den Untersuchungsausschüssen, in Stellungnahmen der Oppositions- wie der Regierungsparteien, bei der Arbeit der öffentlichen Kontrollorgane noch in den „begleitenden Medien" auszumachen. Ein Wettbewerb der Ideen, Anregungen, Vorschläge zur effizienteren Weiterführung des Projekts findet nicht statt. Wohl aber eine der härtesten, konsequentesten, umfassendsten Prüfungen. Hochsaison haben die Gutachter, nicht die Ingenieure, Organisatoren oder fachlichen Berater. Wie viel Arbeitszeit, Substanz und Anstrengung durch den „Kontroll-Overkill" in Beantwortung von Anfragen, in Stellungnahmen zu Gutachten oder auch nur zur Abwehr von Verdächtigungen und Unterstellungen aufgewendet werden muss, ist nur zu erahnen.

Die entstandenen Kosten und Verzögerungen beim Bau zu quantifizieren, wäre durchaus interessant, sie in Kauf zu nehmen, ist unbestreitbar richtig. Selbstreinigungskosten können nie zu hoch sein. Eine Gesellschaft, die etwas auf sich hält, muss jedem Verdacht politischer Verflechtungen mit unsauberen Geschäften auf den Grund gehen. Insofern ist auch das mediale Engagement wichtig, notwendig und bis dorthin, wo nicht Gesetzesverletzungen damit verbunden sind, gerechtfertigt. Am Ende eines solchen Prozesses stehen Verurteilung oder Freispruch. Beim AKH wird dieser saubere Schlusspunkt nicht gesetzt. Die Gerichte erledigen ihren Teil durch Urteilsspruch, die Politik macht den Verdacht – ohne Beweise – zur Realität.

Windbeutelpolitik

Der oberste Magistratsbeamte Josef Bandion folgt bei der Forderung nach Baueinstellung der Linie der Wiener ÖVP. Es ist eine Politik von schwindelerregender Widersprüchlichkeit, die selbst Alfred Worm verblüfft: „Sie hassen es und sie lieben es, dieses Monster, das sich AKH nennt. Wann das Pendel von Liebe auf Hass überschlägt, richtet sich vorwiegend nach tagespolitischer Zweckmäßigkeit – und die kann sich innerhalb weniger Tage mit dem Wind drehen. Einmal heißt es ‚Wir bekennen uns dazu', ein andermal bekennt sich die Partei zum Gegenteil." (Alfred Worm, „Der Skandal").

Leopold Gratz und Hannes Androsch widerstehen allen Angriffen, Verdächtigungen und Intrigen, „damit die Wiener dereinst ein so herrliches Spital bekommen werden".

Diese opportunistische „Wetterwendigkeit" reizt die SPÖ zu Widerspruch und Spott.

„Wie stets, wenn es um ein kommunales Großbauvorhaben geht, versucht die ÖVP, zugleich dafür und dagegen zu sein. Sie hat keinen Standpunkt, sondern versucht, je nach tagespolitischer Opportunität, sich als eigentliche Erfinderin des AKH oder als schärfste Gegnerin des Baues zu profilieren."

Im Herbst 1980 scheint es der Wiener ÖVP zweckmäßig, die Inszenierung zum Skandal und die grundsätzliche Infragestellung des gesamten Projektes zu erzwingen. Ohne Rücksicht auf den daraus entstehenden verlorenen Aufwand von mehreren Milliarden Schilling, ohne Antwort auf die Frage, was mit den Bauten, die bereits errichtet worden sind, geschehen soll, und ohne Standortalternative, geschweige denn ein Alternativkonzept.

Alfred Worm, der investigative Journalist, der sich auch über Restaurantrechnungen herzhaft alterieren kann, findet an der sturen Weigerung der SPÖ, die investierten Milliarden als in den Sand gesetzt zu betrachten, wenig Gefallen:

„Wider besseres Wissen lässt die SPÖ das „Monster“ dennoch weiterbauen – aus ‚politischen Gründen‘, wie sie selbst in vertraulichen Rathausvermerken schreibt.“ (Alfred Worm, „Der Skandal“)

Bruno Kreisky – „Es gibt ein großes Unrecht“

Die alte Tradition der Sozialistischen Partei, Angriffe des politischen Gegners zuerst abzublocken und dann intern die Fakten zu prüfen und Lösungen zu suchen, war nie der Stil des Bundeskanzlers. Gegenüber Hannes Androsch erst recht nicht. Er hat längst eine hohe Bereitschaft entwickelt, den Verdächtigungen und Unterstellungen, die auf seinen Finanzminister niederprasseln, Glauben zu schenken. Unberührt vom Widerstand in der Partei, betreibt er das Hinausdrängen von Hannes Androsch aus allen Regierungs- und Parteifunktionen. Die AKH-Debatte motiviert ihn zusätzlich und bestärkt ihn in seiner Überzeugung, richtig zu handeln.

Trotzdem erkennt Bruno Kreisky die große Bedeutung des gesamten Projekts. In einer Erklärung über die Vorkommnisse beim AKH-Bau vor dem Parlament am 7. Oktober 1980 rafft er sich zu einer eindrucksvollen Verteidigung des Krankenhausbaus auf. Und der Leistungssteigerung seit Gründung der AKPE. Vom geplanten Bauvolumen von 3,5 Millionen Kubikmeter umbautem Raum – „dreimal so groß wie nach den Plänen von 1963“, erklärt Kreisky, oder „das 2,5fache der bestehenden UNO-City“ – wurden im Jahrzehnt 1964 bis zur Gründung der AKPE durch Androsch, Gratz und Mayr 1,4 Millionen Kubikmeter errichtet. In den vier Jahren von 1976 bis 1980 1,3 Millionen Kubikmeter.

Um den Bau termingerecht und kostenoptimal „unter der Verantwortung der AKPE“ fertig stellen zu können, appelliert der Bundeskanzler an alle Verantwortlichen, Verzögerungen zu vermeiden:

„Aufgrund der von der AKPE angestellten Untersuchungen ergibt sich, dass die … Endfertigstellung im Jahre 1987 nach wie vor möglich erscheint. Voraussetzung, um diese Termine halten zu können, ist, jede Verzögerung in der Planung und Bauausführung zu vermeiden, da die Termine keinen zeitlichen Polster mehr enthalten.“

Und Bruno Kreisky wehrt sich erstmals gegen die Skandalisierung:

„Daraus den Schluss zu ziehen, dass das AKH ein einziger großer Skandal wäre, scheint mir ein großes Unrecht, begangen an den Hunderten Menschen zu sein, die im Zusammenhang mit dem Bauwerk eine schwierige Aufgabe zu bewältigen haben. Ich muss mich hier in entschiedenster Weise dagegen verwahren, dass durch generelle Behauptungen die Redlichkeit so vieler Menschen, ohne die so ein Bauwerk gar nicht verwirklicht werden kann, in Zweifel gezogen wird. Ihre Leistungen und Verdienste sollen nicht in das Halbdunkel von Verdächtigungen gerückt und dadurch verkleinert werden.“ (Worm, „Der Skandal“)

Bruno Kreisky findet sogar zur Vorsicht mahnende Worte bezüglich medialer Darstellungen:

So „kann es sogar geschehen, dass Verfehlungen, die nur behauptet werden und die sich dann als falsch herausstellen, ihre Publizität haben; dass somit Behauptungen aufgestellt werden können, die sich als haltlos erweisen. Wer in der Politik wirkt, weiß ein Lied zu

Der Mann mit dem schwarzen Koffer

Bela Rabelbauer – ohne Koffer

1980 ist nicht nur das Jahr des Kriminalfalls Winter & Co. Es ist von historischer Einmaligkeit, dass ein mittelmäßiger Kriminalfall zum Politskandal mit beachtlicher Sprengkraft hochstilisiert werden kann, der darüber hinaus alle tatsächlichen Skandale rasch in die Vergessenheit abdrängt. So zum Beispiel die Parteispendenaffäre um den Fußacher Düngemittelerzeuger Bela Rabelbauer. Ein tatsächlicher Politskandal, in dem sogar Nationalratsmandate zur Handelsware werden sollten. Eine „grausliche Geschichte", weiß das „profil" zu berichten.

Bela Rabelbauer erlangt durch seine Absicht, der ÖVP bei den Wahlen 1979 zumindest zwei Nationalratssitze abzukaufen, als „Mann mit dem schwarzen Koffer" zweifelhafte Berühmtheit. Ganz Geschäftsmann, taucht er, filmgerecht, mit einem schwarzen Aktenkoffer voller Banknoten – die stolze Summe von 10 Millionen Schilling – im Parlamentsklub der ÖVP auf, stellt den Koffer auf den Tisch, unterbreitet sein unmoralisches Angebot, wird nicht hinausgeworfen, sondern als Geldspender willkommen geheißen. In einem Papier, das Josef Taus signierte, ist laut „profil" die Leistung der ÖVP folgendermaßen niedergeschrieben:

„Die ÖVP erklärt ferner ihre Zusage, für die übernächste Legislaturperiode ein oder zwei Mandate einer oder zwei Personen, die die Gruppe im Einvernehmen mit der ÖVP bestellt, zur Verfügung zu stellen."

Als die Geschichte an die Öffentlichkeit gelangt, erzählt die ÖVP das Märchen vom edlen Spender. Rabelbauers Anwalt Karl Zessin stellt allerdings die Fakten klar: „Das war keine freiwillige Spende ohne Gegenleistung. Rabelbauer ist nicht der Narr, der nur Geld gibt."

Kurt Bergmann, der politische Direktor und Wahlkampfleiter der ÖVP, schrammt knapp an einem strafrechtlichen Delikt vorbei. Als ruchbar wird, dass er 600.000 Schweizer Franken in bar entgegengenommen hat, zwingt ÖVP-Obmann Alois Mock den „Blumenwahlkämpfer", rasch bei der Nationalbank einen „nachträglichen Antrag auf devisenrechtliche Genehmigung" der Transaktion einzubringen.

Der öffentliche Druck zwingt die ÖVP, die Millionen im schwarzen Koffer wieder zurückzugeben.

singen, wie rücksichtslos die Betroffenen zu einem Objekt von ungerechtfertigten Angriffen und so genannten Enthüllungen oft werden." (Alle Zitate aus Alfred Worm, „Der Skandal")

Der Obmann der ÖVP, Alois Mock, macht in dieser Parlamentssitzung in seiner Antwort auf die Darstellungen des Bundeskanzlers sofort deutlich, dass es nicht ums AKH geht, sondern um eine parteipolitische Auseinandersetzung. Bruno Kreiskys Appell war in den Wind gesprochen. Der Oppositionsführer Alois Mock will sich – verständlicherweise – die Chance, den Stachel des Konflikts zwischen Kreisky und Androsch tiefer ins Fleisch der Sozialistischen Partei zu bohren, nicht mehr nehmen lassen. Das AKH ist nur Beiwerk – Hannes Androsch, der Finanzminister und Vizekanzler dieser Regierung des Jahrzehnts, der für ihn gefährlichste und unangenehmste mögliche Nachfolger, ist für die politische Zukunft der ÖVP und damit für seine eigene von größerer Bedeutung. Außerdem weiß Alois Mock, dass er mit seinen Angriffen zweifach punkten kann: Er trifft den Bundeskanzler und intensiviert bei ihm gleichzeitig die Anstrengungen, sich von Hannes Androsch zu trennen. Gezielt beginnt Alois Mock in den Wunden von Kanzler und Regierungspartei zu wühlen: „Sie lehnen es ab, ‚von einem AKH-Skandal zu reden'. Ihrer Überzeugung nach gibt es keinen AKH-Skandal. Haben Sie vergessen, dass Sie vor wenigen Wochen noch ‚fassungslos' waren? Erinnern Sie sich nicht mehr daran, dass Sie über den AKH-Skandal erschüttert waren?" Der Oppositionsführer zieht alle rhetorischen Register, um zur entscheidenden Frage zu kommen:

„Hätten wir nicht, Herr Bundeskanzler, schon neu beginnen können, wenn Sie am 21. August bei der Sondersitzung des Nationalrates aus dem, was damals zu den Widersprüchen des Finanzministers, über seine Verbindungen mit AKH-Firmen gesagt wurde, Konsequenzen gezogen hätten?

Wenn Sie Ihr Finanzminister in diesem Skandal mit Informationen im Stich gelassen hat, so ist das sehr bedauerlich und spricht auch für das Verhältnis, das zwischen Ihnen und Ihrem Vizekanzler herrscht, doch uns von der Opposition können Sie diesen Vorwurf nicht machen. Wir haben alles getan, um die Verantwortlichkeit Ihres Finanzministers für den Skandal, um die Planung und den Bau des Allgemeinen Krankenhauses klarzustellen. Informationen gibt es genug. Nun liegt es an Ihnen, endlich zu handeln. Nun liegt es an Ihnen, Ihren Finanzminister endlich in die Pflicht zu nehmen, von politischer Verantwortung nicht nur zu reden, sondern diese auch zu tragen, die politischen Konsequenzen zu ziehen."

Alois Mock versucht zu kriminalisieren und hat keine Berührungsängste mit dem einschlägigen Vokabular:

„Für uns von der Österreichischen Volkspartei steht die politische Verantwortung des Finanzministers und Vizekanzlers für den Zustand dieses Monsterprojektes außer Zweifel:

Erstens war Dr. Androsch der geistige und politische Pate der AKPE; zweitens hat Dr. Androsch von Beginn an in der Personalpolitik sowohl beim AKPE-Aufsichtsrat als auch beim AKPE-Vorstand eingegriffen.

Es wird eines Tages fatal, Herr Bundeskanzler, für die Glaubwürdigkeit dieser Demokratie, wenn der Regierungschef zwar weiterhin erklärt, dass ihn sein Finanzminister nicht überzeugt, er ihn aber wider besseres Wissen als Minister behält."

Außenminister Willibald Pahr arbeitet im Auftrag des Bundeskanzlers die „weitestgehenden Regelungen der Unvereinbarkeit" aus. In der Mitte: Sozialminister Gerhard Weißenberg.

Vom Skandal zum Erfolg

Aus der Skandalgeschichte ist eine Erfolgsgeschichte geworden. Heute, 2006, sind im AKH zu Wien mehr als 9000 Menschen, davon an die 1600 Ärzte, beschäftigt. In über 2200 Krankenbetten finden jährlich rund 95.000 Patienten stationäre Aufnahme und Betreuung durch etwa 4000 höchst professionell ausgebildete klinisch-technische und Krankenpflege-Fachkräfte. Pro Jahr werden nahezu 50.000 Operationen durchgeführt und rund 1,3 Millionen (!) Menschen ambulant behandelt. Im Bereich der medizinischen Forschung hat das AKH längst an die große Tradition der Wiener Medizinischen Schule angeschlossen. Nieren-, Leber-, Herztransplantationen, Knochenmarksentnahmen und -transplantationen festigen den internationalen Ruf der Medizinischen Universität als Spitzeninstitut in Lehre und Forschung. Aus diesem Grund bewerben sich Studenten aus allen Teilen der Welt um einen Studienplatz an den Kliniken des AKH.

Die Auswirkungen auf die medizinische Versorgung der Wiener und – in besonders schwierigen Fällen – der gesamten österreichischen Bevölkerung sind unvorstellbar, hätten sich all diejenigen durchgesetzt, die den Bau zuerst zum Skandal gemacht haben und schließlich das gesamte Bauwerk der Liquidation zuführen wollten.

Das Werk ist also gelungen. Täglich wird der Beweis geliefert, dass die Vision von Politikern, Ärzten und Wissenschaftern aus der letzten Hälfte des vorigen Jahrhunderts zur sinnvollen, nutzbringenden medizinisch-humanen Realität geformt werden konnte.

Wer kann wessen Schaden benennen?

Inzwischen erlauben die erfolgreiche Realisierung des Bauwerks und die zeitliche Distanz zu den begleitenden Geschehnissen eine emotionslose Bilanz. Um zu korrekten Ergebnissen zu kommen, ist die Gliederung in zwei Kapitel mit den Überschriften „Der Kriminalfall" und die „Politintrige" vorgegeben.

Der Kriminalfall

Inzwischen ist aktenkundig und unbestritten: Adolf Winter und seine Freunde entwickelten ihre Aktivitäten als „liechtensteinische Briefkastenunternehmer" österreichweit. An Dutzende Firmen wird das Anbot gerichtet: Sie bewerben sich – wir bieten Unterstützung an – im Erfolgsfall ein bis zwei Prozent der Auftragssumme – bei Misserfolg null Spesen. Etwa 2,8 Millionen Euro (40 Millionen Schilling) haben Winter & Co. auf ihren Konten an „Provisionen" von österreichischen Unternehmen gesammelt. Öffentliche Gelder sind nicht dabei. Ebenso ist kein Nachweis für Parteienfinanzierung zu erbringen. Rückflüsse, die festgestellt wurden, erfolgten ausnahmslos an private Unternehmen, die sich auf dem Umweg über Liechtenstein Schwarzgelder für Schmiergeldzahlungen besorgen ließen. Ob überhaupt, und falls ja, in welchem Ausmaß, dem AKH-Bau finanzieller Schaden zugefügt wurde, ist schwer auszumachen. Die strafrechtliche Verfolgung der gesamten Machinationen endet mit Schuldsprüchen gegen Winter und seine Komplizen aus der Privatwirtschaft.

Die Politintrige

Um alle mit der Errichtung des Bauwerks anfallenden Anforderungen möglichst rasch in den Griff zu bekommen, sucht die AKPE-Geschäftsführung einen professionellen Partner. Über eine öffentliche Ausschreibung kommen zwei Unternehmen in die engere Wahl: die ABO und die Suter & Suter AG aus der Schweiz. Den Zuschlag erhält die ABO, eine Arbeitsgemeinschaft zweier deutscher Krankenhausspezialisten und der ÖKODATA. Diese Vergabe bedeutet zugleich „Vorhang auf" für den AKH-Skandal, die erfolgreichste Polit-Inszenierung der Zweiten Republik. Die ÖKODATA ist nämlich ein Unternehmen, an dem Franz Bauer, Geschäftsführer der Consultatio, beteiligt ist. Eine Verbindung, die Misstrauen provoziert. Zu Recht. Die Zusammenhänge zu hinterfragen muss ein legitimes Anliegen der Öffentlichkeit sein.

Auf die medialen und parteipolitischen Verdächtigungen reagiert Hannes Androsch prompt. Franz Bauer scheidet als Geschäftsführer der Consultatio aus. Außerdem ordnet der Finanzminister umgehend Betriebsprüfungen für alle am Bau des AKH beteiligten Firmen an. Unter normalen Umständen fände die rasche Reaktion des Finanzministers, alles aus der Welt zu schaffen, was hinsichtlich geschäftlicher Verbindungen Anlass zu Spekulationen geben könnte, Applaus. Doch die Umstände sind nicht normal. Hannes Androsch ist längst in das Fadenkreuz öffentlicher Angriffe und parteiinterner Intrigen geraten.

Die Auftragsvergabe an die ABO gibt Gelegenheit, sich zu empören. Von Schiebung wird gesprochen, von mangelnder Kompetenz, von beträchtlicher Überzahlung. Besonders engagiert – wie könnte es anders sein – „profil". Wie hoch die Überzahlung sei, könne vorerst noch nicht gesagt werden, aber dass es eine solche gebe, ist ausgemachte Sache. Die ÖVP bleibt auch im Unterausschuss beim Vorwurf der „Schiebung", obwohl die Mehrheit keine Bestätigung finden kann. Resigniert gibt „profil" (Nr. 10, 1981) das abschließende Urteil des Vorsitzenden des Untersuchungsausschusses, Norbert Steger, wieder:

„Die in Teilen der ÖVP und ‚profil' aufgestellte Behauptung, Androsch sei der ‚Pate' hinter den diversen AKH-Machenschaften, hat sich nach genauer Prüfung als völlig falsch herausgestellt. Die Untersuchungen im AKH-Ausschuss beweisen nicht, dass Androsch am AKH über die ÖKODATA verdient hat. Niemand hat an Androsch unangenehmere Fragen gestellt als ich. Ich war es, der immer wieder nach der politischen Verantwortung geforscht hat, nicht nur bei Androsch, sondern auch bei den übrigen Politikern."

Wegen der Vergabe des Auftrages über die Betriebsorganisationsplanung wird ein Gerichtsverfahren angestrengt. Der damalige Justizminister Dr. Harald Ofner in entwaffnender Offenheit: „Was soll ich machen? Die ÖVP, die FPÖ und die halbe SPÖ sind dafür." Als Sachverständigen im Prozess bestellt die Untersuchungsrichterin, Dr. Helene Partik-Pablé, Frauenreferentin, später dann Nationalratsabgeordnete der FPÖ, Mitglied des Bundesparteivorstandes der FPÖ, einen gewissen Willy O. Wegenstein, Betriebsberater aus der Schweiz, Nachbar Bruno Kreiskys im 19. Wiener Gemeindebezirk, des Öfteren Gast im Bundeskanzleramt, erfolgloser Bewerber um den Auftrag für die Kostensenkung im Ressort von Ingrid Leodolter, der Ministerin für Gesundheit und Umweltschutz.

Damit beginnt die „Hoch-Zeit" der Gutachter – zum Beispiel Dozent Dr. Leopold Mayer (von der Alpentreuhand AG) und Prof. Max Stadler (Österreichische Wirtschaftsberatung Ges.m.b.H.):

„... dass die ABO die ihr übertragenen Arbeiten vertragsgerecht ausgeführt hat und damit das mit dem Auftrag angestrebte Ziel erreicht wurde. Es kann begründet weder behauptet noch vermutet werden, dass ein anderer Auftragnehmer den Auftrag besser ausgeführt hätte." („profil" 9/1981) Auch Professor Dr. Josef Aicher aus Salzburg prüft die Frage, ob die AKPE bei der Vergabe des Auftrages gegen die ‚einschlägigen Vergaberichtlinien' verstoßen habe. Sein Urteil lautet: ‚Zusammenfassend kann festgestellt werden, dass der AKPE bei der Feststellung des Bestbieters, die sie – obwohl zu einer Freihandvergabe berechtigt – vorgenommen hatte, um in einem möglichst objektiven Verfahren den Bieter zu eruieren, mit dem sie den konkreten Leistungsvertrag abzuschließen gedachte, kein gravierender Verfahrensmangel unterlaufen ist." („profil" 38/1980)

Anders die Sicht des Gerichtssachverständigen Willy O. Wegenstein. Der Nachbar des Bundeskanzlers kommt zum politisch erhofften Ergebnis: Die ABO habe – über einen 10-jährigen Leistungszeitraum gerechnet – gegenüber dem Mitbewerber Suter & Suter um 1,6 Prozent teurer angeboten.

Freude und Genugtuung bei den Betreibern des Prozesses. Endlich wird bestätigt, was schon immer behauptet wurde: Die Vergabe erfolgte nicht an den Bestbieter.

Aber die Freude währt nur kurz. Der hoch angesehene Universitätsprofessor Dr. Erich Loitlsberger zerlegt das Gerichtsgutachten samt dem Gutachter in seine Bestandteile und bescheinigt ihm peinliche Mangelhaftigkeit und Inkompetenz. Der Professor an der Hochschule für Welthandel (Wirtschaftsuniversität) u. a.:

„Zu den betriebswirtschaftlich nicht haltbaren Feststellungen kam der Herr Gerichtssachverständige nur deshalb, weil er entscheidende Fragen nicht untersucht hat, sodass sein Gutachten in entscheidenden Punkten mangelhaft ist.

Hätte der Herr Gerichtssachverständige diese Fragen ausführlich untersucht, wäre er in seinem Gutachten zu einem anderen Ergebnis – nämlich: dass die ABO Bestbieter war, dass keine Honorarüberhöhungen vorlagen und die Auftragserteilung an sie zu Recht erfolgt ist – gekommen.

Unter Berücksichtigung der tatsächlichen Angebotstexte und Zahlen war das ABO-Angebot um ATS 47.272.000,– (in Euro rund 3,44 Millionen) billiger."

Das Gericht unter Vorsitz von Dr. Weiser, der bereits zuvor die anderen Strafprozesse in Zusammenhang mit DI Adolf Winter geführt hatte, kam nach sechswöchigen Verhandlungen zu einem Freispruch für alle ABO-Beschuldigten.

„Dafür lasse ich mich ans Kreuz nageln"

Mit dem Wissensstand von heute die Behauptung vom AKH-„Skandal" aufrechtzuerhalten, in den sozialistische Spitzenpolitiker involviert gewesen seien, ist schwer nachzuvollziehen. Wenn ein so ernst zu nehmender Wissenschafter wie der Politologe Anton Pelinka eine Figur wie Adolf Winter nur deswegen als Kronzeugen für „die Anfälligkeit eines Teils der Sozialdemokratie für die ganz alltägliche Korruption" nennt, weil dieser Mitglied der SPÖ war, dann ist das eine ziemlich unhaltbare Schlussfolgerung. Damals zählte die Sozialistische Partei mehr als 700.000 Mitglieder. Winter war eines davon. Ein ganz einfaches Mitglied. Ohne Funktion, ohne parteipolitisches Engagement, ohne irgendwelche Aktivitäten. Und seine illegalen Geschäftsbeziehungen entwickelt er zu seinen Freunden in der Privatwirtschaft. „Winters Privatgeschäfte über liechtensteinische Briefkastenfirmen", stellt Alfred Worm fest, „konnten beispielsweise niemals funktionieren ohne seinen Freund, den Siemens-Angestellten Ing. Otto Schweitzer." Personen, die wegen ihrer Verwicklung in die Geschäfte dieser Firmen – als „Geber" oder „Nehmer" – verhaftet wurden, gehörten ausschließlich privaten Firmen an – Siemens, ITT, AEG, Schrack, Knoblich Licht, …

Damit trotzdem eine Verflechtung mit „sozialistischen Machtstrukturen" (Worm) hergestellt werden kann, wird immer wieder auf Winters Mitgliedschaft im „Club 45" verwiesen. Seine Bekanntheit erlangt dieser „Club 45" erst, als Udo Proksch, Geschäftsführer der Konditorei Demel und Vermieter der Klubräumlichkeiten, nachweislich in die Lucona-Affäre verwickelt ist. Von da weg wird der „Club 45" pauschal dämonisiert.

Ebenso gut kann man über die Gründe spekulieren, warum Adolf Winter den Freimaurern angehört, einer mit Abstand einflussreicheren Vereinigung. Daraus die Schlussfolgerung zu ziehen, „dass sich im engsten Kreis der politischen Eliten Korruption des Ausmaßes des AKH-Skandals ereignen konnte, beeinträchtigt die Glaubwürdigkeit dieser Eliten", ist mehr als intellektuelle Kühnheit. Das kann auch für die kausale Verknüpfung – wie dies Anton Pelinka versucht – der kriminellen Machenschaften eines intelligenten Gauners mit der für manche zu geringen Auswirkung sozialistischer Ideen auf die Realpolitik gesagt werden.

Die alleinige Regierungsverantwortung über ein ganzes Jahrzehnt hinweg strapaziert ohne Zweifel den Wertekodex einer politischen Bewegung – inhaltlich wie personell. Solche Entwicklungen sind in der Geschichte jeder politischen Partei nachzuvollziehen. Keiner weiß um solche Gefahren besser Bescheid als Bruno Kreisky selbst.

Daraus resultiert auch seine große und begründete Sorge um die Aufrechterhaltung moralischer Werte in der Politik im Allgemeinen und der Sozialistischen Partei im Besonderen. Diese Sorge vermischt sich leider bei ihm mit seinen persönlichen Problemen um und mit Hannes Androsch.

Bruno Kreiskys intellektuelle Trennschärfe wird just zu jenem Zeitpunkt getrübt, zu dem sie besonders gefordert wäre: Als Organisations- und Planungsschwächen beim Neubau des Wiener Klinikums zum Politskandal hochstilisiert werden, glaubt Bruno Kreisky, dadurch Unheil abwehren zu können, dass er die Flucht nach vorn antritt. Seine Reaktion, die „weitestgehenden Regelungen der Unvereinbarkeit" in den „zehn Geboten zur Sauberkeit in der Politik" festzuschreiben, verleiht den medialen und oppositionellen Verdächtigungen zusätzliche Glaubwürdigkeit. In der zweiten Hälfte der 1970er Jahre befindet sich die Politik in einem Teufelskreis. Die Äußerung des Bundespräsidenten Rudolf Kirchschläger von der „Notwendigkeit der Trockenlegung von Sümpfen und sauren Wiesen" belegt das allgemeine Klima. Dieses „Ausmaß an Gene-

Hannes Androsch mit seinem Anwalt Herbert Schachter. „Hinter der Nebelwand der moralischen Entrüstung" (Kriechbaumer) wird ein Jahrzehnt lang versucht, Hannes Androsch zu kriminalisieren.

**Vizebürgermeister Hans Mayr – nicht bereit,
der „Hysterisierungs- und Skandalisierungspolitik" zu folgen**

ralisierung" (Leopold Gratz) verleitet Wissenschafter zu Schlussfolgerungen, die mehr von der verbreiteten Stimmungslage induziert sind als von einer notwendigen kritischen Distanz zu kolportierten Behauptungen zeugen. Anders sind Anton Pelinkas Schlussfolgerungen nicht zu verstehen:

„Da der Sozialismus ausblieb, griffen einige Sozialdemokraten – wie eben Winter – in die öffentliche Kasse, wurden korrupt und stifteten andere zur Korruption an. Der Mechanismus einer am individuellen Profit orientierten Gesellschaft, für die Sozialdemokratie Kennzeichen der bürgerlichen Gesellschaftsordnung, die es zu überwinden galt, hatte so auf die Sozialdemokratie selbst übergegriffen. Der AKH-Skandal war nur Ausdruck dieser umfassenden und breiten Entwicklung." (Pelinka)

Die volle politische Verantwortung

Vor diesem Hintergrund sollte es für die professionellen Historiker ein Gebot der Korrektheit sein, zu faktenorientierten Darstellungen zu finden. Und zu fairen Bewertungen Dazu gehört auch der Hinweis auf die politischen Tugenden, die es rund um die Errichtung des AKH aber auch gegeben hat: das als richtig Erkannte durchsetzen, umsetzen, verwirklichen. Dafür stehen die Namen:

Leopold Gratz, der Bürgermeister, Hans Mayr, der Stadtrat für Finanzen, und Hannes Androsch. Mit diesen drei Namen ist der Bau des AKH tatsächlich untrennbar verbunden. Sie standen, wie oben dargelegt, im Mittelpunkt medialer Anfeindungen und politischer Angriffe. Wie selbstgefällig argumentiert wurde, zeigt nochmals ein kurzer Auszug aus einem „profil"-Interview mit dem Vorsitzenden des Parlamentarischen Untersuchungsausschusses, Norbert Steger:

„profil: Also doch zuerst der Rücktritt der Wirtschaftsfunktionäre und dann erst der Politiker ...

Steger: Nein! Zuerst der Rücktritt der Politiker, weil die politische Verantwortung im AKH-Skandal die ganz ungleich größere ist. Die Politiker sollten den größeren politischen Anstand besitzen.

profil: Gratz und Androsch haben ja am Grundlsee schon ‚die volle politische Verantwortung' übernommen!

Steger: Für den Weiterbau des AKH – diese neue Variante der politischen Verantwortung finde ich besonders amüsant.

profil: Wer trägt für Sie mehr Schuld, Gratz oder Androsch? Gratz sagt, dass er sich dafür ans Kreuz nageln lässt, dass die Wiener dereinst ein so herrliches Spital bekommen.

Steger: Wenn die Gemeinde Wien die Arbeiten durchführt, ist das Kreuz drei Meter groß und die Nägel halten die Belastung nicht aus. Dafür hat der Zimmermann ein Konto in Liechtenstein."

Im Umgang mit Hans Mayr findet „profil" zu einer besonders skandalösen Sprache: „Die Aktiengesellschaft AKPE, an deren Wiege er" – Hans Mayr – „1975 Pate stand, entpuppte sich als gesellschaftsrechtliches Kretin."

Als am 7. Oktober 1980 wieder einmal das AKH im Mittelpunkt einer Parlamentsdebatte steht, zeigt sich, dass dem Bundeskanzler zumindest der allgemeine Weitblick noch nicht abhanden gekommen ist:

„Man wird darüber streiten können, ob das oder jenes richtig gemacht wurde. Das kann man bei jedem Großbauvorhaben. Aber es wird in der Geschichte dieser Stadt einmal der Bau dieses Krankenhauses ganz anders beurteilt werden, als dies heute vielfach geschieht. Und nicht zum ersten Mal wird es in Wien und in Österreich passieren, dass ein Vorhaben, das umwittert ist von heftigem Streit und scharfer Kritik, um das herum Beschuldigungen gegen alle Seiten erhoben werden, letztlich dadurch, dass es seinem Zweck zugeführt wird, eine weithin sichtbare Rechtfertigung finden wird. Ich bin zutiefst davon überzeugt, dass dies beim AKH der Fall sein wird, wenn es seine Tore öffnen und es seine Aufgabe erfüllen wird.

In einer Arbeit von Dr. Karl Sablik vom Institut für Geschichte der Medizin betreffend das AKH unter Joseph II., die ich mit großem Interesse gelesen habe, wird der Freiburger Internist Adolf Kußmaul zitiert: ‚Was besagen die Pyramiden der Pharaonen, die Kaiserpaläste Roms oder das Prunkschloss des Sonnenkönigs in Versailles, gemessen an dem Maßstab des Verdienstes um das Menschengeschlecht gegenüber diesen Bauten Josephs des Zweiten, des Schätzers der Menschheit?'"

An der Spitze ist kein Platz für Freundschaft

Am 21. April 1970 wird Hannes Androsch, beeideter Wirtschaftsprüfer und Steuerberater, Abgeordneter zum Nationalrat, Mitglied des Bezirksvorstandes der SPÖ Floridsdorf, von Bundespräsident Franz Jonas als Bundesminister für Finanzen der Republik Österreich angelobt. Über Antrag des Bundeskanzlers, wie es die Verfassung vorsieht. Bruno Kreisky ist am Ziel.

Am 10. Dezember 1980 stellt Hannes Androsch seine Regierungsfunktionen zur Verfügung. Am 20. Jänner 1981 erhält der „eindrucksvollste Finanzminister der Zweiten Republik“ (Bruno Kreisky) von Bundespräsident Rudolf Kirchschläger das Entlassungsdekret überreicht. Bruno Kreisky ist am Ziel.

Der Herr hat's gegeben, der Herr hat's genommen.

Zwischen diesen beiden Daten liegt ein „Goldenes Jahrzehnt“ des Aufbruchs und ein Konflikt der beiden bestimmenden Persönlichkeiten dieses Jahrzehnts mit politischer Sprengkraft, „die weit über die persönliche Dimension hinausgegangen ist“ (Pelinka). Im Jahr 1970 ereignet sich eine Konstellation von beeindruckender Stimmigkeit, von Gleichklang im Denken und Handeln, von persönlicher Übereinstimmung; und im Jahr 1980 zerbricht diese Symbiose zweier Persönlichkeiten von Format in Hass – Bruno Kreisky – und tiefe Enttäuschung – Hannes Androsch. Selbst dann, als Hannes Androsch aus der Regierung ausgeschieden ist, findet die belastende Auseinandersetzung kein Ende. Hannes Androsch von politischen Funktionen fernzuhalten, verdichtet sich bei Bruno Kreisky zur Besessenheit.

Auch noch am Beginn des 21. Jahrhunderts interessiert die Frage nach den Gründen und Ursachen, führen Erklärungsversuche zu Schuldzuweisungen und diese wiederum zu einer Dreiteilung in Diskussionsrunden: pro Kreisky, pro Androsch – oder: „Das muss an beiden gelegen haben.“ Die Ergebnislosigkeit führt unweigerlich zu: „Was wäre gewesen, wenn ...?“ Dann kommt Übereinstimmung auf. Hätte es keinen Konflikt gegeben, wäre Hannes Androsch nicht aus der Politik ausgeschieden, dann hätte sich – darüber gibt es kaum Zweifel – die politische Landschaft Österreichs anders gestaltet, dann hätte die Sozialistische Partei eine andere Entwicklung genommen und mit ihr höchstwahrscheinlich alle anderen Parteien auch. Hätte ...

Der „kategorische Imperativ“ des SPÖ-Präsidiums vom 9. September 1980: „Vertragt's euch! Verdammt noch mal, vertragt's euch!“

Das Versöhnungsbusserl

Ein nachdenklicher Hannes Androsch: Leben für die Politik ja, von der Politik nein

Die eine und einzige Wahrheit gibt es nicht

Als am 24. Juni 2004 der Braumüller-Verlag zur Vorstellung des Buches „Chronos und Ödipus – Der Kreisky-Androsch-Konflikt“ von Barbara Liegl und Anton Pelinka in den Kassensaal der BAWAG lädt, gibt es zu wenige Sitzgelegenheiten.

Der erste Versuch, diesen Konflikt wissenschaftlich aufzuarbeiten, stößt auf höchstes Interesse. Im Publikum viel Prominenz. Zwei Minister aus Kreiskys Regierungszeit – Karl Lausecker und Kurt Steyrer – sowie Friedrich Peter, damals Chef der FPÖ, ohne den es keine Minderheitsregierung Kreisky gegeben hätte, Mitarbeiter aus den Kabinetten Kreisky und Androsch, Generaldirektoren, Gewerkschaftsfunktionäre, ehemalige und aktive Journalisten – insgesamt ein vielschichtiger Zuhörerkreis. Gesellschaftlich wie altersmäßig. Auf dem Podium zwei der historischen Protagonisten: Hannes Androsch und Alfred Reiter, zu jener Zeit Kabinettschef des Bundeskanzlers. Barbara Liegl und Anton Pelinka versuchen sich der Thematik auf zwei Ebenen zu nähern: erstens durch Spurensicherung, indem sie eine große Anzahl von Menschen interviewt haben, die durch ihre Tätigkeit, ihre Position, ihr persönliches Verhältnis unmittelbar mit der Entwicklung des Konflikts zu tun hatten, davon betroffen waren, selbst – kalmierend oder fördernd – dazu beitrugen. Zweitens: Anton Pelinka ergänzt die wissenschaftliche Erkenntnis, dass es „die eine und einzige Ursache, die eine und einzige Deutung nicht gibt", mit der Interpretation, dass der Konflikt auch Ausdruck einer „Transformationskrise der österreichischen Sozialdemokratie" ist.

Die Erkenntnis, dass es die „eine und einzige Deutung" nicht gibt, dass es auch die eine und einzige Wahrheit nicht gibt, hält die Frage nach den Ursachen weiterhin offen. In der Geschichte der Zweiten Republik des ausklingenden zwanzigsten Jahrhunderts bleibt dieser Konflikt Gegenstand von Diskussionen. Auch Lessings Wort „Jeder sage, was ihm Wahrheit dünkt, und die Wahrheit selbst sei Gott empfohlen" ist zu fatalistisch, um einen so irdischen Konflikt einfach der Vergessenheit anheimfallen zu lassen. Zumindest, solange es Menschen gibt, in denen die – natürlich subjektive – Wahrheit der Erinnerung wirkt.

Ich habe Hannes Androsch von Anbeginn seiner Ministerschaft im Kreis seiner engsten Mitarbeiter begleitet. Ich bin daher in einer ganz anderen Position als die beiden Wissenschafter. Für mich ist eine Darstellung der Geschehnisse gleichermaßen leichter wie auch schwieriger. Leichter, weil ich nicht um wissenschaftlich-neutrale Ausgewogenheit bemüht sein muss; schwieriger, weil das eigene Erleben, die unmittelbare Nähe, den Blick auf das Geschehene verkürzt und die subjektive Wahrnehmung fördert. Die zeitliche Distanz von nunmehr rund drei Jahrzehnten reduziert allerdings die Emotionalität und fördert die Sachlichkeit der Beurteilung.

In Bezug auf zwei gravierende Vorwürfe, denen Hannes Androsch ausgesetzt war, ist mein erlebtes Wissen durch die Jahre hindurch bestätigt worden.

Erstens: Die Behauptung, Bruno Kreisky habe vom Bestehen der Steuerberatungsfirma des Hannes Androsch bzw. der Consultatio erst 1978 erfahren, stimmt nicht.

Zweitens: Die Behauptung, Hannes Androsch habe es kaum mehr erwarten können, die Nachfolge Kreiskys anzutreten, und bereits ab Mitte der 1970er Jahre auf eine Ablöse gedrängt, stimmt nicht.

Parallel dazu ist bei mir die Überzeugung gewachsen, dass der kontinuierlich fortschreitende Prozess der Erkrankung des Bundeskanzlers vielfach unterschätzt worden ist. Die Schwere der Erkrankungen hat nach Meinung vieler Ärzte eine unvermeidbare persönlichkeitsverändernde Wirkung. In Verbindung mit dem Alterungsprozess verformt sie die anfängliche Attraktivität der Differenz an Lebensjahren zwischen Bruno Kreisky und Hannes Androsch zu einem Generationskonflikt.

Um der Vielschichtigkeit des Konflikts für die allgemeine politische Entwicklung und für die spezifische der SPÖ halbwegs gerecht zu werden, sind sachpolitische Themen ebenso von Bedeutung wie emotionale: Hartwährungs- und Energiepolitik, Verstaatlichte, Perspektiven des Wohlfahrtsstaates, mangelnde Konfliktfähigkeit, Neid und Misstrauen.

Hannes Androsch hat keine Chance, aber wahrscheinlich auch kein Sensorium, sich der Zwangsläufigkeit dieses Konfliktprozesses zu entziehen. Bei aller Leidenschaft und allem Talent für Politik ist er gleichzeitig bestrebt, sich nicht der Politik auszuliefern. Er will sich mit wirtschaftlicher Unabhängigkeit auch die innere Entscheidungsfreiheit bewahren. Dieses Bestreben reduziert aber seine Bereitschaft, auf den alles dominierenden Stellenwert der Politik im Leben Bruno Kreiskys Rücksicht zu nehmen.

Die psychologische Seite des Zerwürfnisses bleibt, logischerweise, auch bei der Studie von Liegl/Pelinka unbeleuchtet. Vielleicht könnte eines Tages dem Versuch wissenschaftlicher Ursachenforschung noch eine Deutungsstudie der seelischen Strukturen von Bruno Kreisky und Hannes Androsch folgen. Dass just im Land von Sigmund Freud noch nie ein einschlägiger Wissenschafter einen analytischen Blick in die Psyche von Bruno Kreisky und Hannes Androsch versucht hat, ist doch verwunderlich.

Kronos und Zeus

„Chronos und Ödipus" benennen Barbara Liegl und Anton Pelinka das Ergebnis ihrer Forschung über den Konflikt Kreisky – Androsch und nehmen so Bezug auf die griechische Mythologie. Chronos, die Zeit, die Verkörperung der Zeit, die Zeit in physischer Gestalt.

Die Tragödie könnte auch mit „Kronos und Ödipus" umschrieben sein. Kronos, der Titan, dem prophezeit worden war, dass einer seiner Söhne ihn stürzen würde. Daher verschlingt er alle seine Kinder. Nur sein Sohn Zeus entkommt ihm. Dessen Mutter Rhea be-

Väterlicher Stolz vielleicht – Sohnesliebe nicht

Szenen der ersten Verstimmung: „Stehen Sie noch hinter Ihrem Finanzminister?“ Kreiskys Antwort: „Ich stehe neben ihm.“

wahrt ihn vor der väterlichen Mordlust. Und Zeus, erwachsen geworden, erfüllt die Weissagung, entthront Kronos und wirft ihn in den Tartaros – den finsteren Abgrund, noch tiefer und noch finsterer als die Unterwelt.

Ödipus wird ein dem Zeus vergleichbares Schicksal prophezeit. Er werde seinen Vater töten und seine Mutter heiraten. Auch Ödipus kann der Macht des Orakelspruches nicht entfliehen.

Es gibt viele Beobachter, die die Entzweiung von Bruno Kreisky und Hannes Androsch als einen Vater-Sohn-Konflikt denken. Sie sind vor allem unter jenen zu finden, die den Stolz beobachten, mit dem Kreisky „seinem Hannes“ begegnet. Väterlicher Stolz durchaus. Vielleicht empfindet Kreisky seine Beziehung zu Hannes Androsch tatsächlich so. Mag sein. Daher schreiben Journalisten oftmals vom „Ziehsohn“, der Kreisky seine ganze Karriere verdanke und der sich nun undankbar emanzipiere.

Hannes Androsch fühlt sich nie als Ziehsohn. Er hat einen ganz anderen Zugang. Er schätzt, achtet, beneidet Kreisky ob der Weite seines historischen Horizonts, ist beeindruckt von seiner Intellektualität, der Universalität seiner Bildung, seiner ausgeprägten Integrationsfähigkeit über gesellschaftliche, ideologische, nationale wie internationale Grenzen hinweg. Uneingeschränkt anerkennt er, dass es Bruno Kreisky war und ist, der die Sozialistische Partei geöffnet, sie zu neuen Ufern und damit zu den größten Erfolgen ihrer Geschichte geführt hat, dass er die Brücken schlug, die zur Versöhnung mit der eigenen Geschichte, der Arbeiterschaft mit der katholischen Kirche, der verfeindeten politischen Lager, zum Verständnis im demokratischen Umgang miteinander führten. Und Hannes Androsch ist im höchsten Maß dankbar, dass er durch Bruno Kreisky die Chance erhält, von der ersten Stunde an in entscheidender, ja größtmöglicher Verantwortung im Regierungsteam des Kanzlers an der Modernisierung Österreichs mitzuwirken. Dieses Vertrauen will und wird er rechtfertigen. Daher wird er durch Mobilisierung all seiner Kräfte und Fähigkeiten den ihm möglichen Beitrag zum Erfolg leisten.

Als Bruno Kreisky Hannes Androsch in die Regierung holt, ist dieser bereits auf dem eigenen politischen Karriereweg. Die Entscheidung wurde bereits Jahre davor getroffen, 1963, als Hannes Androsch nach dem Ende seines Studiums zwischen einer Wirtschaftskarriere bei Mercedes Deutschland oder der Funktion eines Sekretärs für Wirtschaftsfragen im Parlamentsklub der sozialistischen Abgeordneten wählen kann. Hannes Androsch holt sich Rat – nicht Hilfe – bei Bundespräsident Adolf Schärf, dem Großonkel seiner zukünftigen Gattin Brigitte. Der menschlich wie politisch erfahrene Adolf Schärf, vor seiner Wahl zum Bundespräsidenten (1957) von 1945 an Obmann der Sozialistischen Partei, in der Ersten Republik selbst Parlamentssekretär, gibt den Rat: „Wenn du dir deine berufliche Unabhängigkeit erhalten kannst, dann geh in den Klub. Für die Politik (leben) ja, von der Politik nein." Die Umsetzung dieses Grundsatzes setzt wirtschaftliche Unabhängigkeit voraus. Daraus wird Hannes Androsch zweierlei erwachsen – die innere Unabhängigkeit, Projekte umzusetzen, von deren Richtigkeit oder Notwendigkeit er überzeugt ist, ohne auf deren Popularitätsgehalt – innerparteilich wie allgemein – zu achten; und die Achillesferse, die Verwundbarkeit.

Am Anfang steht ein Missverständnis

Erinnern wir uns: Als Hannes Androsch in die Regierung berufen wird, ist er kein Unbekannter mehr. Vor seiner Bestellung zum Sekretär für Wirtschaftsfragen war er Obmann des Verbandes Sozialistischer Studenten. In dieser Funktion kann er dem Staatssekretär Kreisky einen Vortrag im Audimax der Wiener Universität organisieren. Das war zu jener Zeit nicht so leicht.

Bereits 1964 wird Hannes Androsch Mitglied des Bezirksvorstandes der mächtigen SPÖ Floridsdorf und wird nach dem tragischen Tod von Rosa Weber 1967 Abgeordneter zum Nationalrat. Obwohl jüngster Abgeordneter, darf er sozusagen von Anbeginn an in der ersten Mannschaft mitspielen. Als in einer Parlamentsdebatte der Abgeordnete Hannes Androsch den Abgeordneten Bruno Kreisky gegenüber Finanzminister Schmitz verteidigt, erntet er große Anerkennung im Klub der sozialistischen Parlamentarier. Als Kreisky Parteiobmann werden will, folgt Hannes Androsch nicht der Parole seiner SPÖ-Bezirksorganisation, Hans Czettel zu wählen, sondern stimmt für Bruno Kreisky. Kreisky registriert es mit Wohlwollen. Er lädt Hannes Androsch ein, am Wirtschaftsprogramm mitzuarbeiten, vor allem aber, sich Gedanken über ein Finanzierungskonzept zu machen.

Und was sagt der Hannes dazu?

In seinem Verständnis kann Hannes Androsch den neuen Parteivorsitzenden aus einer großen Verlegenheit befreien und ganz wesentlich zur Seriosität der sozialistischen Wahlplattform und damit auch zum Erfolg Kreiskys beitragen. Im unterschiedlichen Zugang zueinander ist höchstwahrscheinlich von Anfang an ein Spaltpilz eingenistet. Wenn Bruno Kreisky in der Beziehung zu Hannes Androsch tatsächlich so etwas wie väterliche Gefühle entwickelt – und davon kann man ausgehen –, dann beginnt das gemeinsame Jahrzehnt mit einem Missverständnis: Sohnesliebe wird es nie geben …

Alfred Reiter erinnert sich an die Anfänge mit lebhaften Formulierungen: „Ich habe

„Hannes, und was sagst du dazu?“

genau vier Jahre lang im Zimmer neben Doktor Kreisky gearbeitet. In der ersten Hälfte der 1970er Jahre. In dieser Zeit war das Verhältnis zwischen Bruno Kreisky und Hannes Androsch schlichtweg exzellent. Es gab eine unglaubliche, gar nicht vorstellbare Kommunikation. Sie haben sich ja ständig getroffen, manchmal am Tag dreimal, haben achtmal telefoniert, auch an den Wochenenden – sieben Tage die Woche, 365 Tage im Jahr. In diesen vier Jahren hat mich der Kreisky hundertmal gefragt – zu den verschiedenartigsten Fragen in allen Bereichen der Politik: ‚Und was sagt der Hannes dazu?' Und wir hatten zwischen den Sekretariaten eine gute Kooperation. Und wenn der Hannes, wenn der Finanzminister gesagt hat, das ist okay, dann ist darüber überhaupt nicht mehr diskutiert worden. Diese zwei Menschen, im Altersabstand von 27 Jahren, haben eine Zusammenarbeit gehabt, bei der der eine der Stratege gewesen ist und die Wahl gewonnen hat und der andere eine Fülle operativer Entscheidungen professionell getroffen hat."

Alfred Reiter, Kabinettschef des Bundeskanzlers – schlichtweg exzellent

Diese kreative und produktive Harmonie zweier so unterschiedlicher Persönlichkeiten während der ersten Jahre beeindruckt viele Beobachter. Bruno Kreisky ist die Brücke aus der Geschichte in die Gegenwart. Faszinierend sein historisches Bewusstsein, seine humanistische Bildung, sein politisches Denken, sein gesellschaftliches Auftreten, das ihn in jeder Situation den richtigen Ton finden lässt. Es ist ganz egal, ob Bruno Kreisky zu alten oder jungen Menschen spricht, ob mit Arbeitern, dem Kardinal oder gekrönten Staatsoberhäuptern, er ist souverän und ungekünstelt. Sein historisches Bewusstsein reicht vom Ersten über den Zweiten Weltkrieg bis in die Gegenwart, umspannt daher die letzten Phasen der Monarchie, Erste Republik und Bürgerkrieg, Austrofaschismus und Naziherrschaft, Zerstörung und Wiedergeburt.

Hannes Androsch ist die Fortsetzung. Er personifiziert den Weg in die Zukunft. Durch die Tradition der Familie vertraut mit sozialistischem Gedankengut, mit den Zielen, Sehnsüchten und Hoffnungen der Arbeiterbewegung, wirtschaftstheoretisch gebildet, politisch engagiert und höchst begabt. Mit ihm steigt der erste Repräsentant der Nachkriegsgeneration in die politische Arena: Als erstes Regierungsmitglied, das nicht durch die Erlebnisse der Kriegs- oder KZ-Generation belastet ist. Selbst einer wie Hans Dichand, der gleichermaßen mächtige wie abgebrühte Herausgeber der Kronen Zeitung, gerät im Rückblick ins Schwärmen. Der junge Androsch erinnere ihn ein wenig an Achill, erzählt er. Unter den Helden von Troja sei er der größte, stärkste und tapferste gewesen.

In diesen Jahren der größten Übereinstimmung, die gleichzeitig auch die erfolgreichste Phase der politischen Neuordnung Österreichs ist, scheint die Zukunft der Sozialisten eine Langzeitperspektive skandinavischen Ausmaßes zu haben. Sogar die Nachfolge, üblicherweise der Zukunft große Ungewissheit, hat einen konkreten Namen: Hannes Androsch. Jeder Prophet, der voraussagte, dass dereinst Kreisky selbst mit zerstörerischer Leidenschaft nach der verwundbaren Ferse seines Achilles suchen würde, wäre als bösartige Kassandra verspottet worden.

Bruno Kreisky spricht es nie direkt aus, aber dass er in Hannes Androsch seinen Nachfolger sieht, hat in den ersten Jahren den Charakter des Selbstverständlichen.

Konkret wird darüber nicht gesprochen. Trotz oder auch wegen der Intensität der Kommunikation. Dass es beiden an der Fähigkeit mangelt, sich über kontroversielle Themen auszusprechen – sachbezogene wie persönliche –, wird erst die Zukunft zeigen.

Hannes Androsch ist mit dem wichtigsten Ressort der Bundesregierung betraut. Ein Querschnittressort, denn der Finanzminister redet über die Budgetpolitik praktisch in jedem Ressort mit. Je erfolgreicher ein Finanzminister agiert, umso stärker wird er. Kreisky fördert diese Entwicklung. „Fragen S' den Finanzminister" ist eine oft gehörte Aufforderung an Menschen, die sich mit einem Anliegen an den Bundeskanzler wenden. Landes- und Kommunalpolitiker, Wirtschaftstreibende, Kammerfunktionäre, Gewerkschafter. Das geht so lange gut, bis Kreisky erkennen muss, dass viele anfangen, gleich den direkten Weg zu nehmen. Der Kanzler wird zum Umweg. Daraus entsteht Misstrauen, das ruft Intriganten auf den Plan.

„Ich stehe neben ihm"

Erste Indizien, wie verletzlich die beiden starken Männer des sozialistischen Regierungsteams sind, zeigen sich bereits 1974. Anzeichen von unterschiedlichen sachpolitischen Auffassungen werden schon 1973 im Zusammenhang mit der Reaktion auf Währungsunruhen spürbar. Aber bleiben wir im Jahr 1974.

Am 24. April stirbt Franz Jonas. Der Kandidat der SPÖ für das höchste Amt im Staate steht noch nicht fest. In der Vergangenheit ist es immer einer der höchsten Repräsentanten der Partei gewesen. Karl Renner, Theodor Körner, Adolf Schärf, Franz Jonas. Aus dieser Tradition heraus sind einige der führenden Sozialisten – Hertha Firnberg, Anton Benya, Leopold Gratz, Hannes Androsch – der Meinung, man könne bei der Suche nach dem besten Kandidaten an Bruno Kreisky nicht vorbeigehen. Was als respektvolle und aufmerksame Geste gedacht ist, interpretiert Kreisky als Versuch des Abservierens. Zumindest in späteren Jahren wird ihm diese Frage, ob er als Kandidat der SPÖ für die Nachfolge von Franz Jonas und damit für das Amt des Staatsoberhauptes zur Verfügung stünde, als Hinweis darauf dienen, dass Androsch schon damals auf die Nachfolge gedrängt habe. Zum Verständnis, warum Bruno Kreisky diese Überlegung „in die falsche Kehle" (Heinz Fischer) bekommen hat, kann ein altes Sprichwort dienen: „Wie der Schelm ist, so denkt er." Bruno Kreisky hat sicherlich ein „Déjà-vu-Erlebnis", denn er gehörte, als es um die Nachfolge von Theodor Körner ging, zu einer Gruppe, die den Parteivorsitzenden Adolf Schärf dazu überredete, sich um das Amt des Bundespräsidenten zu bewerben. Vorgesehen war Oskar Helmer, der populäre

Eintrübung durch Konjunktureinbruch. „Jeder muss seine Sache selber bestreiten."

Innenminister. Aber dann wäre der Weg auf der Karriereleiter für alle vier genannten weiter blockiert gewesen. Daher drängten Bruno Pittermann, Franz Olah, Felix Slavik und Bruno Kreisky den Parteivorsitzenden Schärf in die Hofburg ab. Doch die Situation, an die sich Kreisky erinnert, gibt es so 1974 nicht. Im Gegensatz zu den „vier Vatermördern" (Kurt Vorhofer) drängen weder Gratz noch Androsch weiter an die Spitze. Auch Androsch nicht. Doch das Samenkorn des Misstrauens ist gesät und wird von Kreisky und von parteiinternen Gegnern von Hannes Androsch sorgsam gepflegt werden.

Ein zweites Ereignis des Jahres 1974 bringt ebenfalls unerwartet Verstimmung. Im November verzeichnen die Wirtschaftsseismografen einen unerwarteten Konjunktureinbruch. Dem Finanzminister fehlen Einnahmen. Rund zwei Milliarden Schilling. Unter normalen Umstän-

len, Ausgaben verschieben. Doch Hannes Androsch weiß, dass der Kanzler mit einer Vorverlegung der Nationalratswahlen liebäugelt. Da darf es bei den Staatsfinanzen keine Unsicherheiten geben. Wenn die Opposition glaubhaft nachweisen kann, dass die Staatskassen leer sind, nicht einmal mehr fällige Rechnungen pünktlich gezahlt werden können, lässt sie den Pleitegeier kreisen. Hannes Androsch, Franz Vranitzky und Helmut Haschek, Generaldirektor der Kontrollbank und einer der wichtigsten Ratgeber des Finanzministers, finden einen legalen Ausweg. Das Nationalbankgesetz wird umschifft, der Canossagang ins Parlament vermieden.

Die Folge ist ein Riesenwirbel im Parlament, dringliche Anfrage, der Finanzminister unter schwerstem Beschuss. Kreisky tritt nur zurückhaltend zur Verteidigung an. Die Frage der Journalisten „Stehen Sie noch hinter Ihrem Finanzminister?“ beantwortet er mit einem kryptischen „Ich stehe neben ihm.“ Hannes Androsch ist irritiert. „Jeder muss seine Sache selbst bestreiten“, erklärt ihm der Bundeskanzler. „Seine schon – aber unsere?“, fragt Hannes Androsch zurück. Auch bei ihm setzt Misstrauen ein und beginnt am Glauben an der Belastbarkeit der Achse Kanzler – Finanzminister zu nagen.

den unangenehm, aber nicht dramatisch. Der Finanzminister könnte im Parlament eine Erweiterung des Budgetrahmens beantragen, Rechnungen nicht so ganz pünktlich bezah-

Zwei Leittiere in einem Revier

Am Beginn des vielschichtigen Konfliktes steht nicht nur ein Missverständnis, sondern

»Die Gesellschaft verändert sich von Tag zu Tag. Ein politischer Spitzenfunktionär muss daher bereit sein, sein Weltbild täglich neu zu erarbeiten. Funktionäre, die dies nicht können, taugen nicht für die Parteiführung. Sie neigen dazu, Bonzen zu werden und zu Phrasen Zuflucht zu suchen.«
Felix Slavik

Hannes Androsch, Superstar: G'riss um die Autogrammkarten bei der Jugend …

höchstwahrscheinlich auch ein Naturgesetz: Alphatiere stimmen nicht strategisch vernünftig ihre Positionen ab. Hannes Androsch ist auf Grund seiner Schlüsselposition als Finanzminister, der rasch wachsenden Anerkennung seiner fachlichen Qualitäten wie seiner politischen Verlässlichkeit, aber auch seiner Persönlichkeitsstruktur bereits nach wenigen Jahren neben Kreisky zum zweiten Alphatier im Regierungsrudel geworden. Zwei Leittiere im gesamten Revier produzieren zwangsläufig Aggression und Konflikt. Das ältere entwickelt Ängste, verdrängt zu werden. Das jüngere wittert Chancen, scheut aber den Angriff. Verhaltensforscher hätten wahrscheinlich kein Problem, die Konfliktentwicklung zwischen Bruno Kreisky und Hannes Androsch als logischen Ablauf zu erklären. Doch so einfach ist die Welt der Menschen nicht. Jene von Bruno Kreisky und Hannes Androsch schon gar nicht.

Ab Mitte der 1970er Jahre keimt bei Kreisky die Sorge, Hannes Androsch könne „es nicht mehr erwarten".

… und bei den Erwachsenen

Das gekränkte Alphatier

Parallel dazu bildet sich in Hannes Androsch die Überzeugung, dass ein Verbleib in der Regierung keine Perspektive mehr habe. Ein Schlüsselerlebnis ist für ihn die Siegesfeier nach dem Wahlerfolg vom 5. Oktober 1975 vor dem Wiener Rathaus. Die Parteiregie sieht nur Bruno Kreisky, den großen Sieger, als Redner vor. Die Menschen jubeln ihm begeistert zu. Aber sie wissen auch, es ist nicht sein Erfolg allein. Plötzlich werden aus der Menge Rufe laut: „Hannes! Hannes!“ Anton Benya redet, Hertha Firnberg darf auf den Balkon. Die Menge will aber den Hannes haben. Er, der ebenso wie Kreisky einen Wahlkampf mit totalem Einsatz geführt hat, darf sich schließlich auch bei den jubelnden Anhängern bedanken.

An der internen Siegesfeier nimmt Hannes Androsch dann nicht mehr teil. Enttäuscht, verärgert, gekränkt darüber, dass sein öffentlicher Auftritt verhindert werden sollte, fährt er nach Hause. Seine Schlussfolgerung: Das hat keine Zukunft.

Hannes Androsch und die Körpersprache: Er ist keine einfache Persönlichkeit.

Hätte Hannes Androsch tatsächlich, wie ihm immer unterstellt wird, möglichst rasch Bundeskanzler werden wollen, dann hätte das Erlebnis zusätzliche Motivation sein müssen. Was er schon den ganzen Wahlkampf hindurch zu spüren bekommen hat, wird hier, auf dem Platz vor dem Wiener Rathaus, eindrucksvoll bestätigt: Seine Popularität ist nahe an der des Kanzlers. Die Menschen haben seinen Auftritt erzwungen, wollten beide Sieger sehen. Das ist Kapital, mit dem sich wuchern ließe. Doch Hannes Androsch entwickelt keinerlei Strategie, wie er seine sicht- und spürbare Popularität weiter ausbauen und nutzen könnte. Er ist enttäuscht, gekränkt und verärgert, dass man anscheinend in der SPÖ-Parteizentrale seinen Beitrag zum gemeinsamen Erfolg herunterspielen will. Auch in den Jahren danach entwickelt er kein Konzept, wie er das möglichst rasch erreichen könnte, was ihm seine Gegner unterstellen und was der Kanzler mit anschwellendem Misstrauen fürchtet, nämlich Kreiskys Nachfolger zu werden. Hannes Androsch will aber weder als Brutus in die Geschichte der österreichischen Sozialdemokratie eingehen noch als Königsmörder – noch als Wahlverlierer.

Die beleidigte Reaktion auf die Versuche der Organisatoren der Siegesfeier, ihn im Hintergrund zu halten, zeigt, dass Hannes Androsch mit Widerstand gegen seine Person nicht – noch nicht – gut umgehen kann. Seine bisherige Karriere verläuft wie selbstverständlich. Er bekommt eine Chance, er ergreift sie, nützt sie, macht das Beste daraus. Er muss nicht darum kämpfen. Er will nicht darum kämpfen. Derartige Selbstverständlichkeiten fördern auch die persönliche Eitelkeit.

Hannes Androsch muss allerdings damit rechnen, dass die Kreisky-Nachfolge zur realen Herausforderung werden kann. Zeitweise hat er Angst davor, dass dieses Ereignis zu früh akut werden könnte. Falls eine Kreisky-Nachfolge notwendig würde und eine breite Parteiöffentlichkeit fordert ihn, den Stellvertreter, würde er sich wohl mit einiger Wahrscheinlichkeit dieser Herausforderung nicht entziehen. Aber selbst auf eine Entscheidung zu drängen – davor bewahren ihn Ratio und Ehrgeiz. Ja, auch sein Ehrgeiz, denn die Wahrscheinlichkeit, als unmittelbarer Nachfolger von Bruno Kreisky die absolute Mehrheit zu halten, ist nicht gegeben.

Bruno Kreisky kennt die Psyche seines „Ziehsohnes" nicht. Daher muss ihn, der beginnt, sich an seine Funktionen zu klammern, dieses Nachwahlerlebnis zumindest nachdenklich stimmen. In seiner Gegenwart, am Tag seines größten Triumphes, erzwingen die Menschen den Auftritt von Hannes Androsch. Niemand kennt die Gedanken, die Bruno Kreisky in Erinnerung an diesen Wahlabend bewegen, aber dass es Überlegungen sind, die zur Vorsicht gegenüber dem Ehrgeiz seines Finanzministers mahnen, ist wahrscheinlich.

Weder Brutus noch Ödipus

Hannes Androsch hat mit 38 Jahren in Partei und Regierung die höchsten Ämter besetzt, die es neben Bruno Kreisky zu besetzen gibt. Er ist stellvertretender Parteivorsitzender, er ist stellvertretender Regierungschef. Nahezu einer gesamten Generation wird durch Hannes Androsch der Weg an die Spitze beschnitten. Und wie dieser verlaufen könnte, falls der Stellvertreter auch diese eine, diese letzte Stufe noch erklömme, ist schwer auszumachen. Als dann völlig überraschend die Leuchtkraft der Gunst, die Hannes Androsch im Lichtkegel der Nachfolgefrage erstrahlen lässt, schwächer und schwächer wird, kommt Bewegung ins Unterholz. Je deutlicher Bruno Kreisky erkennen lässt, dass sich die Begeisterung für Hannes Androsch in Unmut und Groll zu wandeln beginnt, umso reger werden diejenigen, die neue Chancen wittern. Ein völlig logischer Prozess, der viele, die in etwa der gleichen Generation angehören, zu Gegnern des Hannes Androsch werden lässt. Sie machen aber sehr bald die Erfahrung, dass es nicht genügt, Kreiskys Misstrauen zu schüren, seine Angst vor dem Verdrängtwerden zu verstärken, Neid zu fördern mit Hinweisen auf einen angeblich verschwenderischen Lebensstil seines Finanzministers, sondern dass auch Strategien entwickelt werden müssen, die in die Partei hineinwirken. Hannes Androsch ist in der großen Mitgliederschaft der SPÖ stärker verwurzelt, als selbst Bruno Kreisky erwartet hat. Den Trennungsprozess mit Ideologie zu vermischen, mag für einige ein inhaltliches Anliegen sein. Für viele Anti-Androsch-Aktivisten aber ist das nur ein taktisches Argument. Auch wenn die Leidenschaft von Hannes Androsch für das Schneidergewerbe manchmal ungewöhnliche Formen annimmt, kann mit einer Diskussion über die Anzahl seiner Anzüge nicht einmal beim VÖEST-Arbeiter Stimmung gegen ihn erzeugt werden. (Vor allem der „Adabei" in der Kronen Zeitung mokiert sich über angeblich 108 Anzüge im Kleiderkasten von Hannes Androsch.)

Die „Lose-lose-Situation"

Man muss allerdings auch einräumen, dass für außenstehende Beobachter das Gerücht, Hannes Androsch dränge mit Vehemenz auf die Kreisky-Nachfolge, durchaus glaubwürdig ist. Alphatiere sind eben Leittiere einer Herde. Hannes Androsch ist in seiner ganzen Persönlichkeitsstruktur ein Alphatier. Auch seine Körpersprache lässt diesen Schluss zu. Und die mehr oder weniger akzeptierte Hackordnung innerhalb der Regierung spiegelt das wider. Hannes Androsch respektiert die Persönlichkeit von Hertha Firnberg oder von

»Ich sag also noch einmal: Die Politik an sich hat mich nicht gereizt, in der Kärntner Straße wäre ich wirklich nicht gesessen.«
Bruno Kreisky

Karl Blecha und Hannes Androsch – „Es hat Zuträger gegeben und Leute, die ihre eigene Suppe zu kochen begannen."

Anton Benya, Bruno Kreisky, Hannes Androsch – „Bruno, er ist dein Finanzminister, nicht unserer."

Christian Broda und anderen Regierungsmitgliedern durchaus, aber wenn es um gesamtpolitische Entscheidungen geht, bestimmen Bruno Kreisky und Hannes Androsch die Marschrichtung. Daran sind die Regierungsmitglieder von Anfang an gewöhnt worden.

Der Eindruck, Hannes Androsch strebe ungeduldig an die Spitze von Partei und Regierung, ist vor allem wegen seines bisherigen Karriereweges glaubwürdig. Bereits 1974 macht Bruno Kreisky ihn zu seinem Stellvertreter im Parteivorsitz. Hannes Androsch folgt in dieser Funktion Karl Waldbrunner nach, einer der stärksten, angesehensten und einflussreichsten Persönlichkeiten in der SPÖ. Bruno Kreisky überrascht den Parteitag 1974 mit diesem Vorschlag.

Gleichermaßen übergeht Kreisky ältere, äußerst verdienstvolle Regierungsmitglieder wie Hertha Firnberg oder Christian Broda und schlägt Hannes Androsch als Vizekanzler vor. Androsch ist nicht nur de facto neben Bruno Kreisky der mächtigste Mann in der Regierung, er ist es ab 1975 auch de jure in Regierung und Partei. Im Erleben der Öffentlichkeit der „logische Nachfolger". Und wenn es sich ergibt, dass er den Bundeskanzler vertreten muss, weil Bruno Kreisky zum Beispiel auf Staatsbesuch im Ausland ist, dann ist Hannes Androsch Bundeskanzler. Er spielt nicht den Bundeskanzler, weil die Verfassung ihm die Rolle als Vertreter zuweist, er ist der Bundeskanzler. Loyal, aber bestimmt. Zweifel, das Amt könnte ihn überfordern, lässt er nicht aufkommen.

Die Zukunft ist ein Produkt der Gegenwart. Will Hannes Androsch auch in der Zukunft erfolgreich sein, ist er gefordert, die Gegenwart weitestgehend nach seinen Vorstellungen zu gestalten. Auch eine andere, ganz pragmatische Überlegung muss ihn davon abhalten, die Nachfolge aus Eigenem vorzeitig anzustreben. Für ihn hätte es nur eine einzige seiner Mentalität entsprechende Nachfolgesituation gegeben: Der Parteivorstand der SPÖ sagt: „Hannes, wir brauchen dich. Du musst die Nachfolge übernehmen, denn erstens ist es im Sinne von Bruno, zweitens bist du der Einzige, der diesen Weg, den ihr gemeinsam gegangen seid, erfolgreich fortsetzen kann; und drittens gibt es eine eindeutige Mehrheit für dich."

Die Gefahr, nicht nur als Zweitbesetzung ein paar Tage einspringen, sondern die Rolle zur Gänze übernehmen zu müssen, bringt Hannes Androsch in wachsende Schwierigkeiten.

Je öfter Meinungsunterschiede in Sachfragen zwischen dem Regierungschef und seinem Vizekanzler zu Tage treten, umso tiefer gerät Hannes Androsch in die Ausweglosigkeit. Neudeutsch: Hannes Androsch ist in einer klassischen „Lose-lose-Situation": Folgt er – entgegen seiner Überzeugung – den Intentionen Kreiskys, erhält dies – vielleicht – die Harmonie (und damit die Nachfolgechancen), verschlechtert aber die Erbmasse. Kanzler einer Regierung zu werden, die die Folgen einer Politik sanieren muss, die er mitverantwortet hat, läuft auf politischen Selbstmord hinaus. Für taktische Manöver ist daher kein Platz.

Der historische Kompromiss

Winston Churchill soll zwischen Politiker und Staatsmann folgendermaßen unterschieden haben: „Ein Politiker denkt an die nächsten Wahlen, ein Staatsmann an die nächste Generation." Bruno Kreisky ist als Staatsmann

Herbert Salcher, ein „politischer Kopf", wird 1979 von Bruno Kreisky in die Bundesregierung geholt.

Heinz Fischer und Hannes Androsch im Gespräch: Wo ist der Ausweg ...?

angetreten und im Laufe der Regierungsjahre immer mehr zum Politiker geworden. Daraus entstehen Differenzen, die zunehmend auch einen Generationenkonflikt erkennen lassen.

Um seine Politik durchsetzen zu können, braucht Hannes Androsch Verbündete. Er findet sie in der Regierung, allen voran in Christian Broda, Hertha Firnberg, Karl Lausecker, Fred Sinowatz, in der Partei in Karl Waldbrunner, den Landeshauptleuten Leopold Gratz, Leopold Wagner, Theodor Kery und vor allem in Anton Benya und damit im Gewerkschaftsbund. Auch diese Konstellation verstärkt den Eindruck, Hannes Androsch strebe vorzeitig eine Verdrängung des Kanzlers an. Bruno Kreisky muss plötzlich erfahren, dass er in wichtigen Fragen – Währung, Budget – über keine Mehrheit in den Entscheidungsgremien verfügt. Aus seinem Verständnis, seiner Kenntnis und seiner Erfahrung mit dem Entstehen und Gestalten politischer Prozesse muss er sich bedroht fühlen.

Besonders irritierend ist für ihn die wachsende Freundschaft zwischen Anton Benya und Hannes Androsch. Bruno Kreisky hat 1970, bei der Zusammensetzung der Regierungsmannschaft, auf eine starke Einbindung der Gewerkschaften geachtet. Ein Übergewicht wollte er nicht. Hannes Androsch war eindeutig auf seinem Konto verbucht. Als es anfänglich Spannungen zwischen Hannes Androsch und Anton Benya gibt und Bruno Kreisky vermitteln will, stellt der Gewerkschaftspräsident klar: „Er ist dein Finanzminister, nicht unserer." Und jetzt, ein halbes Jahrzehnt später, verschiebt sich das innere Kräfteparallelogramm: Hannes Androsch findet wachsende Anerkennung und auch Unterstützung bei den Gewerkschaften. Bruno Kreiskys subjektives Erleben ist wohl eine Schwächung seiner Autorität.

Aus der schätzenswerten Eigenständigkeit seines Finanzministers wird rasch die unerträgliche Eigenmächtigkeit. So reagiert der Bundeskanzler sehr verärgert, als ihm Hannes Androsch telefonisch stolz von der Einigung mit den Sozialpartnern über eine Schillingaufwertung berichtet: „Da braucht's mich ja

Informationsgespräch auf der Regierungsbank – man muss sich auch trennen können.

nicht mehr, ja?!" (siehe Kapitel „Wir liegen goldrichtig"). Seine persönlichen innerparteilichen Erfahrungen erlauben ihm höchstwahrscheinlich keine andere Schlussfolgerung, als im Entstehen der Achse Benya – Androsch eine Bedrohung zu erkennen. Erinnern wir uns: 1967 war Anton Benya und mit ihm die starke sozialistische Fraktion des Gewerkschaftsbundes gegen die Wahl Bruno Kreiskys zum Parteiobmann der SPÖ. Ebenso Christian Broda, Hertha Firnberg, Rudolf Häuser, Josef Staribacher, die kaum drei Jahre später mit Bruno Kreisky die erste sozialistische Regierung gebildet haben. Es ist ein besonders eindrucksvolles Beispiel für die politische Meisterschaft Bruno Kreiskys, dass er bereits in den ersten Tagen nach seiner Wahl zum Parteiobmann alle Gräben der Vergangenheit zugeschüttet und die Partnerschaft mit Anton Benya aufgebaut hat. Franz Kreuzer, eng vertraut mit den internen Machtstrukturen der SPÖ, bewertet eine solche Überwindung der Gegnerschaft als „großen historischen Kompromiss", der Bruno Kreisky mit Anton Benya gelungen sei. Der Bundeskanzler, vor allem aber der Parteivorsitzende, achtet mit größter Sorgfalt darauf, dass dieser „Kompromiss" Bestand hat. Jeden Montag treffen die in dieser Zeit mächtigsten Männer zum persönlichen Gedankenaustausch zusammen, der vor allem darin besteht, dass der Bundeskanzler den ÖGB-Präsidenten über die aktuellen Absichten der Regierungspolitik informiert. Wann immer von der Periode Kreisky, der Ära Kreisky/Androsch gesprochen wird, ist im Hinterkopf mitzudenken, dass Bruno Kreisky Österreich mit Anton Benya regiert hat. Hannes Androsch war in diesem Kräfteparallelogramm eindeutig sein, Kreiskys, Mann, den er als Wirtschaftskompetenz der Partei als Gegengewicht zur Expertenriege in Gewerkschaft und Arbeiterkammer aufgebaut hat. Und jetzt bricht dieser Hannes Androsch in sein eigenes Revier ein, verhandelt in direktem Gespräch mit Anton Benya, respektiert in wichtigen Fragen nicht die Position des Kanzlers, sondern setzt mit Unterstützung Anton Benyas die Meinung des Finanzministers durch. Und damit schließt sich der Kreis der Ausweglosigkeit und der Widersprüchlichkeit: Hannes Androsch setzt eine seiner Überzeugung nach längerfristige politische Perspektive gegen die am nächsten Wahltermin orientierte Politik des Kanzlers durch, gerät so unweigerlich in Konfrontation mit Bruno Kreisky und gleichzeitig in den Ruf, er könne es nicht mehr erwarten, dessen Nachfolger zu werden. In dieser Konstellation steckt ganz sicher einer der Gründe für die Tragödie des Zerwürfnisses.

Man muss sich auch trennen können

Das Misstrauen Bruno Kreiskys wird aber nicht nur aus den Sachzwängen heraus genährt, sondern auch durch schlichte Unachtsamkeiten im Verhalten von Hannes Androsch – und zum Beispiel mir, dem Autor dieses Rückblicks, gegenüber Bruno Kreisky. In der Euphorie der ersten Regierungsjahre, der harmonischen Atmosphäre zwischen den Mitarbeiterstäben von Bruno Kreisky und Hannes Androsch, wird persönlichen Empfindlichkeiten manchmal nicht mit der nötigen Sensibilität begegnet. Auch die hohe Bereitschaft mancher Journalisten, Zwist zu säen, wird unterschätzt. Ein Beispiel: Als in der populären Radiosendung „Turnier auf der Schallaburg" Hannes Androsch als Zirkusdirektor in der Manege einen Bundeskanzler präsentiert, der „gleichzeitig ja und nein sagen kann", ist der Scherz dem „Kurier" eine dreispaltige Meldung auf der ersten Seite wert: „Androsch verspottet Kreisky".

Eine das Misstrauen befördernde Unachtsamkeit passiert am Rande des Wahlkampfes für die Landespartei in Oberösterreich. Bruno Kreisky und Hannes Androsch sind auf Tour. Getrennt, wie sie das von Anfang an praktizieren. Zufällig treffen die beiden in einer Wahlkampfpause an der Autobahnraststätte in Lindach bei Linz aufeinander.

In dieser Wahlkampf-Verschnaufpause wird ein Thema, das so en passant angesprochen wird, für mich (und vielleicht auch für die Entwicklung des Verhältnisses zwischen Bruno Kreisky und Hannes Androsch) bedeutend. Der Bundeskanzler hat Veränderungen in seinem Mitarbeiterstab vorzunehmen. Sein Pressesekretär, Dr. Ingo Mussi, will zurück in den diplomatischen Dienst.

Bruno Kreisky sucht Ersatz und denkt an mich. Das ehrenvolle Angebot löst bei mir eine gegenteilige Reaktion aus: Es erschreckt und belastet mich. Ich war von der Persönlichkeit Bruno Kreiskys stets fasziniert. Doch Kreisky zu bewundern ist eines, für Kreisky zu arbeiten anderes. Oder besser: *mit* Kreisky zu arbeiten, denn *für* Kreisky zu arbeiten ist schlichtweg die Arbeit bei Hannes Androsch. Alles Bemühen und alle Anstrengung, die Hannes Androsch mit der Erfüllung seines Amtes verbindet und die er seinen Mitarbeitern abverlangt, hat am Ende als wichtigstes Ziel, der gesamten Regierung nützlich und vor allem dem Ruhme des Bundeskanzlers „dienlich zu sein". Aber ein persönlicher Mitarbeiter Bruno Kreiskys zu werden, das kann ich mir nicht gut vorstellen. Noch dazu sein Pressereferent!

Mit Hannes Androsch verbinden mich viele Jahre guter Zusammenarbeit: im Verband Sozialistischer Studenten, beim Freien Wirtschaftsverband, während seiner Zeit als junger

Abgeordneter. Ich wusste, wie er dachte, was er wollte. Er wusste, wie ich arbeitete und in welchem Maß und in welcher Qualität ich in der Lage sein würde, seine Arbeit für die Öffentlichkeit umzusetzen.

Bruno Kreisky ist sich selbst der beste Pressereferent: Die Eigenständigkeit meiner Arbeit würde beim Bundeskanzler in der gewohnten Weise nicht möglich sein. Bruno Kreisky sieht sich als der beste Journalist im Land. Er ist der Medienkanzler. Er entwickelt seinen eigenen Stil im Umgang mit Journalisten: „Wenn Sie mich jetzt fragen würden, dann würde ich Ihnen sagen …"

Gedanken, wie ich dem Anbot entkommen könnte, ohne den sprichwörtlich „biblischen Groll" des Kanzlers auf mich zu lenken, beschäftigen mich Tag und Nacht.

Es gibt anscheinend kein Entrinnen. Hannes Androsch sagt zu mir: „Dem Werben des Bundeskanzlers kann man sich nicht entziehen – du musst dich entscheiden."

Schweren Herzens mache ich mich auf den Weg – Himmelpfortgasse, Donnerbrunnen, Josefsplatz, Hofburg, Ballhausplatz – um dem Bundeskanzler „Ja" zu sagen.

Ich betrete den Sitzungssaal im Bundeskanzleramt. Der Bundeskanzler kommt auf mich zu, väterlich freundlich: „Ich sehe, ihr wollts das nicht, zwar muss man sich auch manchmal trennen können, aber ich versteh das, ich bin dir nicht bös." Mir fällt mehr als ein Stein vom Herzen. Erleichtert, ja glücklich verlasse ich das Bundeskanzleramt und gehe beschwingt durch die Stadt zurück zum Finanzministerium.

Es gibt allerdings Kenner der Psyche Bruno Kreiskys, die überzeugt sind, dass diese spröde Haltung gegenüber seiner Werbung nicht zu den geringsten Fehlern zählt, die der Bundeskanzler Hannes Androsch anlastete und mir nie verzeihen würde.

Mangelnde Konfliktkultur

Wahrscheinlich misst Bruno Kreisky im Jahr 1973 der zurückhaltenden Reaktion auf sein Angebot, auch wenn es ihn vielleicht ärgerte, so wenig Bedeutung bei wie ich. Aber im Entfremdungsprozess über die Jahre hinweg entwickelt er eine ganz spezifische Rechtfertigungsargumentation. Es ist schwer zu beurteilen, ob für sich selbst, als Hilfe zur Überwindung innerparteilicher Widerstände gegen das Hinausdrängen von Hannes Androsch, oder um in der Öffentlichkeit Druck zu erzeugen. Wahrscheinlich von allem etwas.

Mir fällt in Kreiskys Bedürfnis nach Rechtfertigung seiner Vorgangsweise die Rolle des bösen Geistes zu. „Du bist zum Gottseibeiuns geworden", sagte zu mir einmal Josef Staribacher, der Handelsminister. „Derjenige, der schlechten Einfluss auf den Hannes ausübt." Auch diese Einschätzung meiner Tätigkeit ist Ausdruck des Bedürfnisses nach innerer Rechtfertigung. Er kann sich nicht so grundlegend in Hannes Androsch geirrt haben. Doch als sich die Zuneigung bereits in Hass verwandelt haben wird, der nur in der Vertreibung aus der Politik ohne Wiederkehr seine Beruhigung findet, bleibt Hannes Androsch trotzdem der „beste Finanzminister". Auf Abwege gerät Hannes Androsch, weil falsche Freunde ihn in eine Welt locken, die ausschließlich von materieller Begehrlichkeit bestimmt ist. Mir wird eine gewichtige Rolle zugeordnet. In dieser Gedankenwelt Bruno Kreiskys als einflussreicher Beelzebub fixiert zu sein, ist eine glei-

»Leidet eine Regierung unter allzu großen inneren Spannungen, binden sich die Kräfte gegenseitig. Ihre Handlungsfähigkeit ist dann beeinträchtigt.«
Bruno Kreisky

chermaßen falsche wie mich belastende Bewertung. Diese Irrationalität vermischt sich im Laufe der Jahre mit Bruno Kreiskys Bestreben, die politische Hinrichtung von „Österreichs bestem Finanzminister" moralisch zu rechtfertigen, und findet ihren Niederschlag in skurrilen Aussagen:

„Jetzt ist aber, wie gesagt, der Kreisky weg. Wer wird die Macht des Androsch begrenzen? Der hat seine ganzen Konzernbetriebe versaut, der Staat muss die Milliarden dafür zahlen. Er hat die Frechheit, Ratschläge zu geben, wie man Betriebe führen soll! Der Mauhart: Er ist der zweitgrößte Annoncier in Österreich. Jeder muss die Zigaretten von ihm kaufen, er kriegt keine anderen Zigaretten. Die ‚Milde Sorte', diese miese Rauchreklame, für die derf der eine Million ausgeben, aber für die Künstler, sagt man dem einen, hat man kein Geld. Dem anderen sagt man, man hat für die Entwicklungshilfe kein Geld. Aber der Herr Mauhart kann Dutzende und Aberdutzende Millionen für eine Reklame verwenden, die ganz überflüssig ist, für ein Gut, das eh auf einem Laster beruht und das eh jeder nur vom Staat kaufen kann. Aber das ist die echte Macht. Der Herr Bacher hat Macht, der Herr Dichand hat Macht, der Herr Mauhart hat Macht." (Bruno Kreisky im Gespräch mit Franz Schuh, „Wespennest" Nr. 83, siehe auch Seite 462 ff)

Bruno Kreisky geht aus fünf Nationalratswahlen als Sieger hervor. Dreimal davon mit absoluter Mehrheit, allerdings im Team unter anderen mit Hertha Firnberg, Josef Staribacher, Fred Sinowatz, Christian Broda und Hannes Androsch. Ohne Androsch schafft auch Bruno Kreisky keine absolute Mehrheit. Es gibt keine Untersuchungen darüber, wie viel Hannes Androsch zum Erreichen der Absoluten beigetragen hat. Christian Broda veranschlagt diesen Beitrag einmal mit drei bis sechs Prozent. Beim Gedanken an eine Kreisky-Nachfolge muss Hannes Androsch sich sagen, ihm würde kein Mehrheitsbringer zur Seite stehen. Er hat daher keine Chance, die absolute Mehrheit zu bewahren. Auch wenn er persönlich ein tolles Ergebnis brächte, wenn er die SPÖ weiter an der Spitze halten könnte, er würde im Vergleich zum Wahlverlierer. Wer die Psyche des erfolgsverwöhnten Hannes Androsch halbwegs einzuschätzen weiß, wird im Verdacht, er habe aktiv und sogar vorzeitig die Nachfolge Bruno Kreiskys angestrebt, auch aus diesem Blickwinkel keinerlei Logik erkennen können.

Sie begannen aneinander vorbeizureden

Schon in den Anfängen aufkeimender Differenzen zeigt sich die größte Schwäche von Bruno Kreisky wie Hannes Androsch: die fehlende Fähigkeit, persönliche Fragen anzusprechen, Konflikte im Vier-Augen-Gespräch auszutragen. Statt der anfänglich in Regierungsfragen legendären Intensität der Kommunikation und ihrer Gewohnheit, Fragen im Umgang miteinander zu klären, kommt nun ein gegenteiliger Prozess in Gang. Sie beginnen aneinander vorbeizureden, Botschaften an den jeweils anderen medial zu transportieren. Kreiskys

Meisterschaft in dieser Sparte der Kunst der Intrige ist seit den Anfängen seines Weges vom Außenseiter zum Vorsitzenden der SPÖ legendär. Androsch steht ihm auch hierin – so wie in der Perfektion, Politik zu machen oder sich extravagant zu kleiden – nicht nach. Solches Verhalten fördert den Prozess des Auseinanderlebens.

Alfred Reiter, der an der Seite Bruno Kreiskys in der ersten Hälfte des Regierungsjahrzehnts die ersten Frosteinbrüche ebenso mit ängstlicher Sorge wahrnimmt wie auf der „anderen Seite" Mitarbeiter des Hannes Androsch, wird im Rückblick in der ungehemmten medialen Offenheit ein wesentliches konfliktförderndes Element sehen:

„Eine ganz wesentliche Rolle hat bei der ganzen Sache die mediale Berichterstattung gespielt. In den sehr guten Anfangsjahren hat sich die gute Presse zur befruchtenden Co-Evolution beider ausgewirkt. Einer hat dem anderen genützt. Als die Dinge sperriger geworden sind, hat es eine größer werdende Zahl, insbesondere auch im Bereich von bedeutenden Journalisten gegeben, die hin und her gependelt sind zwischen diesen beiden Politikern und immer dem jeweils einen erzählt haben, was der andere einen Tag vorher über ihn gesagt hat oder gesagt haben könnte. Es hat Zuträger gegeben, es hat viele Leute gegeben, die hier ihre eigenen Suppen zu kochen begonnen haben, und entlang dieser Entwicklungen hat es vor allem auch eines gegeben, was ich ebenso als sehr bedeutsam ansehe: Es ist diese unglaublich intensive, total vertrauensvolle, offene Kommunikation schwächer geworden, und dort, wo Kommunikation abnimmt, entstehen Missverständnisse, sind Unterstellungen leichter. Jeder, der einen

Bruno Kreisky. „Wenn sich in einer sozialdemokratischen Partei Spannungen ergeben, müssen sie zur Aussöhnung führen und zur Wiederherstellung der alten Einheit."

Krieg führen will, weiß, dass er insbesondere die Kommunikation mit denen auf der anderen Seite des Flusses total unterbinden muss, denn nur so kann man ja die auf der anderen Seite des Flusses überhaupt dämonisieren. Und mit dem Abnehmen der Kommunikation ist auch eine Atmosphäre entstanden, die wirklich auf Kreiskys Seite in Hass umgeschlagen ist."

Die tiefe Enttäuschung

In den Jahren 1974/1975 ist die Entwicklung zu unversöhnlichem Hass noch nicht deutlich zu erkennen. Doch Hannes Androsch ortet Anzeichen von Liebesentzug. So beiläufig lässt er die Bemerkung fallen, dass er Interesse am frei werdenden Posten des Präsidenten der Oesterreichischen Nationalbank habe. Im Kreis seiner Mitarbeiter berichtet er belustigt über das ablehnende Gebrumme Kreiskys. Zustimmung ist sowieso nicht erwartet worden. Aber was schlimmstenfalls ein kleiner Hinweis sein soll – „Wenn du mich nicht mehr willst, an mir soll es nicht liegen, ich kann auch anderswo" – löst höchstwahrscheinlich bei Kreisky größte Irritationen aus. Später wird er immer wieder darauf zurückkommen. Und damit die absolute Dominanz der materiellen Interessen begründen, von denen Hannes Androsch beherrscht sei. Auch daraus wird Bruno Kreisky in späteren Jahren seine Rechtfertigungsargumentation entwickeln. Je intensiver er die Erfahrung machen muss, dass die Partei seine Absicht, Hannes Androsch aus der Regierung zu drängen, nicht mitträgt, umso hartnäckiger zimmert er an einer moralischen Keule. Wegen eines besser dotierten Postens den politischen Karriereweg zu verlassen, ist ein Indiz der Verwerflichkeit. Solche Leute kennen keine sittlichen Grenzen. Die Schlussfolgerung, dass mit dem Ansinnen, in die Notenbank zu gehen, also aus der Regierung zu scheiden, alle Intrigen in Richtung Verdrängung seiner Person ad absurdum geführt sind, zieht Bruno Kreisky nicht.

Rund zwölf Jahre später – 1986 – hat sich in der Erinnerung von Bruno Kreisky das beiläufige Gespräch zur heftigen Auseinandersetzung verdichtet. Die Diskussion, die er nie geführt hat, holt er in der Phantasie nach: „Wespennest – Zeitschrift für brauchbare Texte und Bilder" veröffentlicht in der Nr. 83 und 84 des Jahres 1991 ein spätes Interview mit Bruno Kreisky. Es gibt ein Gespräch wieder, das Franz Schuh, Schriftsteller, Verfasser philosophisch-kritisch-polemischer und auch witziger Texte, im Mai 1986 mit Bruno Kreisky über das Thema „Wer hat Macht?" geführt hat. Es ist ein beklemmendes Dokument der Verbitterung, der seelischen Vereinsamung, des Realitätsverlustes einer der größten Persönlichkeiten der Zweiten Republik. Es ist auch ein Dokument zum „Thema Notenbank" und zu Bruno Kreiskys Problem mit seiner Erinnerung:

„… die tiefe Enttäuschung darüber, dass er dort saß, wo Sie jetzt sitzen, an einem Samstag oder Sonntagvormittag, wo wir uns üblicherweise unterhalten haben, und dass er plötzlich von mir (das war aber noch vor 75, also wo es noch keine Rivalität gegeben hätte, denn da war ich noch unter der Altersgrenze) verlangt hat: ‚Ich möchte Präsident der Nationalbank werden!' Mit 35 oder 36. Ich sag', ja sag' einmal, du, jetzt wirst du Vizekanzler, ich signalisiere der ganzen großen Partei und der Arbeiterbewegung, dass du jetzt mein Nachfolger bist, und in dem Augenblick sagst du, du willst den höchstbezahlten Posten in der

Republik haben. Erstens einmal, was willst du in zehn Jahren machen? Das Zweite, was ich sagen möchte, ist: Und was willst du dann in der Partei sagen, du weißt doch, in Floridsdorf, das sind doch Leute, die fragen sich, die Partei tragt den auffe, und jetzt will der den höchsten Posten in Österreich haben. Na was, das ist doch ein wirklicher Missbrauch des Vertrauens, das man in dich gesetzt hat. Wenn du da, was weiß ich, 20 Jahre brav dienst, und auch verzichtest auf alles Mögliche, und auch diese ganzen Kalamitäten in Kauf nimmst, die damit verbunden sind, ja dann … Aber jetzt! Dann ist er weggegangen, sehr bös und grollend."

Leider führt Bruno Kreisky ein solches Gespräch nie mit Hannes Androsch. Weder 1975 noch in späteren Jahren. Und auch noch später nicht.

„Da begann diese Gruppe um den Mauhart zu intrigieren", bramarbasiert Bruno Kreisky weiter, „das sind seine alten Freunde gewesen, und mit dem ungeheuren Geld, das sie zur Verfügung haben, Tabakregie!, haben die natürlich die Journalisten in die Hände bekommen."

„Jetzt sind wir wieder ein Stück weiter"

Für Kreisky bricht tatsächlich eine Welt zusammen, denn für ihn ist die Politik Erfüllung, die sozialistische Bewegung Sinn und Inhalt des Lebens. Dafür hat er Entbehrung, Freiheitsentzug, Emigration in Kauf genommen. Als der ganze Horror vorbei war, Österreich wieder erstanden, die Sozialistische Partei wieder gegründet, wurden seine Dienste nicht in Anspruch genommen. Als er sich 1946 in Wien meldete, schickten ihn die Genossen wieder zurück nach Schweden. Als Diplomat machte er dann zumindest Regierungskarriere, wurde Staatssekretär, dann Außenminister. Als Bruno Kreisky Mitglied des Parteivorstandes werden möchte, bedarf es einer List (er steht nicht auf der Liste der Kandidaten). Da ist er bereits 45 Jahre alt, Parteivorsitzender wird er erst mit 56. Auch dafür muss er sich selbst in Position bringen. Als er Bundeskanzler wird, ist er beinahe 60 Jahre alt.

Und da ist nun einer, den hat die Bewegung von Anfang an auf Händen getragen, hat Hoffnungen und Erwartungen in ihn gesetzt, die er, Kreisky, sich mühsam erringen musste. In dem Alter, in dem Hannes Androsch bereits Mitglied des österreichischen Nationalrates wird, war Kreisky Angestellter im Sekretariat der Stockholmer Konsumgenossenschaft; als Bruno Kreisky 32 Jahre alt war, entwarf er in der Emigration eine Erklärung der österreichischen Sozialisten in Schweden für die „Wiederherstellung eines selbständigen Österreich". Hannes Androsch ist in diesem Alter Finanzminister dieses wiederhergestellten Landes, mit 36 Jahren ist er stellvertretender Parteivorsitzender. In diesem Alter war Kreisky der österreichischen Gesandtschaft in Stockholm zugeteilt, nachdem ihm kurz zuvor seine Parteifreunde in Wien erklärt hatten, dass für ihn in der Heimat kein Platz sei. Und dieser Hannes Androsch will nun alles beiseite schieben, was er erreicht hat, will die Chance, sein – Kreiskys – Nachfolger zu werden, dem schnöden Mammon opfern?

In seiner unmittelbaren Reaktion ringt sich Kreisky noch nicht dazu durch, die Andeutung des Hannes Androsch, einem Wechsel in die Notenbank nicht abgeneigt zu sein, als deutliches Zeichen moralischer Verkommenheit zu werten. Er macht Hannes Androsch zum Vizekanzler. Überraschend. Ohne Vorbereitung und ohne in der Regierungsriege mit möglichen Kandidaten wie Hertha Firnberg oder Christian Broda darüber zu reden. Auch nicht mit Hannes Androsch. Nach der Bestellung sagt er zu ihm: „Jetzt sind wir wieder ein Stück weitergekommen." In welche Richtung, zu welchem Ziel, sagt er nicht. Und Hannes Androsch fragt nicht. Es ist wahrscheinlich die größte Schwäche von Bruno Kreisky und Hannes Androsch, dass sie zwar miteinander reden, sich besprechen, aber sich nie wirklich aussprechen. Das führt dazu, dass auch die Substanz des Besprochenen nachlässt. Das fruchtbare Miteinander führt über das mühsam-gefährliche Nebeneinander zum alles zerstörenden Gegeneinander. Am Unausgesprochenen zerschellen Partnerschaft und Freundschaft.

Ab Mitte der 1970er Jahre verschlechtert sich Kreiskys Gesundheitszustand. Das ist für die weitere Entwicklung ein wesentliches Faktum, über das nur zurückhaltend geredet wird. In Österreich klingt der Hinweis, jemand sei krank, wie ein Vorwurf, wie eine Diskriminierung. Krankheit ist aber Bestandteil des menschlichen Lebens. Trotzdem wird darüber nicht offen gesprochen, es wird höchstens

Nach der Angelobung zum Vizekanzler durch Bundespräsident Rudolf Kirchschläger. Rechts Handelsminister Josef Staribacher

getuschelt. Hinter vorgehaltener Hand. Der Umgang mit dem Thema Krankheit, gerade in Bezug auf eine Persönlichkeit des öffentlichen Lebens, gehört in das Kapitel der spezifisch österreichischen Heuchelei. Aber Krankheit ist nichts Unanständiges, nichts Verwerfliches, sondern Schicksal.

Krankheit ist Schicksal

Kurt Steyrer, Arzt, Gesundheitsminister, Präsidentschaftskandidat, deutet es später in einer öffentlichen Diskussion zumindest an, dass Kreiskys Krankheiten Einfluss auf seine psychische Verfassung hatten: „Ich bin also einer, der als Zeitzeuge und auch als Arzt etwas dazu sagen kann. Ich glaube, dass dieser Konflikt, Kreisky gegen Androsch, nicht nur ein Generationskonflikt war, sondern dass Bruno Kreisky damals schon sehr schwer krank war. Ich weiß das aus persönlichen Gesprächen mit ihm, und ich weiß als Arzt – die ärztliche Schweigepflicht verbietet mir, das näher auszuführen –, dass es viele Umstände gegeben hat, die sein Verhalten geprägt haben.“ Ebenso deutet der Hausarzt von Bruno Kreisky, Professor Anton Neumayr, in seiner Autobiographie die Auswirkungen der Krankheit auf die Persönlichkeit Bruno Kreiskys an.

Die Krankheit beraubt Kreisky seiner Souveränität im perspektivischen Handeln. Sie reduziert seine Fähigkeit zur inneren Distanz gegenüber den Unzulänglichkeiten der Politik wie des täglichen Lebens. Latente Schwachstellen seiner Persönlichkeit, wie Neid auf Menschen, die mehr Geld verdienen als er, oder seine ausgeprägte Rücksichtslosigkeit gegenüber Menschen, deren er nicht mehr bedarf, werden deutlicher erkennbar. Im Verhältnis zu Hannes Androsch verdichtet sich diese Entwicklung zur politischen wie menschlichen Tragödie. Auch für Bruno Kreisky.

„Ich will kein Adenauer werden“

Der gesunde Kreisky hat durchaus die Größe, über Aufhören und Nachfolge perspektivisch nachzudenken. Paul Lendvai und Karl Heinz Ritschel, die beiden Autoren von „Kreisky – Porträt eines Staatsmannes“, geben ein Gespräch aus dem Jahr 1972 wieder, in dem Kreisky seiner Partei einen klaren Weg in die Zukunft vorzeichnet:

„Die sozialistische Bewegung hat Kreisky nicht nur dreimal weggeschickt, wie er es aus seiner Jugendzeit erzählte, sie hat ihm den Weg zur Spitze schwer genug gemacht. Jetzt hat er die Spitze erreicht, und es erhebt sich die berechtigte Frage: Ist Bruno Kreisky die SPÖ? Die Antwort heißt: Nein! Kreisky sagt, er sei überzeugt, dass die Partei nach seinem Abtreten, das statutengemäß in fünf Jahren erfolgen wird, seine Linie fortsetzen werde, weil seine Nachfolger aus jener von ihm geformten Gruppe hervorgehen würden, die heute schon entscheidende Positionen innehat.“

„Ich will kein Adenauer werden“ ist der Titel eines Gesprächs mit Bruno Kreisky in der Kronen Zeitung vom 11. August 1974. Georg Nowotny, des Bundeskanzlers Gesprächspartner in der Villa in der Wiener Armbrustergasse, wollte ein „aktuelles Bilanzgespräch“ führen, aber „es gleitet der Dialog unversehens in die Zukunft“. Georg Nowotny: „Und Kreisky, nachdenklich, besonders langsam sprechend, nahm erstmals zum Zeitpunkt seines politischen Abschieds Stellung. Manches von dem, was der Kanzler sagte, klang schon wie die Worte eines

Mannes, der aus der Politik Abschied nimmt, anderes war angriffslustig und nur weniges vorsichtig taktierend. Bloß in einem Punkt wich Kreisky aus: Er wollte auch auf meine bohrenden Fragen nicht sagen, wer nun sein Nachfolger sein solle, wenn er voraussichtlich 1978 aus dem politischen Leben ausscheidet. Wenn man ganz genau hinhört (‚wer die wichtigsten Aufgaben in der Regierung zu erfüllen hat'), könnte man eine Vorliebe für Hannes Androsch herauslesen, aber das wird Kreisky gewiss entschieden dementieren …"

Ausführlich unterhalten sich die beiden Gesprächspartner über die Zeit bis zu den nächsten Nationalratswahlen im Herbst 1975, und dann kommt Georg Nowotny auf den Punkt:

„Sie werden also ganz konkret ganz bestimmte neue Leute vorstellen?

Kreisky: Ja, ich halte mich für dazu verpflichtet, zu sagen, wer die Regierungsmannschaft sein soll, die sich für die Wahl präsentiert.

Werden Sie auch für sich selbst einen Nachfolger aufbauen, oder wollen Sie – wie es Adenauer getan hat – ohne personelle Alternative und bis ins hohe Alter regieren?

Kreisky: Nein, ich will ganz sicher nicht bis ins hohe Alter regieren, ich weiß mir auch eine andere Beschäftigung als die, die ich derzeit auszuüben habe.

Wollen Sie sich – im Einvernehmen mit der Partei – einen Nachfolger heranziehen?

Kreisky: Nur soweit es funktionell vorgesehen ist – also als stellvertretenden Parteivorsitzenden, und natürlich wird sichtbar sein, wer die wichtigsten Aufgaben in der Regierung zu erfüllen hat, aber ich will das nicht präjudizieren, weil ich der Meinung bin, dass das noch ein paar Jahre Zeit hat.

Wie lange?

Kreisky: Ja, ich würde sagen, ich will nicht, dass die Altersklausel für mich über Gebühr strapaziert wird.

Das heißt, Sie denken Mitte der nächsten Legislaturperiode, so um 1977/78, an eine Ablöse?

Kreisky: Ja, gegen das Ende der nächsten Legislaturperiode, das kann ein Jahr vorher sein. Ein Jahr vorher wird man wissen, wer der Nächste ist.

Und das wird nicht mehr Bruno Kreisky sein?

Kreisky: Das muss ich ausschließen, weil ich wirklich nicht die Absicht habe, einer Adenauer'schen Tradition nachzuleben."

Ein Gespräch aus dem Jahr 1974, also ein Jahr vor Nationalratswahlen. Aber auch der neuerliche Wahltriumph ändert nichts an Kreiskys Personalperspektive. Er sagt seiner Partei sehr deutlich, dass sie höchstens bis 1979 mit ihm rechnen könne. Am 8. Oktober 1975, drei Tage nach dem dritten Wahlsieg und der zweiten absoluten Mehrheit, berichtet die AZ unter der dreispaltigen Überschrift „Kreisky: Nicht über 1979 hinaus" über des Parteivorsitzenden aktuelles Bekenntnis zu der von ihm durchgesetzten Altersklausel:

„Neuerlich bekannte sich Kreisky zur Richtigkeit der Altersklausel. Der Verschleiß sei so groß, dass man niemanden zwingen sollte, bis 70 zu bleiben. Er selbst habe nicht die Absicht, über das Jahr 1979 hinaus politische Funktionen auszuüben."

Kreisky benennt auch des Öfteren warnende Beispiele. Oskar Helmer, den Innenminister, der gesagt habe: „Solang i gehn kann, geh i net." Oder Julius Raab, der durch seine Krankheit Zeitpunkt wie Überblick verloren habe.

Auf der Regierungsbank im Parlament – Die Einsamkeit des Finanzministers …

Wann sich Bruno Kreisky von seiner Absicht, für seine geregelte Nachfolge zu sorgen, getrennt hat, bleibt Spekulation. Er setzt zwar Zeichen, vermeidet aber das konkrete Gespräch. Mehr noch. Auf Nachfragen, ob die Bestellung von Hannes Androsch zum Vizekanzler auch eine Weichenstellung für seine Nachfolge sei, dementiert er. Mit Hannes Androsch selbst spricht er erst recht nicht darüber. Und umgekehrt. Als Bruno Kreisky einmal andeutet, er könne sich vorstellen, Hannes Androsch im Fall einer Regierungsübernahme als Parteivorsitzenden ein Stück des Weges zu begleiten, geht dieser darüber hinweg. Dass er von einer Trennung der Funktionen nichts hält, will er dem Bundeskanzler nicht sagen. Dem Verdacht, nach der gesamten Macht zu streben, will er nicht zusätzliche Nahrung geben. Daher bleibt diese wichtige Frage, die Zukunft von Regierung und Partei betreffend, ausgespart. Sie wird ein ganzes Jahrzehnt lang kein Thema eines Gesprächs. Weder privat noch offiziell, weder im Geplauder noch beim sachorientierten Disput. Wieder erfährt Hannes Androsch, erfahren Partei und Öffentlichkeit dezidiert von Bruno Kreisky erst Jahre später, was seinerzeit nur vermutet werden konnte. Wieder dauert es bis zum Jahr 1986, bis Bruno Kreisky selbst verhalten seiner Zwiespältigkeit Ausdruck verleiht. Noch einmal Franz Schuh, und noch einmal „Wespennest“:

Kreisky: „Ja, ich weiß ganz genau, dass viele Leute geglaubt haben, ich bin plötzlich

Wieder erfahren Partei und Öffentlichkeit vom Konflikt über die Medien.

im Jahr 1979 dagegen gewesen, dass er mich so früh beerbt. Das ist ja ganz falsch. Das ist doch geistesschwach. Da macht einer einen jungen Mann vorzeitig zu einem der Stellvertreter im Parteipräsidium. Was denkt er sich dabei? Auf den Platz, wo vorher der Waldbrunner gesessen ist, bei Gott kein Einflussloser! Er macht ihn dann im Laufe der Zeit, als er von den politischen Gegnern nicht wegen dieser Dinge angegriffen wird, sondern wegen seiner Politik, die gleichzeitig die des Bundeskanzlers war, macht ihn, um ihn stärker zu machen, zum Vizekanzler. Signalisiert damit, dass er ihn zum Stellvertreter machen will, und im 1979er Jahr, wo ich 68 Jahre war, also der Altersgrenze zugestrebt bin und damit gerechnet habe, die Wahl noch zu schlagen und dann zu gehen (zudem wurde ich damals am rechten Auge blind, zu dem kam meine Nierenerkrankung, also ich war überhaupt nicht gern weiter im Amt und hab's dann ja auch wahr gemacht im Jahre 1983, vier Jahre später, und ich bin ja nur geblieben, weil ich gewählt wurde, und die Leute Vertrauen in mich gesetzt haben, das war das größte Maß an Vertrauen, das ich je bekommen habe), na ja, und den soll ich dann in letzter Sekunde verhindern. Im Gegenteil, das war gar nicht meine Absicht."

Wie man es dreht und wendet ...

Die mangelhafte Bereitschaft, die sich zur selbstzerstörerischen Vorgangsweise auswächst, seine personalpolitischen Absichten einzuleiten, sie dann aber nicht umzusetzen, veranlasst Norbert Leser, sein positives Bild von der Persönlichkeit Bruno Kreiskys stark zu relativieren:

„Wie man es auch dreht und wendet – die Art, in der Kreisky mit Androsch und dem Staat, der hier primär involviert war, umging, demonstriert, dass Kreisky eben nur der sprichwörtlich Einäugige war, der unter

„Bruno, du weißt, ich habe alle gesetzlichen Anforderungen erfüllt.“

»Bewahrt uns davor, uns an die Illusion einer konfliktlosen Entwicklung zu verlieren ... Unsere Fähigkeit, Spannungen zu ertragen, sei ein Maß für die Qualität unserer Existenz.«
Willy Brandt

den Blinden Österreichs leichtes Spiel hatte, dass er aber an wirklich große Männer und Frauen, die ihre historische Statur nicht nur von der Armseligkeit der Umgebung beziehen, nicht heranreicht.“ (Norbert Leser, „Salz der Gesellschaft“)

Auf die gesundheitlichen Beeinträchtigungen geht Leser nicht ein. Es ist jedoch bei der Bewertung seines Verhaltens und seiner Entscheidungen ein Gebot der Fairness, die Psyche und Charakter verformenden Einflüsse seiner Krankheit zu berücksichtigen. Die Schlussfolgerung ist erlaubt, dass ein gesunder Kreisky die zweite Hälfte der 1970er Jahre anders gestaltet hätte als der kranke, der sich immer angstvoller an seine politischen Funktionen klammert.

Neid ist ein unversöhnliches Laster

Als Nicolas Fouquet, der Finanzminister des französischen Sonnenkönigs Ludwig XIV., nach dem Tod von Premierminister Jules Mazarin nicht dessen Nachfolger wurde, war er enttäuscht und verunsichert. Bei Fouquet keimte der Verdacht auf, er sei dabei, in Ungnade zu fallen. So beschloss er, den König auf sein prächtiges Schloss Vaux-le-Vicomte einzuladen und zu Ehren seiner Majestät ein spektakuläres Fest zu inszenieren. Das Fest dauerte bis tief in die Nacht. Alle Gäste waren sich einig, dass dies die tollste Veranstaltung war, zu der sie jemals eingeladen waren. Am nächsten Tag wurde Fouquet verhaftet. Nach drei Monaten wurde er für schuldig befunden, sich am Staatsschatz bereichert zu haben, und zu lebenslanger Einzelhaft verurteilt. Ludwig machte einen profillosen Langeweiler zum neuen Finanzminister und erbaute sich einen Palast, der noch viel großartiger als jener seines ehemaligen Finanzministers war – das Schloss von Versailles. Fouquet hatte einen taktischen Fehler gemacht (nach Robert Greene: „Power – Die 48 Gesetze der Macht").

Als Hannes Androsch Bruno Kreisky, den Bundeskanzler und republikanischen „Sonnenkönig", in sein neues Haus in Neustift am Walde im 19. Wiener Gemeindebezirk einlädt, erkundigen sich nachher seine engsten Mitarbeiter neugierig, wie denn der Bundeskanzler darauf reagiert habe. Er sei etwas eigenartig gewesen, erzählt Hannes Androsch. Der Bundeskanzler habe eine unerwartete Neugierde entwickelt, habe sich alles zeigen, alles erklären lassen, immer wieder danach gefragt, was denn dieses koste und wie teuer jenes sei. Aber insgesamt sei es ein netter Abend gewesen. Hannes Androsch hat einen Fehler gemacht …

Bruno Kreisky lebt aufwendig und elegant. Villa in Grinzing, Pool drinnen, Pool draußen, Hausangestellte, die Anzüge von Knize, Wiens teuerstem Schneider, die Schuhe von Nagy – handgemacht. Der ihn schmerzende Unterschied zu Hannes Androsch ist: Die Villa in Grinzing ist gemietet, die Villa in Neustift ist Eigentum, gehört Hannes Androsch. Von Kreisky ist allgemein bekannt, dass er nie mit seinem Geld zurechtkommt. Lebensstil und Einkommen klaffen zu sehr auseinander. Zum Glück hat er finanzstarke Freunde. Es sind nicht nur ethische Motive, die ihn immer wieder die hohen Bezüge der Bankdirektoren, der Wirtschaftsmanager, der Funktionäre der Nationalbank anprangern lassen, sondern die Differenz zum Bezug des Bundeskanzlers.

Hans Dichand, Herausgeber der „Kronen Zeitung", erkennt im Neid an Bruno Kreisky eine spezifisch österreichische Ausprägung: „Eine schlechte Eigenschaft, von der ich glaube, dass sie in uns Österreichern besonders ausgeprägt ist, nämlich der Neid, kam manchmal bei ihm auf eher kuriose Weise zum Vorschein. So stellte er mir einmal eine Frage, die er offensichtlich schon lange einmal stellen wollte: ‚Sagen Sie, was verdient eigentlich so der Staberl bei Ihnen?' Ich antwortete, dass ein innerer Kreis von Redakteuren bei uns eine Gewinnbeteiligung habe, so dass Staberl auf diese Weise schon auf einige Millionen Schilling im Jahr kommen könne. Da sprang Kreisky auf und rief nur ein Wort, aber das zweimal und sehr laut: ‚Unerhört! Unerhört!' Das war typisch für ihn. Er führte einen großen Haushalt und kam mit seinen Bezügen als Bundeskanzler, die er selbst niedrig hielt, nie so recht aus."

Und jetzt ist da einer, 27 Jahre jünger, sein Finanzminister, von dem er weiß, was der verdient, und dem gehört, was er nie mehr erreichen wird, eine eigene Villa. Diese Thematik beschäftigt ihn rundherum und überall. Er spricht mit Journalisten darüber, mit Parteifreunden und Parteigegnern, im privaten Kreis und am Rande von Veranstaltungen. Nach einer Podiumsdiskussion im niederösterreichischen Horn befragt er sogar den ihn begleitenden Mitarbeiter der SPÖ, Max Strache, wie denn Hannes Androsch sein Haus finanziere. Straches Antwort, aus seinem Hausverstand heraus: dass die Familie Androsch doch eine Steuerkanzlei habe und das Haus sicher mitfinanziere.

„Bruno Kreisky versteht es immer wieder, seinen Finanzminister auf ein erträgliches Maß zu reduzieren.“
(Erich Sokol)

Zum materiellen Neid gesellt sich das Auseinanderdriften der Erfolgserlebnisse. Die Krankheiten und Beschwerden machen spürbar, was in gesunden Jahren kein Problem war – eine Differenz von 27 Lebensjahren. Wo ein Prozess endet, der von Neidgefühlen ausgelöst wird, findet sich schon bei Johann Wolfgang Goethe: „Der Hass ist ein aktives Missvergnügen, der Neid ein passives; deshalb darf man sich nicht wundern, wenn der Neid so schnell in Hass übergeht." („Kunst und Altertum")

Norbert Leser setzt sich in seinem 1988 erschienenen Buch über die Sozialdemokratie – „Salz der Gesellschaft" – eingehend mit der Persönlichkeit Bruno Kreiskys, seinen beeindruckenden Fähigkeiten, seiner entscheidenden Bedeutung für den Erfolg der Sozialistischen Partei einerseits, aber auch mit seiner „Unfähigkeit zum Rückzug" auseinander.

„Kreisky hat jedenfalls ein gerüttelt Maß Schuld daran, dass es zu dieser Entwicklung kam, und der Verdacht, dass im Kampf gegen Androsch Gefühle des Neides, der Missgunst und der Eifersucht, ja der Angst, vorzeitig entmachtet zu werden, eine große Rolle spielten, ist nicht von der Hand zu weisen … Es hätte doch Mittel und Wege gegeben, Androsch in der Regierung zu halten, statt ihn hinauszudrängen. Jedenfalls ist Kreisky historisch vorzuhalten, dass er diesen Fall nicht konsequent behandelt und bereinigt hat und weder seine Motivation noch seine Vorgangsweise der Kritik standhalten. Denn wenn es nur oder überwiegend persönliche Ressentiments waren, die Kreisky trieben, hat er die zweifellos größte politische Begabung aus dem Kabinett verdrängt und dem politischen Leben einen Kopf sondergleichen entzogen."

Consultatio, die unbekannte Firma

Heinz Fischer erinnert sich: „Am 10. August 1978 hielt Hannes Androsch eine Pressekonferenz ab, in der er seine Vermögensverhältnisse und die Struktur seiner Steuerberatungskanzlei darlegte. Als ich kurze Zeit später während eines Urlaubsaufenthaltes auf einer griechischen Insel einen ‚Kurier' in die Hand bekam, blieb mir die Spucke weg ob der Diktion, die Kreisky in Bezug auf seinen eigenen Vizekanzler gewählt hatte. Von da an war es eine offene und erbitterte Auseinandersetzung. Kreisky aus Mallorca und Androsch vom Grundlsee oder von sonst wo gaben Erklärungen ab, die den Konflikt immer mehr zuspitzten. Androsch sagte, dass alle Regelungen, die in Bezug auf seine Steuerberatungskanzlei Consultatio getroffen worden seien, gesetzeskonform seien und dass er Kreisky bei seinem Eintritt in die Bundesregierung über alles informiert habe. Kreisky wiederum entgegnete, dass er über die Details der Regelungen bei der Consultatio eben nicht informiert worden sei, dass aus der Umgebung des Vizekanzlers eine Kampagne gegen ihn (Kreisky) geführt werde und dass er über zahlreiche Beweise der Illoyalität von Hannes Androsch bzw. aus der Umgebung von Hannes Androsch verfüge." (Heinz Fischer: „Die Kreisky-Jahre 1967–1983")

Dieser Sommer 1978 bringt einen neuen Höhepunkt im ab 1975 langsam, aber kontinuierlich eskalierenden Konflikt. Bei Hannes Androsch festigt sich die Überzeugung, dass Bruno Kreisky immer empfänglicher für Intrigen, kuriose Gerüchte oder skurrile Geschichten über seinen Finanzminister wird. In den Medien wird mancherorts ein Klimawandel spürbar. Es beginnt eine Periode, in der manche Journalisten bereit sind, jeden Unsinn zu transportieren, der dem Ansehen des Finanzministers schaden könnte. Nicht immer ist Hannes Androsch in der Vergangenheit mit allen Journalisten pfleglich und rücksichtsvoll umgegangen. Wer die Logik seiner Ausführungen oder fachliche Zusammenhänge nicht sofort begreifen oder durchschauen kann, bekommt die intellektuelle Überlegenheit des Finanzministers ungeschminkt zu spüren. So pflegt der Finanzminister nicht nur sein Selbstbewusstsein, sondern verbreitet auch den Eindruck, arrogant und überheblich zu sein. Daher sind seine Mitarbeiter nicht selten gefordert, hinter ihrem Chef nachzuarbeiten, denn nur auf dem, was verstanden wird, kann Vertrauen aufgebaut werden.

Selbst die Unsinnigkeit hat Saison

Im Sommer 1978 verlagert sich aber der Schwerpunkt der Öffentlichkeitsarbeit von der Sachinformation auf die Beseitigung der atmosphärischen Verschmutzungen durch Intrigantenmüll. Eine Sisyphusarbeit. Bei einer seriösen Öffentlichkeitsarbeit gehört die Aufräumarbeit nach Gerüchten, die strategisch gestreut werden, zum Schwierigsten. Bezüglich Hannes Androsch, neben dem Bundeskanzler der Politiker mit „der besten Presse“, scheint gegen Ende der 1970er Jahre die Bereitschaft, ihn wieder auf ein erträgliches Maß zurechtzustutzen, besonders groß. Das wiederum fördert die Kreativität der Gerüchteproduzenten. Selbst die Unsinnigkeit hat Saison. Jedes nur halbwegs attraktive Schloss in Österreich – sogar Schloss Orth im Traunsee – hat plötzlich Hannes Androsch als Besitzer. In Kanada verfüge der Finanzminister über weitläufige Liegenschaften, und ihm genüge ein am Fließband hergestellter Mercedes nicht mehr. Für ihn sei das Fahrzeug speziell verlängert worden, „damit er“, wie Bruno Kreisky selbst dem Gerücht Glaubwürdigkeit verleiht, „mehr Platz für seine langen Haxen hat.“

Sogar die deutsche Illustrierte „stern“ greift das Thema auf und formuliert bei der Auflistung von Gründen, warum sich Bruno Kreisky immer schwerer tut, „Androschs aufwendigen Lebensstil und seinen Freundeskreis nach außen wie in der Partei zu verteidigen“, und warum Hannes Androsch „für unliebsame Schlagzeilen sorgte“: „Als er zum Beispiel seinen Minister-Mercedes für 6000 Mark verlängern ließ, um mehr Beinfreiheit zu erhalten.“ Das Gerücht führt zu kuriosen Ereignissen. Oft bilden sich bei Versammlungen Menschengruppen um den geparkten Mercedes des Ministers. Die Leute suchen nach der Schweißnaht, denn ein eigens verlängerter Mercedes musste ja zuerst auseinander geschnitten, verlängert und dann wieder zusammengeschweißt werden. Die Aufklärung löst, je nach Temperament, Empörung bis Belustigung aus: Es gibt keine Schweißnaht, denn es ist ein serienmäßig hergestelltes Auto, Langversion, wie sie auch der Präsident der Bundeswirtschaftskammer, der um gut zwei Köpfe kleinere Rudolf Sallinger, fährt.

»... und Karl Blecha und ich ihn am Schwechater Flughafen abholten, sagte er uns in großer Erregung, ... es stehe für ihn unerschütterlich fest, dass in der nächsten Sitzung des Parteipräsidiums reiner Tisch gemacht werden müsste.«

Heinz Fischer

Die Art, wie die Kolportage der Gerüchte abläuft, lässt dahinter eine Strategie vermuten. Immer wieder sind Leute anzutreffen, die einen kennen, der wiederum einen kennt, der wiederum … Nur bis zu demjenigen zu gelangen, der es „aus ganz verlässlicher Quelle" weiß, gelingt nie. Schließlich ist Hannes Androsch es leid, jedes einzelne Gerücht zu dementieren. Er beendet seine Dementis mit einem generellen Angebot. Jeder, der in Kanada oder sonst wo in der Welt Liegenschaften und Schlösser entdeckt, die Hannes Androsch als Eigentümer haben, kann sie sofort als Finderlohn in Besitz nehmen.

Derartige Versuche, Ansehen und Seriosität des Finanzministers zu beeinträchtigen, sind zwar lästig und unangenehm, aber auszuhalten. Die Behauptung, Hannes Androsch könne es schon gar nicht mehr erwarten, Kreisky von der Spitze zu stoßen, richtet ungleich mehr Schaden an. Mit jedem Jahr, ja mit jedem Monat des Älterwerdens und des Kränkerwerdens klammert sich Bruno Kreisky fester an seine Funktionen und Positionen. Die mögliche personelle Alternative, die Kreisky selbst aufgebaut hat, erlebt er mit wachsender Sorge als persönliche Bedrohung. Daher schafft er Möglichkeiten, Hannes Androsch in Schwierigkeiten zu bringen. Im Sommer 1978 wird der Wissensstand über die beruflichen Wurzeln des Finanzministers, so wie er seit 1970 bekannt ist, zu einer den Kanzler und die Öffentlichkeit irritierenden „Neuigkeit" umgemünzt. Die Frage nach der Vereinbarkeit der Funktion des Finanzministers mit dem freiberuflichen Hintergrund und der Existenz der Consultatio wird neu thematisiert. Hannes Androsch muss sich gegen Verdächtigungen zur Wehr setzen, unter Ausnutzung seiner Position als Finanzminister die wirtschaftliche Entwicklung der Consultatio förderlich zu beeinflussen. Aus journalistischer Sicht eine ergiebige Thematik, um das mediale Sommerloch zu füllen. Belege zur Erhärtung dieses Verdachtes gibt es nicht. „Tatsächlich konnte niemals – und das trotz gründlicher Recherchen durch die Medien des Landes – bewiesen werden, ob sich in diesem Punkt die Erwartungen der Consultatio-Kunden erfüllten: Sie wurden geprüft wie andere Steuerpflichtige auch und erfuhren keine – zumindest nachweisbaren – Privilegien." (Alfred Worm, „Der Skandal") Auch für Franz Bauer ein Beleg für korrekte Geschäftsführung. Nach der von Heinz Fischer zitierten Pressekonferenz, in der Hannes Androsch daran erinnert, alle gesetzlichen Erfordernisse erfüllt zu haben, wonach er auf Grund der Regelungen keine Möglichkeiten hat, operativ in die Consultatio einzugreifen, treten endlich auch Parteifreunde zur Verteidigung des Finanzministers auf. Bruno Kreisky ist auf Urlaub auf Mallorca und kommt wegen des Todes von Karl Czernetz, eines wortgewaltigen Abgeordneten der SPÖ zum Nationalrat, Mitglied der Parlamentarischen Versammlung des Europarates, dessen Präsident er von April 1975 bis Mai 1978 war, nach Wien zurück.

Ich, als Pressereferent des Finanzministers, bin überzeugt, das ist *die* Gelegenheit, das unleidliche Thema zu beenden, denke, das ist Glück im Unglück, mache das Fernsehen auf die Ankunft des Bundeskanzlers aufmerksam, bin sicher, der werde jetzt in einem TV-Interview klarstellen, dass das Thema Steuerberater und Consultatio Schnee von gestern sei, seit jeher bekannt. Der Finanzminister habe bereits 1970 im Einvernehmen mit ihm, Kreisky, eine

Lösung getroffen, die voll den Bestimmungen des „Unvereinbarkeitsgesetzes" entspreche. Doch der Bundeskanzler gießt Öl ins Feuer, zeigt sich uninformiert, er habe bisher von einer Steuerberatungskanzlei nichts gewusst. Ich starre mit offenem Mund auf den Fernsehschirm. Das gibt es doch nicht!

Ich erinnere mich noch genau, wie Hannes Androsch in den ersten Tagen seiner Zeit als Minister von einer Besprechung mit dem Bundeskanzler in das Ministerium in der Wiener Himmelpfortgasse zurückkommt, in der es um die künftige Regelung seiner privatberuflichen Basis bezüglich seiner Verantwortung als Finanzminister gegangen ist. Die Zielsetzung ist klar: Obwohl niemand einschätzen kann, wie lange diese Minderheitsregierung im Amt, wie lange also Hannes Androsch Finanzminister sein würde, muss eine Lösung gefunden werden, die erstens eine klare und saubere Trennung von Beruf und politischer Funktion sicherstellt und zweitens die jederzeitige Rückkehr in den Privatberuf offen hält.

1970 gibt es für Wirtschaftsprüfer und Steuerberater noch keine spezifischen Regelungen betreffend die Trennung von Amt und Beruf. Orientierung für eine saubere Regelung bietet ein Gesetz aus dem Jahre 1919, das bisher für Regierungsmitglieder aus freien Berufen Anwendung gefunden hatte: „Über die Vereinbarkeit des Amtes eines Volksbeauftragten mit dem Beruf eines Rechtsanwaltes oder Notars". Dieses Gesetz auch bei einem Wirtschaftsprüfer und Steuerberater anzuwenden, scheint allen Beteiligten und Involvierten logisch. Und auch ausreichend, denn es bestimmt, dass der private Beruf während der Bekleidung eines öffentlichen Amtes nicht persönlich ausgeübt

Bruno Kreisky zwingt der SPÖ eine Entscheidung auf, die sie in Wahrheit nicht treffen will.

werden darf. Es ist aber ein befähigter Substitut zu bestellen.

Der beeidete Buchprüfer und Wirtschaftsberater Hannes Androsch muss sich darüber hinaus an den strengen Regelungen der Berufsordnung für Wirtschaftstreuhänder orientieren.

Weitergehende Regelungen will Kreisky nicht. Die 1970 bereits angedachte Treuhandlösung hält er für übertrieben und unnötig. Seine Meinung ist, dass die Tatsache keineswegs versteckt werden solle, dass erstmals tatsächlich ein Fachmann Finanzminister werde, nominiert von der SPÖ.

Am 21. August 1970, dem Tag der Angelobung der ersten von Sozialisten gebildeten Bundesregierung, stellt die Arbeiter-Zeitung das Regierungsteam in Kurzbiografien vor. Unter „Minister – Finanzen" ist u.a. zu lesen: „Diplomkaufmann Doktor Hannes Androsch, geboren 1938, seit 1966 freiberufliche Tätigkeit als Buchprüfer und Steuerberater."

Peter Weiser, zu dieser Zeit Generalsekretär des Konzerthauses, später von Bruno Kreisky zum Leiter der Energieverwertungsagentur ausgewählt, wird sich später an einen gemeinsamen Abend mit Kreisky erinnern.

Es ist der 21. Oktober 1971. Pierre Boulez ist in Wien. Bruno Kreisky will mit dem Komponisten und Dirigenten, dem man auch ein freundschaftliches Naheverhältnis zum französischen Staatspräsidenten Georges Pompidou nachsagt, persönlich in Kontakt kommen. Peter Weiser organisiert ein privates Abendessen. Bruno Kreisky kommt verspätet („Pünktlichkeit ist reine Zeitverschwendung" ist eine klassische Kreisky-Weisheit). Diesmal hat er gute Gründe: die neue Bundesregierung, die ja seit dem Wahlerfolg vom 10. Oktober über eine absolute Mehrheit verfügt. Und gerade heute sei die neue Regierung vorgestellt worden. Unter den prominenten Gästen des Ehepaares Weiser auch Manfred Mautner Markhof, Präsident der Wiener Konzerthausgesellschaft, aber auch Vizepräsident der Industriellenvereinigung und Obmann der Bundessektion Industrie der Kammer der gewerblichen Wirtschaft. Er ist besonders an Hannes Androsch interessiert. Wie den meisten Industriellen und den vor allem der ÖVP verbundenen bürgerlichen Schichten des Landes ist der erste sozialistische Finanzminister in der Geschichte das Schreckgespenst schlechthin. Dem Finanzminister Hannes Androsch wird darüber hinaus noch wegen seiner Jugend mit großer Skepsis begegnet. Da er erst ein gutes Jahr im Amt ist, sind solche Ängste ÖVP-naher Industrieller noch sehr groß. Bruno Kreisky kann, erzählt Peter Weiser, zu jener Zeit eingeschriebenes Mitglied der ÖVP, die Gäste beruhigen.

Peter Weiser wörtlich: „Und dann erzählte Kreisky den Anwesenden (Präsident Mautner Markhof und Frau, Dr. Hans Landesmann und Frau, Otto Schenk und Frau, Dr. Marcel Prawy, Christl Zimmerl, Sir William and Lady Glock, Michel Béroff, Emmie Montjoye, Pierre Boulez) über Hannes Androsch, über dessen Geschick als Klubsekretär, über seine brillante Rede zum Budget als frischgebackener Abgeordneter der Opposition, über die Geschwindigkeit, in der er das Vertrauen seiner durchaus bürgerlichen Ministerialbeamten gewonnen hatte, und beschwichtigte Mautner Markhof, dem bei dieser überaus liebevollen Schilderung ein gewisser Unglauben im Gesicht abzulesen war, mit der Feststellung: ‚Und was die Steuern anlangt, brauchen Sie keine Angst zu haben, Herr Präsident. Einer, dem die Steuerkanzlei

Bruno Kreisky, Peter Weiser, Generalsekretär des Konzerthauses, und Leonard Bernstein scheitern mit ihren Bemühungen um Wiederherstellung eines erträglichen Verhältnisses zu Androsch. Bruno Kreisky: „Es gibt keinen Weg zurück."

Consultatio gehört, weiß besser als jeder Theoretiker, wie wichtig eine gute Ertragslage der Privatwirtschaft ist.'"

Im Frühjahr 1972 wird in den Medien erstmals versucht, die private Existenzgrundlage des Finanzministers öffentlich zu diskutieren. Der Bundeskanzler sieht keinen Anlass zur Änderung seiner Position. Auch im Parteivorstand der SPÖ wird darüber diskutiert, die mediale Thematisierung als oppositionelles Quertreiben bewertet und keinerlei Veranlassung gesehen, die vereinbarten Regelungen zu ändern oder zu ergänzen.

Im Herbst 1975 steht anlässlich des Wahlkampfes ein Kanzlerbesuch bei der Consultatio für den Bezirk Floridsdorf auf dem Programm. Lia Androsch, die Mutter seines Finanzministers, führt den hohen Gast durch das Unternehmen, stellt die Mitarbeiter vor, schildert dem Kanzler das Entstehen der Steuerberatungskanzlei Androsch aus der Notlage des Jahres 1941 heraus.

Im Sommer 1978 hat Kreisky das alles vergessen. Bestenfalls nebulose Erinnerungen. Nicht zu fassen. Aber die Feststellung Erich Frieds gilt nicht nur der Liebe, sondern gegenüber allen schicksalhaften Ereignissen ohne Rücksicht auf deren Fassbarkeit: „Es ist was es ist".

Mit Hannes Androsch endgültig zu brechen, wagt Bruno Kreisky allerdings nicht. Wahlgekämpft wird gemeinsam, und gemeinsam erhalten sie wiederum das Vertrauen der Mehrheit der österreichischen Bevölkerung.

Die Chefsache Hannes Androsch

Ab dem Frühjahr 1980 erlebt die Öffentlichkeit, erleben Hannes Androsch und die Sozialistische Partei, wie Bruno Kreisky, der Bundeskanzler und Parteivorsitzende, zum letzten Halali auf seinen Finanzminister bläst. Am 10. April 1980 informiert Kreisky Heinz Fischer, den Klubobmann der Parlamentsfraktion, und Zentralsekretär Karl Blecha, der in dieser Zeit zu Kreiskys neuem Hoffnungsträger geworden ist:

„Ich kann als Bundeskanzler meine Aufgaben nicht erfüllen, wenn ich einen Finanzminister und Vizekanzler in der Regierung habe, dem ich nicht nur nicht vertrauen kann, sondern dem ich in allerhöchstem Grad misstrauen muss. Ich werde im Parteipräsidium Klarheit verlangen. Es muss eine Entscheidung getroffen werden. Wenn sich die Partei für Androsch entscheidet, dann hat sie sich eben gegen mich entschieden." (Heinz Fischer, „Die Kreisky-Jahre 1967–1983")

Heinz Fischer erkennt – nach eigener Darstellung – erst Monate später, dass Kreisky „offenbar der Meinung" war, „dass der Klubobmann und der Zentralsekretär damit einen klaren Auftrag erhalten hatten, eine entsprechende Entscheidung in einer der nächsten Sitzungen das Parteipräsidiums vorzubereiten. Wir hingegen waren der Auffassung – oder zumindest kann ich das für mich so formulieren, dass nichts so sehr ‚Chefsache' war wie die Causa Androsch. Die Vorstellung, dass jemand anderer als Kreisky selbst Weichen in dieser Sache hätte stellen können, erschien mir absurd, d.h., ich bin gar nicht auf diese Idee gekommen und habe daher auch nichts in dieser Richtung unternommen." (Heinz Fischer, „Reflexionen")

Genau ein Jahr nach dem größten Wahlerfolg, den in Österreich eine Partei je bei demokratischen Wahlen erringen konnte, stürzt Bruno Kreisky seine Partei in ihr größtes Dilemma. Er zwingt der SPÖ eine Entscheidung auf, die sie in Wahrheit nicht treffen will: Wer nicht für mich ist, ist wider mich. Die Mehrheit der Sozialisten will beide. Bruno Kreisky aus Respekt und Dankbarkeit, er ist große Vergangenheit und erfolgreiche Gegenwart. Hannes Androsch ist Zukunft.

Kurz nach dem gemeinsamen Wahltriumph vom 6. Mai 1979 flackert zwischen den beiden die harmonische Wärme der Anfänge auf. Bruno Kreisky muss nach den Anstrengungen des Wahlkampfes in Spitalsbehandlung. Als Datum für die Regierungserklärung vor dem Parlament ist der 12. Juni festgelegt. Ist der Kanzler verhindert, sie zu halten, vertritt ihn der Vizekanzler. Hannes Androsch will das nicht. Er kommt mit Heinz Fischer überein, einen späteren Termin zu suchen. Hannes Androsch bringt diesen Vorschlag ans Krankenbett: „Die Regierungserklärung wird verschoben, bis du wieder in der Lage bist, sie selbst zu halten." Der Kanzler ist spürbar erleichtert, erzählt Hannes Androsch. Beim Abschied entspinnt sich ein berührendes Gespräch, das Hannes Androsch wörtlich in Erinnerung hat:

Kreisky: „Und wie ist das zwischen uns?"

Androsch: „Du willst mich ja weghaben."

Kreisky: „Davon kann keine Rede sein. Die Partei braucht dich, aber auch mich, sie braucht uns beide."

Androsch: „Das ist kein Problem für mich."

Hannes Androsch redet dem Kanzler zu, auf seine angegriffene Gesundheit mehr Rücksicht zu nehmen und nach der Regierungserklärung einen Erholungsurlaub anzutreten.

Das war es dann. Einen Termin für ein wichtiges persönliches Gespräch – über „Die Partei braucht uns beide, wie gehen wir damit um? Wie gestalten wir unser Verhältnis zueinander und wie stellen wir uns die nähere Zukunft vor?" – vereinbaren Bruno Kreisky und Hannes Androsch nicht. Sich aussprechen, den Ursachen für ihren Konflikt auf den Grund gehen, Wege suchen, die absichern und weiterführen, was sie gemeinsam aufgebaut haben, das können sie nicht.

Gewerkschaftspräsident Anton Benya (M.): „Bruno, wir brauchen euch beide.“

»Ich werde im Parteipräsidium Klarheit verlangen. Es muss eine Entscheidung getroffen werden. Wenn sich die Partei für Androsch entscheidet, dann hat sie sich eben gegen mich entschieden.«
Bruno Kreisky

Der Weg der Selbstverstümmelung

Außerdem ist das Zeitfenster, in dem noch eine Rückkehr auf einen gemeinsamen Weg möglich wäre, nun geschlossen. Das Drama folgt längst zwanghafter Eigendynamik in die Ausweglosigkeit. „Das eben ist der Fluch der bösen Tat, dass sie, fortzeugend, immer Böses muss gebären“, lehrt uns Friedrich Schiller in „Wallensteins Tod“. 200 Jahre danach folgen Kabale, Intrige, Verrat, Missgunst, Neid der gleichen Gesetzmäßigkeit. In der zeitgemäßen Ausformung der Kabale übernehmen Journalisten die Rollen von Jago und Wurm zugleich. Lustvoll fördern sie Missgunst, missbrauchen Vertrauen, interpretieren Äußerungen, Auftritte, Handlungen der beiden Kontrahenten möglichst konfliktfördernd. Geschickte Journalisten haben Hochsaison. Bruno Kreisky und Hannes Androsch steigern sich medialen Gesprächspartnern gegenüber in geradezu rauschhafte Offenheit.

Der Konflikt ist die Chance der Opposition. Vor allem jene der ÖVP. Je mehr bei Bruno Kreisky die Zielsetzung, Hannes Androsch aus seinen Funktionen zu vertreiben, alles politische Handeln dominiert, umso weiter eröffnen sich der ÖVP Angriffsmöglichkeiten. Dem neuen ÖVP-Obmann Alois Mock vermittelt Kreisky ein Gefühl des „Geschmeicheltseins“, indem er sich mit ihm zum Kaffeeplausch trifft. Dabei „erfuhr man die intimsten Dinge der SPÖ und ihrer Vertreter" (Alois Mock in Robert Kriechbaumer, „Die Ära Kreisky").

Bruno Kreisky scheut vor Tabubrüchen nicht mehr zurück. Handlungen, die sogar den politischen Gegner über seine Absicht, Hannes Androsch aus der Regierung zu vertreiben, auf dem Laufenden halten, durchbrechen alles bisher Übliche in der SPÖ. Es ist Selbstverstümmelung zugunsten der Opposition, die Ironimus, der treffliche Karikaturist der „Presse", visualisiert: Kreisky hackt sich selbst die rechte Hand ab. Die rechte Hand heißt Hannes Androsch.

Unter normalen Umständen hätte 1980 ein Jahr des Feierns werden können. In der Hofburg und im Belvedere trafen einander die Außenminister der Signatarmächte des Staatsvertrages. Sieben Außenminister aus den Nachbarstaaten, der Generalsekretär der Vereinten Nationen und sogar die beiden noch lebenden von den seinerzeit Unterzeichnenden sind angereist: der 88 Jahre alte Antoine Pinay aus Frankreich und der 86 Jahre alte Harold Macmillan aus Großbritannien. Es ist 25 Jahre her, dass Österreich zur Freiheit auch die Unabhängigkeit wieder erhalten hat. 35 Jahre besteht die Zweite Republik, und 60 Jahre davor wurde die österreichische Bundesverfassung geboren.

Aber selbst der Sinn fürs Jubilieren erhält in diesem Jahr eine makabre Note. Just am 21. April, auf den Tag genau zehn Jahre nach der Angelobung von Bruno Kreiskys erster Regierung, konfrontiert er Hannes Androsch mit verschärften Unvereinbarkeitsbestimmungen. Er verbindet sie mit der Hoffnung, dass sie für Hannes Androsch unannehmbar seien, und wird enttäuscht. Hannes Androsch versucht es noch einmal und einigt sich mit dem Bundeskanzler über die Annahme.

Doch die Erfahrung nach ähnlichen, früheren Versuchen wiederholt sich: Die Chancen sind ausgeschöpft. Die Medien destillieren aus der Einigung eine Niederlage Kreiskys, und die ÖVP kann sich die von Kreisky immer wieder aufgelegten „Elfer" nicht länger entgehen lassen.

Der Spieler zieht die Steine

Der Umgang mit Menschen ist ein besonderes Kapitel im Leben Bruno Kreiskys. Er versteht es, auf die Menschen zuzugehen, wie kaum ein anderer. Er steht im öffentlichen Telefonbuch, kümmert sich um die persönlichen Probleme einfacher Leute, kämpft für eine zutiefst humanistische Politik, gegen das „Sterben vor der Zeit", gegen die Armut. Die Qualität einer Regierung erkenne man daran, was sie bereit sei, für die Ärmsten im Lande zu tun, ist ein Grundsatz seines politischen Handelns, den er immer wieder bewusst macht.

Kreisky ist aber auch ein Machtmensch. Bei der Durchsetzung seiner Pläne und Ziele behandelt er Menschen wie Schachfiguren. Er stellt sie auf, verschiebt sie, opfert sie. Franz Kreuzer, der Chefredakteur der Arbeiter-Zeitung, der durch seine „Augustgespräche" ganz wesentlich die Wahl Bruno Kreiskys zum SPÖ-Vorsitzenden aufbereitet hatte, oder die Regierungsmitglieder Ernst Eugen Veselsky, Staatssekretär der ersten Regierungsjahre, Gesundheitsministerin Ingrid Leodolter, ja sogar Sozialminister und Vizekanzler Rudolf Häuser sind prominente Beispiele. Sie „erfuhren den genauen Zeitpunkt ihres Rücktritts nicht etwa im persönlichen Gespräch mit Kanzler Bruno Kreisky, sondern aus Fernsehinterviews, die der Regierungschef gab"

Unter normalen Umständen hätte 1980 ein Jahr des Feierns sein können …

(„stern“, 1980). Ingrid Leodolter zum Beispiel ist über Stil und Vorgangsweise so enttäuscht, dass sie bei ihrem letzten Budgetgespräch mit Hannes Androsch in Tränen ausbricht.

Warum Kreisky, dem man Umgangsformen und Lebensstil attestieren muss, im Umgang mit Mitarbeitern und politischen Weggefährten jede Fähigkeit zu korrektem Vorgehen dann vermissen lässt, wenn er Veränderungen durchführen will, bleibt Normalsterblichen rätselhaft. Norbert Leser erklärt es mit „Machtinstinkt“, der bei der Umsetzung seiner Ziele „ganz anderen Gesetzen“ gehorche: „Es gehört zum Wesen der Macht und der Politik, Menschen als Mittel zum Zweck zu benützen, nach Bedarf zu heben und fallen zu lassen. Kreisky hat diese Kunst geradezu virtuos beherrscht und angewendet.“ (Norbert Leser, „Salz der Gesellschaft“)

Zumindest in Bezug auf Rudolf Häuser zerrinnt diese „Kunst“ in Stillosigkeit und Charakterschwäche. Rudolf Häuser ist einer der korrektesten Menschen schlechthin, mit ausgeprägter Loyalität. Kreisky selbst hält ihn davon ab, nach der Nationalratswahl 1975 seine Regierungsfunktion aus Altersgründen zurückzulegen. Zu diesem Zeitpunkt will es der Kanzler noch nicht. Da passt es noch nicht in sein Konzept. Warum Kreisky aber dann, wenn er bei sich eine Regierungsumbildung beschlossen hat, das persönliche Gespräch mit den Betroffenen meidet, bleibt wohl für immer sein Geheimnis.

In einem persönlichen Brief an den „Parteifreund“ Bruno Kreisky schreibt Rudolf Häuser Klartext … „Die Monate seit dem Jänner dieses Jahres waren für mich eine schwere Zeit. Ich hatte und habe das Gefühl, dein Vertrauen nicht mehr zu besitzen, weil es mir unverständlich bleibt, in mehr als acht Monaten nicht einige Minuten Zeit zu haben, um offen mit mir über deine politisch dir zweckmäßig erscheinenden Absichten zu sprechen.

Heute, Sonntag, den 19. September 1976, dem letzten freien Wochenende, das ich für die Vorbereitungsarbeiten meines Ausscheidens benütze (nächste Woche bin ich auf Versammlungsfahrt durch Kärnten und Tirol), wenige Tage bis zur Durchführung der Regierungsumbildung, deren Termin mir durch Zeitungsmeldung und von politischen Freunden bekannt wurde, kann ich mich mit einer Schachfigur vergleichen: Der Spieler zieht die Steine, wie er es für zweckmäßig hält, und setzt sie frei, wann es ihm gefällt. Die leblosen Schachfiguren rührt eine solche Behandlung nicht.

Selbstverständlich sind mir die dir verfassungsmäßig zustehenden Kompetenzen, unter anderem Vorschläge für Ernennung und Abberufung von Regierungsmitgliedern, bekannt. Sie geben dir wohl das Recht, allein zu entscheiden, verbieten aber nicht, rechtzeitig die Betroffenen zu informieren und mit ihnen kollegial zu kontaktieren. Die Politik hat mich gelehrt, vieles zu tragen, aber dennoch bin ich ein Mensch mit Gefühlen und Empfindungen …“

Die Regierungsumbildung erfolgt am 1. Oktober 1976.

Wir brauchen euch beide

Am Abend des 8. September 1980 verfasst Hannes Androsch in seinem Haus in Neustift sein Rücktrittsschreiben. Es ist endgültig zu Ende. Es geht nicht mehr, er kann nicht mehr, er will nicht mehr. Am nächsten Tag, dem 9. September, wird er dem Präsidium der SPÖ seinen Rücktritt mitteilen.

„Versuchen wir es noch einmal gemeinsam.“ Hannes Androsch und Bruno Kreisky nach der Sitzung des Parteipräsidiums vom 9. September 1980.

Die Gesichter von Hertha Firnberg und Leopold Gratz zeigen die Betroffenheit. Es ist endgültig aus. Bruno Kreisky verabschiedet Hannes Androsch mit den Worten: „Er war ein hervorragender Finanzminister, für mich der beste und eindrucksvollste der Zweiten Republik.“

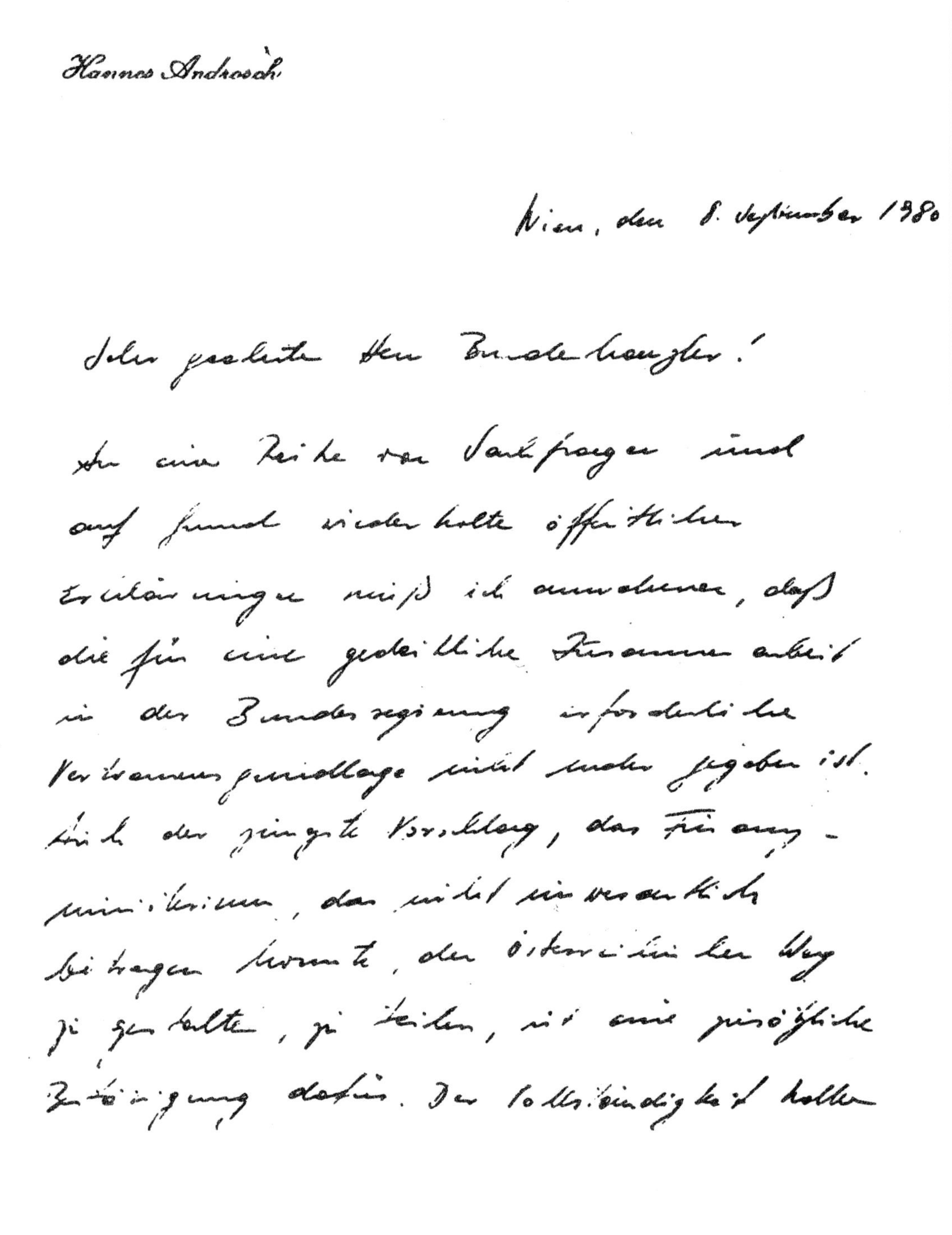
Hannes Androsch

Wien, den 8. September 1980

Sehr geehrter Herr Bundeskanzler!

Aus einer Reihe von Sachfragen und auf Grund wiederholter öffentlicher Erklärungen muß ich annehmen, daß die für eine gedeihliche Zusammenarbeit in der Bundesregierung erforderliche Vertrauensgrundlage nicht mehr gegeben ist. Auch der jüngste Vorschlag, das Finanzministerium, das nicht unwesentlich beitragen konnte, den österreichischen Weg zu gestalten, zu teilen, ist eine zusätzliche Bestätigung dafür. Der Vollständigkeit halber

Faksimile des Rücktrittsschreibens

Hannes Androsch

halte ich fest, daß ich stets alle gesetzlichen Unvereinbarkeitsvorschriften eingehalten und mich darüber hinaus als einziger viel strengeren unterworfen habe.
Da die für die Fortsetzung einer weiteren erfolgreichen Tätigkeit notwendigen Voraussetzungen fehlen, scheide ich nach mehr als zehn Jahren Tätigkeit als Finanzminister und nahezu vierjähriger Tätigkeit als Vizekanzler aus meinen Regierungsfunktionen aus.
Ich bitte, dem Herrn Bundespräsidenten die Abberufung aus meinem Amte vorzuschlagen.

Mit besten Grüßen

Hannes Androsch

Mit grüner Tinte schreibt er auf sein privates Briefpapier: „Sehr geehrter Herr Bundeskanzler …“

Es ist Herbst. Nicht nur in der Natur. Auch in der SPÖ ist der Hochsommer durchschritten, neigt sich die Zukunft dem Winter zu. Hannes Androsch überreicht den Brief, das handschriftliche Dokument seines Rücktritts als Finanzminister und Vizekanzler, dem Parteivorsitzenden und Bundeskanzler Bruno Kreisky: „… weil die für eine gedeihliche Zusammenarbeit in der Bundesregierung erforderliche Vertrauensgrundlage nicht mehr gegeben ist.“ Bruno Kreisky nimmt das Schreiben entgegen, wird aber daran gehindert, den Rücktritt anzunehmen.

Der Parteivorsitzende erlebt das ganze Dilemma, in das er seine Partei geführt hat. In der Frage Hannes Androsch hat er im Parteipräsidium tatsächlich keine Mehrheit mehr. Der Erste, der für den Weiterverbleib von Hannes Androsch Position bezieht, ist Hans Czettel, und dann ergreifen alle wichtigen Entscheidungsträger das Wort. Anton Benya natürlich, Hertha Firnberg, Leopold Gratz, aber auch die starken Landeshauptleute Theodor Kery aus dem Burgenland oder Leopold Wagner aus Kärnten verweigern die Zustimmung zum Rücktritt. Sie alle klammern sich an eine Illusion. Der Tenor dieser ganzen hochdramatischen Diskussion ist nicht Kreisky *oder* Androsch, sondern weiterhin Kreisky *und* Androsch.

Bruno Kreisky und Hannes Androsch sind gezwungen, es noch einmal miteinander zu versuchen. Androsch akzeptiert die „10 Gebote des Vorsitzenden“ (ein auf einer Versammlung des Pensionistenverbandes am 3. September verkündetes 10-Punkte-Programm zur Trennung von Politik und Beruf), wird sich in angemessener Zeit zur Gänze von der Consultatio trennen und wird weiter Finanzminister bleiben.

Doch der Waffenstillstand hält höchstens zwei Tage. Die Medien feiern die Akzeptierung der „10 Gebote“ durch Hannes Androsch und die Tatsache, dass er Finanzminister bleibt, als Niederlage des Bundeskanzlers.

Ironimus zeichnet in der „Presse“ Bruno Kreisky als völlig zerrupften alten Hahn, ihm gegenüber mit unerträglicher Arroganz der Pfau Hannes Androsch.

Ähnlich pointiert Dieter Zehentmayr in der „Kleinen Zeitung“, und Manfred Deix covert im „profil“ die Einigung als kategorischen Imperativ des Parteipräsidiums, sich zu vertragen. Eine für Kreisky unerträgliche Situation. Trotzdem setzt sich Hannes Androsch noch mit allen schmerzhaften Einschnitten seines Sparbudgets für 1981 durch und hält am 22. Oktober 1980 seine elfte, die letzte Budgetrede.

Am 11. Dezember informiert Kreisky den Parteivorstand der SPÖ, dass bei den beiden großen Banken personelle Änderungen im Vorstand vorgenommen werden müssen, und schlägt Hannes Androsch für den Vorstand der Creditanstalt vor.

Heinz Fischer, der an dieser Sitzung teilnimmt, berichtet darüber:

„Androsch antwortete trocken, dass sich trotz der Lösung, die in der Sitzung des Parteipräsidiums vom 9. September gefunden worden sei, an der tatsächlichen Situation nichts geändert habe, sodass er als Konsequenz aus diesem Sachverhalt aus der Bundesregierung ausscheiden werde. Nachdem dieser Satz ausgesprochen war, schien Kreisky sehr erleichtert und schilderte die Bedeutung der CA und damit des zukünftigen Wirkungskreises von Hannes Androsch in den leuchtendsten Farben.“

Karikaturist Erich Sokol: „Das Bildnis des Dorian Gray“

Anton Benya muss Schwerarbeit leisten

Um Hannes Androsch einen Umstieg in die CA zu ermöglichen, ist ein Beschluss des CA-Aufsichtsrates notwendig. Die SPÖ braucht dazu die Stimme des einzigen von der FPÖ entsandten Aufsichtsrates. Bruno Kreisky unternimmt alle Anstrengungen, die Zustimmung der FPÖ zu erreichen. Er lädt zu einem seiner berühmten „Tafelspitzmittagessen" in die Armbrustergasse, in seine Villa. Eine große Runde: Heinz Fischer und Karl Blecha, Anton Benya und Erich Hofstetter sowie eine starke Abordnung der FPÖ: Friedrich Peter, Norbert Steger, Horst Schender, Landesparteiobmann der FPÖ Oberösterreich, Walter Grabher-Meyer, Generalsekretär der FPÖ. Bruno Kreisky lobt Hannes Androsch mit beredten Worten, schildert seine Leistungen in der Regierung: „Der beste Finanzminister der Zweiten Republik", dazu noch Vizekanzler – in Wahrheit bleibe der FPÖ gar nichts anderes übrig, als diese Chance zu nützen und mitzuhelfen, einen positiven Beschluss herbeizuführen.

Der neue Parteiobmann der FPÖ versteht die Welt nicht mehr. Norbert Steger hatte als Vorsitzender des parlamentarischen Untersuchungsausschusses einen ganz anderen Bundeskanzler kennen gelernt. Bruno Kreisky konnte richtig unwirsch werden, dass gegen Hannes Androsch nichts Greifbares zu Tage gefördert wurde. Und jetzt präsentiert Kreisky denselben Androsch als die bestmögliche Lösung für die größte Bank im Land. Norbert Steger kann sich eine Zustimmung nur mühsam abringen. Erst als Anton Benya die Geduld verliert, einen Vorschlag von Karl Blecha vom Tisch fegt (Blecha: Man könne Hannes Androsch für die Länderbank vorschlagen, dort werde die Zustimmung der FPÖ nicht gebraucht) und erklärt, so könne man mit einem Vizekanzler der Republik nicht umspringen, gelingt die Einigung. Friedrich Peter später in Erinnerung an dieses Mittagessen wörtlich: „Der Kreisky war damals ein sehr bemühter und aufmerksamer Gastgeber, die Kärrnerarbeit musste der Benya leisten, der musste den Steger zum Ja hinbügeln, weil ja vorher von SPÖ- und Kreiskys Seite gesagt wurde, mit dem Androsch geht's nimmer und jetzt musste es mit dem Androsch wieder gehen. Der Benya musste Schwerarbeit leisten, um den Steger von der Notwendigkeit dieser Entscheidung zu überzeugen, und der Steger hatte es ja auch nicht leicht im Freiheitlichen Bundesvorstand, nachdem vorher in der Öffentlichkeit alles gegenteilig gelaufen ist."

Für Bruno Kreisky ist das Ausscheiden von Hannes Androsch aus der Bundesregierung allerdings nur ein Etappensieg. „Ein Wechsel von Androsch in die CA bedeutete auch eine politische Warteposition. Es war kein Geheimnis, dass Benya in Androsch nach wie vor den logischen Nachfolger Kreiskys sah. Wenngleich Kreisky auf Grund der innerparteilichen Machtverhältnisse dem Verlangen Benyas entsprach, so versuchte er in der Folgezeit mit allen Mitteln, eine mögliche Rückkehr Androschs in die Politik zu verhindern." (Robert Kriechbaumer, „Die Ära Kreisky")

Die Justiz ist ein Justizirrtum

„Hinter der Nebelwand der moralischen Entrüstung" (Kriechbaumer) wird nach der dringlichen parlamentarischen Anfrage am 21. August 1980 das ganze folgende Jahrzehnt hindurch versucht, Hannes Androsch zu kriminalisieren. Eine Sachverhaltsdarstellung seines Rechtsanwaltes, Dr. Herbert Schachter, über die Vielfalt von Anzeigen, Verfahren, Verurteilungen, Freisprüchen, Interventionen und dergleichen liest sich wie das Drehbuch zu einem Polit-Thriller mit dem Titel „Die Justiz ist ein Justizirrtum". Diese Darstellung ist fairerweise in Robert Kriechbaumers Buch „Die Ära Kreisky" zur Gänze und bei Liselotte Palme („Androsch – ein Leben zwischen Geld und Macht") auszugsweise veröffentlicht. Herbert Schachter fasst seine Prozesserfahrungen mit anwaltlicher Sorgfalt und Zurückhaltung, aber trotzdem deutlich zusammen:

„Die Causa Androsch war kein Fall wie jeder andere. Eine unheilige Allianz hat unter Ausnützung ihrer Machtstellung in missbräuchlicher Verwendung rechtsstaatlicher Einrichtungen die Verfahren gegen Dr. Androsch in Gang gesetzt. Viele Medien waren aus welchen Gründen immer willfährige Helfer. Die Verfahren waren durch Weisungen gekennzeichnet, und zwar in missbräuchlicher Weise. Ein Großteil der Vorwürfe konnte widerlegt werden, nur dort, wo im Rahmen einer freien Beweiswürdigung eine Überprüfung durch Höchstgerichte nicht möglich war bzw. diese Beweiswürdigung nicht entsprechend bekämpft werden konnte, kam es zu einer Verurteilung."

Herbert Schachter sieht im Rechtsstaat den eigentlichen Verlierer des Prozesses: „Ein hoher Vertreter der Justiz hat mir persönlich gesagt", verrät Schachter, „er kenne kein Verfahren, wo alles in so bedenklicher Weise und zum Nachteil von Dr. Androsch entschieden wurde."

Verlierer ist vor allem der Rechtsstaat, ein Großteil der Vorwürfe kann widerlegt oder in einem jahrzehntelangen Verfahren derart entkräftet werden, dass sowohl Freisprüche erfolgen als auch Zurücklegungen von vielen Fakten der Anklage.

Symbolhaft für das ganze Verfahren ist die Dr. Schachter vorliegende Zusammenfassung der Wirtschaftspolizei, in der zum Ausdruck gebracht wird, dass hier ein von langer Hand vorbereitetes Verbrechen an Hannes Androsch geplant war.

Die Lektüre dieser Darstellung und das Erleben vieler Ereignisse aus nächster Nähe vermitteln kein Vertrauen in die Immunität der Justiz oder der Finanzbehörden gegenüber politischer Intervention. Eine Sorge, die sogar den einstigen Präsidenten des Obersten Gerichtshofes, Dr. Franz Pallin, bewegt: „Mich interessiert allein die prozessuale Behandlung des Falles, und diese entbehrt nicht einer gewissen Dramatik." Und weiter: „Ich schließe es aus, dass im gegenständlichen Fall sich die Justiz, obwohl sie durch den (Kampf-)Ruf aus verschiedenen Lagern, ‚die Sache ist endlich in richtigen Händen' präjudiziert wurde, politisch manipulieren lässt. Um dies annehmen oder nur vermuten zu können, habe ich eine viel zu hohe persönliche Achtung vor den beteiligten Richtern und Staatsanwälten. Es ist aber nicht auszuschließen, dass sie unbewusst einer hemmungslosen Medienjustiz unterlegen sind." („Der Staatsbürger", 11. Dezember 1984)

Das „Unbewusste" dürfte bei einigen österreichischen Richtern und Staatsanwälten sehr ausgeprägt und einflussreich sein. Der Gesamteindruck ist beklemmend. Es scheint derjenige glücklich sein zu können, der nicht in die Fänge der Justiz gerät. Recht und Wahrheit haben es seit Menschengedenken schwer, sich durchzusetzen: „Nicht stets erkämpft die Wahrheit und das Recht sich im Prozess den Sieg." (Shakespeare, „Heinrich VIII.")

Ausklang

Die Strapazen des Wahlkampfes 1979 setzen Bruno Kreisky stark zu. Der Bundeskanzler geht bis an die Grenzen seiner Belastbarkeit. Unmittelbar danach muss er ins Spital, den vom Parlament vorgesehenen Termin für die Regierungserklärung kann er nicht wahrnehmen. Hannes Androsch und Heinz Fischer bemühen sich erfolgreich um eine Terminverschiebung bis zu einem Zeitpunkt, an dem der Bundeskanzler wieder persönlich in der Lage ist, seine Regierungserklärung den Abgeordneten des Hohen Hauses vorzutragen. Es wird die vierte seiner Kanzlerschaft sein und, wie zu dieser Zeit bereits anzunehmen, seine letzte.

Zum Abschluss das beste Budget

Den Vorschlag einer Terminverschiebung unterbreitet ihm Hannes Androsch am Krankenbett. Der Bundeskanzler ist spürbar erleichtert, dass sein Vizekanzler vom verfassungsmäßigen Vertretungsrecht keinen Gebrauch machen will. Für einige kurze Augenblicke kommt die Hoffnung auf, dieser dritte gemeinsame Wahlerfolg sei nicht schicksalhaft jener Gipfel, von dem unweigerlich der Abstieg erfolgen muss, sondern eine Hochebene, auf der noch ein Stück des Weges gemeinsam in eine andere Zukunft gegangen werden könnte. Doch Bruno Kreiskys Abschiedsworte: „Die Partei braucht uns beide" erweisen sich bald lediglich als Sternschnuppe am durch den Konflikt rettungslos verfinsterten Himmel.

Hannes Androsch verlässt das Krankenbett ermutigt. Er wird sich in Übereinstimmung mit dem Kanzler verstärkt um die Energiepolitik kümmern und für die nächste Regierungsklausur ein entsprechendes Konzept vorbereiten – und er wird das Budget 1980 gemäß seiner Zielsetzung der Budgetkonsolidierung erarbeiten. Auf dem Parteitag im November 1979 soll es, schlägt Bruno Kreisky seinem Besucher vor, zwei Hauptreferenten geben: Bruno Kreisky, den Parteivorsitzenden; und Hannes Androsch, seinen Stellvertreter.

Diesen Gedanken lässt Bruno Kreisky aber offensichtlich schon im Krankenzimmer zurück, denn als ihn Fritz Marsch, Zentralsekretär der SPÖ, bei der Vorbereitung des Parteitages darauf anspricht, ist Hannes Androsch für den Kanzler bereits wieder einer unter den vielen Delegierten: „Er kann sich ja zu Wort melden."

Zu Wort melden wird sich Hannes Androsch dann auf dem Bundeskongress des ÖGB, der zwischen 10. und 14. September 1980 in Wien abgehalten werden wird. Anton Benya wird Hannes Androsch als Gastreferenten einladen. Eine besondere Auszeichnung für Hannes Androsch, eine Kränkung für den Kanzler.

Der ÖGB genießt zu dieser Zeit hohes Ansehen. Mehr als tausend Teilnehmer werden

Auf dem Bundeskongress des ÖGB ist Hannes Androsch als Gastredner geladen, nicht Bruno Kreisky.

sich im Wiener Konzerthaus versammeln, darunter die Spitzen des öffentlichen Lebens: Bundespräsident Rudolf Kirchschläger, Franz Kardinal König, fast alle Mitglieder der Bundesregierung. Aber die Einladung, das Hauptreferat zu halten, wird an den Vizekanzler ergehen und nicht an den Bundeskanzler ... Dieser wird sich, so wie andere Ehrengäste, mit einer „Begrüßungsadresse" bescheiden müssen.

Frauen an die Macht

Vier Wochen nach der Wahl vom 6. Mai 1979 präsentiert Bruno Kreisky sein Kabinett IV, angelobt vom Bundespräsidenten am 5. Juni.

Auf den Tag genau fünf Monate später, am 5. November 1979, nimmt Bruno Kreisky die erste substanzielle Änderung der Regierungsmannschaft in dieser Periode vor. Der Bundeskanzler setzt einen deutlichen Akzent in Richtung Frauenpolitik. Die Regierungsmannschaft wird um vier Staatssekretärinnen erweitert:

Anneliese Albrecht (für Konsumentenschutz – im Handelsministerium), Johanna Dohnal (für Frauenfragen – im Bundeskanzleramt), Beatrix Eypeltauer (für Wohnungspolitik – im Bautenministerium) und Franziska Fast (für Fragen der berufstätigen Frau – im Sozialministerium). Nicht neu im Amt einer Staatssekretärin, aber ebenfalls dazuzurechnen: Elfriede Karl. Sie wird für ihren Wechsel vom Bundeskanzleramt ins Finanzministerium ebenfalls neu angelobt.

Weniger attraktiv sind die Veränderungen der Stamm-Mannschaft: Die Primaria Ingrid Leodolter wird durch den nicht sehr erfolgreichen Tiroler Landeshauptmann-Stellvertreter Herbert Salcher ersetzt. Die Entscheidung scheint bereits vom Bestreben Bruno Kreiskys beeinflusst zu sein, einen Nachfolger für Hannes Androsch aufzubauen. Der Bundeskanzler erkennt im ehemaligen Angestellten der Tiroler Gebietskrankenkasse einen „eminent politischen Kopf". Auch die Entscheidung, Bautenminister Josef Moser durch den zu diesem Zeitpunkt noch in jeder Hinsicht starken Gewerkschafter Karl Sekanina zu ersetzen, ist durch Hannes Androsch induziert: „Ich brauche in der Regierung jemanden", begründet Kreisky gegenüber dem skeptischen Sepp Wille seine Wahl, „der sich gegen den Androsch was zu sagen traut. Alle gehen sie zum Androsch, weil alle was von ihm brauchen. Sekanina braucht nix." Ein Irrtum und daher „ein Fehler Kreiskys", bestätigt rückblickend Sepp Wille, der sich seiner Korrektheit, aber auch seiner politischen und sachlichen Kompetenz wegen sowohl als Gewerkschafter (zuerst Zentralsekretär, dann Vorsitzender der Gewerkschaft Metall-Bergbau-Energie) wie auch als Klubobmann der SPÖ-Parlamentsfraktion allgemein geschätzt wird.

Bruno Kreisky steuert konsequent die Trennung an

In diesem Herbst des Jahres 1979 wird immer deutlicher, dass der Wahlerfolg vom 6. Mai der absolute Höhepunkt der Geschichte der Sozialistischen Partei und der Ära Kreisky/Androsch bleiben wird. Die Erkenntnis am Krankenbett: „Die Partei braucht uns beide" hat Bruno Kreisky längst wieder verdrängt. Er steuert konsequent die Trennung an. Hannes Androsch kann sich zwar zu Kompromissen durchringen – bis hin zur Zusage, die vollständige Trennung von seiner Steuerberatungsfirma

Consultatio einzuleiten –, aber ein Ausweg ist trotzdem nicht mehr zu finden. Den Gesetzen der griechischen Tragödie folgend, strebt die Erfolgsgeschichte ihrem Ende entgegen (siehe Kapitel „An der Spitze ist kein Platz für Freundschaft"). Auf dem Parteitag der SPÖ vom 15. bis 17. November 1979, der unter dem Motto „Weiter auf dem österreichischen Weg mit der SPÖ" steht, sind Heinz Fischer, Karl Blecha und Fritz Marsch auserkoren, „über die aktuellen Fragen der Politik, die uns jetzt und in den nächsten Jahren beschäftigen werden, zu sprechen" (Bruno Kreisky), und nicht Hannes Androsch, mit dessen Politik der „Österreichische Weg" untrennbar verbunden ist.

Der Irrtum der Vorwärtsstrategie

Der Parteitag der SPÖ 1979 steht weniger im Zeichen des „Weges in die Achtzigerjahre", resümiert später Heinz Fischer, „sondern es tauchte am Horizont immer drängender die Frage auf, wie es in der Zeit nach Kreisky weitergehen könne, da die wachsende Distanz zwischen Kreisky und Vizekanzler Androsch immer deutlicher sichtbar wurde. Die Tatsache, dass

Fünf Monate nach der Angelobung des Kabinetts Kreisky IV nimmt der Bundeskanzler eine erste substanzielle Änderung seines Regierungsteams vor. Die neuen Regierungsmitglieder bei der Angelobung durch Bundespräsident Rudolf Kirchschläger: Herbert Salcher (verdeckt), Karl Sekanina, Johanna Dohnal, Anneliese Albrecht, Franziska Fast, Beatrix Eypeltauer und – wegen Ressortwechsels neu angelobt – Elfriede Karl (v. l. n. r.).

Der Arzt Kurt Steyrer wird neuer Gesundheitsminister: im Gespräch mit Ursula Pasterk (r.). In seinen letzten Monaten als Finanzminister hat es Hannes Androsch noch zu einer Staatssekretärin gebracht: Elfriede Karl (r. unten).

Kreisky anlässlich dieses Parteitages die Zahl der stellvertretenden Parteivorsitzenden von fünf auf acht erweiterte (Androsch, Czettel, Firnberg, Fischer, Gratz, Kery, Sebastian und Wagner), war wohl auch damit zu erklären, dass er die Basis in der zweiten Reihe der Partei verbreitern wollte." (Heinz Fischer, „Die Kreisky-Jahre 1967–1983")

Im mühsamen Prozess, der SPÖ die Trennung von Hannes Androsch als unausweichlich verständlich zu machen, begeht Bruno Kreisky im April 1980 mit der Initiative zur Einsetzung eines parlamentarischen Untersuchungsausschusses unter dem Vorsitz des neuen FPÖ-Obmannes Norbert Steger einen die gesamte Partei belastenden Fehler. Was als Vorwärtsverteidigung gedacht ist, um die SPÖ vor Korruptionsverdächtigungen zu schützen und den Abgang von Hannes Androsch auf der Basis konkreter Vorwürfe zu beschleunigen, wird zum Bumerang. Die Opposition nützt ihre Chance für flächendeckende Verdächtigungen und Anschuldigungen, Ausschussvorsitzender Norbert Steger zur persönlichen Profilierung. Hurtig klinkt er sich in die allgemein üblich gewordenen Beschimpfungen ein, stellt den Verdacht der Parteienfinanzierung aus

Der Kanzler gratuliert Hannes Androsch zu dessen eindrucksvoller – elfter – Budgetrede.

AKH-Geldern zugunsten der SPÖ in den Raum und praktiziert eine Vorsitzführung, „die man nicht gerade als Vorbild für Objektivität und Ausgewogenheit bezeichnen konnte" (Heinz Fischer). (Siehe Kapitel „AKH – der inszenierte Skandal")

In diesem Jahr – 1980 – verliert Hannes Androsch zwei einflussreiche persönliche Freunde: Am 5. Juni stirbt Karl Waldbrunner, am 6. Oktober Felix Slavik. Der Konflikt mit und um Hannes Androsch war Ursache harter Auseinandersetzungen zwischen Bruno Kreisky und Felix Slavik. Der frühere Wiener Bürgermeister hatte viel dazu beigetragen, Kreisky aus dem schwedischen Exil zurückzuholen und wieder in die SPÖ zu integrieren. Jetzt verweigert Bruno Kreisky die Teilnahme an Slaviks Begräbnis.

Am 9. September erleidet Bruno Kreisky seine größte parteiinterne Niederlage. Der Parteivorstand lehnt das Rücktrittsangebot von Hannes Androsch ab: „Wir brauchen euch beide." Der Finanzminister stoppt die schon begonnene Räumung seines Büros, vergattert persönliche Mitarbeiter und Beamte zur Weiterarbeit und bringt den Bundesvoranschlag für 1981 zum Abschluss. Es ist vielleicht das beste, sicherlich aber das wichtigste Budget des Finanzministers, denn es bringt die Budgetkonsolidierung auf den Zielpunkt. Als Hannes Androsch am 22. Oktober 1980 dem Parlament diesen Budgetentwurf für 1981 präsentiert, beträgt das Nettodefizit 2,5 Prozent – aus heutiger Sicht 0,5 Prozentpunkte unter dem „Maastricht-Kriterium" und punktgenau der „Seidel-Formel" entsprechend.

Doch das „Spiel" ist aus, nichts geht mehr. Dem konzertierten Druck von Opposition, Medien und Bundeskanzler kann Hannes Androsch nicht mehr standhalten. Am 10. Dezember 1980 legt er alle politischen Funktionen zurück, am 15. Jänner 1981 wird er in den Vorstand der Creditanstalt-Bankverein berufen.

„Es war ein aufregendes, fruchtbares und erfolgreiches Jahrzehnt – ich möchte es nicht missen." Hannes Androsch, Beppo Mauhart.

Am 20. Jänner 1981 wird Unterrichtsminister Fred Sinowatz zum Vizekanzler ernannt, und Herbert Salcher wird Finanzminister. Mit der Berufung des Arztes Kurt Steyrer erfährt das Gesundheitsministerium wiederum eine qualitative Aufwertung. Im Finanzministerium soll Hans Seidel, Leiter des Wirtschaftsforschungsinstitutes, Inhaber des „Copyrights" an der „Seidel-Formel", wonach die Staatsverschuldung maximal 2,5 Prozent des Bruttonationalprodukts ausmachen solle, die mit dem Ausscheiden von Hannes Androsch verloren gegangene Fach- und Wirtschaftskompetenz der Regierung ersetzen. Der Paarung von „politischem Kopf" und professoraler Sachkompetenz im Verein mit Bundeskanzler Bruno Kreisky gelingt jedoch keine erfolgreiche Fortsetzung des „Österreichischen Weges" in der Wirtschaftspolitik. Hans Seidel war schon bisher einer der wichtigsten Berater des Finanzministers gewesen, einer der kompetenten Gesprächspartner, die Hannes Androsch regelmäßig konsultierte. Aus den Meinungen der besten Fachleute destillierte Hannes Androsch seine eigene Strategie, den „policy mix".

Auch die Formel, die Hans Seidel berühmt gemacht hat, ist in dieser Weise entstanden: Als Hannes Androsch gegen Ende der 1970er Jahre eine Änderung der Budgetpolitik anstrebt, beauftragt er das Wirtschafts-

Ein „eminent politischer Kopf" auf dem Weg, Nachfolger von Hannes Androsch als Finanzminister zu werden

»Da hab ich auch Einfluss ausgeübt, und zwar in dem Sinn, dass ich gesagt habe: Ja, wer ist denn hier der Bundeskanzler? Wer bestimmt denn hier seinen Finanzminister? Das ist nach dem Gesetz der Bundeskanzler. Wär' er der Besitzer einer Leichenbestattungsfirma gewesen, so hätt' man sich das noch vorstellen können. Aber ein Steuerberater zu sein, das ist halt unvereinbar. Daher entscheide ich: Der Mann muss gehen!«
Bruno Kreisky

forschungsinstitut, einen Finanzbericht zu erstellen. Daraus entsteht der Disput: Was ist eigentlich ein vernünftiges Nettodefizit? Die Experten können sich auf keine vernünftige Antwort einigen. Der Finanzminister entscheidet pragmatisch: „Nehmen wir den Durchschnitt der besten und jenen der schlechtesten Jahre." Seither gelten 2,5 Prozent. Die „Seidel-Formel".

Im neuen Finanzminister aber hat Hans Seidel einen weder fachlich kompetenten noch entscheidungsfreudigen Gesprächspartner. Der Staatssekretär konzentriert sich daher auf Auslandstermine und auf die Aufrechterhaltung des internationalen Ansehens Österreichs.

Das Glück für Österreich

Kehren wir an unseren Ausgangspunkt zurück: 23 Jahre später, am 4. September 1993, sitzt die Journalistenrunde vom 27. April 1970 wieder beisammen. Rudolf Kalmar ist nicht mehr, und Helmut Zilk fehlt, weil ihm seine Amtsgeschäfte als Wiener Bürgermeister keine Zeit für dieses Nostalgietreffen lassen.

Die Diskussionsrunde wählt dieses Datum, weil zehn Jahre zuvor Bruno Kreisky als Bundeskanzler abgetreten ist. Franz Kreuzer ist der Moderator im ORF-Studio. Er regt an, dort fortzusetzen, „wo wir damals aufgehört haben ... Niemand hat sich damals vor Kreisky gefürchtet, aber der Respekt vor ihm und die Erwartung waren ungeheuer groß ... Wie schaut dieses damalige Erwartung heute aus ... Haben wir damals Recht gehabt ...?"

Die Diskussion ist lebhaft, es gibt kritische Anmerkungen, aber insgesamt besteht Übereinstimmung darüber, dass es „für Österreich ein Glück war, dass es die Ära Kreisky gegeben hat" (Viktor Reimann).

„Nicht jede Zeit findet ihren großen Mann, nicht jede große Fähigkeit findet ihre Zeit" erkennt der Schweizer Kulturhistoriker Jacob Burckhardt. Für Österreich, die „Insel der Glücklichen", ist in den 1970er Jahren Bruno Kreisky jener Mann, dessen Fähigkeiten den Herausforderungen der Zeit entsprechen. Mehr noch. Mit Hannes Androsch ist ein gutes Stück auf dem gemeinsamen Wege eine geglückte Ergänzung gegeben. Diese personelle Konstellation gehört zweifellos zu den Besonderheiten des Jahrzehnts.

Ihr Wirken hat nachhaltige Spuren hinterlassen. Bruno Kreisky hat das Land der Welt geöffnet, und Hannes Androsch hat „wie vielleicht nur wenige im öffentlichen Leben und in seiner Partei, Ende der 1960er und Anfang der 1970er Jahre Aufbruchstimmung, Kompetenz und Jugend verkörpert" (Franz Vranitzky). Am Ende dieses Jahrzehnts ist Österreich freier, liberaler, offener, toleranter, selbstbewusster.

Das Motto des Parteitages aus dem Jahr 1970: „Für ein modernes Österreich" ist die übergeordnete Parole und durchgehende Zielsetzung der gesamten Regierungspolitik.

In einer Bilanz der Nachhaltigkeit ist die Stärkung des österreichischen Selbstbewusstseins ein besonderer Aktivposten. Gerade dem Weltbürger und Kosmopoliten gelingt es, einen neuen österreichischen Patriotismus zu schaffen. Wenn Bruno Kreisky sein Anliegen den Menschen zuruft, „Österreich zu einer guten Heimat für alle" zu machen, klingt das Versprechen gleichermaßen ehrlich wie selbstverständlich. Da ist nichts Peinlich-Schuhplattlerisches, nichts Dirndlhaft-Aufgesetztes darin. Mit Bruno Kreisky entwickeln die Österreicher das Gefühl, „wir sind wieder wer in der Welt".

Bruno Kreisky macht durch seine Außenpolitik bewusst, dass es nicht auf die Größe eines Landes ankommt, um geachtet und respektiert zu werden. Das verläuft nicht immer harmonisch. Mit seiner Nahostpolitik, der frühen Anerkennung der PLO oder der Einladung des libyschen Staatspräsidenten Gaddafi zu einem Staatsbesuch nach Österreich erregt er Ärgernis. Bei Amerikanern wie bei Israelis. Man kann allerdings dem gewieften Bruno Kreisky ein bewusstes Kalkül unterstellen: Wer ärgert, wird besser wahrgenommen.

Bruno Kreisky versteht es immer, das eine zu tun und das andere zu erklären. Er hat, wenn das Publikum danach ist, sehr kritische Worte zur amerikanischen Politik, ist aber gleichzeitig immer ein überzeugter Verfechter der Westintegration.

Er ist ein leidenschaftlicher Antikommunist, gleichzeitig der erste westliche Regierungs-

»Aber das ist ja die große Herausforderung dieser Zeit, dass wir uns jetzt bemühen müssen, auf all diese großen Fragen eine sozialdemokratische Antwort zu geben. Mich hat eine gewisse Unruhe erfasst.«
Bruno Kreisky

chef, der die DDR besucht. Er trägt viel zur Entspannungspolitik bei, ohne sich je anzubiedern. Bruno Kreisky dröselt den Ostblock auf, indem er jedes Mitglied als eigenständiges Land behandelt. Bruno Kreisky bringt Österreich „wirklich in die Internationalität ... und zwar, was ganz wichtig ist, als ein gleichberechtigter, selbstbewusster Teil" (Hugo Portisch). Am Ende des Jahrzehnts ist Wien dritter Amtssitz der Vereinten Nationen.

Ein Mehr an Toleranz und Liberalität

Am Beginn der Regierungsperiode steht die Aussöhnung der Sozialdemokratie mit der eigenen Geschichte – mit den Gegnern aus dem Bürgerkrieg der Ersten Republik und mit der katholischen Kirche. „Die volle Freiheit des Glaubens und Denkens soll weder durch den Staat noch auf sonstige Weise eingeschränkt werden" (SPÖ-Parteiprogramm). Bruno Kreisky findet für eine solche Politik der Annäherung, aber auch des Verzichts auf Einmischung der Kirche in die Politik, in Kardinal Franz König einen kongenialen Partner. Das Ausmaß der gegenseitigen Wertschätzung übersteht sogar die Fristenlösung für den Schwangerschaftsabbruch ohne ernsthaften Schaden. Es ist ein Mehr an Toleranz und an Liberalität in das Land gekommen. Wenn auch beides am Beginn des 21. Jahrhunderts wieder zu versickern droht, ist ein Rückfall in die Zeit vor Bruno Kreisky kaum mehr denkbar.

Bleibenden Anteil am „modernen Österreich" hat die Reformpolitik. Die Rechtsreformen des Christian Broda haben in Österreich die Aufklärung durchgesetzt. Rund hundert Jahre alte Rechtsvorschriften werden durch Gesetze abgelöst, die den Bedürfnissen einer modernen, pluralistischen Gesellschaft entsprechen und vom Gedanken der Toleranz getragen werden. „Woran andere Ärgernis nehmen, muss noch nicht gesellschaftswidrig sein." (Christian Broda)

Österreich auf der Überholspur

In diesem Jahrzehnt finden Künstler und Intellektuelle zu einem entkrampften Umgang mit der Politik und umgekehrt. Das jährliche Kanzlerfest im „Gartenhotel Altmannsdorf", dem Sitz des „Renner-Instituts", wird jeweils zum Abend der großen Begegnungen. Wie selbstverständlich treffen einander, dicht gedrängt, Künstler, Politiker, Journalisten, linke Intellektuelle und selbstbewusste Pragmatiker zum Disput. Die Bildungsoffensive der Regierung, die Schul- und Universitätsreformen von Fred Sinowatz und Hertha Firnberg sind ebenso Themen dieses Abends wie die von Hannes Androsch geprägte Wirtschaftspolitik.

Nachhaltig sind die Veränderungen durch ebendiese Wirtschaftspolitik. Bruno Kreisky hat der SPÖ Wirtschaftskompetenz verschafft, und Hannes Androsch hat sie erfolgreich in die Praxis umgesetzt.

Die Eigenständigkeit der österreichischen Wirtschaftspolitik – „Europareife" – der „Österreichische Weg" – in einer Zeit der größten weltwirtschaftlichen Turbulenzen der Nachkriegszeit wird auf der internationalen Zuschauertribüne staunend registriert. Nicht nur gesellschaftlich, sondern vor allem wirtschaftlich gelingt es in dieser Zeit, den Rückstand zu den westlichen Industriestaaten abzubauen. Österreich auf der Überholspur. Am Ende dieses Jahrzehnts gehört Österreich zu den reichsten Ländern der Welt. Die Erhaltung der

Vollbeschäftigung ist ein erklärter Schwerpunkt der Regierungspolitik.

„Dass es uns gelungen ist, die Menschen in Österreich von der Redlichkeit und dem Erfolg unseres Wollens zu überzeugen, ist eine der wirklichen Ursachen unseres großen Wahlerfolges vom 6. Mai gewesen“, ist Bruno Kreisky auf dem SPÖ-Parteitag 1979 überzeugt.

Die humane, politische, gesellschaftliche und wirtschaftliche Leistung dieser Jahre wird auch heute noch gerne mit dem Hinweis kommentiert, der Preis dafür sei extrem hoch gewesen. Die Hypothek, die der Staat durch wachsende Verschuldung auf sich genommen habe, schränke heute noch immer den Handlungsspielraum der Budgetpolitik ein. Ein Mythos, geschaffen von der nachfolgenden Politikergeneration. Die Zeit ist reif für eine realistische, an den Fakten orientierte Bewertung der Gesamtheit des Erbes, das die Wirtschaftspolitik des „policy mix“ hinterlassen hat.

„Androsch hätte so nicht passieren müssen“

Was in dieser Zeit nicht gelingt, ist eine strukturelle Erneuerung der verstaatlichten Industrie. Der Vertrauensverlust zwischen Bruno Kreisky und Hannes Androsch hat sich hier besonders hemmend ausgewirkt. Wäre es bei der lange Zeit so gut funktionierenden Arbeitsteilung geblieben – der Kanzler gibt die politische Linie vor (Kreisky: „Von Wirtschaft versteh ich nix“), der Finanzminister sorgt für die real machbare Umsetzung –, wären mit höchster Wahrscheinlichkeit schon in dieser Zeit strukturelle Prozesse eingeleitet und die später so dramatischen Einschnitte vermieden worden. Der Konflikt zwischen Bruno Kreisky und Hannes Androsch ist der wohl größte Posten auf der Verlustseite einer Bilanz dieses Jahrzehnts. „Androsch hätte so nicht passieren müssen“, ist sich Hugo Portisch, einer der wohl kenntnisreichsten Analysten der österreichischen Innenpolitik, sicher: „In den letzten Jahren hat er (Kreisky) zunehmend Fehler gemacht. Krank war er auch ... Es ist sehr schade darum, dass wir auch um Talente gekommen sind.“

Wie schade, dokumentiert das Wahlergebnis 1983. Bruno Kreisky, nun für alle sicht- und spürbar krank, ohne personelle Alternative, ohne erkennbare Zukunft, wird von 47,6 Prozent der österreichischen Wählerinnen und Wähler gewählt. Ein respektables Ergebnis.

Das erlaubt das Sandkastenspiel, ob selbst nach dem großen Wahlerfolg 1979 noch Zeit gewesen wäre, die Weichen für eine Fortsetzung des „Österreichischen Weges“ zu stellen.

Die SPÖ hatte noch genug personelle Reserven. Auch wenn Hannes Androsch die Trennung der Funktionen Kanzler und Parteivorsitzender grundsätzlich ablehnte, hätte es 1979 eine diskussionswürdige und prüfenswerte Konstellation gegeben.

Mit Leopold Gratz und Hannes Androsch gab es nahezu Idealbesetzungen für diese Positionen an der Spitze. Eine vom Segen des Altkanzlers begleitete Regierungsmannschaft mit Androsch, Sinowatz, Vranitzky, Lacina, Lausecker, Steyrer usw., dazu ein Parteivorsitzender Leopold Gratz ... Hätte ... Wäre ... Was bleibt, sind Spekulationen ... Spekulationen, die, wer immer sie anstellt, zu einem gemeinsamen Nenner führen: Österreich hätte sich mit an Sicherheit grenzender Wahrscheinlichkeit anders entwickelt, ebenso die Sozialistische Partei. Ob zum Besseren oder Schlechteren, hätte nur die Geschichte belegen können.

Auf dem SPÖ-Parteitag 1983 verabschiedet sich Bruno Kreisky: „Ich habe der Sozialistischen Partei seit 55 Jahren gedient. Diese Partei hat mir im wahrsten Sinne des Wortes Sinn und Inhalt gegeben."

Literaturverzeichnis

- Aichelburg, Wladimir, 1986: Das Wiener Künstlerhaus 1861–1986. 125 Jahre in Bilddokumenten. Wien (Kunstverlag Wolfrum)
- Androsch, Hannes, 1980: Anpassung an eine neue Weltwirtschaft – die Lage der österreichischen Wirtschaft von der Jahresmitte 1978 bis zur Jahresmitte 1980. Bundesministerium für Finanzen (Hg.). Wien (Hadwiger)
- Androsch, Hannes, 1985: Die politische Ökonomie der österreichischen Währung – Ein Überblick über die österreichische Währungspolitik von 1760 bis 1984 vor dem Hintergrund der internationalen Entwicklung. Wien (Orac)
- Androsch, Hannes, 1988: „Zwei Jahrzehnte wechselvoller Verbundenheit", in: Clement, Werner/ Socher, Karl (Hg.), 1988: Stephan Koren. 1919–1988. Wirtschaftsforscher und Wirtschaftspolitiker in Österreich. Gedenkschrift. Wien
- Androsch, Hannes, 2003: Warum Österreich so ist, wie es ist. Eine Synthese aus Widersprüchen. Wien (Kremayr & Scheriau)
- Androsch, Hannes, 2005: „Wirtschaft und Gesellschaft. Österreich 1945–2005". In: Österreich – Zweite Republik. Befund, Kritik, Perspektive. Hg. für die Kulturabteilung der Stadt Wien von Hubert Christian Ehalt. Innsbruck, Wien, Bozen (Studien-Verlag)
- Androsch, Hannes/Pelinka, Anton/Schachter, Herbert, 1998: „Repliken zum Artikel ‚Der Konflikt zwischen Bundeskanzler Kreisky und Finanzminister Androsch. Versuch einer Rekonstruktion'", in: SWS-Rundschau, 4/1998, 499–511
- Bachinger, Karl/Matis, Herbert, 1974: Der österreichische Schilling. Graz (Styria)
- Bachinger, Karl/Butschek, Felix/Matis, Herbert/Stiefel, Dieter, 2001: Abschied vom Schilling. Eine österreichische Wirtschaftsgeschichte. Graz (Styria)
- Benya, Anton 1992: Mein Weg: Lebenserinnerungen des langjährigen ÖGB-Präsidenten. Wien (Verlag der Österreichischen Staatsdruckerei)
- Birnbaum, Norman, 2003: Nach dem Fortschritt. Vorletzte Anmerkungen zum Sozialismus. Stuttgart (DVA)
- Brandt, Willy, 1978: Begegnungen und Einsichten. München/Zürich (Droemer Knaur)
- Brandt, Willy/Kreisky, Bruno/Palme, Olof, 1975: Briefe und Gespräche 1972 bis 1975. Frankfurt-Köln (Europäische Verlagsanstalt)
- Bruno Kreisky Archiv/Historisches Museum der Stadt Wien (Hg.), 1998: Bruno Kreisky. Seine Zeit und mehr/Era and Aftermath (zweisprachig). Innsbruck (StudienVerlag)
- Bundesministerium für Finanzen/Institut für Geschichte der Universität Wien (Hg.), 1980: 25 Jahre Staatsvertrag. Protokolle des Wirtschaftssymposiums 14. Mai 1980
- Busek, Erhard, 1983: Mut zum aufrechten Gang. Beiträge zu einer anderen Art von Politik. Wien (Herold)

- Butschek, Felix, 2004: Vom Staatsvertrag zur EU. Österreichische Wirtschaftsgeschichte von 1955 bis zur Gegenwart. Wien (Böhlau)
- Cordt, Herbert / Mauhart, Beppo (Hg.), 1988: Zurück in die Zukunft. Wien (Orac)
- Dachs, Herbert / Gerlich, Peter / Müller, Wolfgang C. (Hg.), 1995: Die Politiker. Karrieren und Wirken bedeutender Persönlichkeiten der Zweiten Republik. Wien (Manz)
- Dahrendorf, Ralf, 1992: Der moderne soziale Konflikt. Essay zur Politik der Freiheit. Stuttgart (DVA)
- Denscher, Barbara (Hg.), Kunst und Kultur in Österreich. Das 20. Jahrhundert. Wien (Christian Brandstätter Verlag)
- Dickinger, Christian, 1998: Der Konflikt zwischen Bundeskanzler Kreisky und Finanzminister Androsch. Versuch einer Rekonstruktion. In: SWS-Rundschau, 1/1998, 73–98
- Dirninger, Christian (Hg.), 1995: Wirtschaftspolitik zwischen Konsens und Konflikt. Einsichten und Einblicke in die Strukturen und Abläufe der Wirtschaftspolitik der Zweiten Republik. Wien (Böhlau)
- Fischer, Heinz (Hg.), 1974: Das politische System Österreichs. Wien (Europa Verlag)
- Fischer, Heinz (Hg.), 1980: Rote Markierungen 80. Wien (Europa Verlag)
- Fischer, Heinz, 1993: Die Kreisky-Jahre 1967–1983. Wien (Löcker)
- Fischer, Heinz, 1998: „Reflexionen“. Wien, 3. Aufl. (Kremayr & Scheriau)
- Fischer, Heinz / Gratz, Leopold (Hg.), 1985: „Bruno Pittermann. Ein Leben für die Sozialdemokratie. Wien (Europa Verlag)
- Fröschl, Erich / Mesner, Maria / Zoitl, Helge (Hg.), 1990: Die Bewegung. Hundert Jahre Sozialdemokratie in Österreich. Wien (Passagen)
- Fröschl, Erich / Zoitl, Helge (Hg.), 1986: Der österreichische Weg. 1970–1985. Fünfzehn Jahre, die Österreich verändert haben. Wien (Europa Verlag)
- Gehler, Michael / Sickinger, Hubert (Hg.), 1996: Politische Affären und Skandale in Österreich. Thaur/Wien/München (Kulturverlag)
- Gesellschaft der Freunde des museum moderner kunst (Hg.), 1979: museum moderner kunst. Kunst der letzten 30 Jahre. Wien
- Greene, Robert, 2001: Power. Die 48 Gesetze der Macht. München (dtv)
- Hobsbawm, Eric, 1995: Das Zeitalter der Extreme. Weltgeschichte des 20. Jahrhunderts. München/Wien (dtv)
- Horvath, Elisabeth, 1989: Ära oder Episode. Das Phänomen Bruno Kreisky. Wien (Kremayr & Scheriau)
- Kleindel, Walter (Hg.), 1989: Die Chronik Österreichs. Dortmund (Chronik Verlag)
- Kleindel, Walter, 1995: Österreich. Daten zur Geschichte und Kultur. Bearbeitet von Isabella Ackerl und Günther K. Kodek. Wien (Ueberreuter)
- Kramer, Helmut /Butschek, Felix (Hg.), 1985: Vom Nachzügler zum Vorbild. Österreichs Wirtschaft 1945 bis 1985. Stuttgart (Fischer)

- Kreisky, Bruno, 1974: Aspekte des demokratischen Sozialismus. Aufsätze – Reden – Interviews. Herausgegeben von Adalbert Reif. München (Paul List Verlag)
- Kreisky, Bruno, 1975: Neutralität und Koexistenz. Aufsätze und Reden. München
- Kreisky, Bruno, 1981: Reden (2 Bände). Wien
- Kreisky, Bruno, 1985: Das Nahostproblem. Reden, Kommentare, Interviews. Wien/München/Zürich
- Kreisky, Bruno, 1986: Zwischen den Zeiten. Erinnerungen aus fünf Jahrzehnten. Berlin
- Kreisky, Bruno, 1988: Im Strom der Politik. Der Memoiren zweiter Teil. Wien (Kremayr & Scheriau)
- Kreisky, Bruno, 1996: Der Mensch im Mittelpunkt. Der Memoiren dritter Teil. Herausgegeben von Oliver Rathkolb, Johannes Kunz und Margit Schmidt. Wien (Kremayr & Scheriau)
- Kriechbaumer, Robert, 2004: Die Ära Kreisky. Österreich 1970–1983. In der wissenschaftlichen Analyse, aus der Sicht der Opposition und in Karikaturen von Ironimus. Wien/Köln/Weimar (Böhlau)
- Kunz, Johannes (Hg.), 1975: Die Ära Kreisky. Stimmen zu einem Phänomen. Wien/München/Zürich (Molden)
- Kunz, Johannes, 1989: Erinnerungen. Prominente im Gespräch, Band 1. Wien (Kremayr & Scheriau)
- Kunz, Johannes, 1991: Erinnerungen 2. Johannes Kunz im Gespräch mit Prominenten. Wien (edition s)
- Lendvai, Paul / Ritschel, Karl Heinz, 1972: Kreisky. Porträt eines Staatsmannes. Wien/Hamburg (Econ/Paul Zsolnay)
- Leser, Norbert, 1988: Salz der Gesellschaft. Wesen und Wandel des österreichischen Sozialismus. Wien (Orac)
- Leser, Norbert, 2003: Zeitzeuge an Kreuzwegen. Autobiographische Bekenntnisse. Wien (Holzhausen)
- Levy, Alan, 1995: Die Akte Wiesenthal. Wien (Ueberreuter)
- Liegl, Barbara / Pelinka, Anton, 2004: Chronos und Ödipus – der Kreisky-Androsch-Konflikt. Wien (Braumüller)
- Maderthaner, Wolfgang; Müller, Wolfgang (Hg.), 1996: Die Organisation der österreichischen Sozialdemokratie 1889–1995. Wien (Löcker)
- Matthöfer, Hans, 1993: Agenda 2000 – Vorschläge zur Wirtschafts- und Gesellschaftspolitik. Bonn (Verlag J. H. W. Dietz Nachf.)
- Matzner, Egon, 1978: Wohlfahrtsstaat und Wirtschaftskrise. Österreichs Sozialisten suchen einen Ausweg. Reinbek bei Hamburg (ro ro ro)
- Matzner, Egon, 1993: „Was bleibt vom 78er-Programm? Der radikale Austro-Keynesianismus und das Konzept der Entscheidungsverhältnisse“. In: Weber / Venus 1993, op. cit., 150–154
- Nenning, Günther, 1976: Realisten oder Verräter? Die Zukunft der Sozialdemokratie. München (Bertelsmann
- Palme, Liselotte, 1999: Androsch. Ein Leben zwischen Geld und Macht. Wien (Molden)
- Pelinka, Anton, 1980: Sozialdemokratie in Europa. Macht ohne Grundsätze oder Grundsätze ohne Macht? Wien (Herold)

- Pelinka, Anton, 1985: Windstille. Klagen über Österreich. Wien/München
- Pelinka, Anton, 1988: „Die Ära Kreisky". In: Pelinka / Steger (Hg.) 1988, op. cit., 57–63
- Pelinka, Anton, 1993: Die Kleine Koalition SPÖ–FPÖ 1983–1986. Wien/Köln/Graz (Böhlau)
- Pelinka, Anton, 1996: „‚Wanzenjournalismus' und ‚Zerfall der Geschlossenheit'". In: Gehler, Sickinger (Hg.) 1996, op. cit., 532–545
- Pelinka, Peter / Steger, Gerhard (Hg.), 1988: Auf dem Weg zur Staatspartei: Zu Geschichte und Politik der SPÖ seit 1945. Wien (Verlag für Gesellschaftskritik)
- Petritsch, Wolfgang, 1995: „Bruno Kreisky. Ein politisches Leben". In: Berger, Werner A./ Müller, Konrad R./Petritsch, Wolfgang (Hg.), 1995: Bruno Kreisky – Gegen die Zeit. Heidelberg (Edition Braus)
- Piringer, Kurt, 1982: Die Geschichte der Freiheitlichen. Beitrag der Dritten Kraft zur österreichischen Politik. Wien
- Plasser, Fritz / Ulram, Peter A. / Sommer, Franz (Hg.), 2000: Das österreichische Wahlverhalten. Wien (Signum)
- Plasser, Fritz / Ulram, Peter A., 2002: Das österreichische Politikverständnis. Von der Konsens- zur Konfliktkultur? Wien
- Portisch, Hugo, 1996: Österreich II, Band 3: Jahre des Aufbruchs, Jahre des Umbruchs. Wien (Kremayr & Scheriau)
- Pretterebner, Hans, 1993: Das Netzwerk der Macht. Anatomie der Bewältigung eines Skandals. Wien (Pretterebner)
- Reimann, Viktor, 1980: Die Dritte Kraft in Österreich. Wien (Molden)
- Rathkolb, Oliver, 2005: Die paradoxe Republik. Österreich 1945 bis 2005. Wien (Zsolnay)
- Rathkolb, Oliver / Maschke, Otto M. / Lütgenau, Stefan August, 2002: Mit anderen Augen gesehen. Internationale Perzeptionen Österreichs 1955–1990. Österreichische Nationalgeschichte nach 1945, Band 2. Wien/Köln/Weimar (Böhlau)
- Roth, Gerhard / Turrini, Peter / Müller, Konrad R., 1981: Bruno Kreisky. Fotografiert von Konrad F. Müller. Texte von Gerhard Roth und Peter Turrini. Wien (Nicolaische Verlagsbuchhandlung Berlin / Forum Verlag)
- Roussel, Danièle, 1995: Der Wiener Aktionismus und die Österreicher. Klagenfurt (Ritter Verlag)
- Sandgruber, Roman, 1995: Ökonomie und Politik. Österreichische Wirtschaftsgeschichte vom Mittelalter bis zur Gegenwart. Wien (Ueberreuter)
- Schmid, Gerhard, 1999: Österreich im Aufbruch. Die österreichische Sozialdemokratie in der Ära Kreisky (1970–1983). Innsbruck, Wien (Studien-Verlag)
- Schmidt, Helmut, 1987: Menschen und Mächte. Berlin (Siedler)
- Schnell, Hermann, 1993: Bildungspolitik der Zweiten Republik. Wien/Zürich (Ludwig-Boltzmann Institut für Geschichte der Arbeiterbewegung)
- Seidel, Hans, 1978: Unsere Staatsfinanzen – Finanzbericht 1978 – Analysen und Perspektiven, Bundesministerium für Finanzen (Hg.). Wien
- Summer, Franz, 1987: Das VOEST-Debakel. Wien (Orac)

- Steininger, Barbara, 1995: „Hertha Firnberg“, in: Dachs/Gerlich/Müller (Hg.) 1995, op. cit, 134–140
- Verein für Gesellschafts- und Wirtschaftswissenschaften (Hg.), 1986: Österreichs Wirtschaftspolitik 1970–1985. Erfolgreiche Wirtschaftspolitik unter erschwerten Rahmenbedingungen. Mit Beiträgen von:
  – Anton Kausel, Makroökonomischer Befund der österreichischen „Performance“ seit 1955
  – Horst Knapp, Wirtschaftspolitik unter erschwerten Rahmenbedingungen
  – Hans Seidel, Der österreichische Weg in der Wirtschaftspolitik
  Wien (Jugend & Volk Wien; Beiträge zur Wirtschafts- und Gesellschaftspolitik Band 1)
- Veselsky, Ernst Eugen, 1982: „Die 1400 Experten der SPÖ“, in: Khol, Andreas / Stirnemann, Alfred (Hg.) 1982, Österreichisches Jahrbuch für Politik ‘81. Wien/München (Verlag für Geschichte und Politik/Oldenbourg), 181–190
- Vranitzky, Franz, 2004: Politische Erinnerungen. Wien (Zsolnay)
- Weber, Fritz / Venus, Theodor (Hg.), 1993: Austro-Keynesianismus in Theorie und Praxis. Wien (Jugend und Volk)
- Wille, Sepp, 1996: Jedem das Seine. Anstöße. Wien (Verlag Österreich)
- Worm, Alfred, 1981: Der Skandal. AKH-Story, Analyse, Dokumente. Europas größter Krankenhausbau. Wien
- (Ohne Hg.), 1972: Rote Markierungen. Beiträge zur Ideologie und Praxis der österreichischen Sozialdemokratie“. Wien/München/Zürich (Europa Verlag)

- Budgetreden 1971 bis 1981 von Finanzminister Hannes Androsch

Bildnachweis

Cover: **Klinger Johann, Wenzel-Jelinek M.**

Archiv Beppo Mauhart: S. 41, 79, 86/87, 88, 89, 145, 152, 153, 166, 202, 209, 223, 236/237, 245, 319, 323, 375, 379, 409, 438, 448, 456
BAA/OEGZ: S. 104
BASTEN international: S. 219
Bundesministerium für Finanzen: S. 91
Deix Manfred: S. 437
EXPORT VALIE: S. 313, 315
Fotostudio Haslinger: S. 95
imagno/Pflaum Barbara: S. 13, 14, 17, 21, 27, 29, 32, 33, 35, 38, 42, 53, 62/63, 65, 67, 76 (2), 96, 109, 114, 123, 163, 182, 241, 250, 253, 257, 265, 277, 285, 289, 295, 296, 303, 311, 317, 318, 324, 325, 328, 330, 332, 381, 391
imagno/Schuster Nora: S. 31, 33, 76, 99, 113, 150/151
Kern Fritz: S. 80, 238, 245, 326
Klinger Johann: S. 16, 57 (2), 84, 85, 92 (2), 93 (2), 96, 97, 141, 144, 166, 174 (2), 175 (2), 213 (3), 239, 251, 272, 329, 390, 395, 409, 449, 496
Klinsky Friedrich: S. 372, 419
Konzerthaus Wien: S. 477
Künstlerhaus Wien: S. 327
Lehner Peter: S. 51, 115, 452/453, 460/461, 481, 501
Molin-Pradel Gino: S. 88, 155, 224, 246, 440
Photo-Phono Hartlauer: S. 134 (2), 448
Photo-Ciné, Waldis Jean: S. 147
Prager Fred: S. 207
Salus Fritz Miho: S. 159
Schoeller Münzhandel: S. 252 (2)
Schuster Nora: S. 30, 43, 44, 54/55, 57, 68, 74, 76 (2), 82, 83, 94, 100, 107 (2), 111, 116, 120, 125, 131, 136, 149, 156, 162, 171, 173, 180, 181, 193, 204, 210, 227, 248, 258/259, 263, 269, 287, 302, 304, 316, 320, 321, 349, 354, 383, 405, 425, 433, 443, 444, 446/447, 451, 454, 455, 467, 479, 494 (2)
Sokol Erich/Privatstiftung: S. 119, 471, 487
Sparkasse Innsbruck-Hall, PR-Foto: S. 81
Steche Wolfgang: S. 235
Stiftung Bruno Kreisky Archiv: S. 50, 96, 124
Stiftung Bruno Kreisky Archiv/BUNTE, MÖRK: S. 50
Stiftung Bruno Kreisky Archiv/Horowitz Michael: S. 358

Stiftung Bruno Kreisky Archiv/Lehner Peter: S. 359 (2), 475
Stiftung Bruno Kreisky Archiv/Peer Fred: S. 124
Stiftung Bruno Kreisky Archiv/Springer Hans-Peter: S. 49
Stiftung Bruno Kreisky Archiv/Stäger Alf.: S. 48
Stiftung Bruno Kreisky Archiv/Stern Hamburg: S. 48
Stiftung Bruno Kreisky Archiv/Trenkwalder H.G.: S. 72/73
Stiftung Bruno Kreisky Archiv/Trummer Gerhard: S. 37
Stiftung Bruno Kreisky Archiv/Wenzel-Jelinek M.: S. 128
Trenkwalder H.G.: S. 312 (2)
vga, wien/AZ-Archiv: S. 47, 243
vga, wien/AZ-Archiv/Bartel Otto: S. 167
vga, wien/AZ-Archiv/Brüder Basch/Klomfar: S. 24
vga, wien/AZ-Archiv/Henisch Walter: S. 61, 230
vga, wien/AZ-Archiv/Kern Fritz: S. 411
vga, wien/AZ-Archiv/Klinger Johann: S. 19
vga, wien/AZ-Archiv/Mikes Georg: S. 352
vga, wien/AZ-Archiv/Nap Harald: S. 24, 69
vga, wien/AZ-Archiv/Sandschuster: S. 200/201
vga, wien/AZ-Archiv/Semotan Rudolf: S. 186 (2), 187 (2), 189, 190, 199, 205, 339
vga, wien/AZ-Archiv/Trumler Gerhard: S. 135, 139
Votava: S. 11, 18 (2), 19, 22, 23, 28, 33, 36, 58, 59 (3), 66, 70, 76 (7), 83, 97, 101, 104, 110, 117, 123, 132, 137, 140, 142, 146, 148, 157, 160, 161, 168, 170, 177 (2), 178, 179, 183, 185, 195, 196, 197, 215, 220, 221, 229, 231, 233, 242, 249, 252, 267, 268, 271, 273, 274, 279, 280, 283, 288, 290, 291, 292, 299, 300 (3), 307, 308, 337 (2), 341, 342, 343, 345, 346, 347, 350/351, 353, 355, 356, 361, 362, 363, 364, 365, 367, 368 (2), 369, 371, 382, 384 (2), 385 (2), 386, 388/389, 392, 393, 395 (2), 396/397, 399 (3), 400, 402, 404 (2), 406, 408 (2), 412, 414, 421, 427, 429, 434, 441, 464, 468, 469, 483 (2), 491, 493, 495, 497
Wiener Stadt- und Landesbibliothek: S. 228
Zinner Johannes/Repro: S. 60, 119, 191, 471, 487
Zobl Helmut: S. 334 (5)

Trotz gewissenhaftester Bemühungen ist es nicht gelungen, sämtliche Inhaber von Bildrechten ausfindig zu machen. Mit berechtigten Ansprüchen wenden Sie sich bitte an die echomedia verlag ges.m.b.h.

Danksagung

Ein Buchprojekt braucht einen Verlag, damit daraus ein Buch werden kann. Der erste Dank gilt daher dem echomedia verlag. Seine Geschäftsführer – Christian Pöttler und Ilse Helmreich – ermutigten mich zu diesem Buch und gaben dem Projekt jede Unterstützung, die man sich für seine Realisierung von einem Verlag nur wünschen kann. Danke.

Trotzdem wäre das Buch nicht Wirklichkeit geworden, hätte es nicht eine Reihe von Personen gegeben, die mir mit Hilfe und Rat, mit ihrem Wissen, ihrer Erfahrung und ihrer Kompetenz zur Seite standen. Und vor allem auch mit Geduld.

In erster Linie gilt hier mein Dank Eva Deissen und Claudia Knöpfler. Eva Deissen hat eine besondere Hassliebe zu meiner Handschrift entwickelt und mit der daraus entstandenen Leidenschaft dennoch geduldig und nachsichtig Texte, Veränderungen, Ergänzungen, Streichungen und wieder Ergänzungen in geordneter, zeitgemäßer schriftlicher Form zu Papier (will heißen: Festplatte) gebracht.

Claudia Knöpfler hat mit mir und für mich in Bildarchiven gestöbert und mit Engagement und detektivischem Spürsinn, großer Geduld und Beharrlichkeit nach gewünschten Bildern gefahndet. Sie war es auch, die in den intensivsten Phasen souverän den Überblick bewahrte.

In diesem Zusammenhang gilt mein Dank auch Nora Schuster-Merlicek. Ebenso Hannes Pflaum, der mir die Sammlung seiner Mutter, Barbara Pflaum, öffnete, und in weiterer Folge der Bildagentur imagno und hier insbesondere Gerald Piffl.

Ich danke dem Leiter des Archivs der Wiener Arbeiterkammer, Dr. Herwig Jobst, für die Möglichkeit, Einsicht in die Pressedokumentationen zu nehmen, vor allem danke ich Barbara Kintaert, die viel Zeit mit mir am Bildschirm verbrachte und mir die vorhandenen Daten zugänglich gemacht hat.

Eine Bereicherung für die bildliche Gestaltung ergab die Bereitstellung von Bildern aus persönlichen Archiven. Ich danke hier ganz besonders Annemarie Sokol, die das Bildhonorar für die Zeichnungen des unvergesslichen Erich

Sokol einem wohltätigen Zweck widmet; ebenso sei gedankt: Manfred Deix, VALIE EXPORT, Peter Lehner und Helmut Zobl.

Gleichermaßen danke ich der Presseagentur Votava für die flexible Bearbeitung meiner Wünsche, und ich danke Eva Klinger, der Witwe des Fotografen Johann Klinger, die uns Bildmaterial aus ihren privaten Beständen zur Verfügung gestellt hat.

Ich danke Wolfgang Maderthaner für die Unterstützung des Vereines der Geschichte der Arbeiterbewegung – hier insbesondere Regina Wonisch, die nahezu alle Wünsche nach Daten- und Fotomaterial erfüllen konnte.

Herzlichen Dank auch der Stiftung Bruno Kreisky Archiv, die uns vor allem das private Fotoarchiv geöffnet hat.

Für ihre fachliche und redaktionelle Betreuung danke ich Herbert Cordt, Wolfgang Ziehengraser, Julian Mauhart, Monica Riedler und vor allem Eva Zitterbart für ihr Engagement bezüglich der beiden Schlusskapitel.

Dass „Ein Stück des Weges gemeinsam“ von zahlreichen Layoutentwürfen über Text- und Bildbearbeitung und den arbeitsreichen Feinschliff ein schön anzusehendes Buch geworden ist, verdanken wir der Grafik-Abteilung des echomedia verlages. Allen voran vor den Vorhang gehört Elisabeth Waidhofer – flankiert von Magda Niemiec und Andrea Wimmer.

Meine besonders ausgeprägte Unart, zu ändern, zu ergänzen, zu verwerfen, neu zu gestalten, solange nur irgendwie Zeit vorhanden ist, forderte auch das Lektorat in besonderer Weise. Thomas Hazdra, assistiert von Roswitha Singer-Valentin, hat außergewöhnliche Belastbarkeit an den Tag (und zuletzt auch an die Nacht) gelegt. Er ist ein Lektor, der – bei aller Strenge – mit Gelassenheit und einem feinen Sinn für Humor großzügig sprachliche Freiheiten gewährt.

„Ein Stück des Weges gemeinsam“ – der Titel könnte auch das Motto für die Arbeit an diesem Buch gewesen sein. Für dieses gemeinsame Wegstück nochmals allen einen herzlichen Dank.

Beppo Mauhart